心理学导论

杨凤云 编著

图书在版编目(CIP)数据

心理学导论/杨凤云编著. —北京：北京大学出版社，2016.8
（21世纪教师教育系列教材）
ISBN 978-7-301-27361-6

Ⅰ.①心… Ⅱ.①杨… Ⅲ.①心理学—高等学校—教材 Ⅳ.①B84

中国版本图书馆CIP数据核字(2016)第180318号

书　　　名	心理学导论 XINLIXUE DAOLUN
著作责任者	杨凤云　编著
丛书主持	李淑方
责任编辑	李淑方
标准书号	ISBN 978-7-301-27361-6
出版发行	北京大学出版社
地　　　址	北京市海淀区成府路205号　100871
网　　　址	http://www.pup.cn　新浪微博:@北京大学出版社
微信公众号	通识书苑（微信号：sartspku）　科学元典（微信号：kexueyuandian）
电子邮箱	编辑部 jyzx@pup.cn　总编室 zpup@pup.cn
电　　　话	邮购部 010-62752015　发行部 010-62750672　编辑部 010-62767857
印　刷　者	天津中印联印务有限公司
经　销　者	新华书店 787毫米×1092毫米　16开本　19.5印张　360千字 2016年8月第1版　2024年7月第5次印刷
定　　　价	46.00元

未经许可，不得以任何方式复制或抄袭本书之部分或全部内容。
版权所有，侵权必究
举报电话：010-62752024　电子邮箱：fd@pup.cn
图书如有印装质量问题，请与出版部联系，电话：010-62756370

前　　言

教师教育课程体系中的"心理学导论"课程,是高等院校师范类学生进行教师专业学习的基础,是一名合格教师必修的一门重要课程。

本教材编著的宗旨是:注重基础教学,突出能力的培养。即通过讲授心理学最基本的知识和原理,让学生掌握并学会运用这些知识、原理,去从事未来的教育、教学工作,从而提高其教育教学素养;同时也提高其自身心理素养。

在编写形式上,本教材各章将学习目标指导、正文、阅读材料、心理测试、思考练习题等相关内容依次排列,新颖实用。

在内容上,本教材突出以下四个特点:第一,继承性。本教材在编写过程中,充分运用了业已被证明是科学的基本理论,继承了前人的研究成果。第二,发展性。由于社会不断变化发展,研究的内容、手段与方法也是不断发展的,因此,本教材在继承的基础上,结合时代的特点及多年的实践与思考,对现有的理论进行了必要的筛选并给予了进一步的完善。第三,实践性与应用性。本教材作为教师教育类专业学生的教材,侧重心理学与教育学的理论,注重理论与实践的结合,并提供大量的典型案例及阅读材料进行心理分析,突出能力培养。第四,可读性。本教材不仅可作为教师教育类专业学生的教材,亦可作为中小学教师培训、学校教育管理者及教师参考用书,以及提供给对心理学领域研究有兴趣的人士阅读。

本教材的编写人员都是讲授本课程三年以上,具有教授、副教授及硕、博士学位的心理学专业的教师。杨凤云确立了本教材的框架结构与写作提纲,并负责全书的统稿工作。具体分工如下:第一章、第七章、第八章、第十一章由杨凤云执笔,第二章、第十二章由徐杰执笔,第三章由姚新华执笔,第四章、第五章由陈立春执笔,第六章、第十四章由韩彬执笔,第九章由滕树元执笔,第十章由闻明晶执笔,第十三章由李诗慧执笔。

本教材在编写过程中参阅了大量心理学相关资料,在此对这些书籍的编著者,我们致以深切的谢意。限于编者的水平,书中难免有不妥之处,敬请同行与读者批评指正。

杨凤云
2016 年 8 月 2 日

目 录

第一章 心理学概述 ... 1
- 第一节 心理学研究的对象 ... 1
- 第二节 心理学的研究任务与性质 ... 4
- 第三节 心理学的发展简史 ... 8
- 第四节 心理学的研究方法 ... 12
- 第五节 师范生学习心理学的意义 ... 15
- 思考与练习 ... 25

第二章 心理活动的生理机制 ... 26
- 第一节 心理的实质 ... 26
- 第二节 神经系统 ... 30
- 第三节 心理活动的生理机制 ... 45
- 思考与练习 ... 49

第三章 感觉和知觉 ... 50
- 第一节 感知觉概述 ... 50
- 第二节 感知觉的一般规律 ... 70
- 第三节 感知觉规律在教学中的运用 ... 79
- 思考与练习 ... 88

第四章 记忆 ... 89
- 第一节 记忆概述 ... 89
- 第二节 记忆的一般规律 ... 93
- 第三节 记忆规律在教学中的运用 ... 102
- 思考与练习 ... 110

第五章　思维 ……111
第一节　思维概述 ……111
第二节　思维的一般规律 ……120
第三节　思维规律在教学中的运用 ……131
思考与练习 ……143

第六章　想象 ……144
第一节　想象概述 ……144
第二节　想象的一般规律 ……151
第三节　想象规律在教学中的运用 ……154
思考与练习 ……163

第七章　注意 ……164
第一节　注意概述 ……164
第二节　注意的一般规律 ……170
第三节　注意规律在教学中的运用 ……177
思考与练习 ……184

第八章　情绪与情感 ……185
第一节　情绪与情感的概述 ……185
第二节　情绪与情感的一般规律 ……189
第三节　情绪与情感规律在教学中的运用 ……191
思考与练习 ……201

第九章　意志 ……202
第一节　意志概述 ……202
第二节　意志的一般规律 ……206
第三节　意志规律在教学中的运用 ……212
思考与练习 ……216

第十章　个性及其倾向性 ……218
第一节　个性概述 ……218
第二节　个性倾向性 ……223
第三节　个性倾向性在教育教学中的应用 ……234
思考与练习 ……239

第十一章　能力 ……240
第一节　能力概述 ……240
第二节　能力的一般规律 ……242

第三节　能力规律在教学中的运用 ………………………………………… 251
　　　思考与练习 ……………………………………………………………………… 260
第十二章　气质 ………………………………………………………………………… 261
　　　第一节　气质概述 ……………………………………………………………… 261
　　　第二节　气质的一般规律 ……………………………………………………… 263
　　　第三节　气质规律在教学中的运用 …………………………………………… 270
　　　思考与练习 ……………………………………………………………………… 276
第十三章　性格 ………………………………………………………………………… 278
　　　第一节　性格概述 ……………………………………………………………… 278
　　　第二节　性格的一般规律 ……………………………………………………… 283
　　　第三节　性格规律在教学中的运用 …………………………………………… 288
　　　思考与练习 ……………………………………………………………………… 293
第十四章　自我意识 …………………………………………………………………… 295
　　　第一节　自我意识概述 ………………………………………………………… 295
　　　第二节　自我意识的一般规律 ………………………………………………… 296
　　　第三节　自我意识规律在教学中的运用 ……………………………………… 298
　　　思考与练习 ……………………………………………………………………… 304
主要参考文献 …………………………………………………………………………… 305

第一章　心理学概述

> **学习目标**
>
> 1. 明确心理学的研究对象。
> 2. 了解心理学的学科性质、研究任务。
> 3. 识记心理学的学派及其代表人物。
> 4. 掌握心理学的研究方法。
> 5. 明确师范生学习心理学的意义。

心理学是一门从哲学中独立出来的既古老又年轻的科学,到今天已经成为一门实证性、理论性、应用性很强的科学,在各个领域得到广泛应用,分支较多、内容广泛。由于心理学独立发展的历史不太长,而人的心理活动又是看不见、摸不着的复杂精神现象,在不同的发展时期,人们曾经对它产生过一些误解。有的认为它玄奥莫测;有的曾经诬蔑它是"伪科学";有的把它和相面、算命等迷信和巫术联系在一起,等等。心理学究竟是怎样一门科学?在我们具体学习有关内容之前,有必要对心理学有一个总体的认识和了解。

第一节　心理学研究的对象

心理学的研究对象是心理现象。因此,心理学是一门研究心理现象的科学。

心理现象,又称心理活动,是一种我们经常体验到,并表现出来的精神现象。以学习为例:我们听到教师讲课的声音;对教学内容的记忆和理解;教师讲到有趣之处,我们会哄然大笑;为学习成绩的下降而烦恼;为了考取研究生而克服困难努力学习。有人学习很吃力,有人学得很轻松;有人在学习中显得沉稳,有人显得急躁;有人持之以恒,有人常半途而废。这些就是心理现象的部分表现。

人的心理现象既是人人都熟悉的,又是世间最复杂、最奇妙的。恩格斯把它誉为"地球上最美的花朵"。熟悉的事物不一定被人理解,但只要经过科学的研究,它最终能够被人认识、理解并掌握其规律。心理学家把心理进行科学的分类,本书仅介绍从心理的动态性维度上划分的分类方法,把心理现象划分为心理过程和个性心理。这两方面的内容在具体个体身上可以通过实践活动得到生动的表现。

一、心理过程

心理过程,即人的心理现象的动态过程,是人脑对客观现实的反映过程。它包括认识过程、情感过程和意志过程,反映正常个体心理现象共同性的一面。心理过程构成了人的心理现象的第一大方面。

认识过程又称为认知过程,是人脑对客观事物收集、贮存、加工以及提取和使用的过程。主要包括感觉、知觉、记忆、思维、想象等心理现象。

正常人在清醒时,总要看东西、听声音、闻气味、尝味道、触摸物体,通过眼、耳、鼻、舌、身去了解、认识客观事物的种种属性,这个过程,心理学称之为感觉和知觉。

通过感觉和知觉,事物的映像留在头脑中,当该事物再度出现时,能再认知它,不再出现时,也能用回忆重现它,这个过程,心理学称之为记忆。

运用感知和记忆的材料,进行分析与综合,抽象与概括,从而认识事物的本质和规律,这种心理活动被称为思维。

进行技术革新、创造发明、预见未来,则需要在人脑中把原有的种种材料,加工改造,重新组合,创造出新的形象,这就是心理学中所说的想象。

情感过程是个体在实践活动中对事物的态度体验。人在认知和改造客观世界的过程中,并不是麻木不仁、无动于衷的,而总是采取一定的态度,并伴有喜、怒、哀、乐、悲、惊、恐等主观体验,产生依恋感、道德感、理智感等情绪体验。

意志过程是个体自觉地确定目的,并根据目的调节支配自身的行动,克服困难,去实现预定目标的心理过程。它表明个体不仅认识世界,还能改造世界,并在改造世界的实践活动中体现其主观能动性。

认知过程、情感过程和意志过程不是彼此孤立的,它们是相互联系、相互作用的,构成了个体有机统一的心理过程的三个不同方面。认知过程是情感过程和意志过程产生和发展的基础,而情感过程和意志过程又反过来影响认知活动的进行和发展;情感也会对意志行为产生动力作用,良好的情感会使个体的意志努力得到更充分的发挥,而意志行为又会有利于丰富和升华情感,它们相辅相成,构成了人的完整的心理过程。

以上划分只是为了研究的方便,知、情、意在人的精神活动中是不可分割的整体。

二、个性心理

由于遗传、生活环境、教育等的不同,人的心理活动会表现出一系列的个别差异,正如古语所说,"人心不同,各如其面",体现了每个人不同的心理面貌,这就是心理学上所说的个性。个性心理构成了人的心理现象的第二大方面。

个性心理是一个人在社会生活实践中形成的相对稳定的各种心理现象的总和。包括个性倾向性、个性心理特征及自我意识等,反映人的心理现象个别性的一面。

个性倾向性是推动人进行活动的动力系统。这是个性心理中最活跃的因素,反映了人对周围世界的趋向和追求。个性倾向性主要包括需要、动机、兴趣、理想、信念、价值观和世界观等。需要是个性倾向性的基础,而世界观是个性倾向性中居于最高层次的构建成分,决定着个体总的心理倾向。

个性心理特征是个体经常表现出来的本质的、稳定的心理特征,它集中体现了人的心理活动的独特性。个性心理特征主要包括气质、性格和能力。性格是个性心理特征的核心,反映一个人基本的生活面貌。

在实践活动中,有人暴躁,有人温柔;有人活泼好动,有人安静沉稳,这体现了人们气质上的差异。有人懒惰怠倦,有人勤奋用心;有人谦虚谨慎,有人骄傲轻率;有人勇敢,有人怯懦,这体现了人们性格的不同。有的人有艺术才华,有的人有数理才能;有人语言交际能力很强,有人操作创造能力过人;有人长于记忆,有人善于思维,这体现了人们能力的差异。气质、性格、能力的差异,心理学上称为个性心理特征,它直接体现了人稳定的心理特征和人与人之间差异的具体内容。

自我意识是指人在改造自然与社会的过程中,会意识到自己的心理和行为,并以自我认识、自我体验、自我调节来不断改造和完善自己,调节着自己与周围的关系,表现出了不同的水平和特点。个体正是通过它来调节自己,发挥主观能动作用。

综上所述,心理过程和个性心理是构成人心理现象的两个方面,是人心理活动的两种不同表现形式。它们是相互影响、相互联系、不可分割的整体。心理过程作为人心理活动的基本形态,是个性心理形成的条件和表现形式;个性心理作为人在实践中形成的带有倾向性、本质性和稳定性的心理特点的总和,又是心理过程的主观制约因素。因此,要深入探讨人的心理活动规律,必须把二者结合起来从整体上进行研究。

人的心理现象所包括的两大方面,如图1-1所示:

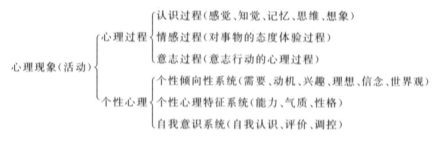

图1-1 心理现象分类

第二节 心理学的研究任务与性质

一、心理学的研究任务

人的心理现象复杂万千,表现形式各异。有的心理现象表现为一种不断变化、不断发展的过程,它伴随着人们的活动而产生、发展与消失;有的表现为相对稳定的心理特征;有的则是几种心理活动综合的表现;不管这些心理现象如何表现,它们的产生、发展及其变化却不是杂乱无章的,而是有内在的因果关系,一定的规律。这是因为,人的心理活动虽然是内隐的,我们不可能直接感知,但它们总是通过外显的行为表现出来。从研究人的外显行为入手,就可以掌握人们复杂的心理活动规律,并以此预测、调节和控制人的行为。因此,心理学是一门以解释、预测和调控人的行为表现为目的,通过研究、分析人的行为,揭示人的心理活动规律的科学。

心理学的任务就是探索和揭露人的心理活动和行为产生的规律,通过描述、解释、预测和控制人的心理与行为,为人类的实践活动服务。

1. 描述心理事实

描述心理事实是对心理现象进行科学研究的第一步。它的主要任务是,从科学心理学的角度对各种心理现象进行科学界定,以建立和完善心理学中有关心理现象的一个完整的、科学的概念体系。这涉及大至对整个心理现象,小至对某一具体心理现象的概念内涵和外延的确定。例如,从大的方面看,"心理"的内涵是什么?心理现象包括哪些?如何划分其种类?一门科学的成熟状况在很大程度上看其概念体系的完整性和科学性水平。我们说,心理学是一门正在发展中的尚未完全成熟的科学,迄今为止尚未完全建立完整、严密、统一的概念体系,其中有不少概念还在争鸣和研讨之中。诸如"智力""情感"等概念就有十几种乃至几十种说法,都是仁者见仁、智者见智的问题。因此,要建立成熟的心理科学,描述心理事实的任务还相当艰巨。

2. 揭示心理规律

揭示心理现象间的规律是心理学的重要任务之一。它包括两个方面:一方面是研究各种心理现象的发生、发展、相互联系,以及表现出的特性和作用等。例如,自我意识在个体身上是何时发生的?有哪些发展阶段?其自我评价是受什么影响的?儿童、青少年自我评价的特点是什么?自我评价对个体发展有何作用?这些都是心理学要加以研究的规律。另一方面是研究心理现象所赖以发生和表现的机制。它包括心理机制和生理机制两个层面上的研究。前者研究心理现象所涉及的心理结构组成成分间相互关系的变化,后者研究心理现象背后所涉及的生理或生化成分的相互关系的变化。当然,"对心理机制的探讨和心理生理机制的探讨毕竟是属于心理学研究的不同层次,完全可以非同步地进行研究。"(黄希庭,1991)例如,对情绪发生机制的研究,以往更多的是在生理、生化层面上进行,积累了大量资料,但对它心理层面上的研究相对不足,这几年随着认知心理学的发展,才逐渐加大这一层面研究的分量。

3. 指导实践应用

学习和研究理论的目的在于指导实践,心理学也不例外。这方面的任务具体表现为指导人们在实践中了解、预测、控制和调节人的心理。这也是心理学理论向实践转化的重要环节。例如,我们可以根据智力、性格、气质、兴趣、态度等各种心理现象的表现,研制各种测试量表,借以了解人们的心理发展水平和特点。我们又可根据各种心理现象和行为的相互关系根据一个人过去和现在的心理和行为状况,预测他将来的心理和行为表现。我们还可以根据某些心理现象发生的机制和影响因素,在不同的环境和情况下对心理和行为加以有效地控制和调节,其中也包括自我控制和调节,以求获得适宜的心理反应和最佳的个性发展。心理学家还可以在这些方面为人们的实践活动提供种种指导,使心理学理论更贴近人们的生活、工作和学习,为实践服务。

二、心理学的性质

(一) 心理学的性质

心理学是一门介于自然科学和社会科学中间的科学。从科学的发展规律来看,科学总是沿着由综合到分化再到综合的轨迹发展的,心理学也不例外。心理学从哲学中分化出来之后,它要得到进一步发展,必定要走综合发展的道路,即在自然科学和社会科学这两大科学门类的交叉处,找到一条前进的道路。从人的心理本质来看,人的心理是人脑的产物,其生理机制是大脑的活动,具有自然属性。而人又具有社会属性,人的心理不可能不受社会因素的制约。因此,心理科学不可能单纯地属于某一类科学,而是一门交叉于自然科学和社会科学中间的科学。

心理学的学科性质也决定了它的学科地位,苏联学科分类学家凯达洛夫院士认为,心理学在迄今已拥有2500多门学科的整个科学系统中占中心位置。他把心理学定位于他们所绘制的"科学三角形"的中心,而三角形的三个顶角分别是自然科学、社会科学和思维科学。后来,随着科学技术的发展,凯达洛夫对科学三角形做了补充,改为科学锥体形(见图1-2)。他在自然科学和哲学之间(更接近于自然科学)加了一个数学,在自然科学和社会科学之间加了一个技术科学,哲学和社会科学共同构成了人文科学,数学和哲学共同构成了思维科学。这一科学锥体形,详细揭示了心理学同其他科学在一般科学系统中的接触点,说明心理学确实处于许多科学系统中的核心地位。

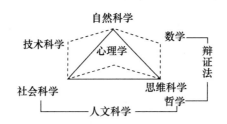

图 1-2 心理学在科学系统中的地位

(二) 心理学的体系

现代心理学的研究范围不断扩大,已涉及日常生活、经济贸易、人才管理、文教事业、运动竞技、医疗保健、政治军事等人类社会活动的各个领域,进入了既高度分化又高度综合的发展阶段。一方面心理学的分支越来越多,且越分越细。例如,教育心理学就是一个分支科学,它又分出学科心理学、教学心理学、品德心理学等,而学科心理学又分化出语文教学心理学、数学教学心理学、外语教学心理学等。语文教学心理学又分化出作文心理学、阅读心理学等。另一方面心理学与其他科学领域以及心理学内部各分支学科之间又在不断地相互渗透,产生一系列交叉学科。例如,社会心理学与教育结合,形成教育社会心理学;大学生心理学与大学教师心理学、管理心理学相结合,形成大学心理学等。这些使心理学形成了一个权多枝繁的庞大体系。为了简明,我们把它粗分为基础性与应用性两大类。

1. 基础性心理学

基础性心理学研究的是心理科学中与各分支心理学有关的基础理论和基本的方法学问题,以及心理发生发展的基本问题。主要有普通心理学、发展心理学、社会心理学、生理心理学和实验心理学等。这里简要介绍如下几门分支学科:

普通心理学(general psychology)是科学心理学的基础,研究正常人心理活动的一般规律和心理学基本理论,按不同的专题内容可进一步细分为感觉心理学、知觉心理学、记忆心理学、思维心理学、动机心理学、个性心理学等。

发展心理学(developmental psychology)是研究一个人生命全程中心理发生、发展规律的科学,按不同的年龄阶段又可进一步细分为幼儿心理学、儿童心理学、少年心理学、青年心理学、成年心理学和老年心理学。

实验心理学(experimental psychology)是通过科学的实验研究方法,研究人类及动物的各种行为及心理变化。

社会心理学(social psychology)是研究个体或群体在相互交往中的社会心理现象及其发展规律的科学,按不同层面可进一步细分为个体社会心理学、群体社会心理学等。

认知心理学(cognitive psychology)是运用信息加工方法研究人的高级心理过程,如记忆、推理、信息加工、语言、问题解决及创造性活动等。

人格心理学(personality psychology)描述和了解个人独特的稳定的心理特征和行为,并对人格进行测量和评估。

2. 应用性心理学

应用性心理学研究的是如何把基础性心理学所揭示出的一些基本规律应用于人类实践的各个方面,并进一步探索在各实践领域中心理活动的具体规律。主要有教育心理学、管理心理学、运动心理学、文艺心理学、司法心理学、政治心理学、军事心理学等。这里简要介绍如下几门分支学科:

(1) 教育心理学(educational psychology)。是一门研究教育过程中心理活动规律的科学,按教育的不同方面,又可细分为品德心理学、教学心理学、学习心理学、学科心理学、教师心理学与学生心理学等。

(2) 管理心理学(managerial psychology)。是一门研究管理活动中心理活动规律的科学,按不同的管理领域可进一步细分为行政心理学、教育管理心理学、学校管理心理学、企业管理心理学与领导心理学等。

(3) 医学心理学(medical psychology)。是一门研究疾病诊断、治疗、护理和预防中的心理规律的科学,按不同方面可进一步细分为临床心理学、病理心理学、药理心理学、护理心理学、心理治疗等。

(4) 咨询心理学(counseling psychology)。其研究对象主要是正常人。它为解决人们在学习、工作、生活、保健和防治疾病方面出现的心理问题提供有关的理论指导和实践依据,使人们的认识、情感、态度与行为有所改变,以达到更好地适应社会、环境与家庭的目的,增进身心健康。

(5) 消费心理学(consumer psychology)。其研究人们在生活消费过程中的心理活动规律及个性心理特征。消费心理学是消费经济学的组成部分。研究消费心理,对于消费者,可提高消费效益;对于经营者,可提高经营效益。

(6) 犯罪心理学(criminal psychology)。是一门研究犯人的意志、思想、意图及反应的学科,和犯罪人类学相关联。主要深入研究的部分在于有关"是什么导致人犯罪"的问题,也包含人犯罪后的反应等,以帮助法庭了解犯人的心理。

总之,现代心理学的研究已经深入人类实践活动和日常生活中的各个方面,分支越来越细,发展也越来越快,并且相互影响,相互渗透,共同推动了心理学的发展。

第三节 心理学的发展简史

德国心理学家艾宾浩斯(H. Ebbinghaus,1850—1909)曾这样概括地描述心理学的发展历程:"心理学有一个悠久的过去,但却只有短暂的历史。"

一、心理学的发展简史

作为一种思想,心理学的历史渊远流长。早在公元前五六世纪,我国古代的思想家、教育家孔子,在《论语》一书中,就对人的心理差异、学习中的心理问题、德育心理和教师心理等作了精细的论述。以后,古希腊哲学家亚里士多德写了《论灵魂》《论自然机能》两部有关心理学问题的著作。但这些闪现着心理学思想光辉的论述都包含在哲学之内。

作为一门科学,心理学的历史却又十分短暂。19世纪中叶以后,自然科学的迅猛发展为心理学成为独立的科学创造了条件。直到1879年,德国心理学家冯特(W. Wundt,1832—1920)在莱比锡大学建立起世界上第一个心理实验室,采用自然科学的手段来研究人的心理现象,创办了报道心理学实验成果的《哲学研究》杂志,出版了第一部科学心理学专著《生理心理学纲要》。于是1879年被称为"科学心理学的诞生年",冯特也被视为科学心理学创始人。从此,心理学从哲学中分化出来,成为一门独立的科学,开始了蓬勃发展的历程。

百余年来,心理学的发展是快速的。科学心理学诞生于德国,起初世界上只有极少数心理学家,也主要局限于德国、英国、奥地利等国。第二次世界大战后,心理学的研究中心移居美国。在美国,心理学会已成为仅次于物理学会的全国第二大学会,心理学被视为科学的七大部类之一。美国3000多所大学几乎都开设心理学,每年培养心理学博士3000多人。另外,有25万学生主修心理学课程,300万名学生选修心理学课程。广大青年把心理学看作是"值得为之献身的科学"。全国仅心理学会的分支学会就有40多个。如果说20世纪30年代前,西方心理学家几乎都局限在大专院校的话,那么今天60%以上的心理学家则任职于政府机关、工商界、教育、司法、部队等。我国自1917年陈大齐教授在北京大学创立第一个心理学实验室以来,虽几经起落,但也在不断发展。特别是20世纪80年代以后,中国心理学进入了空前繁荣、发展的时期,从国家到地方成立了各级心理研究机构、心理学系和心理学专业。这些都说明,心理学的发展是快速的,心理学在我国社会主义市场经济的新形势下,愈来愈发挥着它巨大的作用,心理学的意义和作用也日益受到社会各界的重视和欢迎。

同其他科学一样,心理学也曾出现过学派林立、各执一端的局面。经过几十年的论证,多数心理学家已经意识到"未必可能有哪一种观点或理论能包容人类行为的全部丰富性和复杂性"。因而,第二次世界大战后,心理学的发展出现了相互吸引、取长补短、趋向融合的局面。与此同时,心理学与邻近科学的联系也愈益加强,彼此之间出现了相互交叉、渗透以至呈现综合性、整体化的研究趋势。控制论、系统论、信息论、计算机和分子生物学等多种学科加入了探索人类心灵奥秘的行列,特别是脑科学的发展,使我们能从分子水平上揭露心理活动的生理机制,使心理科学取得了突破性进展。这不仅能使我们更加系统地解释人的个别心理现象,而且能把人的全部行为和整个意识统一起来,使心理学的研究进入更高的综合阶段。同时,也促使了心理科学研究方法愈加完善与实验手段的现代化,为心理学步入先进科学行列提供了理论与方法论的基础。

科学发展的历史说明,在每个历史时期,总有一门或几门对整个科学的发展起决定作用的带头科学。以数、理、化为研究中心的时代已经过去,生物科学的极盛时期已经到来。而生物科学的高度发展,必然为心理科学的发展创造条件。同时,当人们对比较低级的物质运动形式有了相当认识之后,自然要把对人类心理活动这种最高级的反映形式的研究提到主要议程上来。可以预料,今后将出现一个心理学大发展的时期,许多著名科学家都预言,21世纪心理学将成为一门带头科学。

二、心理学的学派简介

反映心理学发展的另一个重要侧面是各学派的出现和演变。心理学成为一门独立的科学后,围绕着心理学研究的对象、任务、方法、性质等展开了争论,出现学派林立、理论纷纭的局面。从20世纪50年代开始,该局面演变为学派减少,相互吸收、互补并存的势态,于是新的心理学思潮相继产生,人本主义心理学、认知心理学、神经心理学是主要代表。

1. 构造主义(structuralism)

冯特建立的实验心理学既标志着科学心理学的建立,也标志着心理学第一个流派——构造主义的诞生。

该学派认为,心理学是研究直接经验——即意识的科学。心理学的任务就是用实验内省法分析出意识过程的基本元素,发现这些元素合成复杂心理过程的规律。例如,研究者控制节拍器发出有节律的滴答声,并使其做出快慢、强弱等方面的系统变化,让被试说出自己的主观感受来,如愉快—不愉快、紧张—轻松、兴奋—抑郁等。经过研究,他们把人的经验分为感觉、意象和激情三种元素。感觉是知觉的元素,意象是观念的元素,激情是情绪的元素。这些元素通过联结和统觉就构成了所有的复杂的意识经验。

构造心理学的意义在于摆脱了思辨,开始了实验研究,从而使心理学成为一门独立的科学。该派别因为在研究对象与研究方法上受到心理学界其他学派的反对,于20世纪20年代之后逐渐衰落。

2. 行为主义(behaviorism)

美国心理学家华生(J. B. Watson,1878—1958),在1913年发表了一篇题为《一个行为主义者眼中的心理学》的论文,正式举起了行为主义的旗帜。

行为主义反对研究意识,认为意识带有主观的性质,是看不见、摸不着的,无法对它进行可重复性的、客观的研究,主张研究可观察到的外显行为,认为心理学是行为的科学,而不是意识的科学。行为主义反对内省法,认为用内省法得到的资料不是客观资料,主张科学心理学应当采用实验法。此外华生强调环境决定论,认为人的一切行为都是在后天环境影响下形成的,他曾经说过一段偏激的话:给我一打婴儿,在由我做主的环境中,不管他们的天资、能力、父母的职业和种族如何,我可以把他们培养成我想让他们成为的任何人:医生、律师、商人、艺术家、乞丐或小偷等。

华生的极端主张虽然没有被全盘接受,但是,他所倡始的方向却在美国得到了广泛的传播,并成为一个重要的心理学派别而固定下来。华生的行为主义心理学思想形成初期在很大程度上受巴浦洛夫条件反射学说的影响,华生彻底否认人的主观世界,以生理反应代替心理现象,把动物和人等同起来是错误的。20世纪50—60年代后虽逐渐衰落,但其研究方法的客观性,以及对当代心理学的行为训练与改造、心理治疗与咨询的作用仍很重要。

3. 格式塔心理学

德国心理学家韦特海默(M. Wertheimer,1880—1943)1912年创建了格式塔心理学。"格式塔"是德语的译音,意思是"整体"或"完形"。该派心理学是从研究似动现象的实验开始的。他们反对把心理现象进行元素分析,把冯特的构造心理学称为"砖块和灰泥的心理学"。他们在解释为什么每一种知觉都是一个"被分离的整体"时,认为是大脑中有些力量—磁场,把它们组织起来。并认为学生在解决问题时之所以产生迷惑不解,是由于没有把问题的细节与整个情境结构联系起来考虑;一旦把问题看成是一个有意义的整体,就会产生顿悟,问题就解决了。

格式塔心理学很重视实验方法,其在知觉、学习、思维等方面进行了大量的实验研究,提出了知觉的原则与认知学习的理论。

4. 精神分析学派(psychoanalysis)

这是奥地利精神病学家弗洛伊德(S. Freud,1856—1939)于19世纪末在精神疾病的治疗实践中创立的一个学派,这一理论体系主要包括潜意识论、泛性论和人格论。

弗洛伊德的代表作有《梦的解析》(1900)、《精神分析新引论》(1933)、《精神分析纲要》(1949)。

弗洛伊德把人格分成本我、自我和超我三部分。本我与生俱来，即先天本能和原始欲望；自我处于本我和外部现实之间，对本我作缓冲和调节；超我是"道德化了的自我"，即良心和自我理想两部分，以指导自我去限制本我的冲动。一个人的精神状态就是这三个部分的平衡、矛盾、冲突的结果。

弗洛伊德认为人的心理可分为意识和潜意识两部分，潜意识虽不能为本人所意识，但它包括原始的盲目冲动、本能及被压抑的欲望，是人精神生活的重要方面，其一旦发生障碍便会导致精神疾患的发生。弗氏认为意识仅是人的精神活动中的一个很小的部分，而潜意识才是人精神活动的主体，通过对梦的分析就可以了解到这一点。该学派还认为，人一生的行为都带有性的色彩，受"力比多"(libido)性能的支配，并随力比多在个体发展过程中集中于身体某一区位的变动而出现口腔期、肛门期、性器期和生殖期，形成四个发展阶段。

弗洛伊德把心理分为意识和潜意识，他对心理动力因素的研究是值得肯定的。但他把一切活动都归结为被压抑的性本能，认为潜意识决定意识，是没有科学依据的。新精神分析学派修正了弗洛伊德的理论，反对本能说和泛性论，强调社会文化因素对精神疾患和人格发展的影响。

5. 认知心理学(cognitive psychology)

一般认为，1967年美国心理学家奈瑟的《认知心理学》一书的出版标志着认知心理学正式产生。这本书第一次采用了认知心理学这个术语，提出了认知心理学的基本理论，是20世纪60年代兴起的一个心理学新流派。主要研究个体接受、编码、操作、提取和利用知识的过程。它强调人已有的认知结构对当前认知活动的决定作用，并且在计算机和人脑之间进行类化，像研究计算机程序的作用那样，在较为抽象的水平上研究人的信息加工各个阶段的特点，以揭示人脑高级心理活动规律。认知心理学把人比作计算机，有一定的合理性，也有局限性。因为再高级的计算机也无法具有大脑意识活动的主观能动性、社会性以及以自我意识为核心的主观世界。

6. 人本主义心理学(humanistic psychology)

这是由美国心理学家马斯洛(A. Maslow，1908—1970)与罗杰斯(C. Rogers 1902—1987)于20世纪50年代创建的一个心理学流派。它既反对精神分析学派贬低人性，把意识经验还原为基本驱力，又反对行为主义把意识看作行为的副现象，主张研究人的价值和潜能的发展，被称为心理学的第三势力。人本主义心理学强调研究健康人的心理或者人格；强调研究人类中出类拔萃的精英；强调人的潜能与价值，人性的美好；强调环境和个体自我概念对人行为的作用。他们的观点把人看作自己命运的主人,是一种积极的人性观,注重人的独特性,认为人的行为主要受自我意识的支配,要想充分了解并解释人的行为,就必须考虑到人们都有一种指向个人成长的基本需要。该学派不仅仅主张了解人性,而且主张改变环境以利于人性的充分发展,从而达到自我实现的境界。这种人性观为心理咨询与治疗孕育了一套新的思路与方法。

第四节 心理学的研究方法

一、心理学的研究原则

每一门科学研究方法的选择和应用都须遵循一定的原则,心理学也不例外,心理学研究应遵循以下基本原则。

1. 客观性原则

客观性原则即实事求是原则。这一原则要求,研究任何心理现象都必须按照事物的本来面目加以考察。人的心理是客观事物的反映,通过人的实践活动,以语言、表情和动作等客观外显的形式表现出来。因此,我们在研究心理现象时,不能依靠个人的主观臆想和揣测,而要根据心理现象的外部表现来进行研究。贯彻客观性原则,应该提供可靠的材料,并对所得的全部事实材料和数据作出全面的分析;研究所得的结论应该是分析全部材料的成果。要杜绝曲解、主观解释和作出轻率的结论。

2. 系统性原则

这一原则要求在对人的心理现象进行研究时,必须从系统论的观点出发,把各种心理现象放在整体性的、动态和相互联系的系统中进行分析。因为,人作为一个多层次、多因素的极其复杂的系统,在考察整个系统的反映时,很难做到只改变一个因素而保持其他因素不变。因此,在心理学的研究中必须在各个因素的相互作用中去认识整体,考虑各种内、外因素相互之间的关系和制约作用,在多层次、多因素和多维度的系统中进行分析。反对片面、孤立、静止地研究人的心理现象。

3. 发展性原则

这一原则要求我们把心理现象看作是一个不断变化的过程,用发展变化的观点去认识人的心理活动。因为,任何心理现象都是客观发展的,是不断变化的,即使是较稳定的心理特征,由于长时间各种因素的作用也可能发生变化。因此,在研究个体心理时,不仅要研究和阐明已经形成的心理特征,也要阐明那些正在形成和刚刚表现出来的新的心理特征,并且还要预测可能会出现的心理特征,以便创造有利条件,使其顺利发展和形成。

4. 教育性原则

这一原则要求在进行心理学的研究时,应从有利于教育,有利于个体身心健康的角度来设计和实施研究。应该清楚,研究儿童或学生心理是为了更好地教育学生,而不是为研究而研究。因此,在进行研究时,不仅要在课题选择上考虑教育意义,使其结果有助于教学和教育质量的提高,而且要在研究方案的设计上和实际进行的过程中考虑对学生的教育影响,不做有损于学生身心健康发展的事。

二、心理学的具体研究方法

心理学的研究方法很多,在此,向大家介绍几种主要的研究方法。

1. 观察法

观察法是指在日常生活条件下,有目的、有计划地通过被试行为的外在表现以研究其心理活动规律的方法。例如,一些心理学者在研究婴幼儿心理发展的过程中,每天定时对所选的对象进行观察,并记录他们的活动,当材料累积到一定程度时,通过各种分析,从中找出婴幼儿心理发展的规律。著名的教育家陈鹤琴就是采用观察法研究儿童心理活动,写成《一个儿童发展的程序》;科学儿童心理学的奠基人普莱尔(W. Preyer)也是运用观察法对其儿子进行长期研究并写成《儿童心理》一书的。

观察法的主要优点是其真实、客观。因为被试是在正常生活未受干扰的情况下,自然表露出心理状态的,没有掩饰,不附加人为的影响,所以获得的材料较真实可靠;同时,它又很简便,一般不需要什么仪器设备。

观察法的不足是其被动,即观察者处于被动地位等待所需要的心理现象的出现,因此花费的时间长;另外,所得的材料往往带有偶然性,同时对观察到的现象以及取得的材料也不易做数量分析。

运用观察法应注意的问题:所有的观察始终要有明确的目的和周密的计划;研究者不能干预被试活动的正常进行,应让被试完全处于不知情的自然状态;研究者要善于捕捉和记录观察到的有关现象,积累充分的、准确的材料;要善于分析所记录的材料,避免武断,力求作出切合实际的推断或结论。

2. 实验法

实验法是有目的的严格控制和创设一定条件,来引起被试某种心理现象以进行研究的方法。该方法是近代科学普遍采取的研究方法,也是心理学研究的主要方法之一。实验法主要分为两种:自然实验法和实验室实验法。

自然实验法是在日常生活的自然条件下,研究者创设或改变一些条件,来引起被试某些心理活动以便进行研究的方法。这一方法的实质就是把实验研究与日常活动结合起来,它既可以用于研究一些简单的心理现象,又可以用于研究人的个性心理特征。自然实验法保留了实验室实验法能主动获取所需的心理事实,并探究原因的优点,也体现了观察法减少人为性,提高真实性的优点。

运用自然实验法首先要明确研究的课题,对研究的途径、进程作出一定的设想,逐步分析各种影响的条件,作出详细完整的记录,仔细比较不同条件下的不同结果,反复验证结论。

实验室实验法是借助各种仪器并严格控制各种条件,在实验室进行心理研究的方法。严格控制条件主要指以下四个方面:① 严格控制实验情景,尽量排除无关变量的影响;② 根据实验条件,按科学方法选取被试;③ 严格控制实验刺激,使之以不同水平、性质、条件,按规定的方式、时间、顺序呈现;④ 严格控制被试反应,用指导语引导反应方向与范围。该方法多用于心理过程及其生理机制的研究。

实验室实验法的优点是:能主动获取所需要的心理事实,并能探究发生的原因;所获得的信息较为精确。但该方法带有很大的人为性质,被试清楚地知道自己是在接受实验,因此可能会影响实验的结果,使实验缺乏客观性。

3. 调查法

调查法是以收集被试各种材料来间接了解其心理活动的一种方法。调查的途径和方法很多,包括谈话法、问卷法、活动产品分析法等。

谈话法是研究者通过与被试交谈的方式以了解其心理特点的方法。采用这种方法要注意以下几点:研究者要事先拟好提纲,交谈时要注意把握内容与方向;谈话应在轻松的氛围下进行;对被试的回答(包括反应的快慢、伴随的表情与动作、具体的内容等)要详细记录。谈话法的优点是简便易行,但得出的结论有时带有主观片面性。

问卷法是通过被试书面回答问题的方式以研究其心理的方法。使用这种方法要注意:所拟的问题不应脱离主题,并且问题表达要明确、清晰、易懂,不能模棱两可;提出的问题不能有暗示性;为了争取被试的合作,实事求是地回答,要附有详细的填表说明;对于获得的材料要用统计学方法进行定量与定性的分析。问卷法可以当场进行,也可以通过邮寄方式进行。问卷法的优点在于能比较迅速地获得大量资料,便于定量分析。但其不足是对被试的态度不便进行控制,获得的材料不能保证详尽。

活动产品分析法是通过被试的作品如日记、作文、绘画、工艺、制品、报告总结、自传、回忆等进行分析来研究其心理特点的方法。用这种方法可以了解被试的技能及其熟练程度、能力水平与知识结构等。

4. 测验法

测验法是通过运用标准化的心理量表对被试的某些心理品质进行测定来研究心理的一种方法。

测验的种类较多,从内容上分,可分为智能测验、成就测验、人格测验等。所有的测验都是由一些要求作出回答反应的问题构成的。这些问题应该是在大量的预备实验的基础上,按一定的方法、步骤编制而成的。心理测验的最大优点是能数量化地反映人的心理发展水平和特点;但测验的有效性在很大程度上取决于测验量表的可靠性。

5. 个案法

个案法是收集单个被试的资料以分析其心理特征的方法。收集的资料通常包括个人的生活史、家庭关系、生活环境、人际关系以及心理特征等。根据需要,研究者也常对被试作智力、人格等测验。个案研究的研究对象可以是单个被试,也可以是由个人组成的团体(如一个家庭、班级或企业)。此方法是较古老的方法,由医疗实践中的问诊方法而来,是研究儿童心理常用的方法。例如,了解家庭教育中家长教养模式及亲子关系对儿童发展的影响,就可以采取个案法。

心理现象是复杂多变的,在研究过程中,为获得大量准确的材料,可以选择几种方法综合运用,或以一种方法为主,以其他方法为辅。

第五节 师范生学习心理学的意义

"善之本在教,教之本在师。"教师是学生健康成长的引路人和指导者,是人类文明的传承者和创造者,是社会美好价值的坚守者和弘扬者,是建设国家和民族复兴梦想的重要力量。无论是国内还是国外,师范生都要学习心理学,心理学是未来从事教书育人工作者终身必修的课程。概括地说,学习心理学有以下几方面的重要意义。

一、有助于树立辩证唯物主义的世界观

科学的心理学是建立在辩证唯物主义基础上的。它科学地解释了人的心理内容和现象,探讨了人的心理过程和个性心理形成的规律,阐明了人的心理活动对生活条件的依存关系,也为辩证唯物主义物质第一性、意识第二性原理提供了科学依据。所以,学习和掌握心理学知识,能够使学生正确认识人的心理现象的实质,更深刻领会马克思主义哲学的基本原理,特别是认识论原理;自觉地同唯心主义偏见作斗争,同各种形形色色封建迷信活动作斗争,并能提高识别是真科学还是假科学或反科学的能力。科学地认识人的生命与人生的价值,为大学生活及未来的职业生涯奠定坚实的世界观、人生观和价值取向基础。

二、有助于促进自身的发展

心理学为我们揭示了心理现象与心理活动的规律,这就有助于人们科学地了解自己的心理特点,认识到自身的优点与不足。这对将来从事教育工作的师范生来说,显得尤为重要。教师是学生思想品德和行为的榜样,教师的一言一行对学生都产生潜移默化的影响,教师的职业性质决定了教师的思想素质和心理素质应是高水准的。为此,师范生要自觉地加强这些方面的修养,要对自己有一个正确的评价和认识。心理学可以帮助学生了解自己的认知和人格特点、长处与不足,从而有针对性地改造自己的弱点,有目的地发展自己的优良品质,不断地进行自我教育,发展自我,完善自我。同时,学习心理学知识还可以掌握自我心理调节与保健的方法,克服消极的情绪,以求身心的健康发展。总之,对于师范生来说,这种促进作用更有特殊意义,那就是师范生自身素质的全面发展不仅有利于自身,更有利于未来的学生,其素质的提高又会进一步促进将来的教育工作。

三、有助于提高未来的教育教学工作

教学过程不仅仅是学生掌握知识的过程,更是学生的身心全面发展的过程。教育的作用在于对学生的发展方向和发展速度可以施加积极的影响。而掌握心理学知识,有助于师范生了解学生的心理特点,在未来的教书育人工作中,有针对性地开展工作,促进学生形成健全的人格。

从教学的角度看,掌握心理学知识,可以提高教学的主动性和有效性。掌握心理学的知识可使教师采用最佳的教学手段以优化影响学生学习效果的各种因素。如果教学的内容、方式与要求符合学生的需要,符合学生的心理活动规律和发展水平及特点,就能被学生所接受,就可能产生良好的教学效果,切实提高教学质量。

【阅读材料】

国外心理学名家

荣格

荣格可以说是精神分析学派里面第二位最重要的人物。也是分析心理学的创始人。荣格(Carl G. Jung,1875—1961),瑞士心理学家和精神分析医师,分析心理学的创立者。早年曾与弗洛伊德合作,曾被弗洛伊德任命为第一届国际精神分析学会的主席。

历史上,唯有极少数的灵魂拥有宁静的心灵,以洞悉自己的黑暗。而开创分析心理学的大师——荣格,便是这少数之一。他是弗洛伊德最具争议性的弟子,并将神话、宗教、哲学与灵魂等弗洛伊德忽略的问题,引入了分析心理学派中。他是现代思潮中重要的变革者和推动者之一。忽略了他,便忽略了与现代社会紧密攸关的整个思想。

荣格的分析心理学,他的集体无意识理论,不仅对精神分析做出了伟大的贡献,对心理学和精神病学产生了影响,而且深深影响了宗教、历史和文化领域。心理学史家舒尔兹说:"荣格的观念能激发人们的思想,而且新颖,他提出了一种关于人的乐观主义的概念,这种概念许多人认为是由于背离了弗洛伊德而有的、值得欢迎的变化。"就荣格与弗洛伊德二人的比较而言,另一位心理学史家墨菲的评论更加明快而富有魅力,他认为弗洛伊德与荣格都是负有不寻常使命的先知,弗洛伊德看到的是浩瀚的力量横扫一切,人世也不免罹难,只能略做些敷衍塞责的抗议,然而在荣格看来,"有不断扩大的领域容许同庄严和神圣的东西进行直接的接触,有一种患者和医生都甘愿接受的鼓励,自由无阻地朝着神秘追求的方向运动。"人们或许会这样设想,前者是一位坚定的人物,"勇敢地对抗着一个异于宇宙的虽然宏大却凄凉萧瑟的力量",对于这个宇宙,人类只可能提出局部而有限度的防御;而后者却是一位通往极富挑战性的世界的向导,在他看来,对于这个世界,人类是真正与之协调一致的。

阿德勒

阿德勒(Alfred Adler,1870—1937),奥地利精神病学家。1870年生于维也纳,1937年5月28日卒于苏格兰的阿伯丁。幼时身体羸弱,长大后决定学医。1895年获维也纳大学医学博士学位,成为眼科和内科医生。1902年参加弗洛伊德的精神分析小组,曾任维也纳精神分析小组的主席。后因强调社会因素和意识在人格形成中的作用,并把补偿缺陷的作用看作神经症的根本原因而与弗洛伊德发生明显的分歧。

1912年,阿德勒自成一派,称为"个体心理学"。阿德勒的个体心理学主张,人生而具有一种把人格统一于某个总目标的内驱力。他把这种内驱力叫作"追求优越",意思是说,每个人生下来存在身心的缺陷,因而产生补偿这种缺陷的欲求,并且补偿往往是超额的,即不仅抵偿了缺陷,还发展为优点。他还认为每个人都有追求优越的独特方式,或称"生活风格"。生活风格这个概念对当代主张心理学采用特殊规律研究法的心理学家有影响。

他的主要著作有:《论神经症性格》《个体心理学的时间与理论》《理解人类本性》等。

艾宾浩斯

艾宾浩斯(Hermann Ebbinghaus,1850—1909),德国实验心理学家。1850年1月24日生于波恩附近的巴门,1909年2月26日卒于哈雷。17岁入波恩大学学习历史和语言,后转入哈雷大学及柏林大学获博士学位,1880—1909年间相继在柏林大学、布雷斯劳大学及哈雷大学任教。他在前两校各建成心理学实验室,在哈雷大学则将原有的实验室加以扩充。1890年他和A.柯尼希合创《感官心理、生理杂志》。

他在担任大学讲席以前已独自进行心理学实验,立志要将实验法应用于较高级的心理过程,所致力的课题就是记忆。他的研究成果载入《记忆》(1885)一书。他接受英国联想主义心理学的观点,以重复学习为构成联想的条件。他用一次完全回忆所需要的重复学习次数来计算实验的分数,称为完全记忆法。另一计分方法称作节省法,就是在一次完全回忆之后隔了一段时间已发生遗忘,此时再来学习原先的材料,看能节省多少时间或节省多少重复次数,从而推知保持的数量。他还设计了种种方法来探测在学习中所形成的是哪些联系,例如直接顺次的联想和间隔的联想,顺行联想和倒行联想等,并测定各种联想的不同强度。他也比较了学习有意义材料和无意义材料的不同速度,比较了学习材料的不同长度对学习速度的影响,考察了过度学习、集中学习和分散学习的效应。最著名的保持曲线,即表明遗忘的发生是先快后慢的曲线,是永远和他的名字联系在一起的。他连续5年(约1879—1884)用自己作被试,并严格控制自己的日常生活以不影响实验的结果。除了记忆的研究是他的主要贡献以外,他还研究过光的感觉,发表过色觉学说。他还发明一种填充实验,后来被广泛应用于智力测验和作业测验。他另有两部心理学著作《心理学原理》(1902)和《心理学纲要》(1908)曾风行一时。

巴甫洛夫

巴甫洛夫(1849—1936),苏联生理学家、苏联科学院院士。1849年9月26日生于梁赞,1936年2月27日卒于列宁格勒。1870年在圣彼得堡大学学习动物生理学,1875年转入军事医学院学习,1883年获医学博士学位。1904

年因消化腺生理学研究的卓越贡献而获得诺贝尔奖。他又是用条件反射方法对动物和人的高级神经活动进行客观实验研究的创始人,也是现代唯物主义高级神经活动学说的创立者。他开始时研究血液循环和消化功能,但主要工作是关于高级神经活动的研究。

他发展了谢切诺夫关于心理活动反射本性的学说,把反射解释为有机体与外部世界相互作用的要素。高级神经活动学说是其多年实验研究的总结,主要记述在《动物高级神经活动》(1923)和《大脑两半球机能讲义》(1927)之中。他详细地研究了暂时联系形成的神经机制和条件反射活动发展和消退的规律性,论述了基本的神经过程——兴奋和抑制现象的扩散和集中及相互诱导的规律,提出了高级神经活动类型学说和两种信号系统学说。在苏联,它们被认为是对心理学问题进行辨证唯物主义深入研究的自然科学基础。他强调了心理与生理的统一,反对把心理的东西与生理的东西割裂开来。他应用客观的方法对心理现象进行科学研究,揭示心理活动的生理机制有助于心理学摆脱内省主义的束缚。近几十年来,生理学中的新进展使人们对心理的生理机制的认识不断深入,并使高级神经活动学说本身得到发展。

比奈

比奈(Alfred Binet,1857—1911),法国实验心理学家,智力测验的创始人。1857年7月8日生于尼斯,1911年10月8日卒于巴黎。1889年他和同事V.亨利一起建立了法国第一所心理学实验室。1895年在他的倡导下,法国出版了第一种心理学杂志《心理学年报》。

他更重要的贡献是与T.西蒙一同创造了测量智力的方法。1904年,巴黎教育当局委托他们二人制定鉴别学习落后儿童的方法。1905年,他们编成了《比奈-西蒙量表》,内有30个难度不同的试题,用以区别判断、理解和推理的能力。1908年发表了这个量表的修订本,这个修订本不但增加了试题,而且使试题的难度随年龄的增加而上升,量表的应用年龄是3~16岁。1911年又发表了这个量表的第二次修订本,把应用年龄改为3~19岁。不幸的是,比奈在这次修订本出版之前逝世。不久,比奈-西蒙的智力量表就被移植到许多国家,而他们首先使用的"心理年龄"和"年龄量表",也就成为广泛应用的术语。比奈著述很多,其《智力的实验研究》(1903)、《语句的记忆》(1895)、《推理心理学》(1886)等,都有重要的科学意义。

库尔特·勒温

库尔特·勒温(Kurt Lewin,1890—1947),德裔美国心理学家,传播学的奠基人之一,社会心理学的先驱,也是首先将格式塔心理学原理用于研究动机、人格及团体社会历程的心理学家。他出生于普鲁士波森省的莫吉尔诺乡村的一个中产阶级犹太家庭,因心脏病突发逝于美国马萨诸塞州的牛顿维尔(Newtonville)。

1909 年进入弗赖堡大学学习医学,那时他打算成为一个医生。不久后即转入慕尼黑大学学习生物学,后又转到柏林大学,1910 年开始攻读心理学哲学博士,成为 C.斯图姆夫的关门弟子,当时格式塔心理学学派的三位创始人 M.韦特海默、K.考夫卡和 W.柯勒也都是斯图姆夫的学生。在柏林大学期间,除学习心理学外,他也学习数学和物理学,他完成了许多关于联想和动机的重要研究,并开始创建他的场论。1914 年博士毕业,此时正逢第一次世界大战爆发,直到 1916 年才获得博士学位。大战期间他在德国陆军作为志愿兵服役 4 年,官至陆军中尉,曾因受伤而获颁铁十字勋章。1917 年,他和教师玛利亚(Maria Landsberg)结婚,他们有两个孩子,这场婚姻维持了 10 年。在 1917 年受伤疗养期间,他发表了《战争形式》一文,文中首次提出场论的初步概念。

1921 年他成为柏林大学心理学研究所的研究人员,次年任讲师,1927 年晋升为教授,在此期间与格式塔心理学派建立联系,并成为该学派的积极倡导者。1929 年他参加了在美国耶鲁举行的国际心理学家会议,同年他和盖特尔德(Gertrud Weiss)结婚,婚后育有两个孩子。1932 年应 E.波林之邀赴美任斯坦福大学访问教授 6 个月,任期结束后,因逃避纳粹执政后对犹太人的迫害,于 1933 年从德国来到美国定居,1940 年成为美国公民。他先在康奈尔大学任教 2 年,1935 年应聘于爱荷华大学儿童福利研究站工作,指导了一系列关于儿童实验社会心理学的研究。由于他在社会心理学中努力研究的优良成果,1944 年受聘到麻省理工学院任教,并担任由他创办的群体动力学研究中心主任。1944 年,勒温的母亲逝于德国纳粹集中营,3 年后,勒温去世。

勒温虽与三位完形心理学创始人处于同一时代,而且关系密切,但他的心理学思想却与他们三人不同。勒温所研究的不是知觉、思维和问题解决等问题,而是将格式塔心理学的理念扩大到社会情境,从而研究人与环境及人与人之间关系的问题。在他的心理学研究中,最受重视的有以下两方面:场论和群体动力学。

冯特

冯特(Wilhelm Wundt,1832—1920),德国心理学家。1832年8月16日生于曼海姆北郊内卡劳,1920年8月31日卒于莱比锡。从1851年起,升入蒂宾根、海德堡、柏林等大学专攻医学。1856年,受聘作赫尔姆霍茨的助手,得以亲受赫尔姆霍茨的指导。自此转入精神科学领域,重视"感官知觉"的问题。1859—1862年发表《对感官知觉理论的贡献》一书。1863年出版《论人类和动物的心理学讲演录》,这部著作从许多方面论述人的意识现象和动物的心理。1874年出版《生理心理学纲要》,它是实验心理学的第一部重要专著。同年,应聘任苏黎世大学哲学教授。1875年又应聘于莱比锡大学任哲学教授。1879年,冯特在莱比锡建立了世界上第一个心理学实验室,这标志着独立的心理学学科的诞生。这个实验室很快发达兴旺起来,成为国际性的研究机构,使国内外学者云集于冯特门下。1889年出版了《哲学的体系》,这本著作代表了冯特哲学和心理学思想的精华。1900年至1919年9月他致力于《民族心理学》一书的写作和出版,这部共10卷4000余页的著作代表了冯特社会心理学的观点和思想。

冯特是一位杰出的心理学家,应该是心理学史上的一个里程碑。他在心理学领域,把直接经验的研究规定为心理学的任务,1862年率先提出"实验心理学"的名称,坚决利用生理学,坚持走实验的道路。他能把过去所有关于心理实验的结果加以收集并组织成一个系统,使心理学的面目大为改观,即从哲学中独立出来成为一门科学。他坚决主张用客观的方法研究心理问题,这就是把心理学研究的权利从玄学家手中夺到科学家手中,为心理学的研究方法开拓了一条新的途径。冯特以为心理元素,简单的心理过程,只有两类:一类是感觉和意象(意象是感觉之后大脑内相应的局部兴奋引起的);另一类是情感。情感包括愉快和不愉快、兴奋和沉静、紧张和松弛,这就是冯特的情感三维学说。在复杂的心理过程中,他尤其重视统觉。认为统觉是表现心的意志性、主动性、统一性的作用。冯特的心理学观点反映了从一种原子论和分析的概念转到一种比较统一和有机的概念。他就是在这方面影响了德国心理学的发展的。他在莱比锡心理实验室的基础上,逐渐创建了一个空前的国际心理学派,而且在心理学的各个领域都作出了富有教益的理论和实验上的贡献。但是,由于冯特的世界观倾向、宗教信仰、哲学观点以及当时思想潮流和科学条件等原因,冯特的发展受到了很大的局限。这表现在:他的心理学的理论体系仍然没有脱离旧时代传统的影响,仍然把心理、精神、意识看作是静止的,看不见它的真正成长和消灭,看不见各方面的真正的互相联系。尽管他提出了一套似乎完整的心理发展规律,可是却没有真正把握住心理的发展规律。因此,冯特的心理学体系到了20世纪初就逐渐发生了动摇,遭到了包括他的学生在内的不少人和不少学派的反对,很快地失去了他在心理学界的领导地位。未到冯特去世,他的学派就解体了。

冯特是第一个现代心理学家,培养出了一大批早期心理学博士,写出了第一本有分量的新心理学教科书《生理心理学原理》。冯特认为心理学的对象是与间接经验相对立的直接经验。间接经验提供给我们的是关于某种东西的情况或知识,而不是经验本身。经验本身是对物质的直接体验——直接经验,它不受任何较高水平解释的约束,也不为这些解释所左右。正是这些基本经验,形成了意识的基本状态或心理要素。冯特想把心理或意识分解为最基本的成分,正像当时的自然科学分解它们的研究对象一样。

弗洛伊德

弗洛伊德(Sigmund Freud,1856—1939),奥地利精神病医生、精神分析学派的创始人。1856年5月6日生于摩拉维亚,1939年9月23日卒于英国。1873年进入维也纳大学,1876年在布吕克的指导下,任助理研究员,1881年获医学博士学位。他在求学时即与布罗伊尔医生相友善。他看到布罗伊尔用催眠法治疗癔病,感觉到身心关系的微妙。1887年他曾用催眠治病,但到了1892年左右,他发现催眠的疗效不能持久,乃改用他所特创的精神分析疗法,借以挖掘忘记了的观念或欲望。他认为被压抑的欲望绝大部分是属于性的,性的扰乱是精神病的根本原因。1897年,他对自己进行了艰苦的自我分析,提出了恋母情结,即仇父恋母的情绪倾向。但必须指出,弗洛伊德的"性"是广义的,他认为身体上的敏感部分都属于性觉区。弗洛伊德的性观点使他失欢于布罗伊尔,并导致了精神分析学派的分裂,他的信徒阿德勒和荣格都因反对这个观点而先后另立门户。1909年,弗洛伊德应邀参加美国克拉克大学20周年校庆,并发表以精神分析为主题的讲演。可见那时他已名扬国外了。1930年,他被授予歌德奖金。1936年荣任英国皇家学会通信会员。弗洛伊德的主要著作有《梦的解析》《精神分析引论》《精神分析引论新编》《弗洛伊德自传》。

斯金纳

斯金纳(Burrhus Frederick Skinner,1904—1990),美国当代心理学家,新行为主义心理学的主要代表。

1904年3月20日生于波士顿,1931年获哈佛大学哲学博士学位。斯金纳在思想上深受巴甫洛夫、罗素的著作以及实证主义、操作主义的影响。他提倡一种"彻底的行为主义",主张心理学应该坚持描述环境和有机体行为之间可观察的函数关系,认为主观的心理活动实质上全都是有机体的反应,都具有物理的维度。他本人毕生致力于行为的实验分析,从长期的研究中得出结论:欲使个体行为形成,强化必须依随反应而发生。从20世纪50年代前后起,他开始尝试将自己的结论以及行为主义的哲学观点运用到认为科学的广泛领域中去,引起了东西方思想界的注目。他一生在心理学上的成就很多。提出了操作性条件反射的规律。他还根据对强化作用的研究,发明了著名的"教学机器",并设计出"程序教学"的方案,对美国教育产生过深刻的影响。1968年,美国政府授予他最高的科学奖励——国家科学奖章。1990年8月10日在美国心理学年会上被授予心理学毕生贡献奖,8天后去世。

他的主要著作有:《有机体的行为》《科学和人类行为》《言语行为》《教学技术》《关于行为主义》等。他的小说《沃尔登第二》以及他的《超越自由和尊严》一书,曾在美国激起巨大的反响和争议。

华生

华生(John Broadus Watson,1878—1958),美国心理学家、行为主义心理学的创始人。

1878年1月9日生于南卡罗莱纳州格林维尔,1958年9月25日卒于纽约州。16岁入格林维尔城的福尔满大学学习哲学,1900年获硕士学位。后入芝加哥大学学习,1903年获哲学博士学位,论文题目是《动物的教育》。此后在芝加哥大学任讲师。1908年转任霍普金斯大学比较心理学教授。1915年当选为美国心理学会主席。1918年获福尔满大学名誉博士。第一次世界大战期间曾在美国空军系统任职。1920年因离婚案件被迫离开霍普金斯大学而转入广告行业。

他的行为主义思想首先是于1908年在耶鲁大学的一次讲演中提出的。1913年发表论文《行为主义者心目中的心理学》。1914年出版《行为:比较心理学导论》。1919年出版《在行为主义者看来的心理学》。1925年出版半通俗读物《行为主义》，提出要建立行为主义伦理学。他的主要观点是：心理学研究行为而不研究意识，行为最后可分析为肌肉收缩和腺体分泌，心理不过是轻微而内隐的行为；心理学的研究方法应该是客观观察而不是自我内省；除最简单的反射外，一切行为都是通过条件反射过程而后天习得的，心理学的任务就在于预测和控制行为。华生的观点在美国20世纪20年代心理学界居最优势地位。他的环境决定论对美国社会发生了广泛影响。他否定意识的主张虽渐被弃绝，但在方法上强调客观观察的观点则至今势力不衰。

罗杰斯

罗杰斯（Carl Ransom Rogers，1902—1987），美国心理学家。1902年1月8日生于芝加哥附近的奥克帕克。早年主修农业和历史。1924年毕业于威斯康辛大学，同年进入纽约联合神学院。后转入哥伦比亚大学师范学院学习临床心理学。1928年获硕士学位，后受聘到罗切斯特市防止虐待儿童协会的儿童研究室工作。1930年任该室主任。1931年，在工作之余获得哥伦比亚大学博士学位。1940年到俄亥俄州立大学任心理学教授。1945年转到芝加哥大学任教。1957年回母校威斯康辛大学任心理学和精神病学教授。1962—1963年，任行为科学高级研究中心研究员，以后又到加利福尼亚西部行为科学研究所和哈佛大学任职。曾任1946—1947年美国心理学会主席、1949—1950年美国临床和变态心理学会主席，还担任过美国应用心理学会第一任主席。

在1927年以来的半个多世纪中，罗杰斯主要从事心理咨询和心理治疗的研究。他以首倡患者中心治疗而驰名。他还在心理治疗的实践基础上，提出了关于人格的"自我理论"，并把这个理论推广到教育改革和其他人际关系的一般领域中。1956年，他提出心理治疗客观化的新方法，并因此获得美国心理学会的卓越科学贡献奖。1972年，又获美国心理学会卓越专业贡献奖。

罗杰斯是当代美国人本主义心理学的主要代表之一。他的理论观点与当代行为主义形成了鲜明的对比。1956年，罗杰斯与斯金纳共同署名发表了一篇题为《有关人类行为控制的若干问题——一篇专题讨论文章》的争议文章，载于美国《科学》杂志上。该文就人本主义和行为主义在心理学若干基本理论问题上的分歧进行了深入的论述，阐明了人本主义心理学观点，表现出作者对人类自我实现潜能、人的积极自主性的坚信。他的主要著作有：《咨询和心理治疗：新近的概念和实践》《患者中心治疗：他的实施、含义和理论》《在患者中心框架中发展出来的治疗、人格和人际关系》《学习的自由》。

 思考与练习

1. 心理学是一门怎样的学科？谈谈为什么要学习心理学？
2. 什么是心理现象？心理现象如何分类？
3. 心理过程包括哪些内容？
4. 心理过程、个性心理二者的关系如何？
5. 列举心理学流派及其代表人物。
6. 心理学研究常用的方法有哪些？
7. 对中小学教师做一次问卷调查，了解心理学对教书育人工作的实际意义。

第二章　心理活动的生理机制

学习目标

1. 明确心理的实质是什么。
2. 了解神经系统的基本结构和功能。
3. 理解神经系统的反射机制。
4. 了解心理学的生理基础。

在日常生活中，人的许多心理活动常常伴有相应的生理反应，如紧张时，可能会心跳加速、手脚发凉、出冷汗等；在大喜、大怒时，会有心率、血压、呼吸、皮肤电反应及脑电的变化等。这些都说明我们的情绪变化总是伴随着身体的生理变化与反应。这种心理活动与身体活动之间的关系在心理学研究中被称为心理活动的生理机制。

第一节　心理的实质

信息窗2-1

修复了心脏，损伤了大脑

H太太一直都精力充沛，她经常和她的丈夫带着孩子远足露营。可是有一天，H太太在花园里劳动时，突然觉得胸口一阵疼痛，似乎有一只手紧紧揪住了她的心脏。医生给她作了一系列的检查后告诉她，她的问题是心肌供血不足引发的心绞痛。医生建议她避免过度劳累，并给了她一些药片。H太太不再整理花园了，仅仅和朋友在附近走走，可是一天晚上当她上楼梯准备上床睡觉的时候，她的胸痛又一次发作了。专家建议她做一个冠状动脉搭桥术。她同意了。术后几天，医生查房时问她："你现在感觉怎么样？"她回答说："很好，但是好像视力有点问题，所有的东西看上去都有点奇怪，而且我经常失去平衡……"医生打断了她："没关系，经历了这么大的手术肯定有点不舒服，你的检查结果看上去挺好的，我们觉得你的心绞痛好多年都不会再复发了。"医生给她一个宽慰的微笑后离开了房间。但是，困扰H太太的视觉问题并没有

> 改善。她的家庭医生看出有些不对,请一位神经心理学家J医生对她做了检查,J医生的报告证实了家庭医生的担心:她患了Balint氏综合症。她能够看见,但是不能控制眼动。整个世界变形了,因为她看到的都是些瞬间、断续的影像。她再不能看书,对眼前的东西无法定位,无法抓取。简而言之,她的视力几乎没有用处了。她的心脏功能恢复了,但是她不得不住在看护病房里被人照顾。为什么一个生理疾病的治愈却最终导致了心理问题的出现?生理和心理之间到底存在着怎样的关系?这就是我们这节课要学习的内容。

在人类漫长的历史中,人们对自身心理活动的了解和探究一刻也未停止,其间充满着唯心主义和唯物主义、机械唯物论和辩证唯物论之间的斗争。最早的时候,人们把心理现象和灵魂现象联系起来,把心理视为灵魂。因此,英语中"心理学"一词psychology源于希腊语,意为"关于灵魂的学科"。而心理现象发生的物质基础,也往往被认为同人的内脏,尤其是与心脏有关,这一结论和同期的中国研究的见解是一样的,在我国最早的文明中,像"专心""情感""思念"这类围绕心脏而展开的心理活动的字样随处可见,且沿用至今。到了近代文艺复兴之后,随着医学及生理解剖的发展,人们对心理活动的认识才日益清晰。今天的人们越来越明白,所有的心理活动都是在大脑中进行的。心理是脑的机能,脑是心理的器官;心理是人脑对客观现实的反映,且具有主观能动的特点;这才是心理的实质。

一、心理是脑的机能

人的心理到底是由什么器官产生的?在古代,由于当时科学发展水平的局限,人们往往把心脏当作精神的器官,把精神活动称为心理活动。汉字中,与精神活动有关的字都带有"心"部,如:思、念、想、怨、忿等,以及与思考有关的成语如:"胸有成竹""心中有数""心直口快""计上心来"等,都是和这种观点相关联的。我国古代哲学家孟轲曾说:"心之官则思,思则得之,不思则不得也",把心脏看成是思考的器官。而脑的工作,只是使来自心脏的血液冷静而已。

公元前2世纪希腊的一位著名医生盖伦(G. Galen,129—200)开始把心灵的器官置于脑内,他已推测神经系统具有广泛的性能,把大脑视作精神的所在地,他辨别出感觉神经和运动神经,这个区分后来失传了,直到19世纪才被再次发现,但脑如何产生精神,他还是一无所知。

直到18世纪前后,由于科学的发展和对于脑的知识经验的积累,人们才逐渐正确地认识到心理活动不是与心脏,而是与脑联系着的。如人们观察到:人在睡眠和酒醉时,心理活动与清醒时并无太大区别,而精神状态却大不相同。精神病人心跳正常,但却神志不清。一个心脏机能正常的人,如果脑受了损伤,心理活动就会受到严重破坏。因此人们意识到"心理是脑的机能,脑是心理的器官"。

心理是脑的机能,任何心理活动都产生于脑,即心理活动是脑的高级机能的表现;心理是对客观现实的反映,即所有心理活动的内容都来源于外界环境;心理是外界事物在脑中的主观能动的反映。

心理作为一种高级的反映形式,其出现是与物质的进化,尤其是与生物机体的神经系统的发展分不开的。列宁曾说:"人的心理、意识是人脑这块'按特殊方式'组成的物质的高级产物。"人的心理活动是观念的形态的东西,是极其复杂的精神现象,近代科学研究表明:人的心理活动无论多么复杂都不过是人脑的机能,是人脑对客观现实的能动反映。人的心理活动一刻也不能离开其物质载体——人脑。人的心理就是在人脑里活动的,当人脑的某一区域发生病变时,与此区域有关的心理功能也随之发生异常或丧失。人们在动物实验中发现:摘除大脑皮层的狗,不会寻找食物,也不再对呼喊它名字的声音起反应;破坏猿的大脑皮层,会立即使它进入长期昏睡状态。19世纪的法国医生布罗卡(F. Pierre Paul Broca,1824—1880)在临床治疗中发现,一些病人大脑左半球下额回的一个区域损伤后,不能说出复杂的语言,也不能自由表达思想。后来,人们把这个区域叫布罗卡区,也称为运动语言中枢,认为它主管人的口头言语表达。随着生理解剖学的发展和临床医学上的新发现,人们又发现主管视觉、听觉、身体运动等方面的功能区,而当这些区域发生病变或受到损伤时,相应的心理机能会部分或全部丧失。如枕叶受到破坏,人就会失明;颞叶受到破坏会导致耳聋;先天性的无脑儿生来不具有正常的脑髓,整日处于昏睡状态,世界上养育时间最长的无脑儿活了3年零9个月,连母亲的面孔都无法辨认,更无人的心理活动可谈。

这些事实都说明心理活动和脑的结构与机能密不可分,脑才是真正的心理器官。

二、心理是客观现实的反映

脑是心理产生的器官,但仅仅有脑的存在,并不能产生心理现象。为脑提供信息,促使人的心理由可能变成现实的,就是独立于个体之外的客观世界。脑只有在客观现实的作用下,即客观事物以各种不同的形式作用于大脑,通过大脑对信息的加工处理,人们才能产生感知、表象、思维等心理活动。因此,心理是人脑对客观现实的反映,而且具有主观能动的特点。

(一)客观现实是人心理的源泉和内容

客观现实是独立于个体之外的、不依赖于人的心理而存在的所有事物,即自然界和社会生活中的一切事物,以及人与人之间的全部社会关系。人的一切心理现象,不管是简单的感觉,还是复杂的思维,不论是心理过程还是心理状态,其产生都可以从客观现实中找到它的来源。现实中有花,人脑中才会有花的映像。神话故事、科学幻想尽管荒诞虚幻,但构成它们的原始材料也是来源于客观现实。《西游记》作者吴承恩的想象力可谓丰富之极,小说创作似乎超越了时空,任凭想象驰骋。其实,细细分析,作者无论是关于人物的塑造还是情节的描写,都受当时社会生产力和生产关系发展水平的限制,其稀奇古怪的创作构思的内容都能在客观现实中找到依据。甚至连猪八戒使用的兵器——九齿钉钯的原型,也是来源于当时菜园里常见的农具,而不是装备飞机、导弹之类的现代化武器。可见,任何一种心理现象的产生绝不是无源之水、无本之木,总是存在着客观的因素。

(二)脱离社会生活便丧失人的心理

社会生活过程是人类心理活动的最主要源泉和内容,它使人的心理活动具有社会性,是制约人所特有的心理内容的决定因素,因此,如果脱离人类社会生活,便会失去人的心理。1920年在印度加尔各答北的山地上的一个狼窝里发现了"狼孩"就是一个典型的事例。由于狼孩从出生到8岁一直在狼群中生活,因而失去人的心理,代之以狼的习性:用四肢行走,舔食扔在地上的肉,怕强光而夜视敏锐,害怕水不愿洗澡,寒冷天也不肯穿衣,深夜嚎叫等。后经人训练,2年学会站立,4年学会6个单词,到17岁临死时只相当于4岁儿童的心理水平。

我国1984年在辽宁省农村发现一个"猪孩",因父亲病逝,母亲大脑炎后遗症生活无法自理,她常年无人照料,出于求生本能爬进猪圈吮吸猪奶,成天与小猪生活在一起,直到9岁。由于她不像"狼孩"那样完全脱离人的社会生活,在一定程度上还有一点人的心理,但也是远远落后于正常儿童的发展水平。经中国医科大学考察组测试,她的智力只相当于3岁小孩,只能发出一些简单的语音,但她却会做猪的各种动作,发出嘶叫声等。中国医科大学和鞍山市心理测量科研所的有关人员组成课题组,对"猪孩"进行教育训练,经过多年的努力,其中包括行为矫正、动作技巧、人际交往、社会适应能力和文化学习等方面的训练,才逐渐恢复其人性,获得心理上的发展,其智商由原来的39分提高到68分,认识600多个汉字,学会简单的加减法。又过三年,她已达到正常儿童的发展水平,期末语文数学考试还分别达到了88分和85分。这是一例"兽孩"经教育重返社会的特殊典型,她的经历恰恰从正反两个方面再一次雄辩地说明,客观现实是人的心理活动内容的源泉。这个事例启示我们,如果人们不接触客观现实(尤其是社会现实),闭目塞听,孤陋寡闻,心理将受到极大障碍,其水平也不会有较高的发展。

(三)人的心理具有主观能动的特点

客观现实是脱离人的主体而客观存在的,但人在对客观现实进行信息加工时,却是主观的。也就是说,人们在对客观现实进行信息加工时,总要用自己的知识经验,用自己形成的思想观点,同时要受个性特征和当时的心理状态的影响。这些方面人和人是不同的,这就导致了每个人在对信息加工的选择性、准确性、全面性和深刻性上的差异。正所谓仁者见仁,智者见智。有位思想家曾说过:士兵看到马蹄印想到疆场,农民看到马蹄印想到耕耘。同样,对于半杯水,乐观的人看到的是希望,悲观的人体会到的是失望。即使同一人在不同的时间、不同的条件下,对同一事物的认知,也会不同。例如,杜甫的两首诗:《城西陂泛舟》是"安史之乱"以前的作品,其中"春风自信牙樯动,迟日徐看锦缆牵;鱼吹细浪摇歌扇,燕蹴飞花落舞筵。"花啊,鱼啊,燕啊,都足以引起诗人的乐趣。但在另一首《春望》里,还是花红鸟啭,草木葱茏,在诗里却黯然失色了。"国破山河在,城春草木深。感时花溅泪,恨别鸟惊心。"美景并没有激起诗人的丝毫乐趣,相反,却勾起愁绪伤感。

可以说,人对客观现实的反映是主观和客观的统一,既离不开客观事物,也离不开主观影响。正因为如此,我们才能对外部世界的纷纭变化和丰富多彩产生不同的认识与感受。人对客观现实的主观地、能动地加工,具有积极的意义。这主要表现在两方面:第一,积极能动地认识客观世界和改造客观世界。在有目的的各种实践活动中,主动地把外界事物变成观念的东西,把客观事物反映到主观上来,然后又通过实践活动,使主观见之于客观,变主观的东西为客观事物。通过实践活动,人们认识了事物的各种特性与外部联系,进而认识到事物的本质与规律,预测事物未来的发展,从而对各种不同的事物采取不同的态度,作出相应的行为。人正是在这个过程中,不断地认识客观世界的规律,并利用这些规律去能动地改造客观世界。第二,主动地认识自己,改造自己的主观世界。人之所以成为万物之灵,在于人有自我意识,借此去自我观察、自我评价、自我体验、自我监督、自我教育,达到自我完善。

第二节 神经系统

一、神经系统的构造与机能

从心理的实质中,我们知道了脑是心理的主要器官,心理是人脑对客观现实的主观反映。以人脑为核心的神经系统是心理的物质基础。人们接受外界信息,加工外界信息,贮存获得的知识,支配人的行为,形成人的意识经验,都是在神经系统之中特别是在人脑之中实现的。那下面我们就具体来看看与心理活动关系密切的生理结构——以大脑为核心的神经系统。

构成神经系统的基本单位叫神经元。神经元即神经细胞,是由细胞体、树突和轴突三部分组成,细长的突起使它在形态上有别于其他细胞。它的主要机能是兴奋和传导。它的基本作用是接收和传递信息。

神经系统指由神经元构成的一个异常复杂的机能系统。由于结构和机能不同，可以将神经系统分成中枢神经系统和外周神经系统两部分，如图2-1所示。

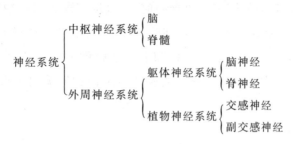

图 2-1 神经系统

（一）中枢神经系统

中枢神经系统包括脊髓与脑。脑在颅腔中，脊髓在脊柱中。两者通常以锥体交叉的最下端和第一颈神经的最上端为界。

1. 脊髓

脊髓（见图2-2）是中枢神经系统的低级部位，位于脊柱的脊椎管之内，略呈圆柱状，前后稍扁。上与延脑相连，下到尾椎部位。脊髓按脊神经的出入分为31节，即脊椎8节，胸椎12节，腰椎5节，骶椎5节，尾椎1节。31对脊神经由不同脊髓发出。

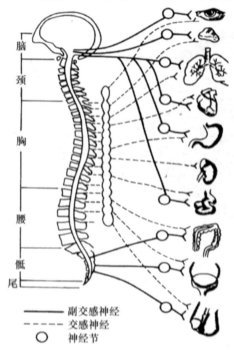

图 2-2 脊髓结构图

脊髓表面以前后两条纵沟分成对称的两半。从横切面看，脊髓中央是呈"H"型的灰质，它的主要成分是神经元的胞体和纵横交织的神经纤维；灰质的外面为白质，由纵行排列的神经束组成。脊髓每侧灰质的前端扩大为前角，含有大型多极神经元，称为前角运动神经细胞。它们的轴突组成脊髓前根，直接支配骨骼肌的运动。灰质的后端形成后角，含有小型多极神经元。后角细胞为感受细胞，它接受进入脊髓后根的纤维，把外界的信息传送给脑。在脊髓的胸髓和上三节腰髓的前后角之间，还有侧角，含有小型多极神经元，是交感神经节前纤维的胞体。它们的轴突出前极，经交通支进入交感干。

脊髓的主要作用有：

(1) 脊髓是脑和周围神经的桥梁。来自躯干和四肢的各种刺激，只有经过脊髓才能传导到脑，受到脑的更高级的分析和综合；而由脑发出的指令，也必须经过脊髓，才能支配效应器官的活动。

(2) 脊髓可以完成一些简单的反射活动，如膝盖反射、肘反射、跟腱反射等。在正常的情况下，这些反射是可以受脑的支配的。

2. 脑

脑(见图2-3)是中枢神经系统的高级部位，是心理活动最重要的物质载体。脑可分为脑干、间脑、小脑、大脑四个部位(见图2-4)。

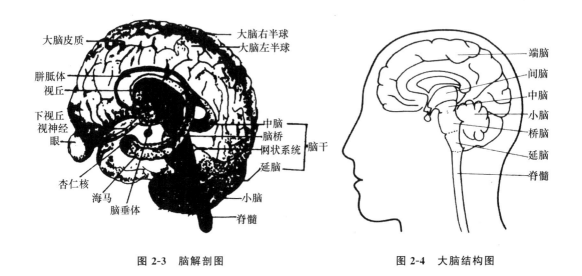

图2-3 脑解剖图　　　　　　图2-4 大脑结构图

1) 脑干

脑干，在大脑和脊髓之间，圆柱形，脑干包括延脑、脑桥、中枢和网状系统。脑干是脑进化中最古老的部分。

(1) 延脑。也称延髓,在脊髓上方,背侧覆盖着小脑,是一个狭长的结构,全长 4 厘米左右。延脑和有机体的基本生命活动有密切关系,其主要功能是调节饮食、吞咽、消化、呼吸、心跳、防御等活动,因而又叫"生命中枢"。延脑也是传导上行下行的神经冲动。

(2) 脑桥。脑桥在延脑之上,位于延脑和中脑之间,是联络小脑和大脑上行下行神经纤维的桥梁,更是中枢神经与周围神经之间的必经之地。它对于人的睡眠具有调节和控制的作用。

(3) 中脑。中脑位于丘脑底部,小脑、脑桥之间,是脑的中点。它的体形较小,结构也较为简单。从横切面看,中脑可分为三个部分：① 中央灰质:指围绕大脑导水管的灰质。腹侧有动眼神经核和滑车神经核,两侧有三叉神经中脑核,分别支配眼球、面部肌肉的活动。② 中脑四叠体:在中央灰质背面。其中上丘是视觉反射中枢,下丘是听觉反射中枢。③ 大脑脚:其中有黑质与红核,与调节身体姿势和随意运动有关。如黑质损伤,手脚的动作协调将会受到破坏,面部表情将显得呆板。如红核损伤,病人将出现舞蹈症等。

(4) 网状系统。在脑干中央(细长),是由一些散在的神经细胞核团和纵横纤维交织成的神经网络,所以叫网状系统或网状激活系统。主要包括脊髓的中央部位、脑桥的被盖和中脑被盖部分。网状系统按功能可以分为上行系统和下行系统两部分。上行网状系统或上行激活系统控制着觉醒或意识状态,对保持大脑皮层的兴奋性,维持注意状态有密切的关系。如果网状系统受到破坏,动物将陷入持续的昏迷状态,不能对刺激作出反应。下行系统对肌肉紧张有易化和抑制两种作用,即加强或减弱肌肉的活动状态。

2) 间脑

在脑干上方、大脑两半球的下部,有两个鸡蛋形的神经核团,叫丘脑。它的正下方有一个更小的组织,叫做下丘脑。它们共同组成间脑(见图 2-4)。

(1) 丘脑。是一个中继站。丘脑后部有内侧膝状体和外侧膝状体。分别接受听神经与视神经纤维。除嗅觉外,所有来自外界感官的输入信息,都通过这里再导向大脑皮层,从而产生视、听、触、味等感觉。丘脑是网状结构的一部分,因而对控制睡眠和觉醒有重要意义。

(2) 下丘脑。是调节交感神经和副交感神经的主要皮下中枢,对维持体内平衡,控制内分泌的活动有重要意义。例如:下丘脑前部对体温的增高很敏感,它可以发动散热机制,使汗腺分泌、血管舒张。相反,下丘脑后部对体温降低很敏感,它有保温、生热机能。使血管收缩、汗腺停止分泌。下丘脑对情绪也起重要作用。用微波电流刺激下丘脑的某些部位,可以产生快感;而刺激相邻的另一区域,将产生痛苦和不愉快的情绪。

（3）边缘系统。在大脑内侧面最深处的边缘，有一些结构，它们组成一个统一的功能系统，叫边缘系统。这些结构包括扣带回、海马回、海马沟，以及丘脑、丘脑下部、中脑内侧被盖等。

边缘系统与动物的本能活动有关，动物的喂食、攻击、逃避危险、配偶活动等，可能由边缘系统支配。边缘系统与情绪也有密切的关系。如边缘系统某些区域受损的猴子，对轻微的挑衅也会做出愤怒的反应；而另一些区域受损，则可能失去攻击能力，它们只是消极躲避，没有敌视的表情。边缘系统还与记忆有关。如边缘系统受伤的病人，不能完成有目的的序列动作，任何细小的干扰，都会使它们忘记所要干的事情。

3）小脑

小脑（见图2-4）在延脑和桥脑的后方，有两个小脑半球。小脑表面的灰质叫小脑皮质。其表面积约1000平方厘米。里面的白质叫髓质。小脑与延脑、脑桥、中脑均有复杂的纤维联系。它的主要功能是协助大脑维持身体的平衡，调节肌肉紧张度，协调、保持身体姿势，调节身体的运动。一些复杂的运动，如写字、走路、舞蹈等，一旦学会，似乎就编入小脑，并能自行进行。小脑损伤会出现痉挛、运动失调，丧失简单的运动能力。

4）大脑

大脑在中枢神经系统的最高部位，是心理活动的主要器官。

人的大脑是由左右两个半球构成的，体积占中枢神经系统体积的一半以上；重量约1400克左右，约占人体重量的1/50。

大脑与人的心理活动密切相关。大脑半球的表面布满深浅不同的沟或裂。沟裂间有隆起的部分称为回。其中有三条大的沟裂，即中央沟、外侧裂和顶枕裂，这些沟裂将半球分为额叶、顶叶、枕叶和颞叶几个区域。在每一个叶内，一些较细小的沟裂又将大脑表面分成许多回。大脑半球的表面由灰质覆盖着，形成大脑皮质或皮层，它的总面积约为2200平方厘米。皮层的薄厚不一，中央前回最厚，约4.5毫米；大脑后端的巨状裂最薄，约1.5毫米。皮层从上而下（或从外到内）分为六层：分子层、外颗粒层、锥体细胞层、内颗粒层、节细胞层、多形细胞层。它们由不同类型的神经细胞组成，其中颗粒细胞层感觉信号，锥体细胞传递运动信息。大脑半球内面是由大量神经纤维组成的髓质，叫白质。它负责大脑回间、叶间、两半球间及皮层与皮下组织间的联系。其中特别重要的横行联络纤维叫胼胝体，它在大脑半球底部，对两半球的协同活动有重要作用。

19世纪欧洲的一批骨相学家提出大脑皮层分区的思想：他们相信脑的不同部位负责不同的心理功能。之后，生理学家和医生们对此进行了广泛的研究，提出了不同的设想。今天，我们根据前人的研究成果，将大脑皮层分成几个机能区域（见图2-5）。

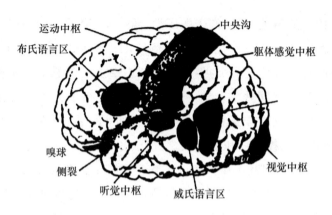

图 2-5 脑内中枢结构图

(1) 感觉区。感觉区包括视觉区、听觉区和躯体感觉区。它们分别接受来自眼睛的光刺激,来自耳朵的声音刺激,以及来自皮肤表面和内脏的各种刺激等。它们是接受和加工外界信息的区域。

(2) 视觉区。视觉区位于枕叶内,它接受在光刺激的作用下由眼睛输入的神经冲动,产生初级形式的视觉,如对光的觉察等。若大脑两半球的视觉区受到破坏,即使眼睛的功能正常,人也将完全丧失视觉而成为全盲。

> **信息窗 2-2**
> **为什么 H 太太手术成功却导致了神经问题?**
>
> 因为手术过程中医生使用了一种人工心脏,在医生切除病变冠脉,用大腿上的静脉替代的手术过程中,她的血液经由这个机器循环流动。机器的输出是可调节的,也就是说操作人员利用这个控制病人的血压。外科医生尽量使血压保持在一个较高的水平以维持生命,但又不能太高以避免干扰冠脉上的手术。很不幸,她的冠脉和脑内的动脉都因此受到了阻塞,出现了粥样硬化斑块。当人工循环控制血流时,大脑局部缺血,细胞受到损伤。如果手术中她的血压一直维持在一个足够高的水平也许能够避免脑损伤。许多病人的血压本就足够维持脑供血,而她不同,所以产生了永久性脑损伤,从而导致了视觉的损伤。

(3) 听觉区。听觉区在颞叶处,它接受在声音的作用下由耳朵传入的神经冲动,产生初级形式的听觉,如对声音的觉察等。若破坏了大脑两半球的听觉区,即使双耳的功能正常,人也将完全丧失听觉而成为全聋。

(4) 躯体感觉区。躯体感觉区位于中央沟后面的一条狭长的区域内,接收由皮肤、肌肉和内脏器官传入的感觉信号,产生触压觉、温度觉、痛觉、运动觉以及内脏感觉等。四肢在体感区的投射关系是左右交叉、上下倒置的。中央后回的最上端的细胞,主宰下肢和躯干部位的感觉;由上往下的另一些区域主宰上肢的感觉。头部在感觉区的投射是正立的,即鼻、脸部位投射在上方,唇、舌部位投射在下方等。身体各部位投射面积的大小取决于它们在机能方面的重要程度。例如,手、舌、唇在人类生活中有重要作用,因而在机体感觉区的投射面积就较大。

(5) 运动区。中央前回和旁中央小叶的前部,称为躯体运动区。它的主要功能是发出运动指令,支配和调节身体在空间的位置、姿势及身体各部分的运动。运动区与躯干、四肢运动的关系也是左右交叉、上下倒置的。中央前回最上部的细胞与下肢肌肉的运动有关,其余的细胞区域与上肢肌肉的运动有关。运动区和头部运动的关系是正立的。同样,身体各部位在运动区的投射面积不取决于各部位的实际大小,而是取决于它们在机能方面的重要程度。功能重要的部位在运动区所占的面积也较大。

(6) 言语区。对大多数人来说,言语区主要定位在大脑左半球,它由较大的脑区组成。若损坏了这些区域将会引起各种形式的失语症。如在左半球额叶的后下方,靠近外侧裂处,有一个言语运动区,称为布罗卡区,这个区域受损会发生运动性失语,即言语器官正常却无法正常说话。在颞叶上方,靠近枕叶处,有一个言语听觉中枢,它与理解口头言语有关。损伤这个区域将引起听觉性失语,即病人不理解口语单词,不能重复他刚刚听过的话语,也不能完成听写活动。在顶枕叶交界处,还有言语视觉中枢,损害这个区域将出现理解书面言语的障碍,病人看不懂文字材料,产生视觉性失语或失读症。

(7) 联合区。人类的大脑皮层除了上述有明显不同机能的区域外,还有范围很广、具有联合或整合功能的一些脑区,即联合区。联合区不接收任何感受系统的直接输入,从这个脑区发出的纤维,也很少直接投射到脊髓,支配身体各部分的运动。从系统发生上看,联合区是大脑皮层上发展较晚的一些脑区。它和各种高级心理机能有密切的关系。动物的进化水平越高,联合区在皮层上所占的面积也就越大。低等哺乳动物的联合区在皮层总面积中占的比例很小,而人类大脑皮层的联合区却占 4/5 左右,比感觉区和运动区都大得多。

依据联合区在皮层上的分布和功能,可以分为感觉联合区、运动联合区和前额联合区。

① 感觉联合区。是指与感觉区邻近的广大脑区。它们从感觉区接收大部分输入信息,并提供更高水平的知觉组织。感觉联合区受损将引起各种形式的"不识症"。例如视觉不识症,即病人能看见光线,视敏度正常,但是丧失认识和区别不同形状的能力,或者他们能看见物体,但是不能称呼它,也不知道它的用途。

②运动联合区。位于运动区的前方,又称前运动区,它负责精细的运动和活动的协调。运动联合区损伤了的乐手,能够正确地移动他的每个手指,正确完成演奏时的各种基本动作,但是不能完成一段乐曲,演奏一个音阶,甚至不能有韵律地弹动自己的手指。

③前额联合区。位于运动联合区和运动区的前方。通过额叶切除手术发现,本区可能与动作的产生、行为程序的制定及维持稳定的注意有密切的关系。切除前额皮层的病人,智力很少受到损害,智力测验分数很少下降,但不能适时停止某种不适当的行为。用猴子进行的延缓反应实验也证明,前额联合区未受损伤的猴子,能对延缓后的刺激做出正确的反应;而前额联合区受损伤的猴子,在刺激延缓超过1秒钟后,就不能完成正确的选择。可见,前额联合区与注意、记忆、问题解决等高级心理机能有着密切的关系。

如果说每叶脑组织能单独控制某一特殊功能,就是一种误导。事实上脑结构完成它们的功能是以音乐会的方式进行的,作为一个统一单元像交响乐队一样工作。不管人们是在做菜,还是在解决一个计算问题,或与朋友谈话,脑作为一个统一整体在工作,大脑各叶相互影响、协调工作。但是神经科学家能够确定出不同脑叶对于完成某一特殊功能是必须的,当某叶脑组织受损,它的功能就遭到破坏或完全丧失。

大脑左右两半球功能的一侧优势:大脑左右两半球从结构上看似乎是左右对称的,而从功能上讲又是不对称的。在正常的情况下,大脑两半球是协同活动的。进入大脑任何一侧的信息会迅速地经过胼胝体传达到另一侧,做出统一的反应。近20年来,通过在切断胼胝体的情况下研究大脑,获得了分别研究大脑两半球功能的重要资料。

切断胼胝体是为了防止癫痫病的恶化,使病变不致由脑的一侧蔓延到另一侧。由于胼胝体被切断,两半球的功能也被人为地分开。每个半球只能对来自身体对侧的刺激做出反应,并调节对侧身体的运动。这样,人们就有可能单独研究两个半球的不同功能(见图2-6)。

经研究发现,手术后大脑两半球被分割的病人,视力、听力和运动功能都正常,而命名、知觉物体的空间关系、理解语言的能力等都出现了选择性的障碍。见图2-6,如果将"铅笔"两个字分别投射在病人的左、右眼视野内,"铅"在左,"笔"在右,那么病人能说出"笔",不能说出"铅",这是因为"笔"投射在左半球,所以能命名,而"铅"投射在右半球,因而不能用言语描述。如果把一支铅笔放在病人左手上,他可以用动作表示铅笔的用途,但是不能用语言描述它;如果把铅笔换到右手上,病人马上就能用言语作报告。如果让病人根据积木的颜色来排列各种图形,那么他可以用左手而不能用右手完成任务。这说明,两半球具有不同的功能。言语功能主要定位在左半球,该半球负责言语、阅读、书写、数学运算和逻辑推理等。而知觉物体的空间关系、情绪、欣赏音乐和艺术等定位于右半球。

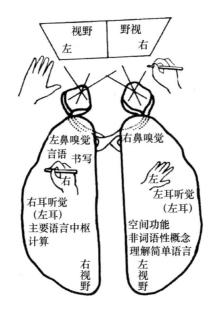

图 2-6 大脑两半球功能图

信息窗 2-3

意外的事故有时会给人带来意外的知识。在认识脑的部分功能的历史上,有过一个非常著名的奇迹。1848 年 9 月 13 日在美国佛蒙特州的一个名叫加文狄希的小镇附近,当日下午 4:30 的时候有一组铁路工人,在修筑从拉特兰到柏林敦的一段路基。工头叫樊尼斯·盖奇。当他用一根三英尺半长,重 13 磅的铁钎子捣实岩石炮眼中的火药时,钎子撞到石头上迸出的火星点燃了火药,火药的爆炸崩飞了钎子,钎子从他的左眼下边穿入,从额顶穿出,又飞出去 50 码远。他倒在地上,手脚痉挛。在几分钟之内,他奇迹般地恢复了意识,而且能够说话。工人们把他抬到一辆牛车上,他一直坐在车上走了 0.75 千米到达小镇上的一个旅店里,他不用人帮助,自己从车上下来并登上一段长长的楼梯走进了一个房间。这时才把头上流着血的大伤口包扎起来,等待医生的到来。不久来了小镇上的两位医生,空手检查了他的伤口,他们都不敢相信他还能活。然而,就在当晚 10 点钟的时候,他的伤口还在流血,他却很有理智地说,他并不需要朋友来看他,因为过两天他就能回去工作了。几天以后伤口受到感染而发炎,开始贫血和昏迷。医生用甘汞、大黄和海狸香给他治疗,病情慢慢好转。三个星期后,他开始着急要下床。到了11月中他就在小镇上游荡了,并开始计划他的未来。奇怪的是,他的性格和脾气完全变了。在受伤以前,他是一位和善可爱的人。受伤后他变得粗暴无礼、固执,不能容忍别人的不同意见,而且反复无常,优柔寡断。总之,他不再是以前那个盖奇了。但是,这个意外事故的结果却使研究脑功能的学者们看到了因脑的局部受伤而产生改变的特别惊人的病例。穿过盖奇头颅的铁钎,现在还陈列在哈佛大学医学院的博物馆中。

(二) 外周神经系统

外周神经系统,指的是中枢神经系统之外的周围神经系统,包括脑神经、脊神经与植物神经。

1. 脑神经

脑神经有12对,各自有不同的名称,负责不同的功能。按顺序分别为:① 嗅神经;② 视神经;③ 动眼神经;④ 滑车神经;⑤ 三叉神经;⑥ 外展神经;⑦ 面神经;⑧ 听神经;⑨ 舌咽神经;⑩ 迷走神经;⑪ 副神经;⑫ 舌下神经。其中第1对、第2对和第8对为感觉神经,分别传递嗅觉、视觉、听觉和平衡觉的感觉信息。第3对、第4对、第6对、第11对和第12对为运动神经,分别支配眼球活动、颈部和面部的肌肉活动以及舌的活动。第5对、第7对、第9对、第10对为混合神经,其中第5对三叉神经负责面部感觉和咀嚼肌的运动;第7对面神经支配面部表情、舌下腺、泪腺及鼻粘膜腺的分泌,并接受味觉的部分信息;第9对舌咽神经负责味觉和腮腺分泌等;第10对迷走神经支配颈部、躯体器脏的活动,包括咽喉肌肉、内脏平滑肌及心肌的运动,同时,还负责一般内脏感觉的输入。脑神经绝大部分分布于头部,面部的肌肉、皮肤等处,只有迷走神经传入内脏,调节内脏活动。

2. 脊神经

脊神经发自脊髓,由椎间孔穿出,共31对,从脊髓两侧发出,分布于躯体、四肢的肌肉和皮肤之间,参与躯体的感觉与运动反应。脊神经依脊柱走向,可分为:颈神经8对,胸神经12对,腰神经5对,骶神经5对,尾神经1对。脊神经由脊髓前根和后根的神经纤维混合组成。脊髓前根的纤维属运动性的,后根的纤维属感觉性的。因此,混合后的脊神经是运动兼感觉的。脊神经具有四种不同的机能成分:

```
           ┌─ 一般躯体感觉纤维：分布于皮肤、骨骼肌、腱和关节
     感觉 ─┤─ 一般内脏感觉纤维：分布于内脏、心血管和腺体
           └─ 一般躯体运动纤维：支配骨骼肌的运动
     运动 ──── 一般内脏运动纤维：支配平滑肌、心肌和腺体
```

图 2-7　脊神经四种机能成分

3. 植物神经系统

19世纪德国学者莱尔最先提出"植物性神经系统"这个名词。之后英国科学家兰格莱将植物神经系统分为交感神经和副交感神经两个部分。植物神经系统的交感神经系统从脊髓的全部胸髓和上三节腰髓的灰质侧角内发出。它借助短短的交感支(节前纤维)和脊髓两侧的交感干联系，然后由交感干神经节发出节后纤维，以支配胸腹部的器脏和血管的活动。副交感神经系统发自中脑、脑桥、延脑及脊髓的骶部。它的节前纤维在副交感神经节中交换神经元，然后由此发出节后纤维，至平滑肌、心肌和腺体。副交感神经节一般位于脏器附近或脏器壁内。

交感神经和副交感神经在机能上具有拮抗性质。一般来讲，人们把交感神经看成机体应付紧急情况的机构。当人们挣扎、搏斗、恐惧或愤怒时，交感神经马上发生作用，即加速心脏的跳动；下令肝脏释放更多的血糖，使肌肉得以利用；暂时减缓或停止消化器官的活动，从而动员全身力量以应付危急。而副交感神经的作用则相反，它起着平衡作用，抑制体内各器官的过度兴奋，使它们获得必要的休息。

植物性神经过去也叫"自主神经"。意思是，它们不受中枢神经系统的支配，因而人们不能随意地控制内脏的活动。但是，生物反馈的研究表明，人们通过特殊的训练，完全可以随意地控制内脏的活动，如调节体温的升降、血压的高低、心跳的快慢等。因此，把植物性神经叫做"自主神经"显然是不对的。

二、神经系统的反射机制

神经系统是一个极其复杂而精细的系统。它不仅保证了有机体的完整性，而且也保证了有机体与环境的统一。神经系统的这种作用是怎样实现的呢？一个重要的途径就是反射。

(一) 反射

人的一切心理活动，就其产生方式来说，都是脑的反射活动。

反射原是一个物理学名词。它表示光线自物体表面折射回来。17世纪法国哲学家笛卡尔(F. Rene Descartes,1596—1650)首先用它解释了动物行为和人的不随意运动。例如：物体刺激角膜引起眨眼动作；手脚遇到灼热物体立即缩回等。笛卡尔把这

类活动叫做"反射"。1863年俄国著名生理学家谢切诺夫（R. Sechenov, Ivan Mikhaillovich, 1829—1905）出版了《大脑反射》一书，把反射概念推广到脑的全部活动和人的全部心理活动上。他指出："有意识和无意识的生活的一切活动，按其产生的方式来说，都是反射。"这一思想被巴甫洛夫誉为"俄罗斯科学思想的天才的挥舞"。

按照生理学的解释，反射是动物有机体借助中枢神经系统实现的、对环境中一定动因所作的一定的有规律的反应。例如：窗外传来声音，我们立即向声源转过头去；食物放在嘴里，立即引起唾液分泌等。这种由环境引起的应答性活动就叫反射。

（二）反射弧

反射弧是实现反射活动的神经结构。一般由感受器、传入神经、神经系统的中枢部位、传出神经和效应器五个基本部分组成。以简单的脊髓反射为例来说明反射弧的构成：一定刺激作用于相应的感受器，使感受器产生兴奋。兴奋以神经冲动的方式传入中枢，通过中枢的分析与综合，又沿传出神经到达效应器，并支配效应器的活动。

随着感官生理学和神经系统生理学的进展，我们对反射弧的各个环节的构造和功能有了一些新的认识。生理学告诉我们，感受器是生物学的换能器，它把一般形式的能改变为另一种形式的能。各种感受器所使用的能量的一般形式，为流过细胞膜的离子能。

反射弧的传入和传出通路不是单一的神经通路。反射弧的传入通路有两条，即特异传入通路和非特异传入通路。特异传入通路指各种感受器接受特定的刺激信息后，发放神经冲动，经过某种传导途径，传到大脑皮层的相应区域，因而产生某种感觉。例如，光刺激眼睛，由视网膜上的感光细胞将光能转化为神经冲动。这种冲动沿神经经丘脑外侧膝状体，直接投射到皮层枕叶，产生视觉。这一通路传递了某种特定的信息，并且将神经冲动传递到大脑皮层的特殊投射区，因而叫特异传入通路。非特异传入通路指通过网状结构的传入通路，从感受器开始的传入神经在经过脑干各段时，都有侧枝进入网状结构，然后抵达丘脑内侧部分的核群，最后弥散性地投射到大脑皮层的广泛区域。非特异通路与特异通路不同：来自各种感受器的神经冲动都进入网状结构，因而非特异通路是各种感觉传入的共同通路；它不传递各种感受器的特殊信息，而是将神经冲动送到皮层的广大区域，因而对维持和改变大脑皮层的兴奋状态，保持大脑的觉醒状态有重要意义。

反射弧的传出通路也有两条：锥体系和锥体外系，它们和网状结构的存在也有关系。锥体系自皮质发出后在半球白质中聚集下行，分别到达身体同侧和对侧的脊髓前角运动细胞，支配效应器的活动。锥体系以外负责调节肌肉运动的皮层下行传导束统称锥体外系。锥体外系不直接通过前角细胞发动有机体的运动，它只是调节前角细胞的机能状态，进而影响肌肉的活动状态。

反射弧的终末环节并不意味着反射活动的结束。在通常情况下,由效应器官产生的反应动作又将成为对有机体的一种刺激物,并引起一定的神经冲动,沿传入神经返回传导到中枢,这个过程叫"反馈"或"返回内导作用"。中枢神经系统根据这种"反馈"信息,就能对效应器的活动进行进一步的调节,并保证有机体活动的连续性、完整性与准确性。在这个意义上,反射活动的机能结构应该是一种"环形"结构。或者说,反射活动是由"反射环"来实现的。

反射环是实现反射活动并包括反馈环形通路的机能结构。心理活动作为一种反应,并没有终止,反应本身和所产生的结果又作为一个新的信号引起一定的神经冲动并返回中枢。这就是反馈。如图2-8。

图2-8 反馈示意图

中枢神经系统根据反馈信息对反应活动进行必要的调节,使反应更加精确。

(三) 无条件反射与条件反射

反射按照产生的条件不同可分为无条件反射和条件反射。

1. 无条件反射

无条件反射是通过遗传获得的不学而能的反射。它是在种系发展过程中遗传下来的,是一种本能行为。引起无条件反射的刺激物叫无条件刺激物。

常见的无条件发射包括缩手反射、膝跳反射、眨眼反射等。无条件反射带有刻板的性质。实现这种反射的神经通路是一种与生俱来的、固定的联系。由无条件反射构成的行为属于本能行为,在某种刺激的作用下,它能自动地、刻板地依次发生。无条件反射和本能行为是动物出生后生长发育的先天基础。无条件反射是在成长时期比较稳定的环境条件下形成,经过世代的积累而巩固下来。无条件反射是终生存在的。

和成人相比,新生儿的无条件反射相对较多。例如,吸吮反射:奶头、手指或其他物体碰到嘴唇,新生儿立即做出吃奶的动作。觅食反射:奶头、手指或其他物体,如被子的边缘并未直接碰到新生儿的嘴唇,只是碰到了他的脸颊,他也会立即把头转向物体,张嘴做吃奶动作。吞咽反射:如果婴儿口中充满了乳汁,他即可吞咽。另外,当眼睛受到强光刺激即引起眨眼动作;舌根被搅动便引起呕吐动作;异物进入鼻腔毛细管壁会引起打喷嚏等。这些行为在心理学上统称为无条件防御反射。当新鲜刺激(大的声音或鲜艳的物体)出现时,儿童会自动把头朝向它,或停止正在进行的活动,好像在探究"这是什么?"这是无条件定向反射——认识世界。大脑是人体的"司令部",大脑如果有了毛病,轻者智力发育受到影响,重者没有办法生存。所以人的大脑发育是否正常,历来受到极大的关注。但是,大人说话颠三倒四、行为古怪,人们很容易看出他的大脑发育有了问题,而新生儿本身就不具备言语和行为的能力,其大脑发育是否正常就不容易判断了。专家表示,用新生儿无条件发射出现的时间可以间接地判断孩子大脑发育的情况。如抓握反射应在出生后4~5个月消失,巴宾斯基反射和游泳反射约在出生后6个月时消失;这些反射只在一定的时间内存在,如果出生后这些反射不出现,或者到了该消失的时候不消失,都表明孩子的大脑发育可能存在问题。无条件反射的存在,保证了新生儿最基本的生命活动,它是个体神经系统发育是否正常的参考指标。

2. 条件反射

动物凭借无条件反射,只能适应固定不变的外界环境。仅仅依靠这种反射,高等动物还不能维持机体的正常生存。动物在个体生活过程中还必须建立许多新的反射,以适应千变万化的周围环境。这种后天获得的反射就叫条件反射。在这个意义上,动物和人出生后所学习的一切行为都是条件反射。例如,马戏团的猴子可以骑自行车,人的望梅止渴、谈虎色变。引起条件反射的刺激物叫条件刺激或信号刺激物。

条件反射是在无条件刺激的基础上建立起来的。建立条件反射的基本条件是某种无关的刺激与无条件刺激在时间上重合。现以巴甫洛夫的经典实验——食物性条件反射的形成为例。在这个实验中,无条件刺激物是食物,它可以使狗产生无条件性的唾液分泌。无关刺激物是灯光,它对唾液分泌原来没有影响。为了形成条件反射,需要将无关刺激物与无条件刺激物结合使用。例如,在无条件刺激物出现以前或同时,出现无关刺激,这样可以看到狗仍在继续分泌唾液。在重复多次之后,仅仅出现灯光,也会引起唾液分泌。这时灯光就从无关刺激物转变成条件刺激物,即成为无条件刺激物的信号而引起狗的唾液分泌。这样条件反射就形成了。

巴甫洛夫认为,条件反射是脑的高级神经活动。它是以大脑皮层上神经联系的暂时接通为基础的。无条件刺激物和无关刺激物在大脑皮层上可以形成两个兴奋点(兴奋灶)。由于多次重复,两个兴奋灶就会沟通起来,形成暂时神经联系,这就是条件反射的基础。由于动物和人具有条件反射,他们对环境的适应能力明显提高了。新的条件反射不仅可以在无条件反射的基础上形成,而且可以在旧的、已经巩固的条件反射的基础上形成。这种条件反射的系统是动物和人的一切学习行为的基础。

巴甫洛夫还指出:在一定条件下形成的条件反射,并不是永远巩固不变的。随着环境中各种条件的改变,条件刺激物的信号意义也可能改变或消失,这种现象叫条件反射的抑制。例如,由于新异刺激的出现使原来的条件刺激暂时受到抑制,叫外抑制。由于条件刺激物不再受到无条件刺激的强化而使条件反射逐渐消退,叫消退抑制。当条件刺激物出现后经过一段时间间隔才给予强化,这样动物必须等待一段时间才对条件刺激物作出反应,叫延缓抑制。消退抑制和延缓抑制也叫内抑制。内抑制还有分化抑制和条件抑制等形式。条件反射的各种抑制保证了人和动物有机体更灵活、更合理的适应自然界。

巴甫洛夫在条件反射的基础上,用两种信号系统理论进一步揭示了人类神经系统活动的特征与技能。第一信号系统是由具体事物或事物的属性(颜色、性质、大小、声响等)作为条件刺激物而建立的条件反射系统。这些具体刺激物称为第一信号刺激物,这是动物和人都具有的条件(信号)反射系统。第二信号系统是由词和语言作为条件刺激物所建立起来的条件反射系统。这些词和语言是起第一信号的信号作用的,所以叫第二信号。第二信号系统的条件反射是人类所独有的。由于第二信号系统的产生,给人的高级神经活动和心理活动带来了新的特点——更加抽象和概括化。两种信号系统是相互协调活动的。第一信号系统的活动是第二信号系统形成的基础,反过来,第二信号系统又对第一信号系统起支配和调节的作用。在具体个人的身上,无条件反射、第一信号系统的条件反射、第二信号系统的条件反射,这三种反射活动可能同时出现,也可能交互出现。一般说,直接吃梅子流唾液是无条件反射;望梅止渴是属于第一信号系统的条件反射;而听别人说梅止渴,就属于第二信号系统的条件发射了。

条件反射的形成和抑制机制的发现,为揭示高级神经活动规律、了解动物和人的心理现象和行为开辟了一条道路。以后,美国心理学家斯金纳发现了另一种条件反射——操作性条件反射。斯金纳设计了一个专用的木箱——斯金纳箱,箱内有一套杠杆装置,当实验动物进入木箱后,它们在箱内乱跑、乱抓、乱咬,偶尔它们跳上杠杆,将杠杆压下。这时杠杆带动一个活门,而使一个食物小球滚进箱内的木槽中,从而取得食物。以后动物再次进入木箱,就会主动按压杠杆以获得食物。这样反复进行,饥饿的动物一进入木箱,就主动按压杠杆,而且按压的次数也越来越频繁。这样就在按压杠杆和取食之间形成了条件反射。斯金纳称它为操作性条件反射。

操作性条件反射与巴甫洛夫的经典条件反射不同。操作条件反射没有明显的可以观察到的外部刺激,它是动物为了获得某种刺激而产生的,因而带有工具的性质。斯金纳认为,动物和人的大多数行为都是操作行为。

经典条件反射是刺激型条件反射。刺激在先,应答行为在后。强化物是同刺激相结合,使无条件刺激变成条件(信号)刺激。强化作用主要是增强刺激-反应的连接作用。操作条件反射是反应型条件反射,操作反应发生在刺激之前,强化物是同反应相结合,强化作用主要是增加操作的强度。强化是一个关键的变量。一个操作之后,接着施予强化刺激,那么操作的强度就增加;如果连续不予强化,操作就会逐渐消退。在强化过程中,练习虽然重要,但练习本身不能提高速率,它只是为进一步强化提供机会。除无条件刺激物可做强化物外，凡是能增强操作反应概率的刺激，均能做强化物。一个原来中立的刺激可以通过一个强化物的反复联合而变成有强化作用的刺激，即后继强化物。后继强化物容易发生泛化，也可以形成分化。后继强化物同原始强化物的联合，可以引起各种不同的活动。经典条件反射适用于被动的应答性行为，操作条件反射适用于操作行为。操作行为较为主动与自然，是获得刺激的手段。尽管两种类型的条件反射有所差别，但没有本质上的不同。操作性条件反射是经典性条件发反射的进一步发展。

第三节 心理活动的生理机制

近代科学研究表明：人的心理活动无论多么复杂都离不开生理机制的支持。在所有生理机制之中，人脑无疑是最为重要的存在。心理是人脑对客观现实的能动反映，当人脑的某一区域发生病变时，与此区域有关的心理功能就会随之出现异常。下面就让我们以几个心理现象为例，具体了解一下心理现象与生理机制之间的关系。

一、感知觉的生理机制

一百多年前，神经解剖学家就已经发现，在各种感觉功能的大脑皮层中，存在着两级功能区，即初级感觉区和次级感觉区。此外，在各种性质不同的皮层感觉区之间还存在着联络区皮层。初级感觉区受损会影响感觉的产生，而知觉的障碍则在于次级感觉皮层或联络区皮层存在的局部的器质性损伤。失认症就是一种典型的神经心理障碍，患者意识清晰，注意力适度，感觉系统与简单感觉功能正常无恙，但却不能通过该感觉系统识别或再认物体，对物体不能形成正常知觉。常见的失认症包括：视觉失认症、听觉失认症、体觉失认症。

例如视觉失认症就有多种表现形式。其中有一种叫统觉失认症：患者对一个复杂事物只能认知其个别属性，但不能同时认知事物的全部属性，故又称同时性视觉失认症。联想失认症是患者可对复杂事物的各种属性分别得到感觉信息，也可将这些信息综合认知，很好地完成复杂事物间的匹配任务，也能将事物的形状、颜色等正确地描述在纸上，但是患者不能知道物体的意义，用途，无法称呼物体的名称，这类患者大多是颞下回或枕—颞间联系受损所致。这是视觉及其记忆和语言功能之间的功能解体造成的。颜色失认症是患者不能对所见到的颜色命名，同时也不能根据别人口头提示的颜色，指出相应颜色的物体。根据脑损伤部位的不同，可分为全色盲性失认症、颜色命名性失认症、特殊颜色失认症。虽然都是颜色认知出现障碍，但颜色失认症不是色盲。视觉失认症中还有一种特殊的存在，叫面孔失认症：有熟人面孔失认症和陌生人面孔失认症两种类型。前者能分辨陌生人，但却不能仅凭面孔确认熟人，这类病人多是双侧或右内侧枕—颞叶皮层之间的联系受损；后者恰恰相反，他们能对熟人辨认无误，但陌生人则都是一副面孔，这类患者大多数为两侧颞叶或右侧顶叶皮层受损所致。

二、注意的生理机制

注意的生理机制很复杂，它和中枢神经系统不同层次的活动有关。

1. 注意与脑干网状结构有密切联系

网状结构能使大脑皮层和整个机体保持觉醒状态，使注意成为可能。临床上网状结构受损伤的患者，处于非觉醒状态，也就没有选择性注意。可见注意与网状结构的激活作用有关。

2. 定向反射所引起的大脑皮层上的优势兴奋中心是注意最主要的生理机制

巴甫洛夫认为，注意就其产生方式来说，是有机体的一种定向反射又叫探究反射、"是什么"反射。有了定向反射，人和动物就可以调整自己的行动，做出适当的反应。所谓定向反射，是指每当新异刺激出现时，有机体便将感受器朝向新异刺激的方向，以便更好地感受这一刺激。注意的中枢机制是神经过程的负诱导。负诱导是指大脑皮层某一部位的兴奋能引起其周围区域抑制的现象。负诱导的产生使大脑皮层某一部位的活动特别活跃，称之为优势兴奋中心，其周围部位则处于相对的抑制状态。尽管每一时刻都有无数刺激作用于感官，但只有那些落到优势兴奋中心的少数刺激才能引起注意，落在其周围处于抑制状态的刺激不引起注意。因此，注意集中于某事物时，对其他事物就会出现"视而不见""听而不闻"等现象。

3. 大脑皮层额叶对调节有意注意起着重要作用

额叶有确定活动目的、调节与控制行为的机能，它直接参与并调节言语指示引起的有意注意。额叶受损伤的病人，无法根据言语指示及一定的活动目的维持有意注意，他们对外界刺激过分敏感，特别容易分心，因而他们无法完成有目的的活动。

以上注意生理机制出现损伤，就会以注意障碍的形式显现出来。典型的注意障碍常常表现在儿童身上。这类患儿的智力正常或基本正常，但学习、行为及情绪方面有缺陷，主要表现为注意力不集中，注意短暂，活动过多，情绪易冲动，学习成绩普遍较差，在家庭及学校均难与人相处，日常生活中常常使家长和教师感到没有办法。好动是孩子的天性，他们对身边发生的任何事情都充满好奇。但是，孩子的活泼好动是有一定的范围的，当超出这个正常的范围后，就有可能是多动症。由于这类儿童注意力涣散导致他们动作目的性多变，不等一件事情做完就又把注意力转移到另一件事情上去。

导致注意力涣散的原因至今尚不十分清楚。20 世纪 50 年代，曾有人认为妊娠期、围产期或新生儿时期轻度脑损伤，可能是这类儿童行为问题的原因。近年来又有人认为是工业发展中环境污染是儿童受害的重要原因,近年来由于汽车数量的增多,所使用的汽油成倍增加,在汽油中为防止爆炸而加入的四乙铅随燃烧不完全的废气排出,可能导致儿童慢性铅中毒。除铅中毒之外,铜、锌等微量元素代谢异常都与脑功能轻度失常有关。当然,遗传因素、环境因素对导致儿童注意力缺陷障碍的形成也具有一定意义。

三、情绪产生的生理机制

情绪和情感的生理机制,也和其他心理过程的生理机制一样,是脑的机能,是和神经系统的多种水平的机能相联系的。现代生理学的研究强调中枢神经机构在情绪发生中的作用。许多研究成果证明情绪的特殊体验的特点在很大程度上取决于丘脑、下丘脑、边缘系统和网状结构的机能。大脑皮层则调节着情绪和情感的进行,控制着皮层下中枢的活动。

丘脑是较早被发现的情绪中枢。20 世纪 20 至 30 年代,美国心理学家凯伦(A. Gillan)根据丘脑受损伤或丘脑活动在失去大脑皮层的控制时,情绪变得容易激动或发生病理性变化这样一些事实,认为丘脑在情绪的发生上起着最重要的作用。

下丘脑与情绪、动机有密切关系。动物实验证明,用微电极刺激猫的下丘脑腹内侧核,会引起猫的强烈情绪反应,产生明显的情绪性行为,愤怒而凶猛地扑向实验者。刺激下丘脑的不同部位,还会引起其他一些情绪反应。

美国心理学家奥尔兹等(A. J. Olds,1922—1976)用"自我刺激"的方法,证明下丘脑和边缘系统中存在一个"快乐中枢"。实验者在老鼠的下丘脑的相应部位埋上电极,另一端与一连接电源开关的杠杆相联。当老鼠按压杠杆时,微弱的电冲动就可以传达到脑,受到一个微弱的刺激。由于通过按压杠杆获得电流对脑的刺激,能引起快乐和满足,所以老鼠不断地按压杠杆,通过"自我刺激"来追求快乐。老鼠按压杠杆的频率高达每小时 5000 次,并能连续按压 15 至 20 小时,直到精疲力尽为止。如果在下丘脑以外的脑部位埋下电极,则没有上述情形,或者快乐效果不明显。由此推断,老鼠的下丘脑中存在一个"快乐中枢"。

网状结构在情绪的构成中起着激活的作用,它所产生的唤醒是活跃情绪的必要条件。它可以降低或提高脑的积极性,加强或抑制对刺激的回答反应,人的情绪色彩和情绪反应在很大程度上依赖网状结构的状态。

大脑皮层是皮层下部位以及整个有机体的最高调节器。情绪、情感的多水平的中枢在皮层下各部位,同时与大脑皮层的调节是密不可分的。大脑皮层可以抑制皮下中枢的兴奋,于是它直接控制情绪和情感。

综上所述,情绪和情感的生理基础是十分复杂的,它是大脑皮层和皮层下神经协同活动的结果。皮下神经过程的作用处于显著地位,大脑皮层起着调节、制约的作用。它包括整个有机体内部器官和效应器的活动,神经过程和生化过程共同参与其中,实现着神经系统各个水平上的整合。

【阅读材料】

有损大脑的生活习惯

1. 长期饱食

现代营养学研究发现,进食过饱后,大脑中被称为"纤维芽细胞生长因子"的物质会明显增多。这些纤维芽细胞生长因子能使毛细血管内皮细胞和脂肪增多,促使动脉粥样硬化发生。如果长期饱食的话,势必导致脑动脉硬化,出现大脑早衰和智力减退等现象。

2. 轻视早餐

不吃早餐使人的血糖低于正常供给,对大脑的营养供应不足,久之对大脑有害。此外,早餐质量与智力发展也有密切关系。据研究,一般吃高蛋白早餐的儿童在课堂上的最佳思维普遍相对延长。而食素的儿童情绪和精力下降相对较快。

3. 甜食过量

甜食过量的儿童往往智商较低。这是因为儿童脑部的发育离不开食物中充足的蛋白质和维生素,而甜食会损害胃口,降低食欲,减少人体对高蛋白和多种维生素的摄入,导致肌体营养不良,从而影响大脑发育。

4. 长期吸烟

德国医学家的研究表明,常年吸烟使脑组织呈现不同程度的萎缩,易患老年性痴呆。因为长期吸烟可引起脑动脉硬化,导致大脑供血不足,神经细胞变性,继而发生脑萎缩。

5. 睡眠不足

大脑消除疲劳的主要方式是睡眠。长期睡眠不足或质量太差,会加速脑细胞的衰退,聪明的人也会变得糊涂起来。

6. 蒙头睡觉

随着棉被中的二氧化碳浓度升高,氧气浓度不断下降,长时间吸进潮湿空气,对大脑危害很大。

7. 不愿动脑

思考是锻炼大脑的最佳方法。只有多动脑,勤于思考,人才会变聪明。反之,不愿动脑的情况只能加速大脑的退化,聪明人也会变得愚笨。

8. 带病用脑

在身体不适或患疾病时,勉强坚持学习或工作,不仅效率低下,而且容易造成大脑损害。

9. 少言寡语

大脑中有专司语言的中枢,经常说话也会促进大脑的发育和锻炼大脑的功能;应该多说一些内容丰富,有较强哲理性或逻辑性的话。整日沉默寡言,不苟言笑的人并不一定就聪明。

10. 空气污染

大脑是全身耗氧量最大的器官,平均每分钟消耗氧500~600升。只有充分的氧气供应才能提高大脑的工作效率。用脑时,特别需要讲究工作环境的空气质量。

思考与练习

1. 心理的实质是什么?
2. 神经系统包括哪些部分,为什么说脑是神经系统的核心部分?
3. 简述神经元的结构和功能。
4. 简述大脑皮层的机能定位理论。
5. 什么是反射和反射弧?
6. 了解心理的生理基础对于学习心理学有什么意义?

第三章 感觉和知觉

> **学习目标**
>
> 1. 理解并识记感觉、知觉、感受性、感觉阈限、观察力等概念。
> 2. 了解感觉和知觉的种类。
> 3. 识记感觉和知觉的规律。
> 4. 能够用感觉和知觉规律分析和解决实际问题。

人类认识世界是从感觉开始的。感觉提供了环境的信息,保持着机体与环境的信息平衡。我们看五彩缤纷的世界,要依靠视觉;我们用语言沟通,欣赏优美的音乐要依靠听觉;我们品尝美味,感受酸甜苦咸离不开味觉;闻新鲜的空气、阳光的味道要用嗅觉;我们感受冷暖涉及肤觉,等等。认知从感觉开始,感觉对人类认识环境和适应环境有重要的意义。在感觉的基础上我们形成对事物整体的认识这就是知觉。知觉具有恒常性、理解性、整体性和选择性等特点。在本章中我们将从心理学的角度了解感觉和知觉的定义和种类,感觉、知觉的规律及其在生活和教学中的应用。

第一节 感知觉概述

一、感觉

在心理学中,感觉指人脑对直接作用于感觉器官的事物的个别属性的反映。

客观事物具有许多个别属性,这些个别属性在人脑中的反映就是感觉。例如,我们可以通过眼睛反映物体的颜色,这属于视觉;通过耳朵反映物体发出的声音,这属于听觉;通过鼻子闻一闻物体发出的气味,这属于嗅觉;通过皮肤接触感受物体的温度或软硬程度,这属于肤觉……感觉的种类很多,其共同的特点是:

第一,感觉是事物直接作用于感觉器官而引起的脑的反映的结果。如光作用于视觉器官产生视觉,声音作用于听觉器官产生听觉,食物作用于味觉器官产生味觉,气味作用于嗅觉器官产生嗅觉等。

第二,感觉是简单的认识过程,它反映的只是事物某一方面的特性或称个别属性。例如,一个苹果有颜色、香味、甜味、光滑等多种特性,作为感觉,视觉只看到颜色;嗅觉只闻到香味；味觉只尝到甜味；触觉只感觉到光滑、软硬。

感觉在人类的生活中具有非常重要的作用。首先，感觉是人们认识世界的开端。通过感觉，人们既能认识外界事物的颜色、明度、气味、软硬等属性，也能认识自己机体的状态，如饥、渴等，从而有效地进行自我调节。借助于感觉获得的信息，人们可以进行更复杂的知觉、记忆、思维等活动，从而更好地反映客观世界。其次，感觉是维持正常心理活动的重要保障。实验表明，在动物个体发育的早期进行感觉剥夺，会使动物的感觉功能产生严重缺陷；人类也无法长时间忍受全部或部分感觉剥夺。感觉剥夺会使人的思维过程混乱，出现幻觉，注意力不能集中，甚至还会产生严重的心理障碍。

信息窗 3-1

感觉剥夺实验

1954 年，加拿大的麦克吉尔大学曾经进行了感觉剥夺实验。他们将 55 名自愿被试孤单一人地关闭在几乎隔音的暗室里。为了尽量剥夺感觉，被试的手上套上至肘部的棉手套，蒙上眼罩。他们的头套在一个 U 形枕头里以降低听觉刺激，同时空气调节器发出单调的声音，以限制听觉。从实验室的观察窗可以看到，实验刚开始时，被试还能安静地睡着，但稍后，被试开始失眠，不耐烦，急切地寻找刺激，他们想唱歌，打口哨，自言自语，用两只手套相互敲打，或者用它去探索这间小屋。换句话说，被试变得焦躁不安，总想活动，觉得不舒服。实验中被试每天可得到 20 美元的报酬，但即使这样，也难以让他们在实验室中坚持待到 2～3 天以上。他们甚至在实验刚结束时，会出现幻觉和轻微的神经官能症。

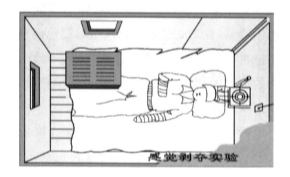

感觉剥夺实验

感觉虽然是一种简单的心理活动，但却十分重要。首先，感觉向大脑提供了内外环境的信息。通过感觉，人可以了解外界事物的各种属性，保证机体与环境的平衡。感觉是认识的开端、知识的源泉。而以上实验可以证明刺激和感觉对于任何人来说都是必不可少的。对于一个正常人来说,没有感觉的生活是不可忍受的。如果没有感觉提供的外界信息,人就不能正常生活和生存。

二、感觉的种类

生活中人们常说人有五官,因此有五种感觉。事实上,人的感觉远不止五种。据刺激的来源不同,我们可以把感觉分为外部感觉和内部感觉。外部感觉是由机体以外的客观刺激引起、反映外界事物个别属性的感觉。外部感觉包括视觉、听觉、嗅觉、味觉和肤觉。内部感觉是由机体内部的客观刺激引起、反映机体自身状态的感觉。内部感觉包括运动觉、平衡觉和机体觉。

(一)外部感觉

1. 视觉

以眼睛为感觉器官,辨别外界物体明暗、颜色等特性的感觉叫做视觉。

光波的基本特性表现在三个方面,即强度、波长、纯度。与物理属性相对应,人对光波的感知也有三种特性:明度、色调与饱和度。

与光的强度对应的视觉现象是明度。明度指由光线强弱决定的视觉经验,是对光源和物体表面的明暗程度的感觉。如果我们看到的光线来源于光源,那么明度取决于光源的强度。如果我们看到的是来源于物体表面反射的光线,那么明度取决于照明的光源的强度和物体表面的反射系数。

与光的波长对应的视觉现象是色调。色调指物体的不同色彩。不同波长的光作用于人眼引起不同的色调感觉,如 700 纳米的光波引起的色调感觉是红色,620 纳米的光波引起的色调感觉是橙色,70 纳米的光波引起的色调感觉是蓝色。

饱和度反映的是光的成分的纯度。例如,浅绿色、墨绿色等是饱和度较小的颜色,而鲜绿色是饱和度较大的颜色。

与光的时间特性对应的视觉现象是后像和闪光融合。视觉刺激对感受器的作用停止后,感觉现象并不消失,还能保留短暂的时间,这种现象叫后像。例如,注视亮着的电灯几秒钟后,闭上眼睛,眼前会出现一个亮着的灯的形象位于暗的背景上,这是正后像,正后像的品质与刺激物相同;随后可能看到一个黑色的形象位于亮的背景上,这是负后像。彩色视觉常常有负后像。例如,注视一个红色正方形一分钟后,再看白墙,在白墙上将看到一个绿色的正方形。当断续的闪光达到一定的频率,人们不会觉得是闪光,会得到融合的感觉,这种现象叫闪光融合。例如,日光灯的光线其实是闪动的,每秒钟闪动100次,但我们看到的却不是闪动的,而是融合的光。

> **信息窗 3-2**
>
> ### 视觉异常
>
> 正常人的视觉都具有最基本的辨色和辨形功能,但由于病变的影响,这些功能可能会不同程度地减弱或出现错乱。
>
> ● 视力减弱。其中近视、弱视、散光和花眼等比较常见。
>
> ● 视物变形。即看到的东西比原物大或小,直线变弯曲,在现实生活中,有些中老年人晨起后突然会感到双眼视物模糊,看到的东西会变形,墙壁是歪的,方桌是圆的。有的还会产生幻觉,不存在眼前的人和物,而对幻觉却说得栩栩如生,有声有色。重者眼前一片漆黑,甚至出现瞬间失明,时间持续数秒钟到数分钟不等,休息数分钟后视力可自然恢复。
>
> ● 斜视。指眼球不灵动,视线方向改变不自如和不正常,或眼球有时不自觉地发生斜视症状:五岁左右的幼儿,因眼外斜肌发育稍慢于眼内斜肌,多少有一点内斜视,俗称"对眼",并无关紧要,随着年龄的增长,绝大部分可以自然恢复正常。但如果是成人眼球内斜,可能是高血压的征象。
>
> ● 复视。即两眼成像不能重叠一起,看任何物体都呈双影。复视起初只有当眼球向一定方位注视时才能出现,以后可发展到任何方向都能出现,最后当两侧眼球的位置已显著不对称时,复视反而可能减轻甚至消失,这往往是脑肿瘤的信号。引起复视的原因主要是眼外肌麻痹。正常人两眼注视物体一致,物像不能投射于双眼底的"对应点"上,以致视物成双。神经系统疾病、眼眶外伤、眼肌手术等情况累及眼外肌或其支配神经时,都可产生复视现象。
>
> ● 色盲。指辨色力微弱,分辨不清颜色,医学上称为色盲,是一种异常的生理现象。
>
> 眼睛之所以能看清东西,是因为除了眼睛的构造十分巧妙以外,在眼底的视网膜上,还有专管看东西的视觉,它们受到光线和颜色的刺激以后,由神经传到脑子的有关部位,于是眼睛看清了外界物体的大小和颜色。视觉细胞有两种,一种是圆锥细胞,一种是圆柱细胞,它们的分工很细:圆锥细胞负责感受强光和辨别颜色,所以人在强光下看有颜色的东西就看得清;柱细胞负责感受弱光而没有辨别颜色的能力,所以人在暗光下看不清物体的颜色。

> 色盲是先天遗传的,外祖父通过带有色盲因子的女儿把色盲传给自己的外孙(称隐性遗传或隔代遗传)。色盲的人,眼睛的视网膜上,缺乏专管颜色的圆锥细胞,也有的是传递某种颜色的神经发生了毛病,不能传递颜色,眼睛就分辨不清颜色了。如果视网膜上缺乏了感受红色的圆锥细胞,或是传递红色的神经发生了毛病,他就看不清红色,医学上称为红色盲,程度轻些的称红色弱;如果视网膜上缺乏了感受绿色的圆锥细胞,或是传递绿色的神经发生了毛病,他就看不清绿色,医学上称为绿色盲,程度轻些的称绿色弱。实际上,不管哪一种色盲或色弱,对两种颜色都不能很清晰地认出来,所以又称为红绿色盲或红绿色弱。医学发现,患红色盲(弱)和绿色盲(弱)的人最多,患蓝色和全色盲的人极少。
>
> http://www.med66.com/html/2005/1/ma520416296151500210426.html

2. 听觉

声波振动鼓膜产生的感觉就是听觉。外界的声波经过外耳道传到鼓膜,鼓膜的震动通过听小骨传到内耳,刺激了耳蜗内对声波敏感的感觉细胞,这些细胞就将声音信息通过听觉神经传给大脑的一定区域,人就产生了听觉。引起听觉的适宜刺激是频率(发声物体每秒钟振动的次数)为16～20000赫兹的声波。低于16赫兹的振动是次声波,高于20000赫兹的振动是超声波,都是人耳不能接受的。接受声波刺激的感受器是内耳的柯蒂氏器官内的毛细胞。当声音刺激经过耳朵传达到内耳的柯蒂氏器官内的毛细胞时,引起毛细胞兴奋,毛细胞的兴奋沿听神经传达到脑的听觉中枢,这就产生了听觉。

听觉器官对声波的反映表现为音高、响度和音色。

(1) 音高。指声音听起来的高低。音高主要取决于声音的频率。一般地,声波振动频率越高,听起来音调越高;反之,音调越低。通常成年男性说话的音调要低于成年女性的音调。言语声的音高一般在85～1100赫兹。音高还受声音的持续时间等因素的影响。声音刺激都至少要持续一定时间(低频声音的持续时间要比高频声音的持续时间要长),才能让人体验到音高。疾病、年龄等因素也会使人对音高的感觉产生影响。

(2) 响度。指声音的强弱程度,主要由声波的振幅决定。振幅越大,声音的响度也就越大;振幅越小,响度越小。测量响度的单位是分贝。生活中,耳语声的响度是20分贝,普通谈话的响度是60分贝,繁忙的街道的响度是80分贝,响雷的响度是120分贝。长时间处于85分贝以上环境中的人会产生听力损失。

(3) 音色。指声音的特色,由声波的波形决定。例如,即使胡琴和小提琴发出的音高、响度相同的声音，听起来还是两种不同的声音，这种差别就是音色的差别。由于声音具有各种不同的特色，我们才可能辨别不同的发声体。

3. 嗅觉

某些物质的气体分子作用于鼻腔黏膜时产生的感觉叫做嗅觉。

引起嗅觉的适宜刺激是有气味的挥发性物质，接收嗅觉刺激的感受器是鼻腔黏膜的嗅细胞。有气味的气体物质作用于嗅细胞，细胞产生兴奋，经嗅束传至嗅觉的皮层部位（位于颞叶区），因而产生嗅觉。

许多动物要借助嗅觉来寻找食物、躲避危险、寻求异性。人的嗅觉已退居较次要的地位。例如，德国牧羊犬的嗅觉比人类的嗅觉敏锐 100 万倍。但即使这样，人的嗅觉仍为我们的生存提供重要的信息。例如，有毒的、腐烂的物质常伴有难闻的气味，这对于想食用它们的人来说是一种警告。很多紧急事故，例如厨房的烤肉烧焦、电线走火、瓦斯漏气等，在还未酿成灾难之前，如能事先利用嗅觉闻出"烟味""瓦斯味"等来解读警讯的话，必可避免一场重大灾难发生。这就是为什么天然瓦斯中要添加甲基硫醇等物，让人闻到味道而察觉。农药杀虫剂中混合臭味化学剂，目的是引起人们的注意。

人的嗅觉受多种因素的影响，如刺激物的作用时间、机体生理状态、空气的温度和湿度等。温度太高、太低，空气湿度太小，机体感冒等，都会降低嗅觉的敏感性。

研究表明，嗅觉刺激可以唤起人们的记忆和情绪。做词汇练习时闻着巧克力香味的学生，第二天回忆词汇时，再次提供巧克力香味比不提供回忆的词汇要多。芳香的气味可以使人心情好，增强自信，提高工作效率。

4. 味觉

可溶性物质作用于味蕾产生的感觉叫做味觉。如果用干净的手帕将舌头擦干，然后将冰糖或盐块在舌头上摩擦，这时感觉不到任何味道，甚至可以把奎宁撒在干舌头上，只要唾液不溶解它，就不会感觉到苦味。引起味觉的适宜刺激是可溶于水或液体的物质，接受味觉刺激的感受器是位于舌表面、咽后部和腭上的味蕾。

味蕾的再生能力很强，所以即使因吃热的食物烫伤了舌头，也不会对味觉有太大影响。但是，随着年龄的增长，味蕾的数量会逐渐减少，因此人的味觉敏感性会逐渐降低。吸烟、喝酒会加速味蕾的减少，因而会加速味觉敏感性的降低。基本的味觉有酸、甜、苦、咸四种，其他味觉都是由这四种味觉混合而来。舌尖对甜味最敏感，舌中对咸味最敏感，舌的两侧对酸味最敏感，舌后对苦味最敏感。食物的温度对味觉敏感性有影响。一般来说，食物的温度在 20～30℃时，味觉敏感性最高。机体状态也会影响味觉敏感性。饥饿的人对甜、咸较敏感，对酸、苦不太敏感。

不同的味觉对人的生命活动起着信号的作用：甜味是需要补充热量的信号；酸味是新陈代谢加速和食物变质的信号；咸味是帮助保持体液平衡的信号；苦味是保护人

体不受有害物质危害的信号。

5. 肤觉

肤觉是物体的机械、温度特性作用于皮肤表面而引起的感觉。接受肤觉刺激的感受器位于皮肤、口腔黏膜、鼻黏膜和眼角膜上（如皮肤内的游离神经末梢、触觉小体、触盘、环层小体、棱形末梢等），呈点状分布。

肤觉的基本形态包括触压觉、温度觉、痛觉。其他各种肤觉是由这几种基本形态构成的复合体。

(1) 触压觉。由非均匀的压力在皮肤上引起的感觉叫做触压觉。触压觉包括触觉和压觉。当机械刺激作用于皮肤表面而未引起皮肤变形时产生的感觉是触觉；当机械刺激使皮肤表面变形但未达到疼痛时产生的感觉是压觉。相同的机械刺激在皮肤的不同部位引起的触压觉的敏感性是不同的，额头、眼皮、舌尖、指尖较敏感，手臂、腿次之，胸腹部、躯干的敏感性较低。

(2) 温度觉。指皮肤对冷、温刺激的感觉。温度觉包括冷觉和温觉两种。冷觉和温觉的划分以生理零度为界限。生理零度指皮肤的温度，随着温度的变化而变化。温度刺激高于生理零度，引起温觉；温度刺激低于生理零度，引起冷觉；温度刺激与生理零度相同，则不能引起冷觉和温觉。人体不同部位的生理零度不同，面部为33℃，舌下为37℃，前额为35℃。当温度刺激超过45℃时，会使人产生热甚至烫的感觉。这种感觉是温觉和痛觉的复合。

(3) 痛觉。痛觉是对伤害有机体的刺激所产生的感觉。引起痛觉的刺激很多，包括机械的、物理的、化学的、温度的以及电的刺激。痛觉对有机体具有保护作用。天生无痛觉的人常常寿命不长，因为他们体会不到因机体受伤或不适而产生的痛觉，因而不会主动去为医治自己的身体而努力。不仅仅是皮肤，全身各处的损伤或不适都会产生痛觉。因此，痛觉既可以是外部感觉，也可以是内部感觉。痛觉常伴有生理变化和情绪反应。皮肤痛定位准确；肌肉、关节痛定位不准确；内脏痛定位不准且具有弥散的特点。影响痛觉的因素很多，我们可以通过药物、电刺激、按摩、催眠、放松训练、分散注意力等方法减轻痛觉。我国学者研究表明，人体皮肤对痛觉的敏感性一年中经历两次周期性的变化，春、秋两季比夏、冬两季要迟钝，其原因尚不明了。

黑龙江省双鸭山市曾出现一个没有痛觉的男孩。该男孩发育和智商与正常儿童一样，但一直对疼痛毫无知觉。据家长介绍，他一岁时手被烫伤过，可他不哭不闹，照常玩耍。不久，他又差点把自己的舌头咬掉，医生没用麻药为其缝合，但他还是不觉得疼痛。家长心里好生纳闷。有一段时间，男孩不知为何走路有些跛行，因无痛感，家长没太在意，不料男孩的左膝越肿越严重。经医院检查发现，男孩为外伤性左股骨末端骨骺骨折，医生为其做了复位手术。但由于先天性痛觉缺损症病因不明，尚无有效治疗手段,医生只能告诫家长今后要对男孩加倍呵护。

(二)内部感觉

1. 运动觉

反映身体各部分运动和位置的感觉叫运动觉。引起运动觉的适宜刺激是身体运动和姿势的变化,接受运动觉刺激的感受器位于肌肉、韧带、关节等的神经末梢。凭借运动觉,我们可以行走、劳动,还可以进行各种体育活动,完成各种复杂的运动技能;凭借运动觉与触觉、压觉等的结合,我们可以认识物体的软硬、弹性、远近、大小和滑涩等特性。

2. 平衡觉

反映头部位置和身体平衡状态的感觉叫平衡觉。引起平衡觉的适宜刺激是身体运动时速度和方向的变化,以及旋转、震颤等,接受平衡觉刺激的感受器位于内耳的前庭器官,即椭圆囊、球囊和三个半规管。平衡觉的作用在于调节机体运动、维持身体的平衡。平衡觉与视觉、机体觉有联系,当前庭器官受到刺激时,视野中的物体仿佛在移动,我们会产生眩晕、恶心、呕吐等症状,如晕船或晕车。平衡觉的研究在航空、航海方面有着重要意义。例如,为了适应航空及宇航飞行的需要,生理心理学必须研究加速度以及失重、超重等现象对人的心理的影响。

> **信息窗3-3**
>
> **关于晕车**
>
> 晕车晕船除了和人体的个体差异有关系以外,还和人体的前庭平衡感受器有关系。运动病又称晕动病,是晕车、晕船、晕机等的总称。它是指乘坐交通工具时,人体内耳前庭平衡感受器受到过度运动刺激,前庭器官产生过量生物电,影响神经中枢而出现的出冷汗、恶心、呕吐、头晕等症状群。那为什么有些人不会晕车,有些人却会晕呢?内耳前庭器是人体平衡感受器官,可感受各种特定运动状态的刺激。当我们乘坐的交通工具发生旋转或转弯时,或汽车启动、加减速刹车、船舶晃动、颠簸,电梯和飞机升降时,运动刺激被感受到。每个人对这些刺激的强度和时间的耐受性有一个限度,这个限度就是致晕阈值,在一定限度和时间内人们不会产生不良反应,如果刺激超过了这个限度就要出现运动病症状。不同人的耐受性差别又很大,这除了与遗传因素有关外,还受视觉、个体体质、精神状态以及客观环境(如空气异味)等因素影响,所以在相同的客观条件下,有些人会出现晕车晕船的情况。在车、船这样一个小空间里其实运动幅度并不大,为什么会有晕车的现象呢?如果在运行过程中有一些异常感受以及运动过程中的一些特殊情况,那么就会有晕车

的表现,比如在车厢里觉得不舒服,或者周围空气不好,或者在运行过程中经常遇到一些复杂的交通情况,这个时候都会对前庭产生一些频繁的刺激,如果超过了忍受极限那么就会有一些晕车症状出现比如头晕、恶心、呕吐等。为什么晕车的人会有呕吐的情况出现呢?有一部分晕车的人会出现呕吐的症状,呕吐也是晕车症状中的一个很重要的症状,通常发生在晕车症状很重的患者身上。呕吐的机理是当前庭受到刺激后会出现功能失衡,然后就会引起植物神经功能的紊乱,植物神经功能是维持人体正常的胃肠蠕动的,出现紊乱后就会有胃肠的逆蠕动,这样就会造成呕吐。另外在我们胃的内壁上会有一些感受器,这些感受器在人体随着车有了一些动荡以后会受到刺激或者牵拉,然后也会反射性出现胃肠逆蠕动,这样也会发生呕吐。为什么有的晕车者开车就不晕了呢?这主要是因为运动病主要是人体前庭神经系统受到超限刺激引起,故前庭神经系统的兴奋度的高低是关键。前庭神经系统属于低级中枢,它受大脑皮层高级中枢影响,高级中枢对低级中枢有抑制作用。当晕车的人开车时,精神处于高度紧张或高度集中状态,大脑皮层高级中枢高度兴奋对前庭系统产生抑制作用,自然就不会晕车了。而以乘客身份乘车时,则不具有这种效应。同样,当战斗警报拉响时,原来晕船的海军将士即刻能够以昂扬的斗志投入战斗。为什么坐在副驾驶座不容易晕,坐在后座就容易晕?的确是这样,一般大家都会把副驾驶座让给容易晕车的人,这是因为后排的视野不是很好,不能向前看,会很习惯地往旁边看。而且前面的空间比后面的空间相对宽敞,这样也容易让晕车的人有一个活动的范围,这时候会觉得轻松些。为什么晕车的人所乘车辆越高级,越容易晕车?会引起晕车的运动刺激是要在适宜的速度变化范围内的,那些高频率的颠簸(一般车辆产生)不是它的适宜刺激,反而不容易出现晕车;而衡稳性能较好的车辆在运行中产生的涌动样的加速度晃动才最合前庭的口味。所以车辆越高级,越容易晕车。为什么有些人原来晕车,但得了眩晕症后却不晕车了?内耳前庭功能良好是产生运动病(晕船、晕车、晕机)的基本条件之一。如果前庭功能丧失,人体也就失去接受各种运动刺激的能力,即各种引起运动病的不良或超限刺激对人体失去作用,所以,原来晕车者在得了眩晕症后,其中部分双侧前庭功能丧失者(耳毒性药物中毒、双侧迷路切除术、反复的眩晕发作等)就不晕车了。

3. 机体觉

机体内部器官受到刺激时产生的感觉叫机体觉。引起机体觉的适宜刺激是机体内部器官的活动和变化,接受机体觉刺激的感受器分布于人体各脏器的内壁。机体觉在调节内部器官的活动中具有重要作用,它能及时地反映机体内部环境的变化、内部器官的工作状态。当人体的内部器官处于健康、正常的工作状态时,一般不会产生机体觉。机体觉的表现形式有饥、渴、气闷、恶心、窒息、便意、性、胀、痛等。

三、知觉

在心理学中,知觉是直接作用于感觉器官的客观事物的整体在人脑中的反映。

知觉不同于感觉,对客观物体的个别属性的认识是感觉,对同一物体的各种感觉的结合就形成了对这一物体的整体的认识,也就形成了对这一物体的知觉。以苹果为例,我们看到的是苹果的红色,尝到的是苹果的甜味,摸到的是苹果的硬度,这是感觉。综合起来我们认识到它的整体,而且把它作为一个整体与其他东西(如西红柿、红皮球)区别开来,这就是知觉。

感觉和知觉是不同的心理过程,感觉反映的是事物的个别属性,知觉反映的是事物的整体属性,即事物的各种不同属性、各个部分及其相互关系;感觉仅依赖个别感觉器官的活动,而知觉依赖多种感觉器官的联合活动。感觉和知觉是认识过程的两个不同层面。与感觉相比较,知觉又具有不同于感觉的特征:首先,知觉反映的是事物的意义,知觉的目的是解释作用于我们感官的事物是什么,尝试用词去标志它,因此知觉是一种对事物进行解释的过程;其次,知觉是对感觉属性的概括,是对不同感觉通道的信息进行综合加工的结果,所以知觉是一种概括的过程;最后,知觉包含有思维的因素。知觉要根据感觉信息和个体主观状态所提供的补充经验来共同决定反映的结果,因而知觉是人主动地对感觉信息进行加工、推论和理解的过程。知觉是在感觉基础上形成的,但知觉不是感觉信息的简单的结合,它是利用已有的经验,对所获得的感觉信息进行组织,同时解释这些信息,使之成为有意义的整体。例如,我们听到身后的熟悉的脚步声,就知道是谁来了。"听到脚步声"是感觉,"熟悉"是指已有经验。感觉信息与已有经验的相互作用,使我们产生了"谁来了"这种知觉。

感觉和知觉既有区别,又有联系。可以说感觉是知觉的基础,知觉是感觉的深入。知觉是在感觉的基础上产生的,没有感觉,也就没有知觉。我们感觉到的事物的个别属性越多、越丰富,对事物的知觉也就越准确、越完整,但知觉并不是感觉的简单相加,因为在知觉过程中还有人的主观经验在起作用,人们要借助已有的经验去解释所获得的当前事物的感觉信息,从而对当前事物作出识别。感觉和知觉的共同特点是,它们都是在刺激物直接作用下引起的脑对事物的反映,属于认识的低级阶段。感觉和知觉都是人类认识世界的初级形式,反映的是事物的外部特征和外部联系。如果要想揭示事物的本质特征,光靠感觉和知觉是不行的,还必须在感觉、知觉的基础上进行更复杂的心理活动,如记忆、想象、思维等。

四、知觉的种类

知觉的分类很复杂,根据不同的标准,可以对知觉进行不同的分类。根据知觉是否正确,可将知觉分为正确的知觉和错误的知觉。根据知觉对象的不同,可将知觉分为物体知觉和社会知觉。我们在这里介绍几种主要的知觉。

(一)物体知觉

物体知觉就是对物的知觉,对自然界中机械、物理、化学、生物种种现象的知觉。任何事物都具有空间、时间和运动的特性,因而物体知觉又分为空间知觉、时间知觉和运动知觉。

1. 空间知觉

空间知觉是对客观世界三维特性的知觉,具体指物体大小、距离、形状和方位等在头脑中的反映。空间知觉是一种较复杂的知觉,需要人的视觉、听觉、运动觉等多种分析器的联合活动来实现。在我们的生活、学习中,空间知觉具有重要的作用。例如,学习汉语拼音、汉字时,需要正确辨别上下、左右,否则难以顺利地掌握汉字的结构和识别汉语拼音;下楼梯时,如果我们不知道有几个台阶、每个台阶有多高,就容易摔倒。

空间知觉包括形状知觉、大小知觉、深度与距离知觉、方位知觉等。

形状知觉指对物体的轮廓和边界的整体知觉。形状知觉是人类和动物共同具有的知觉能力,但人类的形状知觉能力比动物的更高级,因而人类能识别文字。形状知觉是靠视觉、触觉、运动觉来实现的。我们可以通过物体在视网膜上的投影、视线沿物体轮廓移动时的眼球运动、手指触摸物体边沿等,产生形状知觉。

大小知觉指对物体长短、面积和体积大小的知觉。依靠视觉获得的大小知觉,取决于物体在视网膜上投影的大小和观察者与物体之间的距离。在距离相等的条件下,投影越大,则物体越大;投影越小,则物体越小。在投影不变的情况下,距离越远,则物体越大;距离越近,则物体越小。大小知觉还受个体对物体的熟悉程度、周围物体的参照的影响。对熟悉物体的大小知觉不随观察距离、视网膜投影的改变而改变。对某个物体的大小知觉也会因为该周围参照物的不同而改变。

对物体深度和距离的判断可以依据的线索很多,如小的物体似乎远些,大的物体似乎近些;被遮挡的物体远些;远处的物体看起来模糊,能看到的细节少;远的物体显得灰暗,近的物体色彩鲜明;看近物时,双眼视线向正中聚合,看远物时,双眼视线近似平行等。我们还可以通过立体镜了解深度知觉。

在深度知觉的问题上,心理学家们最感兴趣的是以下两个问题:① 我们的视网膜是平面的,在视网膜上构成的视像也是平面的,既然如此,为什么能产生立体的深度知觉？② 如果说深度知觉的获得是双眼协调活动的结果,那么单眼的人(或用单眼视物时),为什么还有深度知觉？对这两个问题,一般是用单眼线索和双眼线索来解释。

1) 单眼线索

刺激物本身具有某些特征,观察者即使只用一只眼睛去看,也可以获得足以判断远近的深度知觉。刺激物所具有的此类特征,叫做知觉的单眼线索。其中主要有如下几种：

(1) 对象的大小。按照视角规律,同样大小的物体在近处要比远处的网膜视像来得大。因此,对几个大小差不多的物体可根据视网膜上的视像判断出它们的远近距离。

(2) 对象的重叠。物体的互相重叠或遮挡,是判断物体前后关系的重要依据。如果一个物体被另一个物体遮挡,遮挡物看起来近些,而被遮挡物则觉得远些。但依靠物体的重叠来判断物体之间的距离是困难的。

(3) 结构级差。视野中物体在视网膜上的投影大小和投影密度发生有层次的变化,称为结构级差。在任何表面上,随着距离的增加,都会产生远处密集而近处稀疏的结构密度级差。这种结构级差是距离知觉的一个线索。

(4) 空气透视。由于空气中灰尘的影响,远处的物体就不如近处的对象来得清晰,见图 3-1。因此对象清晰就被知觉得近些,对象模糊就被知觉得远些。这是深度知觉的一个重要线索,但空气透视和天气的好坏有很大的关系。

(5) 明亮和阴影。在一般情况下,光亮的物体显得近些,灰暗或阴影中的物体显得远些。在绘画中,艺术家正是利用这一原理,把远的部分画得灰暗些,把近的部分画得色调鲜明些,以造成远近和立体感的效应。

图 3-1 空气透视

图 3-2 线条透视

(6)线条透视。线条透视是空间对象在平面上的几何投影。由于近处的对象所占的视角大,看起来较大;远处的对象所占的视角小,看起来较小,见图3-2。视角大小的变化会引起线条透视的视觉效应,即向远方伸展的两根平行线看起来趋于接近,最后几乎合为一点。这种线条透视的效果能帮助我们知觉对象的距离。

(7)运动视差。当观察者与周围环境中的物体作相对运动时,远近不同的物体在运动速度和运动方向上将出现差异。一般来说,近处物体看上去移动得快,方向相反;远处物体移动较慢,方向相同。这就是运动视差。当我们乘坐火车或汽车时,从车窗望出去,就会看到这种相对的运动,它提供了物体远近的线索。

(8)眼睛的调节。调节是指水晶体曲率的改变。人在看东西的时候,为了使视网膜获得清晰的物像,水晶体的曲率就要发生变化:看近物时,水晶体较凸起;看远物时,水晶体较扁平。这种变化是有睫状肌进行调节的。睫状肌在调节时产生的动觉,给大脑提供了物体远近的信息。不过,调节作用只在10米的范围内有用。

2)双眼线索

两只眼睛同时协调活动,获得的刺激物的深度知觉的线索,称为双眼线索。

(1)双眼视轴的辐合。辐合是指两眼视线向注视对象的合拢。人看远方的物体时,两眼视线近似于平行;看近物时两眼视线趋向于集中(见图3-3)。控制双眼视轴辐合的眼肌运动向大脑提供了关于对象距离的信号。但辐合作用只在几十米的距离范围内起作用,对于太远的物体,双眼视轴接近平行,对物体距离的感知则需要依靠其他的线索。

(2)双眼视差。人的两只眼睛相距约65毫米,因此两眼是从不同的角度看物体的:右眼看到的右边多些,左眼看到的左边多些,从而使两眼的视觉稍有不同,这种差异叫做双眼视差。这两个不同的视觉信息,最后在大脑皮层的整合作用下合而为一,就形成了对象的立体知觉或距离知觉。(见图3-4)双眼视差是深度知觉和主要线索。

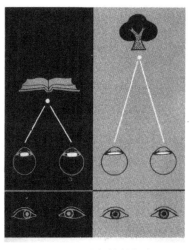

图3-3 双眼视轴的辐合

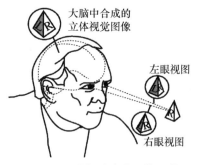

图3-4 双眼视差产生立体知觉

2. 时间知觉

时间知觉是对事物发展的延续性、顺序性的知觉,具体表现为对时间的分辨、对时间的确认、对持续时间的估量、对时间的预测。时间,既没有开始也没有结束。生活中,我们对时间的知觉既可以借助于自然界的变化,如太阳的东升西落、月的圆缺、四季变化等,也可以借助于生活中的具体事件或自身的生理变化,如数数、打拍子、节假日、上下班等,还可以借助于时钟、日历等记时工具。在不同的心理状态下,人们对时间的估计有很大差别。研究表明,在悲伤的情绪下,人们在时间估计方面会出现高估现象;在欢快的情绪下,在时间估计方面会出现低估现象。

3. 运动知觉

运动知觉是指物体在空间的位移特性在人脑中的反映。世界上万事万物都处在运动当中,因而,运动和静止是相对而言的。物体运动速度太慢或太快都不能使人产生运动知觉。人没有专门感知物体运动的器官,对物体运动的知觉是通过多种感官的协同活动实现的。当人观察运动的物体的时候,如果眼睛和头部不动,物体在视网膜的像的连续移动,就可以使我们产生运动知觉。如果用眼睛和头部追随运动的物体,这时视像虽然保持基本不动,眼睛和头部的动觉信息也足以使我们产生运动知觉。如果我们观察的是固定不动的物体,即使转动眼睛和头部,也不会产生运动知觉,因为眼睛和颈部的动觉抵消了视网膜上视像的位移。

运动知觉又可具体细分为真动知觉、似动知觉和诱动知觉。

真动知觉是对物体本身以一定速度和轨迹作连续位移的知觉。真动知觉依赖于物体适宜的运动速度。我国心理学者用实验证明,当对象在两米距离时,运动知觉的下阈是 0.6 毫米/秒,上阈是 600 毫米/秒。

似动知觉是指在特定条件下静止的物体看起来是运动的,没有连续位移的看成是连续运动的现象。似动知觉又称为 φ 现象。我们看电影、电视时,所看到的其中的物体运动并不真实存在,而是许多相似画面的连续呈现。

诱动知觉指不动的物体因其周围的运动而使它看起来好像在运动的现象。例如,夜空中移动的云朵后面的月亮本来是不动的,但是看起来月亮在移动,而云朵是静止的。

图 3-5 是静止的图片但盯着它看一会儿花瓣是不是转动了呢?

(二)社会知觉

社会知觉就是对人的知觉,对由人的社会实践所构成的社会现象的知觉,具体包括对他人的知觉、对自己的知觉、对人与人之间关系的知觉等。

我们每个人都是社会中的人,不可避免地要和各种各样的人交往,良性交往的前提是了解对方。我们不仅会通过与对方的言语来了解对方,也会根据面部表情、目光

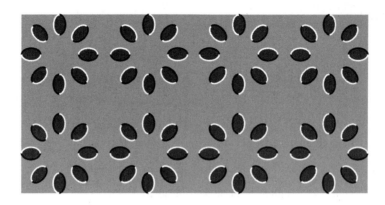

图 3-5 诱动图片

接触、身体姿态和活动等形成对对方的印象。与陌生人初次交往时,对他人的知觉常常受对方给自己留下的第一印象的影响,即首先获得的印象好坏比后来获得的印象好坏占有更大的比重。与熟悉的人或朋友交往时,对他人的知觉会受到新近获得的信息的强烈影响。在心理学中,这一现象叫做新近效应。

另外,在对他人知觉的过程中还存在晕轮效应、投射效应等;晕轮效应即对一个人形成某种印象后,我们会以与这种印象相一致的方式去判断这个人的其他特点。例如,如果喜欢某个明星,则会喜欢与明星有关的一切事物,包括他的发型、穿着、说话的神态及其家人等。所谓投射效应,是指以己度人,认为自己具有某种特性,他人也一定会有与自己相同的特性,把自己的思想感情、意志投射到他人身上并强加于人的一种认知障碍。即在人际认知过程中,人们常常假设他人与自己具有相同的特性、爱好或倾向等,常常认为别人理所当然地知道自己心中的想法。比如,一个心地善良的人会以为别人都是善良的;一个经常算计别人的人就会觉得别人也在算计他等。"以小人之心度君子之腹"就是一种典型的投射效应。当别人的行为与我们不同时,我们习惯用自己的标准去衡量别人的行为,认为别人的行为违反常规;喜欢嫉妒的人常常将别人行为的动机归纳为嫉妒,如果别人对他稍不恭敬,他便觉得别人在嫉妒自己。

投射效应有以下三种表现:

(1)相同投射。在与陌生人交往时,因为互相不了解,相同投射效应特别容易发生,通常在不知不觉中就已然从自我出发做出判断。自己感到热,以为别人也闷热难耐以致客人来了就大放冷气空调;自己家喝酒,招待客人就推杯换盏猛劝酒。有的老师在讲课时,对于某些概念不加说明,以为这是十分简单的基本常识,学生们应该了解和熟悉,但是,在老师看来很简单的东西,在学生看来则不一定简单。这种投射作用发生的主要机制在于忽视自己与对方的差别,在意识中没有把自我和对象区别开来,而是混为一谈,认为他人也跟自己一样,进而合二为一,对对方进行了自己同化。

(2) 愿望投射。即把自己的主观愿望加于对方的投射现象。认知主体以为对象正如自己所希望的那样。比如一个自我感觉良好的学生,希望并相信导师对他的论文给以好评,结果他就会把一般性的评语都理解成赞赏的评价。

(3) 情感投射。一般来说,人们对自己喜欢的人越看越觉得有很多优点;对自己不喜欢的人,则越看越讨厌,越来越觉得他有很多缺点,令人难以容忍。因而人们总是过度地赞扬和吹捧自己所喜爱者,而严厉地指责甚至肆意诽谤自己所厌恶者。这种现象在爱情生活中表现得十分明显。

由于投射效应的存在,我们常常可以从一个人对别人的看法中来推测这个人的真正意图或心理特征。

(三) 错觉

错觉是指在特定的条件下事物必然会产生的某种固有倾向的歪曲知觉。人类很早就发现了错觉现象。《列子·汤问篇》中,"日初出大如车盖及日中则如盘盂",就是错觉的一种。错觉不同于幻觉,它是在一定条件下必然会产生的,是在外界刺激作用于感觉器官时,所产生的不正确的知觉。而幻觉则是在没有外界刺激作用于感觉器官时,所产生的一种虚幻的知觉。

错觉现象十分普遍,差不多在各种感觉中都会发生。

1. 视错觉

视错觉是在某种视觉因素的干扰下而产生的错觉。图形错觉主要是视觉方面的错觉,这类错觉很多,下面举一些实例,见图3-6(a)~(h)。

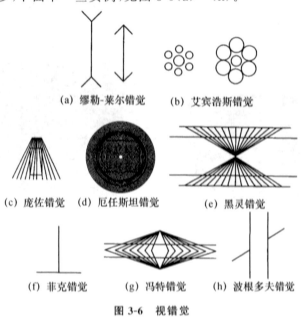

(a) 缪勒-莱尔错觉　　(b) 艾宾浩斯错觉

(c) 庞佐错觉　(d) 厄任斯坦错觉　(e) 黑灵错觉

(f) 菲克错觉　(g) 冯特错觉　(h) 波根多夫错觉

图 3-6　视错觉

(1) 缪勒-莱尔错觉(Maller-Lyer Illusion)。1989年由缪勒-莱尔(F. Muller-Lyer)设计,末端加上向外的两条斜线的线段比末端加上向内的两条斜线的线段看起来长一些,其实两条线段等长。

(2) 艾宾浩斯错觉(Ebbinghause Illusion)。看起来左边中间的圆比右边中间的圆大一些,但实际上这两个圆的大小相同。

(3) 庞佐错觉(Ponzo Illusion)。中间的四边形是矩形,而不是顶边比底边宽的四角形。

(4) 厄任斯坦错觉(Ebrenstein Illusion)。中间矩形的四条边看起来是弯曲的。

(5) 黑灵错觉(Hering Illusion)。中间两条线是平行的,但看起来是弯的。

(6) 菲克错觉(Fick Illusion)。垂直线段与水平线段等长,但看起来垂直线段比水平线段长。

(7) 冯特错觉(Wundt Illusion)。中间两条线是平行的,但看起来是弯的。

(8) 波根多夫错觉(Poggendoff Illusion)。被两条平行线切断的同一条直线,看上去不在一条直线上。

2. 对比错觉

同一物体在不同背景下,会产生不同的错觉。例如初升或落时的太阳或月亮,看起来好像总比它们在我们头顶上时要大些(见图3-7)。其实,它们是一样大的。这种错觉主要是由于太阳、月亮同周围环境对比不同而产生的。初升的太阳和月亮同周围环境对比就显得大些,头顶上的太阳或月亮同辽阔的天空相比就显得小些。同样,在码头上看远洋轮,因为把它同码头上的物体相比较,就觉得它是个庞然大物,如果乘上去航行在辽阔的海洋上,就显得它很小了。

图3-7 对比错觉图

图3-8 运动错觉

3. 形重错觉

由于视觉而对重量感发生错觉。例如,一斤铁同一斤棉花的物理重量是相等的,但是,人们用手加以比较(不用仪器)都会觉得一斤铁比一斤棉花重得多。这是以视觉之"形"而影响到肌肉感觉之"重"的错觉。

4. 方位错觉

对主体或客体在方位方面发生的错觉是方位错觉。例如,在海上飞行时,海天一色,找不到地标,海上飞行经验不够丰富的飞行员因分不清上下方位,往往会产生"倒飞错觉",而造成飞入海中的事故等。

5. 运动错觉

运动错觉是对主体或客体在运动觉方面发生的错觉。例如,当我们注视看图3-8中的齿轮,会觉得齿轮动起来。这便是一种运动错觉。前面讲过的似动和诱动现象,也有人将它们归纳到运动错觉之中。再如,我们在桥上俯视桥下的流水,久而久之就好像身体和桥在恍惚摇动。

6. 时间错觉

对于在同一段时间内所发生的事情,由于态度、兴趣、情绪的不同,有时觉得时间过得快些,有时觉得时间过得慢些。

为什么会产生错觉呢?对这个问题虽有多种解释,迄今还没有令人满意的答案。从现象上看,错觉的产生可能既有客观原因也有主观原因。

从客观上看,错觉的产生都是在知觉对象所处的客观环境有了某种变化的情况下发生的。例如,许多图形错觉,有的是对象的结构发生了某种变化,有的是对象的背景发生了变化。由于知觉的情景已发生了变化,但人却以原先的感觉模式来对待。这可能是错觉产生的原因之一。

从主观上看,影响错觉产生的主观因素主要有过去经验、情绪态度、感觉相互作用等。人对当前事物的感知总是受着过去经验的影响。错觉的产生也受到过去经验的影响。例如,我们生活在地球上习惯地把小的对象看成是在大的背景中运动,如人、车辆在静止的大地上运动。所以,月夜观月,也习惯地把大片白云看成是静止的,误认为月亮在云后移动。情绪态度也会使人产生错觉。例如,时间错觉:焦急期待、通宵失眠、百无聊赖、无事可干等都会使人感觉时间过得很慢;有所谓"度日如年""一日三秋"之感。错觉也可能是主体各种感觉相互作用的结果。例如,形重错觉的产生很可能是大脑接受视觉信息多于动觉的信息而引起的,因为正常人从外界提供的信息,绝大部分来自视觉。

总之,产生错觉的原因是多种多样的。这里,既有客观原因,也有主观原因;既有生理的原因,也有心理的原因。在各种错觉产生的过程中,这些因素也不是孤立地平均地起作用的,至于某种具体错觉产生的原因,则应进行具体的分析。

另外,错觉虽然奇怪,但它并不神秘,探寻它产生的原因和规律对我们的生活和实践有着重要的意义。从消极的方面讲,它有助于消除错觉对人类实践活动的不利影响。例如,飞机驾驶员在海上飞行时产生"倒飞"错觉,这可能会引起严重的飞行事故。研究这些错觉成因,在训练飞行员时增加有关的训练,就有助于消除"倒飞"错觉,避免事故发生。从积极方面讲,人们可以利用某些错觉为人类服务。例如,人们利用似动错觉,可以从连续呈现的静止图片中获得清晰的运动影像,来制成电影、电视、广告等。再如,浅色、横条的衣服可使身材显得丰满;深色、竖条衣服则会使身材显得苗条。人们可根据各自体型选择不同颜色、图形的服装,以增强视觉效果。在建筑、装潢、艺术等多个领域都可以利用错觉,使之为人类的生产和生活服务。

(四)感知觉障碍

1. 感觉障碍

(1)感觉过敏。是对外界一般强度的刺激感受性增高,如感到阳光特别刺眼,声音特别刺耳,轻微的触摸皮肤感到疼痛难忍等。多见于神经症、更年期综合征等。

(2)感觉减退。是对外界一般刺激的感受性减低,感觉阈值增高,患者对强烈的刺激感觉轻微或完全不能感知(后者称为感觉缺失)。见于抑郁状态、木僵状态和意识障碍。感觉缺失见于癔症,转换性症状,如失明、失聪等。

(3)内感性不适(体感异常)。是躯体内部产生的各种不舒适和难以忍受的异样感觉,如牵拉、挤压、游走、蚁爬感等。性质难以描述,没有明确的局部定位,可继发疑病观念。多见于神经症、精神分裂症、抑郁状态和躯体化障碍。

2. 知觉障碍

幻觉指没有现实刺激作用于感觉器官时出现的知觉体验,是一种虚幻的知觉。幻觉是临床上最常见而且重要的精神病性症状,常与妄想合并存在。

1)根据幻觉所涉及的感官分为幻听、幻视、幻嗅、幻味、幻触、内脏幻觉

(1)幻听。最常见,患者可听到单调的或复杂的声音。非言语性幻听属原始性幻听,如机器轰鸣声、流水声、鸟叫声,多见之于脑局灶性病变(大脑病变局限于较小区域内,周围相邻组织结构和功能正常,未受波及)。最多见的是言语性幻听,常具有诊断意义。幻听的内容通常是对患者的命令、赞扬、辱骂或斥责,因此患者常为之苦恼和不安,并产生拒食、自伤或伤人行为。有时"声音"把患者作为第三者,内容是几个人议论患者。幻听常影响思维、情感和行为,如侧耳倾听,甚至与幻听对话,破口大骂,也可能出现自杀以及冲动毁物的行为。幻听可见于多种精神障碍,其中评论性幻听、议论性幻听和命令性幻听为诊断精神分裂症的重要症状。

(2)幻视。为常见的幻觉形式。内容也十分多样,从单调的光、色、各种形象到人物、景象、场面等。在意识障碍时,幻视多为生动鲜明的形象,并常具有恐怖性质,多见

于躯体疾病伴发精神障碍的谵妄状态。在意识清晰时出现的幻视见于精神分裂症。

（3）幻嗅。患者闻到一些难闻的气味。如腐败的尸体气味、化学物品烧焦味、浓烈刺鼻的药物气味以及体内发生的气味等，往往引起患者产生不愉快的情绪体验，常与其他幻觉和妄想结合在一起。如患者坚信他所闻到的气味是坏人故意放的，从而加强了迫害妄想，可表现为捏鼻动作或拒食，可见于精神分裂症。单一出现的幻嗅，需考虑颞叶癫痫或颞叶器质性损害。

（4）幻味。患者尝到食物内有某种特殊的怪味道，因而拒食。常继发被害妄想，主要见于精神分裂症。

（5）幻触。也称皮肤与粘膜幻觉。患者感到皮肤或粘膜上有某种异常的感觉。如虫爬感、针刺感等，也可有性接触感。可见于精神分裂症或器质性精神病。

（6）内脏幻觉。患者对躯体内部某一部位或某一脏器的一种异常知觉体验。如感到肠扭转、肺扇动、肝破裂、心脏穿孔、腹腔内有虫爬行等，常与疑病妄想、虚无妄想或被害妄想伴随出现，多见于精神分裂症及抑郁症。

2）按幻觉体验的来源，可分为真性幻觉和假性幻觉

（1）真性幻觉。患者体验到的幻觉形象鲜明，如同外界客观事物形象一样，存在于外部客观空间，是通过感觉器官而获得的。病人常叙述这是他亲眼看到的，亲耳听到的。因而病人常常坚信不疑，并对幻觉作出相应的情感与行为反应。

（2）假性幻觉。幻觉形象不够鲜明生动，产生于患者的主观空间如脑内、体内。幻觉不是通过感觉器官而获得，如听到肚子里有说话的声音，可以不用自己的眼睛就能看到头脑里有一个人像。虽然幻觉的形象与一般知觉不同，但是患者却往往非常肯定地认为他的确是听到了或看到了，因而对此坚信不疑。

3）按幻觉产生的条件，可分为功能性幻觉、反射性幻觉、入睡前幻觉和心因性幻觉

（1）功能性幻觉。是一种伴随现实刺激而出现的幻觉。即当某种感觉器官处于功能活动状态同时出现涉及该器官的幻觉，正常知觉与幻觉并存。常见功能性幻听。例如，患者在听到脚步声的同时听到议论患者的声音。前者是真实存在的声音，后者是幻觉，两者同时为患者感知，互不融合。多见于精神分裂症或心因性精神病等。

（2）反射性幻觉。当某一感官处于功能活动状态时，出现涉及另一感官的幻觉。如听到广播声音的同时就看到播音员的人像站在面前等。见于精神分裂症。

（3）入睡前幻觉。此种幻觉出现在入睡前，患者闭上眼睛就能看见幻觉形象，多为幻视，如可见到各种动物、风景或人体的个别部分等。它与睡梦时的体验相近似。

（4）心因性幻觉。是指在强烈心理因素影响下出现的幻觉，幻觉内容与心理因素有密切联系，见于心因性精神病、癔症等。

3. 感知综合障碍

感知综合障碍指患者对客观事物能感知,但对某些个别属性如大小、形状、颜色、距离、空间位置等产生错误的感知,多见于癫痫。常见的有以下几种。

(1) 视物变形。患者感到周围的人或物体大小、形状、体积等发生了变化。看到物体的形象比实际增大称作视物显大症,如看到他的父亲变成了巨人,头顶着房顶;比实际缩小称为视物显小症。如:一成年男性患者感到自己睡的床只有童床那么大小,认为容纳不下自己的身体而坐着睡觉。

(2) 空间知觉障碍。患者感到周围事物的距离发生改变,如候车时汽车已驶进站台,而患者仍感觉汽车离自己很远。

(3) 时间感知综合障碍。患者对时间的快慢出现不正确的知觉体验。如感到时间在飞逝,似乎身处于"时空隧道"之中,外界事物的变化异乎寻常地快;或者感到时间凝固了,岁月不再流逝,外界事物停滞不前。

(4) 非真实感。患者感到周围事物和环境发生了变化,变得不真实,视物如隔一层帷幔,像是一个舞台布景,周围的房屋、树木等像是纸板糊成的,毫无生气;周围人似没有生命的木偶等。对此患者具有自知力。见于抑郁症、神经症和精神分裂症。

第二节 感知觉的一般规律

一、感受性及其变化规律

(一) 感受性与感觉阈限

我们生活的这个环境存在许多刺激,但并不是所有刺激都能引起我们的感觉。例如,落在我们皮肤表面的灰尘、频率高于20000赫兹的声音、零级静风(风速小于0.3米/秒)、专注听课时旁边同学轻微的翻书声、菜市场里两个陌生人的低语等,我们都觉察不到。

产生感觉需要具备两个条件:一是客观外界刺激的事物,并且要有足够的强度,为主体接收;二是主观的感觉能力,有察觉到外界刺激的能力。前者称感觉阈限,后者称感受性。感受性的大小通常用感觉阈限来测量。

感受性可分为绝对感受性和差别感受性。与之相适应,感觉阈限也可以分为绝对感觉阈限和差别感觉阈限。

绝对感受性是觉察出最小刺激的能力。那种刚刚能引起感觉的最小刺激量称为绝对感觉阈限。绝对感觉阈限要解决的问题,是确定从无感觉到感觉产生,例如,从看不见到看见、从听不到听到、从尝不出味道到尝出味道两者之间刺激强度的精确数值。绝对感受性可以用绝对阈限来衡量。绝对阈限的值越小,则绝对感受性越大;绝对阈限的值越大,则绝对感受性越小。用公式表示为:

$$E=1/R$$

其中,E 为绝对感受性,R 为绝对感觉阈限。

不同感觉的绝对阈限是不同的,同一感觉的绝对阈限也会因刺激物的性质和有机体的状况而有所不同。

人的各个分析器的感受性是不同的。其中视觉分析器的感受性特别高。只要有 2～8 个光能量子落到视网膜上,人便能看到光亮。这意味着人能够在完全黑暗中看到 27 千米外一支点燃的蜡烛。人的嗅细胞对于相应气味的阈限只要 8 个分子,而要引起味觉,所需要的分子数要比嗅觉高 25000 倍。

绝对感觉阈限因刺激物的性质和机体的状况而不同。绝对感受性在人的一生中也不是一成不变。

差别感受性是指能觉察出两个同类刺激物之间最小差异量的能力。差别感受性可以用差别阈限来衡量。差别阈限是指刚能引起差别感觉的两个同类刺激物之间的最小差别量。差别感觉阈限的值越小,则差别感受性越大;差别阈限的值越大,则差别感受性越小。

1830 年,德国生理学家韦伯(E. H. Weber)研究差别阈限时发现,差别阈限值与原有刺激量之间的比值在很大范围内是稳定的,即在中等刺激强度的范围内,对两个刺激物之间的差别感觉,不是由两个刺激物之间相差的绝对数量来决定的,而是由两个刺激物之间相差的绝对数量与原刺激量之间的比值来决定。这就是韦伯定律。例如,对于 50 克的重物,如果其差别阈限是 1 克,那么该重物必须增加到 51 克,我们才刚能觉察出稍重一些;对于 100 克的重物,则必须增加到 102 克我们才刚能觉察出稍重一些。用公式表示为:

$$K=\Delta I/I$$

其中,K 为韦伯分数,是一个常数,I 为原刺激量,ΔI 为引起差别感觉的刺激增量。

不同感觉的韦伯分数是不一样的,在中等刺激强度的范围内,视觉的韦伯分数是 1/100,听觉的韦伯分数是 1/10,重量感觉的韦伯分数是 1/30。

(二)感受性的变化规律

1. 感觉适应

由于刺激物对感觉器官的持续作用而使感受性发生变化的现象叫感觉适应。适应既可以引起感受性的提高,也可以引起感受性的降低。

视觉适应包括明适应和暗适应两种。当我们从暗处来到光亮处,刚开始会觉得目眩,看不清周围的东西,几秒钟以后才逐渐看清周围的物体,这叫明适应。明适应使视觉器官在强光的刺激下感受性降低了。当我们从光亮处来到暗处,开始什么也看不清,若干时间后才逐渐看清周围事物的轮廓,这叫暗适应。暗适应使视觉器官在弱光的刺激下感受性提高了。

生活中也常常能感受到听觉适应的现象。例如,去参加一个舞会,刚到舞会现场时会觉得音乐声很强,呆一会儿后,会觉得音乐声没有刚开始听起来那么大了。一般认为,听觉适应会使听觉感受性暂时降低,而且听觉适应具有选择性。也就是说,在一定频率的声音作用下,人耳对该频率声音及邻近频率声音的感受性会降低,而对其他频率声音的感受性不会有影响。

"入芝兰之室,久而不闻其香;入鲍鱼之肆,久而不闻其臭"这句话说的是嗅觉适应。不同的刺激,嗅觉适应的时间不同,有的只需一两分钟,有的需要十几分钟甚至更长。嗅觉的适应也具有选择性,即对某种气味适应后,不影响对其他气味的感受性。

现实生活中,我们都有味觉适应的经验。如果我们把一种物质放进嘴里,很快,物体的味道实际上消失了。而且,对一种味道的适应能显著地影响到随后吃进的东西的味道。例如,当我们吃了甜的食物,再吃酸的食物时会觉得更酸。

触压觉的适应较快、较明显。例如,戴手表的人平时不觉得手腕上有重物。温度觉的适应也较快,大约三四分钟后便能感受到。痛觉是很难适应的。

感觉适应对于有机体来说具有积极的意义(即使是难以适应的痛觉,对于有机体来说,也是具有积极意义的),有机体能够在变化的环境中不断感知外界事物,进而调整自己的行为,以便更好地生活、工作。

2. 感觉的相互作用

1) 同一感觉的相互作用

同一感觉的相互作用是指同一感受性中的其他刺激影响着对某种刺激的感受性的现象。同一感觉相互作用的突出事例是感觉对比。

感觉对比指感受器因接受不同刺激而产生的感受性发生变化的现象。感觉对比包括同时对比和继时对比。不同刺激同时作用于同一感受器时,便产生同时对比。例如,一个灰色方块放在黑色背景上比放在白色背景上看起来亮些。"月明星稀"也是感觉对比的现象。不同刺激先后作用于感受器时,便产生继时对比。例如,吃了糖果后再吃苹果,会觉得苹果是酸的。

2) 不同感觉的相互作用

不同感觉的相互作用指不同感受器因接受不同刺激而产生的感觉之间的相互影响,也就是说,对某种刺激的感受性会因其他感受器受到刺激而发生变化。不同感觉的相互作用的规律尚未揭示,但一般表现为:对一个感受器的微弱刺激能提高其他感受器的感受性,对一个感受器的强烈刺激会降低其他感受器的感受性。例如,微弱的声音刺激可以提高视觉对颜色的感受性,强噪音会降低视觉的差别感受性。生活中,我们能体验到味觉和嗅觉的相互作用。如果闭上眼睛,捏住鼻子,我们将分不清嘴里吃的是苹果,还是土豆;感冒的人常常味觉不敏感。

不同感觉的相互作用还有一种特殊表现——联觉,指一种感觉兼有另一种感觉的心理现象。例如,切割玻璃的声音会使人产生寒冷的感觉;看见黄色产生甜的感觉,看见绿色产生酸的感觉;红、橙、黄色使人产生暖的感觉,绿、青、蓝使人产生冷的感觉。

3. 感受性的发展

随着个体年龄的增长和生活实践的丰富,人的感受性会随之逐渐发展,不同人之间的感受性呈现出极大的差异。例如,盲人由于不能用眼睛来了解这个世界,因而他们多依赖于听觉、触觉等来获得信息,于是,盲人的听觉、触觉比一般人要敏锐,就像我们在生活中可以看到的,盲人可以依靠触觉识别人民币、盲文,可以凭着手杖敲击地面的声音来判断路况。这种某一感觉系统的技能丧失后而由其他感觉系统的技能来弥补的现象,叫做感觉的代偿作用。

人的各种感受性都有极大的发展潜力。某些特殊职业要求从业者长期使用某种感觉器官,因而这些从业者相应的感觉比一般人敏锐。例如,有经验的磨工能看出 0.0005 毫米的空隙,而常人只能看出 0.1 毫米的空隙;有经验的飞行员能听出发动机每分钟 1300 转与每分钟 1340 转的差别,而常人只能听出每分钟 1300 转与每分钟 1400 转的差别;音乐家的听觉比常人敏锐;调味师的味觉、嗅觉比常人敏锐。

人的感觉能力可以通过后天的训练而得到发展,因而教师要尽可能有目的、有针对性地开展多种多样的活动,对学生进行各种感官的训练,使他们的感觉能力得以充分发展。

二、知觉的特性及其影响因素

(一)知觉的选择性

客观世界是丰富多彩的,在每一时刻,作用于人的感觉器官的刺激也是非常多的,但我们不可能同时把这些事物都纳入自己的意识范围、注意到他们,也不可能对所有的刺激都做出相应的反应。我们总是根据自己的需要把某些事物作为知觉的对象,此时知觉格外清晰,把其他事物作为背景,此时知觉比较模糊。这就是知觉的选择性。例如,上课时,当我们注意看黑板上的字时,字成为我们知觉的对象,而黑板、墙壁、周围同学的翻书声等便成为知觉的背景被忽略了;当我们注意听老师讲解时,教师的声音成为我们知觉的对象,而周围进入视野的一切便成为我们知觉的背景。又如,生活中,我们对某事物熟视无睹,就是因为把它当成了背景忽略了,而没有当成知觉的对象。

知觉的对象和背景不是固定不变的,而是相互转化的。当知觉的对象、背景变化时我们看到的事物就会发生变化。下面来看一幅图(又称"两可图"):

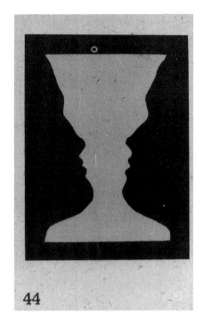

图 3-9　两可图

观察图中是什么？如果把黑色看成背景，白色作为知觉对象，我们看到的是一个花瓶；黑色做为对象白色看作背景，我们看到的是两个人的侧脸。

一般情况下，从知觉的背景中区分出对象来并不困难，但在某些情况下，要迅速地提取出知觉对象却不是一件容易的事。比如，我们一起来看一个图片，你能从这个图中找到三个侧面人脸吗？快速地找到是不太容易的。

图 3-10　知觉选择图

把对象从背景中区别出来,一般要取决于三个条件。

(1) 知觉对象与背景的差别越大、对比越明显时,对象越容易被感知。如万绿丛中一点红、用白粉笔在黑板上写的字;相反,如果对象与背景的差别较小,则不容易被感知,如冰天雪地中的白熊,穿着迷彩服藏在草地中的士兵,喧闹集市中的手机声等。

(2) 当知觉对象是相对活动的而背景是相对不动的,或对象是相对不动的而背景是相对活动的,对象也容易被感知。如夜空中的流星,大合唱时不张嘴的人,夜晚闪烁的霓虹灯等很容易引起我们的关注。

(3) 当知觉对象是自己熟悉的、感兴趣的内容时,或与人的需要、愿望、任务相联系时,也容易被感知,如在嘈杂的环境中其他声音听不清,但能听见有人喊自己的名字,在书店对所需要书籍能迅速发现,在人群中一眼就能看到我们熟悉的人等。

(二) 知觉的整体性

人在知觉过程中,总是倾向于把零散的对象知觉为一个整体,这就是知觉的整体性。例如,走进教室,人们不是先感知桌椅,后感知黑板、窗户,而是完整地同时反映它们。

知觉的整体性往往取决于以下四种因素:

(1) 知觉对象的特点,如接近(时间或空间上接近的刺激物容易被知觉为一个整体)、相似(彼此相似的刺激物容易被知觉为一个整体)、闭合、连续等因素。(见图3-11)

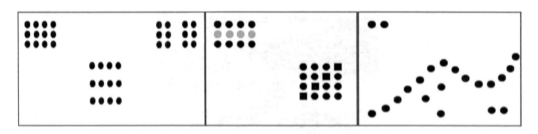

图 3-11 知觉整体性

(2) 对象各组成部分的强度关系。知觉对象虽然作为一个统一的、整体的复合刺激物所起的作用,但是,强度大的组成部分具有重要的意义,它往往决定对知觉对象的整体认识。例如,人的面部特征是我们感知人体外貌的强刺激部分。只要认得人的面部特征,不管他的发型、服饰等如何变化,只要面部没有变化,就不会认错人。

(3) 知觉对象各部分之间的结构关系也影响知觉的整体性。同样一些部分,处于不同的结构关系中就会成为不同的知觉整体。例如,把相同的音符置于不同的排列顺序、不同的节拍和旋律之中就构成不同的曲调;如果曲调的各成分关系不变,只是刺激发生变化,如用不同的乐器演奏或不同人来演唱,就不会改变我们对其歌曲整体性的知觉。

（4）知觉的整体性主要依赖于知觉者本身的主观状态,其中最主要的是知识与经验。当知觉对象提供的信息不足时,知觉者总是以过去的知识经验来补充当前的知觉。例如,给动物学家一块动物身上的骨头,他就可以塑造出完整的动物形象来。这对于缺乏动物解剖学知识的人来说,是不能办到的。一个不熟悉英语单词的人,他对单词的知觉只能一个字母一个字母地进行,而一个熟练掌握英语的人,他可以把单词甚至一句话知觉为一个整体。

知觉的整体性一方面提高了人们知觉事物的能力,另一方面,由于知觉的整体性,人们有时会忽略部分或细节的特征。例如,做文字校对工作的人,由于对整个文句的感知,有时难以发现句中个别漏字或误字,这就是由于整体知觉抑制了个别成分的知觉。

(三) 知觉的理解性

在知觉过程中,我们总是根据已有的知识经验来解释当前知觉的对象,并用语言来描述它,使它具有一定的意义,这样对事物的知觉就变得比较稳固了,这就是知觉的理解性。

在目前心理学研究中,知觉的这一过程,一般被看成是"假设检验"的过程,用某些隐匿图形能够说明。例如,图3-12,当人们第一次看到这张图片时,他们并不是消极地观看图上的这些黑白斑点,而是力求理解这些斑点的关系,提出种种假设,对它做出合理的解释:猜测"这是什么?"如果告诉你这是一只狗,狗的图形就会立即成为你的知觉对象,你会觉得这确实像一只狗。

图 3-12　知觉理解性

1. 言语的指导对知觉的理解性有较大的作用

在对象较为复杂、对象的外部标志不很明显的情况下,言语的指导作用,能唤起人们的过去经验,有助于对知觉对象的理解。例如,图3-12,初看时只觉得是一些黑色的斑点,很难知觉出是什么,但有人告诉你"这是一只狗"时,言语的指导就会唤起你过去的经验,补充了当前知觉的内容,会立刻看出图中的狗。

2. 在对知觉对象理解的过程中,经验是最重要的

比如,一首歌,如果是人们熟悉的,只要听一个片段就知道是哪首歌,并知道后面的

旋律是什么。经验丰富的心理咨询师可以通过一个人的表情、行为方式、语言、文章、绘画作品等,推断这个人的性格特点。

3. 知觉对象本身的特点及所处的环境也会影响知觉的理解性

如图 3-13,如果遮住左右的 12、14,我们会把中间的看成是英文字母 B,如果遮住上下的 A、C,我们会把中间的看成是数字 13。这个符号所处的环境不同,人们的理解也就不同。

中间是什么

图 3-13 知觉受环境影响

此外,知觉的理解性还受人的情绪、动机、态度以及实践活动的任务等因素的影响。比如,同是一轮明月,既会有李白"举杯邀明月,对影成三人"的豪迈情怀,也会有柳永"杨柳岸晓风残月"的悲凉。

(四) 知觉的恒常性

在知觉过程中,当知觉的条件(距离、角度、照明等)在一定范围内发生变化时,知觉映像却保持相对不变,这就是知觉的恒常性。

图 3-14 形状恒常性

如图 3-14,观察一扇门时,当门从全闭到全开时,它的形状在我们的视网膜上的投射位置发生着多种变化,全闭时是长方形,全开时是垂直条形,半开时则变为近长远短的梯形。但是,生活中的经验告诉我们无论开关门都是长方形的。这种现象就是知觉的恒常性。

一般视知觉恒常性主要有四种,即形状恒常性、大小恒常性、亮度恒常性、颜色恒常性。

1. 形状恒常性

当我们从不同的角度看物体时,物体在我们眼中的成像会发生变化,但我们实际知觉到的物体的形状不会改变。例如,一个圆盘,无论如何倾斜旋转,在我们视网膜上的投像可能是椭圆,甚至线段,但我们始终觉得它是圆形。

2. 大小恒常性

是指物体离我们近时在视网膜上的成像要大于物体离我们远时的成像,但我们知觉到的物体的大小不会因此而改变。

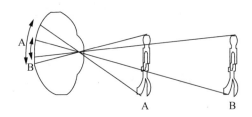

图 3-15　大小恒常性原理

例如,当我们在不同距离看同一个人时,他在我们视网膜上形成的视象的大小是不同的,但我们并不会因为这个人离我们远了而觉得他变矮了,他离我们远近,我们都把他视为同样高。如图 3-16,远处的石像看起来小,近处的石像大,但我们知道其实它们一样大。

图 3-16　生活中的视觉恒常性

3. 亮度恒常性

在照明条件改变时,物体的相对明度或亮度保持不变。例如,白墙在阳光和月光下看,它都是白墙的而不是灰墙;而煤块在阳光和月光下,看上去都是黑色的。

4. 颜色恒常性

一个有颜色的物体在色光照明下,它的表面颜色并不受色光照明的严重影响,而是保持相对不变。例如,我们有这样的经验,开联欢会或在歌厅,如果有人穿白色的衣服会在灯光下变成亮紫色或其他颜色,但我们仍然知道她穿的是白色衣服,这就是颜色的恒常性。

知觉的恒常性怎样产生的呢?主要依赖于我们的经验。客观事物具有相对稳定的结构和特征,经过我们的感知后,其关键特征会储存在我们的大脑中,当它们再次出现时,虽然外界条件发生了变化,但无数次的经验矫正了来自每个感受器的不完全的甚至歪曲的信息,大脑会将当前事物与大脑中已有的事物形象进行匹配,从而确认为感知过的事物。

最新研究发现,知觉恒常性的发生是有条件的,要在一定的范围内,超出这种条件的限度,恒常性也就不存在了。例如,80米以外就超出了人们用视觉判断距离的限度,因为对远距离没有可以参照的物体,大小的知觉就不准确了。

第三节 感知觉规律在教学中的运用

一、运用感知规律提高直观教学的效果

通过感觉器官来了解客观事物,能获得生动、具体、直接的知识,能增强人们的理解效果,而且,只有在获得有关事物的大量感性知识的基础上,人们才能进行复杂的思维活动。因此,在教学过程中,尤其是针对年龄较小的学生,要尽可能进行直观教学。

(一)直观教学的形式

要进行直观教学,可以通过多种形式。教师可以提供实物或实物标本,可以演示实验、组织教学参观,让学生亲身感受事物的真面目。教师还可以提供模拟实物形象的感性材料,如图片、图表、幻灯片等,有目的地提供典型的感性材料。教师讲课离不开语言,可以利用语言的描述唤起对事物的表象。言语虽然有不受时间、空间限制的优点,但它不如实物、图片等鲜明,而且,如果教学中只有言语这一种形式,不免太单调,很难使小学生在一节课的过程中始终保持良好的注意力。如果根据具体教学内容和学生的年龄特点,将言语与呈现实物或模型有机地结合起来,那么学生的感知会更精确、全面。进行直观教学时可以借助多种教学仪器,如幻灯机、投影仪、录音机、录像机、VCD机、DVD机、计算机等。运用教学仪器的目的,就是给学生提供丰富的视听信息,使学生从多种途径获得感性知识,从而促进学生的理解和掌握。

(二)遵循感知规律提高直观教学的效果

1. 运用被感知的强度律

作用于感觉器官的刺激物必须达到一定的强度,才能被我们清晰地感知。因此,教师在讲课时,声音要洪亮,语速要适中,板书要清晰,要让全班同学听得懂、看得见。教师在制作、使用直观教具时,也要考虑到直观教具的大小、颜色、声音等是否能被全班学生清楚地感知。

2. 运用对象与背景差别的感知觉规律

当知觉的对象与背景在颜色、形态、声音等方面有较大差别时,知觉的对象容易被

感知。如讲课时,对于重要的知识,可以反复几次,可以提高音量;板书时,重要的部分可以用大一些的字,可以在那些字下面加点、画线,可以用彩色粉笔;不要在黑板前演示深色教具;使用挂图时,可以将其中不需要学生看的部分遮住;制作教具时,要注意把知觉对象从背景上突出出来等。

3. 运用静止背景上的活动性对象易被感知的规律

我们知道,在静止的背景上,活动的对象容易被感知,也容易吸引人的注意力。因此,教学中使用活动性教具,演示实验,放幻灯片、教学电影或录像等,可以起到很好的教学效果。

4. 运用知觉的组合规律

在时间上彼此接近、在空间上彼此接近或相似的刺激物容易被知觉为一个整体。因此,教师在绘制挂图时,不要在需要学生感知的对象周围画上与之类似的线条或图形,在不同的对象之间留空或用色彩区分;板书时,章与章、节与节等不同内容之间要留空;讲课时,语言流畅,针对不同内容,采用不同的语速,对不同的内容加以分析、综合,使学生了解其中的逻辑关系。

5. 让学生交替使用多种感官感知对象

如果学生能使用多种感官去感知同一个知觉对象,那么,从不同感官获得的信息将传递到大脑,从而获得对事物的全面的认识。我国古代的许多学者曾提出学习要做到"五到",即眼到、耳到、口到、手到和心到,其目的就是通过多种感知渠道来巩固知识。有研究表明,在接受知识方面,看到的比听到的给人留下的印象深。只靠听觉,一般能记住 15%;只靠视觉,一般能记住 25%;既看又听,能记住 65%。

二、观察能力及其培养

观察是一种有目的、有计划的知觉,是人对现实感性认识的一种主动形式。它与积极的思维相联系,所以有时也称作"思维的知觉"。

观察中包含着积极的思维,并且离不开语言。观察是一个知觉、思维、语言相结合的智力活动过程。言语的表述把观察引向一定的对象,即去观察什么,可以由言语引起活动的进行。在知觉事物的过程中,必须运用比较区分出主要的和次要的,必然的和偶然的。这是思维的活动。

观察在人类实践的各个领域中,具有极其重要的意义。科学研究、生产劳动、艺术创作、教育实践都需要对所从事的对象进行系统、周密、精确的观察,获得有价值的第一手材料,从而探寻出事物发展变化的规律。英国生物学家达尔文创立生物进化论,是大量科学观察的结果。俄国生理学家巴甫洛夫十分重视观察,在自己的实验室的建筑物上刻着"观察、观察、再观察"的警句。

观察力就是观察的能力。观察力是智力活动的一个重要组成部分。观察力的最可贵品质是从平常的现象中发现不平常的东西,从表面上貌似无关的东西中发现相似点或因果关系。人们在观察力的发展水平上有很大的个别差异。凡是在事业上卓有成就的人物,如科学家、发明家、教育家、作家和画家等,他们的观察力发展水平都比平常人高。人们的观察力还在类型上有个别差异。例如,有的人视觉敏锐,有的人听觉敏锐,有的人嗅觉和味觉敏锐等。

信息窗 3-4

观察力与成才

在满园樱花的武汉大学校园里曾有过一位引人注目的 5 岁大学生——小津津。津津 4 岁时,他父母亲打算把家里的老母鸡杀掉,小津津舍不得。后来在鸡笼旁边发现了一个纸条,上面写着"严禁杀鸡,违者罚款 10 元"。年幼的小津津从哪里学来"严禁""违者""罚款"等词汇呢?原来居民区的墙角里有"严禁倒垃圾,违者罚款 10 元",弄堂走廊里有"请勿随地乱扔瓜壳纸屑,违者罚款 5 角"之类的标语。小津津正是在平时留心观察并默记于心的。由此可见,天才儿童之所以成为天才儿童,最突出的特点之一就是具有良好的观察能力。

历史上许多有成就的人,都以突出的观察力而称著于世。医学巨著《本草纲目》,就是我国明代著名医学家、药物学家李时珍在总结前人成果的基础上,不辞辛劳、深入实际、仔细而全面地进行观察的结果。生物学家、进化论的创始人查尔斯·罗伯特·达尔文更是一位以观察精细而闻名的科学家。有一次,他发现许多昆虫聚在一种特别的植物叶子里,而植物受到刺激后分泌出一种液体把昆虫消化掉。他仔细观察这奇妙的现象,并经过 16 年的研究,写出了《食虫植物》这一旷世之作,在生物学上作出了又一杰出贡献。这位著名生物学家在总结自己的科研工作时说:"我既没有突出的理解力,也没有过人的机智,只是在发现那些稍纵即逝的事物并对其进行精细观察的能力上,我可能在众人之上。"可见,一个人能否成才,观察力是最重要的决定因素之一。

材料来源:http://www.taijiao.com.cn

良好的观察能力是在实践中经过一定的训练和培养获得的。教师在教学过程中可以通过以下的方法和途径培养学生的观察力:

（一）提出明确的观察目的和任务

明确的观察目的和任务,是良好观察的前提。目的明确,就可以在周围众多的事物中进行选择,"有的放矢"地把注意力集中在观察的对象上。反之,漫无目的地观察,结果将是东张西望无所收获。中小学生好奇心和求知欲强烈,知觉的随意性高,情绪稳定性较成人差,加之意志发展也较成人差,时常不能很好地控制自己的行动。因此在观察前,更需要教师向他们明确提出观察的目的和具体的任务。根据个人的爱好,观察自己最感兴趣的东西,会收到良好的观察效果。所以教师不仅要向学生提出观察的任务,更要有意识、有计划地培养和引导学生能够自觉地给自己提出观察的目的和任务。遇事多问、多思考、多观察,养成良好的观察习惯。

（二）教给学生观察的步骤方法

在明确观察的目的、任务之后,还要注意教给学生观察的方法。

(1) 观察前,要使学生对观察对象具有一定的知识准备,并制订观察计划。

(2) 观察中,首先要指导学生有步骤、系统地观察。

观察的步骤一般是从整体到部分,由表及里,由简到繁,从左到右,从上到下,先两边后中间。对于不同观察对象、不同的观察目的,要有不同的观察步骤。教师在观察的活动中,要用语言指导学生的观察顺序,久而久之,学生就学会全面完整地观察事物的顺序了。其次,要启发学生积极开动脑筋。在观察过程中,要引导学生认识和掌握事物的发展过程和区分事物之间的异同。例如,观察蛙的生长过程,需要仔细去分析、比较小青蛙和蝌蚪的异同,并且注意蝌蚪尾巴的变化。认真的观察能有力地促进学生的思维活动,通过分析、比较可使学生获得准确而丰富的观察结果,同时这也有利于学生观察兴趣的培养和激发。

(3) 观察后,教师要指导学生做好观察总结。一般可以用观察报告、作文、绘画或口头表达的形式进行观察总结。做总结可以检查观察的目的是否达到,观察的任务是否完成,增强学生对观察方法、观察结果等的记忆。

（三）对不同的观察类型作不同的指导

学生观察的类型是不尽相同的,教师应该有针对性地进行指导,以便扬长避短,提高学生的观察水平。

王极盛根据观察方法是整体的还是细节的,把观察分为三种类型:

1. 分析型

"只见树木,不见森林",习惯于观察事物的细节,而忽略对事物整体的观察,难于理解事物的基本意义。对这样的学生,要强调观察的完整和详尽。

2. 综合型

"只见森林,不见树木",习惯于观察事物的一般特征,而忽略对细节的观察,因而对所观察事物的理解很笼统和肤浅,对这样的学生要强调注意观察事物的细节和关联。

3. 分析-综合型

"既见树木,又见森林"。这样的学生既能注意对事物的整体观察,又善于观察事物的细节,能深入全面地观察,因而观察最为有效,这是在实践中长期训练的结果。

良好的观察力就是不但能准确、精细地区分事物的一般特征,而且还能善于发现事物的特殊性和事物的本质特征,积极思维,善于发现新问题,富于创造性。通过观察,能够获得知识、提高认识、发展智力,而做到这一点,是与教师有意识、有计划的培养密不可分的。

【阅读材料】3-1

班主任工作中的社会知觉偏差及其调控

社会知觉偏差很多,常见的主要有以下几种:第一印象效应(首因效应)、近因效应、晕轮效应、定型效应等。班主任在日常的工作中应时刻提醒自己预防和控制社会知觉偏差的发生。

一、正确对待第一印象效应,防止"先入为主"

第一印象也称初次印象,是指一个人在同他人初次接触时所形成的最初印象。它是一个人通过对他人的外部特征的感知,进而取得对他的动机、情感、意图等方面的认识,最终形成关于这个人的印象。在人与人的知觉过程中,给人留下的第一印象是至关重要的因素。如果一个人在初次见面时给人留下了良好的印象,就会影响人们对他以后的良好判断,反之则形成不良判断。

一般来说,第一印象的作用是消极的。首先,第一印象的形成会不同程度地受到周围不同环境或事物的影响,而很少会单纯地根据人们的观察去直接形成印象。例如,在一个豪华客机上遇到一个人,与在一辆公交车里遇到一个人,这两种环境下形成的第一印象会有很大的差别;第二,第一印象是根据被观察对象的一个有限的行为形成的,而且是高度个体化的偶然的反应,它忽视了对被观察对象的个性、智力等的考察,因而带有一定的片面性,有可能歪曲被观察对象;第三,第一印象会造成认知上的惰性,形成对被知觉对象的固定看法。所以第一印象在班主任工作过程中会造成"先入为主"的首因效应,这给班主任带来认识上的片面性。对某学生的第一印象好,就看不到他的缺点,第一印象不好,就看不到他的优点。因此,班主任应正确对待第一印象效应:一方面,在看待学生时,一定要避免受第一印象的不良影响,不能先入为主,要有发展的眼光,要以第一印象为先导,连续观察感知,反复深入甄别，防止对学生的错误判断和错误结论。另一方面，班主任一定要注意给自己的学生留下良好的第一印象，要和同学见好第一次面，谈好第一次话，帮助学生做好第一件事，树立班主任在学生心目中的良好形象。

二、防止晕轮效应，以免"一叶障目"

晕轮效应是指我们在观察每个人时，对于他的某种品质或特征有清晰明显的知觉，由于这一特征或品质从观察者的角度来看非常突出，从而掩盖了对这个人其他特征和品质的知觉。也就是在知觉过程中，通过获得知觉对象某一行为特征的突出印象，而将其扩大成为整体行为特征的认知活动，好像刮风天气到来之前，晚间月亮周围出现的日晕把月亮光芒扩大了一样。晕轮效应实质上是一种逻辑推理上的以点及面效应，即根据一个人的个别品质做出对其全面的评价。

美国心理学家凯利以麻省理工学院的两个班级的学生分别做了一个试验证明了晕轮效应。上课之前，实验者向学生宣布，临时请一位研究生来代课。接着告知学生有关这位研究生的一些情况。其中，向一个班学生介绍这位研究生具有热情、勤奋、务实、果断等项品质，向另一班学生介绍的信息除了将"热情"换成了"冷漠"之外，其余各项都相同。而学生们并不知道这两种介绍间的差别。下课之后，前一班的学生与研究生一见如故，亲密攀谈；另一个班的学生对他却敬而远之，冷淡回避。可见，仅介绍中的一词之别，竟会影响到整体的印象。学生们戴着这种有色镜去观察代课者，而这位研究生就被罩上了不同色彩的晕轮。所以，学校班主任对学生智力的看法很可能受学生本人相貌、举止、家庭背景以及一些无关的事情所影响。这种偏差不仅影响班主任对学生的行为，而且最终会影响学生的学习成绩。所以，晕轮效应的极端化就是推人及物了，从喜爱一个人的某个特征推及到喜爱他整个人，又进而从喜爱他这个人泛化到喜爱一切与他有关的事物，这就是所谓"爱屋及乌"。

晕轮效应的最大弊端就在于以偏概全。其特征具体表现在这三个方面：一是遮掩性，二是表面性，三是弥散性。因此，在班级管理工作中，班主任要善于根据每个学生的不同个性特点，合理地运用晕轮效应。首先，班主任要深入学生的实际，了解考查。作为班主任，在了解和评价某个学生时，不要过早地根据自己的主观印象简单地下结论，更不能凭感情用事，片面地根据一时一事就对某个学生一概给予肯定或否定。而要充分认识主观印象的表面性、肤浅性和虚假性,冷静分析,客观评价,深入实际,全面了解考查。其次,班主任要一分为二,全面分析。遇到具体问题或事件时,要注意多运用发散性思维,从多种角度进行分析和思考。对待好的学生不能"一好百好",对待差的学生不能"一差百差,一无是处"。

三、运用近因效应,注重前后联系

近因效应是指最后留下的印象具有强烈的影响,往往决定着人们对某人或某事的特征的解释。它和第一印象的作用正好相反。一方面,当两类不同的社会知觉的信息连续地被人感知时,人们总是倾向于去相信第一印象;当两类信息不连续,隔一段时间传送第二类信息时,第二类信息就成了最新的,最新信息给人印象深刻,人们相信最新信息;另一方面,在知觉熟悉的人或事时,近因效应起到较大的作用;在知觉陌生人或事时,第一印象起到较大的作用。如一个一直表现不错的人,最近做了件错事,人们就会认为他的思想在变坏,正在走下坡路,推翻了原来对他的看法和评价,发出"想不到他原来是这样的人"的感叹。

在班主任工作中,班主任应正视近因效应的存在并正确地运用它。首先,要预防近因效应的消极影响,不能不看过去,只看现在,而应该以联系发展的态度感知事物,把对学生的每一次感知,都当作我们认知事物过程中的一个阶段,避免形而上学的片面性。其次,重视和把握从每一个学生身上获得的最新信息,俗话说:"金无足赤,人无完人。"因此,班主任在对待学生,尤其是教育"差生"时,对学生表现出来的好的思想萌芽、言谈举止和学习进步等,哪怕是一点点,都应及时分析,并在适当的场合采取适当的方式予以表扬、鼓励,积极实施对差生的转变,这样班主任工作就会收到事半功倍的效果。再次,对于学生中出现的不良言行,也要认真分析、妥善处理,要避开近因效应的影响,使其消除在萌芽之中,使学生能在正确的引导和教育下,时时处于发展进步之中。

四、纠正定型效应,全面看待学生

定型效应是指人们把在头脑中形成的对某类知觉对象的形象固定下来,并对以后有关该类对象的知觉产生强烈影响。人们在社会生活实践中,不断地感知某类对象,因而对该类对象逐渐地形成了固定化的印象。生活在同一地域和同一文化背景中的人们,常常表现出许多行为上的相似性。比如商人大多较为精明和算计,知识分子一般都文质彬彬等。如果这些特征被列入人们的认知模式中并固定化,就成了定型效应。在知觉某一特定个人时,知觉主体倾向于用刻板一致的解释。所以,当评价某一特定学生时,总是倾向于用上述固定观念套在该生身上,这样就势必影响对学生认知的准确性,从而削弱德育效果。其消极作用在于使人对他人知觉的僵化和停滞,阻碍知觉主体准确地认识他人。因此,对学生的准确了解必须建立在较长时间实地观察的基础上,而不应先入为主地从定型效应出发。

定型效应的产生有其认识的根源。人的思维总是从个别到一般,再从一般到个别。所以,在某些条件下,定型效应有助于人们对他人作概括的了解。"物以类聚,人以群分"是基本的概括方法,这种方法的积极作用是在于把现实中的人们加以归类,以便加速认识的过程。但是,在没有充分掌握全面感性材料的基础上所作出的概括,就会形成偏见。所以,班主任要充分利用定型效应的积极作用,又要克服其消极的影响。从积极作用方面看,刻板印象可以帮助人们了解一定的事实,简化人们的认识过程,帮助人们更有效地了解和应付周围环境的变化;从消极影响方面看,刻板印象可以使人们的认识僵化、停滞,阻碍人们接受新事物和开拓新视野,并在判断他人的时候,把群体所具有的特征都附加到他人身上,导致过度概括的错误,这些消极的影响是主要的、明显的。所以,班主任在工作中尤其要摆脱这种消极的心理现象,不能因学生有某方面的不足或一时做错了事,把他看"死",轻率地把他归入某一个落后的群体。正确的做法应该是对待学生不论性别、相貌、个性、籍贯、家庭背景、能力高低,一视同仁,尽量消除定型效应的干扰,通过对学生长期的观察和了解,对学生作出客观的、全面的评价,做到因材施教,提高教育质量。否则,必然导致班主任工作上的偏差和失误,造成师生关系恶化,影响班集体的凝聚力和学校教育质量。

总之,班主任工作是一项复杂工作,班主任不仅要关心学生的学习、生活,还要充分了解学生的心理。由于受多种因素的影响,班主任往往会带有社会知觉的偏差去了解学生,以致造成一些认识的误差,所以班主任在日常的工作中要预防和调控各种社会知觉偏差,从而,促进班主任工作质量的提高。

材料来源:朱辉. 教学与管理[J]. 2007(5)

【阅读材料】3-2

室内的色彩

对于色彩,要有整体的观念。色彩的整体,是指室内色彩要有一个主色调(暖或冷),以此为基调,再加一定的补色,这样,色彩就能在协调中丰富起来。

由于红、橙、黄的纯色给人以兴奋感,而且能够使人想到热度,从而产生温暖感,故被称为"兴奋色"或"暖色"。在室内设计中,我们一般把暖色用于点缀。因为大面积地使用暖色,会使人兴奋、狂热、疲劳、暴躁,甚至会使人血压升高。

目前,我国的房间设计多以白色墙面为主。白色是中性色,它能把室内的一些无计划的色彩统一起来,为人们所接受。如果有条件的话,可以将房间内的色度提高一点,如用一些较为柔和的黄色作墙面,会使你的房间更明亮,更温暖和谐。因为黄色最能发光,能给人以"太阳"与"光明"之感。如果你的家具以红色调为主,那就请你多用深色或黑色与其对比。使室内色彩在黑色搭配下,热烈气氛中显露出稳定感。

蓝、绿色称为沉静色(又称冷色)。它的特点是语言文静、优雅、沉着,能给人以幻想感。这种色彩对人的影响较大,如对初病的人,多用沉静、稳定的冷色,使他镇定,保障休息,进入一个安静的环境。但是,对于一个病后恢复期的人来说,则要多用些带暖色的物品,使其更加热爱生活,增强信心。

当然,有时为了调节一下大脑和情感,一个沉静的人在设计他的居室时,可多用些暖色和带有跳跃感的色彩,这样,他就会随着色彩的起伏而兴奋起来。

有一家人常常舌战不休,原来其室内的色彩杂乱无章。而且兴奋色较多,从而导致情绪烦躁,引起争端。后来更换些比较沉静的冷色,家庭气氛就有所缓和,这说明了色彩对人的情绪的影响。一般地说,患慢性病的人,宜用一些较为温和的色彩,如中灰色(即调和色,它的对比较弱),它能使人视觉平衡,情绪安定。

室内的色彩也要随季节的变更而变化,从而求得人对色彩的平衡感。如,春天的自然界多呈绿色,室内的色彩最好是暖色调;夏日自然界一片光亮,室内可优选蓝色调;秋天的自然界金黄一片,室内可以用绿色作为主色调;

冬天室内就宜用暖色调了。这一切,都会有益于人的健康。

年龄也会使人对色彩有不同的要求。孩子喜欢对比强烈的色彩;年轻人喜欢美丽明朗的色彩;年长者则喜欢稳重的色彩,应多为他们选用些倾向暖的中灰色,使他们心情舒畅。

由于感觉的相互作用规律,视觉会影响温度觉等感觉,进而影响人的情绪和心情,所以室内的颜色关系到我们的身心健康,选择颜色不能仅凭个人喜好,还要根据不同需要科学合理地进行斟酌。

材料来源:http://www.tianya.cn

思考与练习

1. 什么是感觉和知觉?二者之间关系如何?
2. 结合自己的生活实际,说一说感觉和知觉的规律。
3. 错觉是怎么回事?你能找到一些生活中识别和利用错觉的例子吗?
4. 什么是观察?应该如何培养学生的观察力?
5. 如何运用感知规律提高直观教学的效果?
6. 试用本章所学的知识分析以下案例。李奶奶戴着眼镜找眼镜,难道她真是老糊涂了吗?妞妞为什么觉得百合花没有刚闻的时候香了呢?为什么妞妞在语文课上学的知识都记住了,却想不起来数学老师讲的内容?

一天,李奶奶戴着老花镜在修剪刚买回来的百合花,她9岁的孙女妞妞放学回到家。妞妞看到百合花很高兴,她靠近花一个劲地闻着,不停地称赞:"好香的花啊!"李奶奶看着妞妞的样子笑了,然后走到沙发边坐下,想看报,拿起眼镜盒,打开一看是空的,起身在房里到处找着,嘴里还嘟哝着:"咦,我的眼镜怎么不见了?"妞妞听见后,笑个不停:"老花镜不就在您的鼻子上吗?"老人摸了摸鼻子上的眼镜,也跟着笑了:"哎哟,我真是老糊涂了!"随即坐下看报。妞妞闻闻花,皱眉若有所思地说:"我倒是觉得香味长腿跑了,怎么没刚才香了?"奶奶听了笑着说:"明天香味就跑回来了!你先跟奶奶说说今天在学校里都学到什么了?"妞妞一边打开书包一边说"语文课可有趣了,王老师用幻灯片教给我们四个成语,每个成语用不同的颜色表示,还用动画片给大家解释,我一下都记住了。数学老师讲的是什么内容,记不清了,我得先看看书。"

第四章 记 忆

学习目标

1. 识记记忆的种类和品质特征。
2. 掌握识记、遗忘、回忆等记忆规律。
3. 能运用记忆规律于未来的教学中,培养、发展学生的记忆力,以提高学习效率。

记忆是一种非常重要的心理过程。有了记忆,先后的经验才能联系起来,使心理活动成为一个发展的、统一的过程。没有记忆,一个人的心理活动将总是停留在新生儿的水平上,不可能有个性心理活动的正常发展。而失去记忆,人的心理就会出现断层,许多旧经验将无法对当前心理活动产生影响,人的心理也就不能得到进一步深入地发展。可见,记忆将人的心理活动的过去、现在和未来联结成一个整体,是人的心理过程在时间上得以持续的根本保证,从而使人的心理发展、知识积累和个性形成最终得以实现。可以说,记忆是一切智慧的根源,是心理发展的奠基石。

第一节 记忆概述

一、记忆

记忆是在头脑中保持和重现过去经验的心理过程。记忆是人脑对过去经历过的事物的反映,人们在生活实践中感知过的事物、思考过的问题、体验过的情感以及练习过的动作等所经历的一切,事后并不会在头脑里消失得无影无踪,而总会在大脑皮层上留下痕迹,在一定条件的影响下会重新得到恢复。这种在人脑中对过去经验的保持和重现的过程就是记忆。

记忆是通过识记、保持、回忆三个基本环节在人脑中积累、保存和重现个体经验的。识记是记忆过程的第一个基本环节,是指个体获得知识和经验的过程,具有选择性的特点;保持是指已获得的知识经验在人脑中的巩固过程,它是记忆过程的第二个基本环节;回忆是在一定条件影响下重现过去经验的过程,是记忆过程的第三个环节。

用信息加工的术语讲,记忆就是人脑对外界输入的信息进行编码、储存和提取的过程。对信息的编码相当于识记过程,对信息的储存相当于保持过程,对信息的提取相当于回忆过程。

二、记忆的种类

(一) 根据记忆内容的不同,可以把记忆分为形象、情景、语义、情绪和动作记忆

1. 形象记忆

形象记忆是个体以感知过的事物的形象为内容的记忆。这种记忆所保持的是事物的感性特征,具有鲜明的直观性。例如,我们所感知过的物体的颜色、形状、体积,人物的声音容貌、仪表姿态,音乐的旋律、自然景观、各种气味和滋味等,以表象的形式储存着,所以称为形象记忆。

2. 情景记忆

情景记忆是个体以亲身经历的、发生在一定时间和地点的事件或情景为内容的记忆。情景记忆接受和储存的信息和个人生活中的特定事件与某个特定的时间和地点相关,并以个人的经历为参照,是个人真实生活的记忆。如想起自己某次历险活动,那惊心动魄的场面往往历历在目,这一记忆就是情景记忆。

3. 语义记忆

是个体对各种有组织的知识为内容的记忆,又称为语词逻辑记忆。它是以语词所概括的事物的关系以及事物本身的意义和性质为内容的记忆,包括字词、概念、定理、公式、推理、思想观点、科学规则等。

4. 情绪记忆

情绪记忆是个体以体验过的情绪或情感为内容的记忆。例如,某人就要与久别的朋友重逢,此刻他沉浸在幸福的回忆中,欢乐的情绪、情感油然而生。

5. 运动记忆

运动记忆是个体以过去经历过的身体的运动状态或操作过的动作为内容的记忆。如对体操动作、舞蹈动作等的记忆就是运动记忆。运动记忆易保持和恢复,不易遗忘,是人们学习模仿某些运动动作的凭借。

(二) 根据记忆时意识参与的程度,把记忆分为内隐记忆和外显记忆

1. 内隐记忆

内隐记忆是指在无意识情况下,个体过去的经验自动对当前作业产生影响的记忆,又称为自动的无意识记忆。它强调信息提取过程中的无意识性,而不管信息识记的过程是否是有意识的。内隐记忆在生活中屡见不鲜,如人际交往中的印象形成等都具有内隐记忆内容的影响。

2. 外显记忆

外显记忆是指个体有意识地或主动地收集某些经验来完成当前作业的记忆。外

显记忆是有意识地提取信息的记忆。其突出特点是强调信息提取过程的有意识性,而不论信息识记过程的有意识性与否。外显记忆能够用语言进行比较准确的描述,即在需要的时候,可以利用自由回忆、线索回忆和特征识别等,将记忆中的经验表述出来。

(三)根据信息储存时间的长短,把记忆分为瞬时记忆、短时记忆和长时记忆

1. 瞬时记忆

当刺激物停止作用以后,感觉映像并不立刻消失,而能在感觉通道内保留一瞬间的记忆,称为瞬时记忆。如视觉后象就是一种瞬时记忆。由于瞬时记忆在感觉基础上产生,因此又叫感觉记忆或感觉登记。

瞬时记忆是人类信息加工的第一阶段,其特点是:① 信息完全按其输入的原样,即依据其所具有的物理特性编码,具有鲜明的形象性;② 保持时间极短,如视觉信息约 1～2 秒之间,听觉信息约 4 秒内;③ 记忆容量较大,几乎进入感官的所有信息都能被登记;④ 信息在感觉记忆中登记是无意识的,如果受到注意,它就转入第二阶段——短时记忆,如果未受到注意,就会很快消失。瞬时记忆的内容就在于将外界输入信息保留一定的时间,以供大脑对其进行选择、识别及进一步的加工处理。

2. 短时记忆

短时记忆是指信息保持在 1 分钟以内的记忆。如对电话号码的记忆:人在打电话时,常常先从电话簿上查到对方的号码,而后凭借记忆拨出这个号码,但在打过电话后,再问这个号码,往往就记不得了。这就是一种短时记忆。

短时记忆围绕当前的认知活动进行工作,为人们日常生活、工作、学习所不可缺少,所以又叫操作记忆或工作记忆。其特点是:① 短时记忆的编码,一般认为主要是以听觉方式编码,此外还有视觉编码和语义编码。② 信息保持时间很短。实验表明,在无复述条件下,信息在短时记忆中保持约 5～20 秒,最长不超过 1 分钟。③ 短时记忆容量有限,一般为 7±2 个组块。所谓组块是信息的一种意义单位,而不是绝对量。例如,一个字、一个词、一个成语、一个短句都可被看成一个组块。短时记忆的容量就是以组块为单位的。④ 短时记忆的信息是被人意识到的。它是唯一对信息进行有意识加工的记忆阶段。短时记忆的目的就在于保持少量的信息进行有意识的加工,以完成某种操作。短时记忆的信息如果被加以复述,就会转入长时记忆。

3. 长时记忆

即信息保持 1 分钟以上乃至终生的记忆。长时记忆的信息主要来自对短时记忆信息的加工、复述、再编码,但也有些是由于印象深刻一次存入的。长时记忆的特点是:① 信息的编码主要采取语义编码,即按其内在的意义联系,加以归类整合并储存。

② 信息保持时间很长,在 1 分钟以上,直至数年乃至一生。③ 记忆容量无限,它囊括了人整个后天获得的知识经验,人一生都在不断向它输送信息。④ 长时记忆的信息需提取到短时记忆中方能被意识到,并加以运用。长时记忆的信息如果受到干扰或其他因素影响,也会产生遗忘。

瞬时记忆、短时记忆、长时记忆之间是相互联系的,其关系可以从下面记忆的三个系统的流程图中看出。可以说,它们既是记忆的三种类型,又是记忆系统的三个基本阶段。这三个基本阶段表明了人脑对信息的加工过程,如图 4-1 所示。

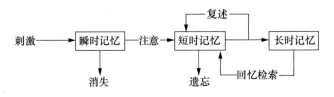

图 4-1　记忆的三个系统示意图

三、记忆的品质

记忆的品质是衡量一个人记忆好坏的指标。不同的人记忆品质不同,进而就形成了人们记忆水平的差异。记忆的品质主要包括以下四个方面。

1. 记忆的敏捷性(快)

记忆的敏捷性是指一个人在识记事物时的速度方面的特征。它以在规定时间内能记住多少事物为指标。能够在较短的时间内记住较多的东西,就是记忆敏捷性的表现。记忆的敏捷性主要取决于对编码的目的、任务明确的程度和注意力是否集中以及对所记忆事物的理解。

2. 记忆的持久性(牢)

记忆的持久性是指记忆内容在记忆系统中保持时间长短方面的特征。能够把知识经验长时间地保留在头脑中,甚至终身不忘,就是持久性的表现。记忆的持久性主要取决于是否把所记的材料纳入已有的知识经验的系统之中和掌握遗忘规律,做到适时而合理地复习。

3. 记忆的精确性(准)

记忆的精确性是指再认或回忆的东西与识记的材料相吻合的程度方面的特征,既没有重大的遗漏和本质上的歪曲,也不加任何主观上的添补,就是记忆精确性的表现。记忆的精确性,是记忆的核心品质。记忆的精确性主要取决于对所记材料的理解程度及记忆的方法和策略。

4. 记忆的准备性（用）

记忆的准备性是指对已识记的知识与经验能否及时地提取与灵活运用方面的特征。记忆的内容在实际需要时，能迅速、灵活地提取并加以应用，就是记忆的准备性的表现。记忆的准备性主要取决于所记知识的系统化、条理化程度，以及真正做到熟记并具有良好的追忆技能。

记忆品质是记忆的个别差异的一个方面。对于一般人来说，不一定具备记忆的各种好品质，可能这一方面好，而另一方面则差一些。记忆的各种品质在不同的人身上有不同的结合。以学生的学习为例，具体有：① 记得快忘得慢，而且记得还正确。具有这种特点的学生在学习时一般都很专心，注意高度的集中。因此在识记时对教材就作了精细的分析，因此回忆得准确，而且也快。② 记得慢忘得也慢。具有这种记忆特点的学生学习时需要花费较多的时间，但当他记住以后，就能较长时间地而又牢固地记住，并且能精确地进行回忆。③ 记得快忘得也快。这种记忆特点的学生很快就能记住老师所讲的内容，当天能正确的回忆。但由于其记得快，从而满足于当时的效果，没有及时的复习和巩固，对材料没有进行细致的对比和分析，因此过一两天后对材料就不能进行完整的回忆。④ 记得慢又忘得快，这样的学生在学习中花费了很多精力但效果却不好。其原因可能是多方面的，有的是由于注意力不集中，不专心，因此记不住，记忆得也不完整；有的可能是记忆方法不当，只靠机械识记，所以记得慢，也记不牢。

教师应根据学生的不同情况，采取不同的方法，帮助他们克服自己的缺点，从而提高其记忆水平。

第二节　记忆的一般规律

记忆是一种复杂的心理活动，一个完整的记忆过程包括识记、保持和回忆三个基本环节。对记忆规律的理解应分别从识记、保持和回忆的规律分析入手。

一、识记的规律

识记是一个人获得知识和经验的过程。记忆过程开始于识记，识记是保持、再认和回忆的前提。没有识记就不会有对信息的编码、贮存、检索和提取。识记的效果受到许多因素的影响，其中识记的目的、方法、学习者的态度、材料的数量和性质等对识记的效果影响较大。

（一）识记的目的、任务

根据识记时有无明确目的，把识记分为无意识记和有意识记。有无识记目的或识记目的是否明确会影响识记的效果，目的不同，学习者在识记时对材料的组织会有所不同，这样就会影响识记的效果。

无意识记是指没有明确的识记目的，不需要任何有助于识记的方法，也不需要做出意志努力的识记。无意识记具有很大的选择性，凡是对人有重要意义的、与人的需要和兴趣有密切联系的、能引起人的较强情绪活动的事物容易被无意识记。由于无意识记不需要意志努力，因此社会环境中的各种影响往往会通过无意识记而被"潜移默化"地接受。由于无意识记缺乏识记的目的性，因此，识记的内容往往带有偶然性和片面性，只靠无意识记是不能获得系统的科学知识的。

有意识记是指具有明确的识记目的，运用一些有助于识记的方法，需要做出意志努力的识记。例如，学生为了熟练掌握所学的知识，而积极采取各种方法，反复诵读、练习等，就是有意识记。在现实生活中，有意识记比无意识记更显得重要。因为人掌握系统的科学知识和技能，主要是依靠有意识记。在其他条件相同的情况下，有意识记的效果远比无意识记的效果好。

在有意识记中，明确识记的任务对识记的效果起着关键性的作用。由于任务明确，识记活动都集中于这个任务上，就能够引起人的复杂的智力活动和调动其完成任务的积极性。记忆任务的时间要求，对记忆内容保持的长久性与否也有关系。例如，有人做过实验：教师让学生熟记两段难易程度相当，分量大致相同的材料，告诉他们第一段要在第二天检查，第二段则在一周后检查，而实际上两段材料均在两周后测验检查，结果学生对第一段材料记住了 40%，而第二段材料却记住了 80%。实验说明，有较长期的识记任务要求，记忆内容保持的时间就长些，相反，只有短期的识记任务要求，记忆内容保持的时间就较短些。另外，不同的识记任务和要求会影响人的识记方法、进程和效果。例如，任务要求是回忆识记材料的精确性，学习者就会反复默读复习单个词和句子；如果任务要求是回忆识记材料的内容，那么学习者就会努力地去建立句子之间的意义联系，理解材料的逻辑关系。

此外，人总是在活动中进行识记的。因此无论是无意识记还是有意识记，只要识记的对象成为活动的对象或活动的结果时，识记的效果就会好。

（二）识记的方法

识记需要借助于事物间的联系来进行，识记的效果很大程度上取决于以怎样的方法组织材料、建立联系。人在识记材料时有两种不同的方法：机械识记和意义识记。

机械识记是指在对实际材料没有理解的情况下，依靠事物的外部联系、先后顺序，机械重复地进行识记。一般地，人们记地名、人名、地址等，常常是利用机械识记。机械识记虽是一种低级的识记途径，但在生活学习中是不可缺少的。

意义识记是指根据事物的内在联系，通过理解材料的意义，运用有关经验进行的识记。其基本条件是识记者能理解识记材料并进行思维加工。

由于意义识记是一种与思维活动密切联系的、积极主动的识记,是把材料整理后归到已有知识系统中的识记,所以它的效果总是优于机械识记。

意义识记和机械识记是人们识记的两种基本方法,它们之间相辅相成,互相补充,意义识记要有机械识记做基础,机械识记要靠意义识记来帮助,如果能将机械识记的内容,人为地赋予其"意义",就可以大幅度地提高识记效果。教师在教学中应要求学生以意义识记为主,机械识记为补充,并善于诱导学生把这两种识记方式结合起来加以运用,以发挥两种识记的长处,从而提高整个记忆效果。

(三) 识记的态度

识记是信息的输入、编码的过程,但这个过程不是消极、被动的。识记者如果积极地参与识记活动,就会有高度集中的注意和积极的思维状态,识记的对象或结果就易于被清晰地感知,就能主动建立事物之间的意义联系、理解材料的内在逻辑关系,并与自己的知识经验相联系,从而提高识记的效果。有心理学家曾做过一个实验:教师先给学生出示拟好的 8 个句子,让他们说出每个句子说明什么语法规则,之后要求学生按照这些语法规则自己编出 8 个句子。下课前,要求学生把教师出示的和自己编写的各 8 个句子默写出来,结果学生对自己编写的回忆成绩比教师出示的高出 3 倍多。教学实践也证明了这一点,如让学生自己画图,让学生参与实验,让学生自己拟出提纲等,都会提高记忆效果。其原因就在于这些主体活动能调动起学生的积极性、主动性,能真正积极思考,深入到材料的中,从而印象深刻。

(四) 识记材料的特点

在复习次数及其他条件相同的情况下,识记的效果受识记材料的性质、数量和难易程度的影响。

首先,材料的性质影响识记效果。对于儿童来说,直观形象的材料比抽象的材料效果好;事实性材料比理论性材料识记效果好;视觉形象的材料比听觉形象的材料效果好。

其次,材料的数量影响识记效果。一般来说,要达到同样的识记水平,材料越多,识记所用的平均时间和次数也越多。实验表明,识记 12 个无意义音节,平均每个音节需 14 秒;识记 24 个无意义音节,平均每个需 29 秒;识记 36 个无意义音节,平均每个需 42 秒。

再次,难易不同的识记材料在记忆进程中是不同的。如果识记的材料是容易的,一般开始时进展较快,后来逐步缓慢,成一减速曲线。如果识记晦涩难懂的材料,常在开始时进展较慢,后来逐步加快,成一加速曲线。

（五）活动和不同感觉通道的影响

使识记对象成为人的活动对象或活动结果时，可以激发起人的活动积极性，识记效果就会明显提高。

此外，在识记时，通过何种感觉通道输入信息也影响到识记的效果。例如，有人曾做过一个实验，让三组学生识记相同的材料——10张卡片。一组采用视觉识记，二组听觉识记，三组视听结合识记。结果一组能回忆起70%，二组60%，三组86%。研究表明，视觉识记优于听觉识记，视听结合优于视觉的识记。显然，多种感觉通道共同参与识记，可使同一内容在脑皮层上建立多通道的广泛联系，因而要优于单一通道的识记。因此，识记时如能充分调动个体的五官共同参与识记，使识记对象成为多种感知活动的对象，做到视、听、读、写、思结合，将会大大提高记忆效果。

二、保持的规律

保持是识记获得的经验在大脑中的储存、巩固过程。保持是记忆的中心环节，也是记忆的一个重要阶段。它不仅是对识记效果的进一步巩固，也是实现再认和回忆的前提和重要保证。

（一）保持内容的变化

人的知识经验在经识记后置于头脑中的贮存，不是原封不动的存档、储藏的过程，随着时间的推移，保持的内容会发生数量和质量的变化，体现了人脑对识记材料的主动加工的特点。

1. 保持内容在量上的变化

保持的内容在数量上的变化最明显的就是随着时间的推移，保持的量日趋减少，其中一部分会回忆不起来或回忆发生错误，甚至遗忘。例如，对于教师讲课的内容，当天回忆可能很清楚，可一周或一个月后再去回忆，就会有一部分内容回忆不起来。

保持的内容在数量方面的变化还有一个特殊现象，即记忆恢复现象。记忆恢复是指识记某种材料，经过一段时间后测得的保持量大于识记后即时测得的保持量。英国心理学家巴拉德发现：儿童最好的回忆成绩不在当时，而在识记后的2～3天内。他从实验中测得，儿童在2～3天的保持量比识记后即时的保持量要高6%～9%。研究表明，记忆恢复现象儿童比成人表现更为普遍，学习较难的材料比学习较易的材料更易发生。对记忆恢复现象的原因，目前还没有完善的解释。

2. 保持内容在质上的变化

大量实验表明，保持的内容在质的方面会向着四个方面发生变化：更简略概括、更详细具体、更合理完整与更夸张而富有特色。

记忆内容的质的变化,常常受到个人的知识经验、心向、动机等因素的影响。英国心理学家巴特莱特,采用图画复绘的方法来测验记忆质变的情形(见图4-2)。图中左边为刺激图形,先给被试中的第一个看,隔半小时后要求他凭回忆将图绘出,再将他所绘的画给第二个人看,依次下去,直至第18个人画出第18幅图为止,结果一只枭鸟变成了一只猫。可见记忆图形在质的方面发生了显著的变化。语言材料的保持也常常发生变化,主要是:简化或概括了原材料;扩大了原材料的范围;颠倒了顺序;曲解了原材料的意义;使原材料更完整、详细具体、夸张突出等。例如,让许多人读一篇关于印第安人和鬼打仗的故事,过一段时间让他们把故事回忆起来。结果,经常阅读鬼怪故事的人对鬼怪的内容增加了许多细节;而无鬼论者和逻辑性强的人则大大删去了鬼怪的内容,把故事编得更合乎逻辑。

图 4-2 保持过程中图形的变化

(二) 遗忘及其规律

记忆内容和数量上的动态变化现象就是遗忘。遗忘是指识记过的内容不能回忆,或是错误回忆。用信息加工的观点来说,遗忘就是信息提取不出来或者提取出现错误。

可见,遗忘是保持的相反过程,保持的信息的丧失就意味着遗忘的出现。保持越多,遗忘越少;反之亦然。因此,保持过程的规律可以从遗忘的进程规律来分析。

1. 遗忘的类型及原因

遗忘可分为暂时性遗忘和永久性遗忘。暂时性遗忘指已转入长时记忆中的内容一时不能被提取,但在适宜条件下还可以恢复。例如,提笔忘字;遇到熟悉的朋友,话到嘴边说不出对方的名字,这被称为舌尖现象。永久性遗忘指识记过的材料如不经重新学习再也不能回想起来。遗忘也是巩固记忆的一个条件,如果一个人不遗忘那些不必要的内容以减轻大脑的记忆负荷,要记住和恢复必要的材料是困难的。

关于遗忘的原因,有不同的理论与解释。一般认为暂时性遗忘是由于干扰抑制

(如外界的强烈刺激,情绪的过度紧张,忧虑,以及学习材料间的前摄抑制干扰和倒摄抑制干扰等)引起。因而当解除了这些内外干扰抑制后,识记过的材料又能正确地回忆出来。而永久性遗忘是由于没有复习或强化,使记忆痕迹消失而造成的。此外精神分析学派弗洛伊德提出了动机性遗忘说,认为遗忘是由于某种动机的压抑所致。他认为,人们常常压抑早年生活中痛苦的记忆,以免这种记忆引起焦虑与不安,这种遗忘的恢复只能靠催眠后自由联想。

2. 遗忘的规律

遗忘是有规律的。德国心理学家艾宾浩斯(Hermann Ebbinghaus,1850—1909)第一个对遗忘现象作了系统的研究。他以自己做被试,为了尽量避免个人的知识经验对实验结果的影响,他设计了一套无意义音节作为记忆的材料,用重学时所节省的时间或次数作为测定保持遗忘量的指标,其实验结果列于表 4-1。

表 4-1 不同时间间隔后的记忆成绩

时间间隔	重学时节省诵读时间占比/(%)
20 分钟	58.2
1 小时	44.2
8～9 小时	35.8
1 日	33.7
2 日	27.8
6 日	25.4
31 日	21.1

根据表内数据绘制成的曲线称为艾宾浩斯遗忘曲线,见图 4-3。

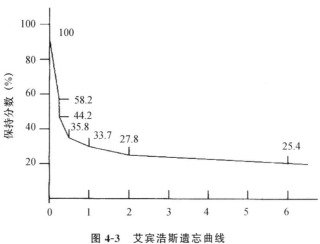

图 4-3 艾宾浩斯遗忘曲线

此曲线表明：学习后的不同时间里的保存量是不同的，在识记后的短时间内遗忘比较快、比较多，以后保持量渐趋稳定地下降，到了一定时间几乎不再遗忘，表明了遗忘变量与时间变量之间的关系，遗忘是时间的函数，揭示人的遗忘的进程是不均衡的，呈先快后慢的规律。以后，许多心理学家都做了类似的实验，进一步证实了艾宾浩斯的研究结果。

（三）影响遗忘的因素

遗忘的进程不仅受时间因素制约，还受其他许多因素影响。概括起来，有以下三个方面：

1. 识记材料的特点对遗忘进程的影响

（1）识记材料的意义和作用。研究表明，对人的学习或实践活动意义不大的，不符合个体需要，或枯燥乏味引不起人的兴趣的识记材料最易遗忘，保持最差。

（2）识记材料的数量。一般地，识记材料的数量越大，遗忘得越快。有实验证明，识记 5 个材料的保持率为 100%，10 个材料的保持率为 70%，100 个材料的保持率为 25%。即使是有意义的材料，当识记数量增加到一定程度，遗忘速率也接近于无意义材料的遗忘曲线。

2. 识记材料的序列位置对遗忘的影响

识记材料的序列位置不同，遗忘发生的情况也不一样。一般是材料中的首尾内容容易记住，不易遗忘，而中间部分则很容易遗忘。有人在实验中发现，把排列有序的一系列无关联的单词，如"肥皂、章鱼、火星、种子、岩石……"以视觉或听觉方式呈现给被试，而后要求被试不按顺序尽可能多地回忆出来，结果处于词表开头部分和末尾部分的单词回忆率高、遗忘少，而处于词表中间部分的单词回忆率低、遗忘得多(D. D. Murdock,1926)。这种因材料位置不同而表现的遗忘现象叫系列位置效应。产生这种现象的原因，主要是前后识记材料之间发生相互抑制或干扰造成的。此干扰和抑制有两种：一为先学习的材料对后学习的材料的抑制作用，叫前摄抑制；二为后学习的材料对先学习的材料的抑制作用，叫倒摄抑制。处于中间部分的材料因同时受到两种抑制的干扰因而遗忘得较快，而处于首、尾部分的材料，因只受一种抑制干扰，因而遗忘得就慢。两种抑制的干扰强度受前后两种学习材料的相似程度的影响，两种材料既相似又有不同时，抑制作用最大。

3. 学习程度对遗忘的影响

学习程度是指在学习过程中正确反应所能达到的程度。我们把学习一个材料刚刚达到准确背诵为止，称为 100% 的学习程度（又叫适度学习），超过这个程度，继续延长学习称为过度学习。如延长成诵时间的一半则为 150% 的学习程度，延长一倍则为

200%的学习程度。美国心理学家克鲁格(W.C.F.Krueger,1929)将被试分成三组,分别采用100%、150%、200%三种学习程度识记12个名词,在1~28天后测定他们的保持量,结果见图4-4,实验表明,学习程度越高遗忘越少。此外,许多实验还显示,过度学习达150%,保持的效果最佳。超过150%的学习程度,保持效果并不明显增强,且会浪费时间和精力。

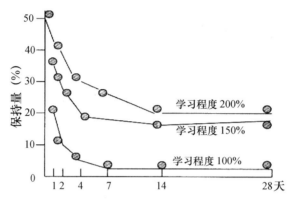

图4-4 学习程度与保持量的关系

三、回忆的规律

回忆是对识记、保持的经验进行提取的过程,是记忆过程的最后环节,它既是记忆所要达到的目的,又是衡量记忆巩固程度的重要指标。回忆并不是简单机械地恢复过去已有的映象,它包括对记忆材料的一定加工和重组活动。

(一)回忆的两种水平

按照回忆的水平和形式的不同,回忆有再认和再现两种。

1. 再认

再认是指经验过的事物再次出现,感到熟悉并能识别确认的过程。再认的速度和准确度主要取决于以下两个条件。

(1)记忆的巩固程度。对事物记忆越深刻牢固,则再认的速度越快,准确性越高。

(2)当前呈现事物与过去识记事物的相似程度。事物总是在不断发展变化的,如果事物前后变化过大,即呈现在我们眼前的事物与我们曾识记过的事物差异悬殊,则难以再认。相反,如果变化不大,则容易再认。

2. 再现

再现是指过去经历过的事物不在面前,把它们在头脑中重新呈现出来的过程。

(二)回忆的类型

1. 有意回忆和无意回忆

无意回忆是指没有明确回忆意图或目的,过去的映象是自然而然地被提取或复现。例如,一件往事偶然涌上心头,浮想联翩或触景生情。有意回忆是指有预定回忆意图和目的,有意识地搜索和复现过去形成的映象。由于有意回忆有一定的方向,有时映象比较容易复现,但有时由于受到干扰则需要作出一定意志努力。

2. 直接回忆和间接回忆

根据回忆时是否需要中介联想,可分为直接回忆和间接回忆。

直接回忆是指由面前的事物直接唤起了脑中已有的经验。间接回忆是指通过一系列中介性联想才能唤起脑中已有的知识经验,这种回忆需要一定的意志努力才能实现。

(三)影响回忆效果的因素

1. 主观状态

回忆随着人的活动任务、兴趣、情绪状态等的变化而有所变化。明确的任务要求、欢愉的情绪状态以及回忆的主动性能促使人的大脑积极活动进行经验的"筛选",进而影响回忆的效率和正确率。

2. 追忆的策略

在学生的学习中,有意的、间接的回忆占重要的地位。它通常以追忆的形式体现出来。根据有关线索,使用一定策略,通过推论和探索,在意志努力下完成映象复现的有意回忆称为追忆。人在追忆时,总是以联想为基础。所谓联想是在头脑中由一事物想到另一事物的心理活动。联想有以下规律。

(1) 接近律。时间、空间上接近的事物易产生联想。例如,由学生联想到老师,由茶壶联想到茶碗。

(2) 相似律。性质上接近或类似的事物易产生联想。例如,由月亮的盈亏想到人生的聚散。英语 preserve,reserve,observe,deserve 四个词皆是相同的词根,放在一起可利用相似联想进行记忆。

(3) 对比联想。性质上相反的事物易产生联想。例如,由严寒想到酷暑,勤奋想到懒惰。学生运用反义词的对比,可加深对词义的理解记忆。

(4) 关系律。具有因果、从属等关系的事物易建立联想。例如,由瑞雪想到丰年(因果关系),由动物想到鱼虫鸟兽(从属关系)等。

客观事物是相互联系的,事物之间的不同联系反映在人脑中就形成各种不同的联想。形成大量联想和充分利用联想是提高记忆效果的有效方法。

> **信息窗**
>
> **非逻辑线索对记忆的影响**
>
> 　　美国得克萨斯大学做过一次实验,在该大学的一间底层休息室里向一群学生宣读 90 个单词,第二天叫学生回来接受一次回忆测验。其中,一部分被试在原来的休息室中进行回忆,他们能回忆出的单词数平均为 18 个。另一部分被试在 5 层楼的教室中进行回忆,但回忆单词之前先花几分钟回忆一下底层休息室的情景,他们回忆出来的单词数平均为 17 个。
>
> 　　这个实验结果表明,对于记忆的材料不仅保存在语义的网络中,还与其他线索有关。有时,有些线索在表面上与记忆材料毫无关系,但事实上却有助于回忆。

第三节　记忆规律在教学中的运用

一、依据识记规律,合理安排和组织教学

(一) 合理安排教学

(1) 在排课时应尽可能避免把性质相近的课程排在一起,这样能减少由于材料相似性引起的前摄抑制、倒摄抑制对记忆的干扰。

(2) 保证学生的课间休息。课间休息有利于学生巩固上一节课所学内容,提高保持效果;同时,也有助于减少由于前后课中记忆材料的间隔时间过短引起的前摄抑制、倒摄抑制的影响。

(3) 教师应控制每堂课的信息投入量。过多的信息投入不利于学生课上对学习内容的消化、吸收和记忆,不利于学生获得更多的知识。

(二) 向学生提出具体的识记任务

有意识记是教学活动中最主要的识记种类,教师应根据不同的教学内容,提出明确的识记任务。教师每节课讲的内容要求学生记忆的程度是不同的:有的需要完整记忆;有的需要部分记忆;有的需要记忆大意;有的需要精确记忆;有的需要短时记忆;有的需要长时记忆。这就需要教师向学生提出具体的识记任务,让学生知道应该记什么、记忆的程度如何,以避免学生浪费不必要的时间和精力。

(三) 使学生理解所学内容并把它系统化

只有被理解的、系统的知识,才能长久地保持在记忆中,并在需要时很快地提取出

来。因此,教师在教学中,要使学生通过思考去理解所学内容,使所教内容在学生头脑中建立多方面的联系,使知识系统化,避免死记硬背。

(四)营造良好记忆的心理环境

学生记忆时的心理环境,如愉快的情绪、浓厚的兴趣、高度集中的注意状态等,直接影响着记忆效果。情绪对记忆有明显的影响,尤其是识记和回忆两个环节,最容易受到过分紧张、焦虑等负性情绪干扰。教师要善于调节课堂情绪气氛,使学生在轻松、愉快、平和的气氛中学习和记忆,尽可能排除不利于记忆活动的负情绪干扰。此外,教师在要求学生识记时要特别唤起他们的注意,因为,注意对记忆具有选择和组织的作用,材料只有受到注意才能被记住。

(五)指导学生掌握记忆材料的优化处理策略

对记忆材料的加工处理策略,是决定记忆效率和效果的关键。记忆规律的运用、记忆方法的选择,也主要集中于此。该策略可细分为三个方面。

1. 记忆材料性质的转化

记忆材料性质是影响记忆的一个重要因素,因此,在对记忆材料进行加工处理时,要尽可能转化为有利于记忆的性质。

(1)记忆材料的操作化。即把要记忆的材料转化为操作活动的对象。例如,活动记忆法——通过动手操作来记住有关材料;笔记记忆法——通过抄写、批语、做卡片等笔记形式来记住有关材料;朗读记忆法——通过出声朗读记住有关材料等。

(2)记忆材料的形象化。即把要记忆的材料转化为形象的材料。例如,在记一些易写错的字,如"纸"时,头脑中就可出现一张白纸的形象,心里马上想到:"白纸怎么会有污点呢?"这样把"纸"字中的右部首"氏"写成"氐"的错误便可纠正了。

(3)记忆材料的意义化。即把要记忆的材料,也就是赋予机械性材料以一定的意义。例如,采用谐音法,采用谐音赋予材料以意义,把化学中用石蕊试纸鉴定碱性溶液呈蓝色的规律用"橄榄"(碱蓝)这一谐音词记忆,不仅不会忘记,而且"酸红"的记忆也简单化了。采用数字记运算法,使原无意义的数字也产生意义:秦统一中国于公元前221年,可想为 $2 \div 2 = 1$;采用数字—字母转换法,将0~9数字转换成不同的字母,如0—t,1—e,2—n 等,那么210就变成net,使用时按规则转换回去。由于字母容易产生意义,便可使无意义数字被赋予一定意义。采用联想法,把原来没有意义上联系的材料赋予意义上的联系:英语中以o结尾的名词复数一般都是加s,只有hero、negro、tomato、patato四个单词的复数是加es。为此将这四个无联系的词赋予人为的联系,形成一个句子"黑人英雄吃罗宋汤",便于记忆。

2. 记忆材料的数量简化

记忆材料的数量是影响记忆效率的一个因素,一次识记的数量越多,记忆的效率越低。同时,人的记忆潜力虽然很大,但毕竟时间和精力有限。因此,在对记忆材料进行加工时,有必要加以简化。

(1) 记忆材料的概括化。即对记忆材料进行提炼、抓住关键进行记忆。它包括主题概括、内容概括、简称概括、顺序概括、数字概括、文字概括等。例如,将中国古代的井田制方面的内容概括为"国君所有、诸侯享用、奴隶耕作、形似井字",也可进一步概括为"君有、侯用、奴耕、井形"。

(2) 记忆材料的规律化。即对记忆材料进行分析、抽象,以便抓住规律进行记忆。例如,三角函数中有 54 个诱导公式,孤立记忆这些公式比较繁复。但仔细分析能从中找出一个共同的规律——奇变偶不变,符号看象限。记住这句话,有助于推导出全部诱导公式。

(3) 记忆材料的特征化。即抓住记忆材料中的特征来加强记忆。例如,记忆戊、戌、戍三个字时,抓住他们的共同特征和区别特征来记,效果要好得多。在一些历史年代的数字中也有特征可寻:努尔哈赤建立后金是 1616 年,马克思诞生是 1818 年,共产国际建立是 1919 年。

3. 记忆材料的内容系统化

头脑中记忆材料的储存犹如资料室里的文件存放,资料室里的文件只有按序分类分目摆放,才能方便寻找,缺乏系统管理,则无法寻找;人们头脑中的记忆材料同样需要有条有理地储放,否则很快就会忘记,这里就涉及记忆材料的内容系统化问题。所谓记忆材料的内容系统化,就是在头脑中把识记的材料归入一定的顺序,使之彼此发生一定的联系。

(1) 记忆材料的归类化。即把识记材料按一定的标准组成或纳入不同的类别。其中把记忆材料组成类别,也就是分类记忆,而把识记材料纳入类别,便是归类记忆。可把已识记的材料归入头脑中已有的类别,使之保持长久,使用方便。例如,在英语单词学习中,可以把所学得的 preserve 一词,归入头脑中 reserve、observe、deserve 这一词形相似类里储存,把 acquire 一词,归入 get、obtain、gain 这一词义接近类里储存;把 black、short、fat 等词分别与头脑中 white、long、thin 等相反词义的词联系,归入由此组成的词义对比类里储存。

(2) 记忆材料的网络化。即把识记材料编成或织入某一网络。其中把识记材料编成网络,也就是形成一种认知结构,而把识记材料织入网络,便是纳入某种认知结构。例如,学习政治经济学中生产力和生产关系、生产关系和经济基础、经济基础和上层建筑等一系列概念时,可把这些概念的内在联系编成网络来记忆。如果以后又学了"科学技术也是生产力"这一观念后,便可把"科学技术"纳入网络中"生产力"这一节点上,大大减轻记忆负担,提高记忆效率。

二、依据遗忘规律,有效地组织复习

复习是巩固知识、防止遗忘的重要手段。无论是意义识记还是机械识记,复习都是很必要的。复习不是机械地对材料的重复,而是对学习材料的进一步加工理解,它应该是一种积极主动的、合乎记忆规律的过程。根据遗忘的规律,复习时应注意以下几个问题。

(一)及时复习

由于遗忘总是先快后慢的,所以复习必须及时,即要在遗忘尚未大规模开始之前进行复习,可阻止通常学习后立即发生的急速遗忘。

(二)合理分配复习时间

由于记忆的效率受到识记材料的数量的影响,因而复习在时间上的合理分配非常重要。实验表明,集中复习易发生干扰,其效果不如分散复习。但复习的时间分配要适度,每次间隔时间过长,即复习过分分散,也易发生遗忘。一般而言,应先密后疏,即对刚学过的材料应多加复习,每次复习间隔的时间应短些,随记忆巩固程度的提高,复习的次数可逐渐减少,间隔的时间可逐渐增长。

(三)合理安排复习材料

由于性质相近的学习材料易发生相互干扰,因此,复习中应尽量穿插安排性质差别大的学科,如文理交叉复习。

(四)复习方式多样化

复习方式过于单调,易使学生产生厌倦情绪,影响记忆效果。因此,在复习中应采取多样化的复习方法,以激发、调动学生智力活动的积极性、主动性。例如,把要复习的材料安排到新的组合中复习;在复习旧课时,不只让学生复习阅读,而是要求他们自己选择新例子或画图解,找出新旧知识的异同点;在复习比较抽象的材料时,尽可能运用直观的手段,使感性知识和理性知识联合起来,加深理解。此外,复习中还应尽可能地利用多种分析器参加活动,使复习过程成为有看、有听、有说、有写、有做的活动,从而在大脑皮层中建立起多种联系,以提高记忆效果。

(五)反复阅读与尝试回忆相结合

复习时,单纯的反复阅读的效果,不如在阅读中结合积极的尝试回忆效果好。这是因为反复阅读与尝试回忆相结合是一个积极的复习过程。它要求高度集中注意,进行更紧张的脑力活动,能促进暂时神经联系的建立和巩固,同时又能及时检查记忆情况,把精力集中于薄弱环节,易于加深印象。美国心理学家盖兹(A. I. Gates,1917)的实验认为两者最好的比例是20%的阅读加80%的尝试回忆。

(六)掌握复习的"量"

一是复习内容的数量要适当,一次复习的内容的数量不宜过多。因为,学习内容的数量与复习的次数及所用的时间是成正比增长的。二是提倡适当的过度学习,即达到150%的学习,从而提高记忆效果。

三、培养学生良好的记忆品质,提高其记忆力

教师在教学中就要有意识地培养学生良好的记忆品质。如,通过布置各种定时性记忆任务并进行检查,来培养其记忆的敏捷性;通过要求他们对识记材料进行深入的理解,使材料在头脑中系统化,进行合理的复习来培养其记忆的持久性;通过要求他们进行认真的识记和复习,使材料形成精确的联系和养成经常检查自己记忆效果的习惯等,来培养记忆的准确性;通过使他们对所学知识条理化、系统化,掌握追忆的技能等,来提高其记忆的准备性。

【阅读材料】

记忆的生理机制说

记忆的生理机制是一个异常复杂的问题。巴甫洛夫用暂时神经联系来解释记忆,随着科学技术的进步,人们对记忆的心理机制进行了多学科大量实验研究,提出了一些新的看法。

1. 记忆机能定位说

记忆机能定位说认为,在大脑中存在着视觉记忆的视觉中枢、听觉记忆的听觉中枢、语言记忆的言语中枢和运动记忆的运动中枢。记忆机能定位说的例证最初来自临床病例的观察。加拿大著名神经外科医生潘菲尔德(W. Penfield)认为记忆与大脑皮层的额叶和颞叶有密切的关系。他在给脑病人施行开颅手术治疗时,当微电极刺激患者右侧颞叶时,会引起病人对往事的鲜明回忆,甚至"听"到了过去曾听过的歌曲,能随着音乐节律断续哼唱出来。这被称之为"诱发性回忆"。"诱发性回忆"大多是以视觉形象和听觉形象出现的,而刺激大脑皮层的其他区域则不发生这种情况。科恩(Cohen,1968)在给抑郁患者的脑的不同部位电击引起痉挛时也发现,当电击患者左脑后,会损害其言语记忆,但不影响形象记忆。当电击患者右脑后,则会损害其形象记忆,但对言语记忆影响不大,因此他推断,言语记忆的信息可能储存在大脑左半球,形象记忆的信息可能储存在大脑右半球。

2. 记忆机能整体说

记忆机能整体说认为记忆是一种整合的心理现象,在大脑中并不存在单

纯的记忆中枢。美国心理学家拉希莱(K. Lashley)最早对记忆机能定位说提出挑战。他通过切除动物大脑皮层的一系列实验发现,动物记忆学习的成绩与破坏大脑皮层的特定部位关系不大,而与大脑皮层被损伤部位的大小有关,破坏的面积越大,对记忆学习的影响越大,记忆丧失越严重。由此他推断,记忆的保持并不依赖于大脑皮层的精细结构部位,而是与广泛的神经细胞活动有关,是整个大脑皮层的机能。

3. 记忆分子学说

记忆分子说认为记忆经验是由神经元内的核糖核酸的分子结构来承担的。神经细胞的脱氧核糖核酸(DNA)是借助核糖核酸(RNA)传递遗传信息的机制。通过由学习引起的神经活动可以改变与之有关的神经元内部核糖核酸的细微化学结构,就像遗传经验能够反映在脱氧核糖核酸分子的细微结构中一样。

瑞典神经生物化学家海登(H. Hyden)通过训练白鼠走钢丝,然后解剖,发现白鼠脑内与平衡活动相关的神经细胞的 RNA 含量显著增加,组成成分也有相应变化,因此他认为生物大分子是信息储存单元,RNA 和 DNA 是记忆信息的化学分子载体。

另外一些验证性实验表明,把抑制 RNA 产生的化学物质注入动物脑内,会使动物的记忆学习能力明显减退或完全消失,如果把促进 RNA 产生的化学物质注入动物脑内,则能提高动物的记忆学习能力,这说明 RNA 的变化是个体学习和记忆的生物基础。

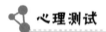

心理测试

记忆能力评估

如果你想了解你的记忆力以及你运用记忆力是否得法,那么请你回答下面的 20 个问题。

1. 选择一个合乎你情况的答案。
(1) 不需要任何帮助即可使曾经识记的东西在大脑里重现。
(2) 不经暗示就想不起来,但能从许多东西中辨别出曾经识记过的东西。
(3) 脑子里即使有某一信息的痕迹,但也忘得一干二净。
(4) 提起曾经记忆过的事情时,很容易与其他记忆相混同,出现错误记忆。
2. 你喜欢用哪种方法记忆?
(1) 把要记忆的对象归纳起来记忆的"整体记忆法"。

(2) 把记忆对象分成几个部分去记的"部分记忆法"。

3. 你是否常常怀着一种好奇心,或非常感兴趣地去记所要记的东西?

4. 对某些东西,你是否理解了才去记忆?

5. 你是否常常将几件相关联的事情联系起来,或者用联想的方法去记忆?

6. 你是否常常将一些相似的东西放在一起去记?

7. 当你学习感到疲劳时,你是否改变学习的内容?

8. 你是否能从众多的信息中,把真正对自己有用的东西尽快地、准确地挑选出来?

9. 你对记住的东西,是否会尽早地使它在大脑中有重现的机会(比如学习之后尽早地复习)?

10. 你对所要记住的东西,是否加以整理,制成图表或写成简短的文字来加强记忆?

11. 平时你是否过细地观察记忆对象,或认真考查与记忆对象有关的事项?

12. 你是否能从很多的记忆对象中找出他们的规律性、共同性、特殊性?

13. 你是否常常借助于听、写、朗读或亲身实践来增强对大脑的刺激,以加深记忆印象?

14. 你是否常常看报刊,或者精读一本书,或者用其他方法将许多有用的信息储进大脑里去?

15. 你是否有写日记、感想、记笔记、备忘录的习惯?

16. 对一些无意义的东西,比如英文字母、阿拉伯数字等,你是否专心地念诵、书写,或把它变换成有意义和意义好理解的东西去加以领会记忆?

17. 需要记的东西很多,这时你是否将重要的东西放在开头或者末尾去记?

18. 对一些疑难问题,你是否力求自己找出问题的答案?

19. 你对日常纷繁而无必要记忆的琐事是否在短时间里就忘掉?

20. 当你要记住某件事情时,你是否抱着一定记住它的愿望,集中精力,或告诫自己说还差得很远,自己的理解可能还很不充分?

答案分析与记忆能力评估

1. 四种不同的记忆状况:

(1) 是记忆对象在大脑中的重现,说明你的记忆力很好。

(2) 是对记忆对象的再认,说明你的记忆力一般。

(3) 是对记忆对象的遗忘,说明你的记忆力不好。

(4) 错记。说明你的记忆力一般,记忆对象在大脑里只留下一个模糊的印象,不清晰。

2. 对很多人进行了实验,结果表明,前一种方法较后一种方法更佳。

3. 有这样一句话:只有爱好它,才能十分精通它。不论是谁,对自己感兴趣的事情,都能显出优异的记忆力。

4. 理解了的东西会在大脑里形成一种潜意识,有助于记忆。

5. 这是用一个思维唤起另一个思维的方法。如果把这个方法加以系统化,能够使记忆力增进十倍。

6. 一次记住很多相似的东西对记忆是不利的,这样会使相似的东西混淆而出现错记的现象。

7. 长时间学习或记忆同一种东西,大脑会产生疲劳。而改变一下内容,大脑就会轻松一些,这也是一种变相的休息。

8. 这是对大脑相当有意义的训练。记忆的事情过多,要把它印在脑子里就要花费非常多的时间和精力,而人的时间和精力都是有限的。

9. 这是对记忆的巩固。记忆在最初遗忘得很快,而往后遗忘的速度却很慢。它告诉我们,遗忘是在记忆后急速进行的,要防止遗忘,必须尽早地加以复习。

10. 我们都有这样的体会,看上去很复杂的东西,如果有图表或者简单的提纲挈领的介绍,便会变得简单明了,容易记在脑子里。

11. 考查与你记忆对象有关的事情,可以系统地了解记忆对象。而仔细地观察和接触实物引起的这种现实感,能加强理解和记忆。

12. 发现这些并不容易,然而一旦弄明白了,就能较快地记住所要记住的对象。

13. 同时开动人体几种器官,能使大脑紧张起来,使别的事情不能挤进头脑里来,减少外界刺激,记忆效果就好。

14. 将得到的多种信息清楚地理解和记住,对思想和认识的形成大有用处,因为时间一长就会有一个成熟的观念进入你大脑的潜意识层。

15. 记日记、笔记、写感想、备忘录是对学习和生活的回忆,也可以说是再现。所以有助于巩固记忆,还因为它们都需要用手写,所以还能通过肌体感觉去帮助记忆。而备忘录又可以减少需要记忆的事项,避免浪费时间去记不必留在脑里的信息。

16. 记无意义的东西很费劲,而且记不牢,一旦忘记又失去了回忆的线索,很难回忆起来,所以用有意义的词语进行联想和专心致志地牢记很重要。

17. 在学习或记忆的开头和末尾,人的大脑处于相对松弛的状态,记起来就轻松容易。

18. 不费劲就解开的问题,在大脑里的印象就不会深,所以很快就会忘掉;而自己付出过巨大代价的东西,则会长时间留在大脑里,产生很深的印象。

19. 人的大脑好比一个楼阁,无用的东西装得越多,有用的东西被挤出去的就越多,会"遗忘"才会记忆——它可以使你的大脑保持清醒的状态,有利于对有用事物的记忆。

20. 这样做会提醒自己的注意力,使你积极地去记忆,而不是消极被动地硬背。另外,迷迷糊糊或被其他事物分散了注意力,其结果只能在大脑里留下模糊不清的痕迹,甚至会出现错记的现象。

思考与练习

一、名词解释

记忆　无意识记　有意识记　机械识记　意义识记　遗忘再认　再现　倒摄抑制　前摄抑制　追忆

二、简答与论述

1. 简述记忆系统三个阶段的特点及其关系。
2. 试述识记规律在教学中的运用。
3. 试述遗忘规律及其在教学中的运用。

三、实例分析

1. 下列两组数据,对哪组记的效果会更快更牢固?为什么?

A:5、9、10、13、14、17、20、26

B:5、7、9、11、13、15、17、19

2. 分析下列实验结果,然后回答问题。

学习后的时间	20分钟	1小时	8小时	24小时	2日	6日	31日
保持率(%)	58	44	36	34	28	25	21
遗忘率(%)	42	56	64	66	72	75	79

(1) 该实验结果,揭示了记忆过程中的什么规律?

(2) 请概括该规律的内容

(3) 该规律对你的学习或未来的教学工作有何启示?

3. 下列中,如果你是杨熙的老师,你将怎样帮助她提高记忆效果呢?

杨熙,小学四年级学生。她聪明、好动,属于一点就通,一学就会的学生。可是令老师和家长头痛的是她的"记性",尤其是遇到需要死记硬背的公式、文言文等,她总是"记不住"。因此,虽然能在家长和老师的督促下按时完成作业,但学习成绩总是游移在中等水平,怎么也提高不上去。

第五章 思　　维

学习目标

1. 了解思维的种类与品质特征。
2. 识记思维过程的环节与基本形式。
3. 了解思维与言语的关系。
4. 理解思维活动在人的认识活动乃至整个人类心理活动中的地位与作用。
5. 掌握解决问题的思维规律及其在教学中的实际运用。

人对客观现实的认知是一个不断深入的过程。感知觉、表象只是人脑对客观事物外在属性及联系的认知，要深入把握事物的内在本质和规律，解决现实中各种复杂的问题，单凭感知、表象是不够的。只有在感性材料基础上，借助于已有的知识经验，开动脑筋，进行一系列分析思考，才能实现由感性认识向理性认识的飞跃。心理学称脑的这种思考活动为思维，它是认识的高级形式。那么究竟什么是思维？人的一般思维过程是怎样的？解决问题的思维规律有哪些？如何培养创造性思维？这些将是本章要阐明的主要内容。

第一节　思维概述

一、思维

（一）什么是思维

思维是人脑对客观现实间接的、概括的反映，是揭示事物本质特征及内部规律的理性认识过程。

思维和感觉、知觉一样，也是人脑对客观现实的反映。不过感觉和知觉是对客观现实的直接的反映，它们所反映的是客观事物的外部现象或个别属性，而思维则是对客观事物间接的、概括的反映。它所反映的是客观事物的共同的本质特征和内在联系。例如，当人们研究"水"时，通过感觉和知觉只能认识水的颜色、形态和温度，而通过思维能舍弃水的颜色、形态和温度的具体特征，而认识到水在大气压力为760毫米水银柱时（1个标准大气压＝101.3千帕，1帕（Pa）＝1牛［顿］/平方米）时，温度降低到

0℃就会结冰,温度增加到100℃就会沸腾这样的规律。事物的本质和规律性联系都具有内隐性,是感知无法直接把握的,只有通过思维间接的、概括的反映,才能透过现象把握事物的本质。因此,人的思维是以感觉和知觉为基础的一种更复杂、更高级的心理活动,是认识的理性阶段。

> **信息窗 5-1**
>
> ### 日本人巧探大庆油田
>
> 大庆油田是我国在20世纪60年代勘探、开发的大油田,当时,绝大多数中国人并不知道大庆油田具体在哪里,但日本人却对大庆油田了如指掌。日本人首先从中国画报刊登的铁人王进喜的大幅相片上推断出大庆油田在东北三省偏北处,因为相片上王进喜身穿大棉袄,背景是遍地积雪。接着他们又从另一幅肩扛人推的照片上,推断出油田离铁路不远。他们从《人民日报》的一篇报导中看到一段话,这段话是说王进喜到了马家窑,说了一声:"好大的油海啊,我们要把中国石油落后的帽子扔到太平洋里去!"据此,日本人推断,大庆油田的中心就在马家窑。大庆油田什么时候产油了呢?日本人判断:1964年。因为王进喜在这一年参加了第三届全国人民代表大会,如果不出油,王进喜是不会当选为人大代表的。日本人还准确地推算出大庆油田油井的直径和大庆油田的产量,依据是《人民日报》一幅钻塔的照片和《人民日报》刊登的国务院政府工作报告。把当时公布的全国石油产量减去原来的石油产量,简单之至,日本人推算出大庆的石油产量为3000万吨,与大庆油田的实际年产量几乎完全一致。有了如此多的准确情报,日本人迅速设计出适合大庆油田开采用的石油设备。当我国政府向世界各国征求开采大庆油田的设计方案时,日本人一举中标。

(二)思维的特征

1. 概括性

思维的概括性包含两层含义:第一,在大量感性材料的基础上,把一类事物共同的特征和规律抽取出来加以概括。例如,人们把形状、大小各不相同而能结出枣子的树木称之为"枣树";把枣树、苹果树、梨树等依据其根、茎、叶、果等共性进行归结称为"果树"等,这就是概括。第二,将多次感知到的事物之间的联系和关系加以概括,得出有关事物之间的内在联系。例如,人们多次观察到月晕就要刮风,房基石潮湿就要下雨这些现象,于是得出"月晕而风""础润而雨"的结论。正是思维的概括性,人才能通过事物的表面现象认识事物的本质和规律,使人类认识的无限发展成为可能,使人类文明得以提高。一切科学的概念、定理、规律和法则,都是思维的结果。

2. 间接性

思维的间接性是指人们借助于一定的媒介和知识经验,对客观事物进行间接的认识。例如,人类学家根据古生物的化石及其他有关资料,就能推知人类进化的规律;医生根据病人的体温、血压、血液、尿液、心电图、脑电图等检查的有关资料,就能确诊病患和病因;气象工作者根据已有的气象资料就能预知未来几天的天气的变化;教师根据学生的行为表现可以推断学生的内心世界等。这些都是间接的认识。思维的间接性,使人冲破了感知觉的局限,能够理解和把握那些未曾直接感知或根本不能直接感知的事物及属性,预见事物发展的进程,从而扩大了人对客观事物认知的广度和深度,使得知识得以无止境地扩展、延伸。

思维的间接性是以概括性为基础的。我们之所以能由月晕推知风将至,正是因为有了"月晕而风"这种内在必然联系的概括性认知。

间接性和概括性是人类思维的两个重要特征。

(三)思维和语言

人的思维不仅与感性认识相关联,而且与语言有着密切的联系。语言是为全体社会成员共同理解的一种符号,具有概括性、间接性和社会性的特点。借助于语言,人的思维,特别是以词为中介的抽象逻辑思维才得以进行。自从人类掌握语言,人的思维主要是借助于语言来进行的。思维需要依靠词语表现,思维的最后结果也需要以词语作为它的承担者。因此语言是人们交流思想的手段,是思维的工具。虽然人们并非全部用词语来思考,有时用符号,如数理化公式、数字、音符、灯光符号、旗语、手势等,但这些符号只是语言的辅助形式,若离开了语言和言语,人们的思想就无法得以清晰准确地表达。

但语言和思维是不能等同的,二者之间是有区别的。第一,思维是人脑对客观现实的本质特征及规律的反映,思维与客观事物之间有必然联系,是反映与被反映的关系;语言只是客观事物的标志、符号,语言和客观事物之间没有必然联系,只是标志与被标志的关系。第二,语言中的词与思维中的概念并不完全等同,同一概念可由多个不同词语来表达,如以治病为职业者可称为医生、医师、大夫、郎中等;同一词语可表达不同的概念,如"仁"既代表果实概念,又可代表道德概念。第三,语言的语法规则和思维的规律也不是等同的,各个民族的语法规则虽有共性,但其差别性十分明显;而不同的民族之间,思维的规律虽有某些差异,但更具有共同性,如都是从感性上升到理性,从具体到抽象,思维的基本过程都是分析、综合、比较、抽象和概括。

二、思维的种类

（一）根据思维过程中凭借物的不同划分

1. 直观动作思维

直观动作思维是以实际动作为支柱的思维，也称操作思维或实践思维。其特点是以实际操作来解决直观的、具体的问题。例如，3岁前幼儿的思维就属于动作思维，他们的思维活动离不开触摸、摆弄物体的活动。成人也有动作思维，如修理工人、工程师也经常运用动作思维解决实践中遇到的问题，但成人的动作思维与没有完全掌握语言的儿童的低级的直观动作思维是不同的。

2. 具体形象思维

具体形象思维是以事物的具体形象和表象为支柱的思维。它是个体思维发展中的必经阶段，是学龄前及学龄初儿童的主要思维方式。正常成人虽以概念思维为主要形式，但也不可能完全脱离形象思维，特别是在解决比较复杂问题时，鲜明生动的形象或表象有助于思维过程的顺利进行。作家、画家等的文艺创作则更多地运用形象思维。

3. 抽象逻辑思维

抽象逻辑思维又叫抽象思维、逻辑思维，是以概念、判断、推理形式进行的思维。概念是抽象思维的支柱。例如，学生运用数学符号和概念进行数学运算或推导，科学工作者根据实验材料进行某种推理、判断等，都是抽象思维。抽象逻辑思维已脱离了对感性材料的依赖，是思维发展的高级阶段。抽象思维是人类思维的核心形态，是人类思维与动物思维的根本区别，也是人类思维具有创造性、预见性，能够超越现实的条件而有效解决问题的根本原因。

上述三种思维的发展在个体成长中遵循着由直观动作思维到具体形象思维，最后过渡到抽象逻辑思维的规律。对于成人来说，在解决问题的过程中，往往是三种思维互相协作的，且每一种思维都可高度发展。

（二）根据思维探索答案的方向不同划分

1. 聚合思维

聚合思维又叫辐合思维、集中思维、求同思维等，是指把问题所提供的各种信息聚合起来，朝着同一个方向得出一个正确答案的思维。聚合思维的主要特点是求同。如学生从众多的解题方法中筛选出一种最佳的方法，或理论工作者依据许多现成研究资料归纳出一种结论时的思维。这种思维是利用已有的知识经验或传统方法来解决问题，是有方向、有范围、有组织、有条理的思维形式。

2. 发散思维

发散思维又叫辐射思维、分散思维、求异思维等,是指从一个目标出发,沿着各种不同途径去思考,探求多种答案的思维,其主要特点是求异和创新。例如,要求说出有关"海"字的词组,越多越好,人们就要沿着不同的方向去思考,想出海洋、海鸥、海参、海盐、海魂等。这种思维无一定方向和范围,不墨守成规,不囿于传统方法,是由已知探求未知的思维。思维的变通性(思维灵活、能随机应变)、流畅性(思维敏捷、反应迅速)和独创性(对问题能提出超乎寻常的、独特、新颖的见解)是发散思维的三个主要特点。

(三)根据思维得出结论是否经过明确的思考步骤和对过程是否有清晰的意识划分

1. 直觉思维

直觉思维是指没有完整的逻辑分析过程,迅速对问题的答案作出合理的猜测、设想或突然领悟的思维。例如,古希腊学者阿基米德在浴缸中洗澡时突然发现浮力定律;达尔文在阅读马尔萨斯《人口论》著作时突然悟出"自然选择"理论;魏格纳在看地图时突然闪现出"大陆漂移"观念等,都是直觉思维的典型例证。直觉思维并不神秘,它是脑功能处于最佳状态时,自由联想或思维在有关某个问题的意识边缘持续活动,旧的暂时神经联系突然沟通形成新的联系的表现。在一定程度上,直觉思维是逻辑思维的凝聚或减缩,具有敏捷性、直接性、减缩性、突然性等特点。

2. 分析思维

分析思维也称逻辑思维,它严格遵守逻辑规律,逐步进行分析与推导,最后得出合乎逻辑的正确答案或作出合理的结论。如学生通过多步的推理和论证解决数学难题,就采用了这种思维方式。

(四)根据思维的创新程度划分

1. 常规性思维

常规性思维就是运用已获得的知识经验,按现成的方案和程序,用惯常的方法、固定的模式解决问题的思维方式。例如,学生运用已学会的公式解决同一类型的问题,就是常规性思维。这种思维创造性水平低,是运用已获得的知识的过程对原有知识不需要进行明显的改组,也没有创造出新的思维成果,往往缺乏新颖性和独创性。

2. 创造性思维

创造性思维是指以新异、独创的方式来解决问题的思维。例如,新产品的研制,新软件的开发,新的科学理论的提出等。创造性思维是人类思维的高级形式,它是多种思维的综合表现,是思维加想象以及上述各种思维共同参与的产物。但发散思维和聚合思维的结合是其主要形式。

三、思维的过程

思维的过程,是指思维的认知加工过程。思维之所以能够反映事物的本质和规律,解决生活实践中的各种问题,是由于它能对进入头脑的各种信息进行深入的加工。这种加工是通过一系列比较复杂的心智操作来实现的。主要有分析与综合、比较、抽象与概括、具体化与系统化等。

(一) 分析和综合

分析和综合是思维活动最基本的认知加工方式,也是其他思维活动加工方式的基础。

分析是在头脑中把事物的整体分解为各个部分,或分出事物的不同特征。如为了全面掌握植物生长的各种情况和规律,把植物分解为根、茎、叶、花、果实等不同部分,分别进行认知思考;要深入了解一个人也需区分其不同方面,诸如品行、才智、性格、志趣等,分别加以考察。

综合是在头脑中把事物的各个部分、个别特征结合起来考虑,了解它们之间的联系,形成一个整体认识。如在分别考察一个人的品行、才智、性格等方面的基础上,将他的各方面特征在思想上结合起来,由此形成对这个人的总体评价,这就是综合。

分析和综合是相反而又紧密联系的。分析是综合的基础,综合是通过对各部分、各特征的分析来实现的。但人们对事物的分析又总是从整体开始的,只有从整体出发,并联系事物的整体性进行分析才有意义,才有方向。所以,综合又是分析的前提。任何一种思维活动既需要分析,又需要综合。没有分析,认识不能深入,对整体的认识是空洞的;只有分析而没有综合,认识可能囿于枝节之见而不能掌握事物的整体。

(二) 比较

比较是在思想上把各种事物或现象加以对比,确定它们的相同点、不同点及其关系的过程。比较是重要的思维过程,也是重要的思维方法。有比较才有鉴别,人对一切事物的认识都是通过比较实现的。只有通过比较,才能区分事物的本质和非本质,正确地确定自己的活动方向,恰当地进行选择和取舍。

比较是在分析和综合的基础上进行的。只有在思想上把事物的部分、特性、联系或关系加以分解或分析才能进行比较;同时也只有根据一定标准将事物的相同点与不同点分别综合起来,才能实现比较。

(三) 抽象与概括

抽象是在思想上把各种事物或现象共同的特征和本质属性抽取出来,并舍弃个别的非本质特征的思维过程。概括是在头脑中把从同类事物或现象中抽取出来的共同的本质属性结合起来,并推广到同类其他事物的思维过程。例如,我们对各种鸟进行分析、综合、比较后,抽取出"有羽毛""有翅膀""卵生""是动物"这些共同属性,并舍弃其他属性,如颜色、形态、大小等,这就是抽象。同时把这些共同属性结合起来,联系起来,推广到同类的其他的鸟身上,统称"有羽毛、有翅膀的卵生的动物"为"鸟",这就是概括。

抽象和概括是密切联系的。没有抽象就无从概括。客观事物具有各种属性,如果不能从它们的差异中抽取所要概括的属性,概括就无法进行。同时抽象又决定于概括,要概括哪些属性,就要确定从哪些方面进行抽取。经过抽象与概括,才能逐步舍弃事物的非本质属性,掌握事物的本质属性。

抽象与概括实质上是在比较的基础上所进行的更为高级的分析和综合,属于更高一级的思维过程。只有通过抽象与概括,才能认识事物的本质属性和规律性,由感性认识上升到理性认识。

(四) 具体化和系统化

具体化是把抽象概括出来的一般认识应用到具体的、特殊的事物上去的过程。例如:教师通过举例说明定理、规律;学生用所学的一般原理来解答习题,做实验、作业等。具体化是认识发展的重要环节。它既可以使人解决具体的实际问题,又可以使人更好地了解一般的道理(如原理、法则、规律等),使一般认识不断地扩大、丰富和深入。因此,具体化有助于掌握理论知识。

系统化是在思想上把客观事物的知识要素分门别类地构成一个层次分明、统一完整的系统的过程。它是在分析、综合、比较、抽象、概括及具体化基础上进行的。在教学过程中,让学生对学习材料进行分类,编写提纲,列表等,都是系统化的思维活动过程。系统化有助于人对知识的理解、贯通、巩固和应用。

上述思维过程,彼此之间不是截然分开的,在实际的解决问题活动中是相互联系、相互制约的。通过这些思维过程的不同组合,人们才能不断地认识世界,提出和解决生活实践中的各种问题。

四、思维的形式

思维的基本形式有概念、判断、推理。

(一) 概念

概念是人脑反映事物本质属性的思维形式。例如:"玩具"这个概念,它反映了球、娃娃、小汽车等许多供游戏用的物品所共同具有的本质属性,而不涉及它们彼此不同的具体特性。

概念总是和词联系着,用词来标志,以词的意义形态出现。随着词的意义不断地充实和发展,概念的内容也在不断地扩大和加深。

依据概念所形成的途径和性质,可以分为日常概念与科学概念两类。日常概念是在人们日常交际和生活经验积累的过程中形成的,它受狭隘的经验的限制,不能反映事物的本质属性。例如,年幼儿童都知道"鸟是会飞的",并不知道"会飞"并不是鸟的本质属性,"羽毛"才是鸟的本质属性。正因为如此,他们难以确切地解释鸟与蜻蜓、蝙蝠、蝴蝶等非鸟的异同。日常概念虽然不影响人们的思想交往,但它是不科学的。科学的概念是从事物中抽取本质属性加以概括而形成的,是在学习科学知识中获得的。

(二)判断

判断是肯定或否定某种东西的存在,或指明某种东西是否具有某种属性的思维形式。例如:"正义必胜"是肯定判断;"鲸鱼不是鱼"是否定判断。"糖是甜的""黄连是苦的",这是对事物属性的说明。

判断是在概念的基础上进行的,它表现了概念之间的联系和关系。这种联系和关系是事物及其属性的联系和关系的反映。"我们是大学生",这个判断中用了"我们""大学生"的概念,并提示了它们之间的关系。

(三)推理

推理是从已知的判断(前提)推出新的判断(结论)的思维形式。它表现了判断与判断之间的联系和关系。例如,我们已知"金属能导电"(大前提),"锡是金属"(小前提),得出结论"锡能导电"。

思维的三种形式,概念、判断和推理是彼此联系的。概念是判断和推理的基础,而它的形成又借助于判断与推理。判断与推理也是彼此相互联系的,判断是推理的基础,它又是通过推理获得的。

五、思维的品质

一般来讲,人们的思维就其产生和发展来讲,服从于共同的规律。但是,人与人之间的思维活动也存在着和表现出某些个别差异,这种个别差异就是思维的品质,或者说是智慧的品质。

思维的品质主要有:广阔性与深刻性、独立性与批判性、灵活性与敏捷性,逻辑性与创造性等。

(一)思维的广阔性与深刻性

思维的广阔性也称思维的广度,是指思路广泛,善于把握事物各方面的联系和关系,既能抓住一般的关键性问题,又不忽略重要的细节,全面地思考和分析问题。人与人之间的思维广度是有差异的,一些人的思维活动广阔些,另一些人的思维活动狭窄些。思维广阔者,在进行思维时,善于抓住问题的广泛的范围;善于全面地考查问题,不仅善于抓住整个的全部问题的最一般的基本的轮廓,而且也不遗漏问题的重要细节和主要的因素;同时,还善于在不同的知识和实践领域内创造性地进行思考。古今中外的大思想家、大科学家都以具有广阔的智慧而惊人。如亚里士多德曾涉及他那个时代一切领域的科学知识;达尔文曾占有他实际考察的巨大数量的科学资料,这些足以说明他们思维的广阔性。

思维的深刻性是思维具有洞察力,善于深入问题的实质和核心,善于揭露现象产生的原因,正确认识与揭示事物发展规律,预见事物发展的进程和结果。具有深刻智慧品质的大思想家、大科学家最突出的特征是他们能在普通的、简单的、已经为人所熟悉的现象中发现重大问题,并能从中揭示出最重要的规律。马克思通过商品流通的现象发现了社会发展的规律,巴甫洛夫通过狗流唾液的现象发现了高级神经活动的规律,这是他们具有深刻智慧品质最好的表征。思维深刻性的核心内容是概括性,有了概括才导致人的认识发生突变。因此,思维的深刻性是一切思维品质的基础。

(二)思维的独立性与批判性

思维的独立性即善于独立地发现问题、思考问题和解决问题,既不盲从依赖他人的意见或现成的结论,也不一意孤行的思维品质。具有思维独立性的人不易受别人的暗示和影响,对别人提出的原理和结论,不盲目接受,必须经过独立的思考,然后加以扬弃。思维独立性的最主要的标志是能自己开动脑筋,寻找解决问题的途径和方法,从而得出解决问题的答案或结论;并且,对自己得出的答案或结论,进行分析和检验,使之符合实际。思维的独立性是人们从事创造性活动,如科学实验、文艺创作、技术革新必须具备的智慧品质。古往今来,凡是有重大发明、重大发现的人,都具有思维的独立性。

思维的批判性即在思维过程中善于严格地估计思维材料,精细地检查思维过程,验证思维结果的良好品质。它不仅表现为善于实事求是地判断是非正误,而且能缜密地分析、检查和论证自己或别人的思维过程,并做出实事求是的评价。善于自我批判,是思维批判性最主要的特点。

(三)思维的灵活性与敏捷性

思维的灵活性即思路灵活机智,能从不同角度和侧面分析考虑问题,不为定式左右,易受启发,具有举一反三、触类旁通的良好品质。其特点是:思维起点和思维过程灵活,概括和迁移能力强;善于组合分析,伸缩大;思维的结果往往是多种的、合理而灵活的结论。

思维的敏捷性即思路快捷,能敏锐地发现问题、迅速地解决问题,能适应当前情况当机立断迅速作出结论,既不优柔寡断,又不草率从事的思维品质。思维敏捷性品质,在军事上起着特别重要的作用。这种品质,人与人之间差别比较显著。在日常生活中,可明显地观察到一些人的思维反应快,另一些人的思维反应慢。

(四) 思维的逻辑性与创造性

思维的逻辑性是指在思考和解决问题时,思路清晰而有条理,思维过程严格遵循逻辑规律,提出问题明确而不含糊,推理严密,层次分明,论证充分,结论确凿有据。思维逻辑性强的人,其思维过程服从于严格的逻辑规律,考查问题的时候遵循逻辑的顺序,进行推理的时候遵循逻辑的根据,思想有层次,有连贯性。在考虑问题时,不偏向一面,也不从一个想法忽然跳到另一个想法。在考察复杂的问题时,能坚持原则,能抓住关键。在表述自己的想法时,层次清晰,秩序井然,有根有据,有条有理,使听者感到清清楚楚,毫不紊乱。

思维的创造性是指思维活动不墨守成规、因循守旧,有强烈的创新意识,不仅善于求同,更善于求异,善于寻找创造课题,捕捉创造时机,能产生出新颖、独特的思维成果。

第二节 思维的一般规律

思维总是体现在解决问题的过程中,解决问题是思维活动的表现方式。因此,思维的规律也就是解决问题的思维活动规律。

一、问题及问题解决

人们在日常生活和社会实践中,时常会面临一些新情境、新问题。能够直接用已有的知识来处理,那不能算问题,而是记忆。如果用已有的知识拐多少弯也处理不了的情境,也不能称做问题,而是学习。只有不能直接用已有的知识处理,但可以间接用已有的知识处理的情境才叫问题。因此,构成"问题"应有三个要素:第一,条件。指问题中给定的条件,即已知条件,它是问题解决的前提和限制。第二,目标。指问题解决最终要达到的状态。第三,问题空间。即条件到目标之间的一个空间,需要我们解决。所谓问题解决,就是按照一定的目标,在已知条件的基础上,应用各种认知活动、技能等,经过一系列的思维操作,使问题得以解决的过程。简单讲就是从条件到达目标的过程。如证明一个几何题,装修房屋等。

二、问题解决的一般思维过程

寻求解决问题的办法时的心理活动,叫做问题解决的思维活动。问题解决的思维过程,因所需解决问题的性质和人的思维方式的差异而有所不同,但一般可以划分为以下四个阶段。

（一）发现问题、提出问题

解决问题首先从发现问题开始，它是解决问题的开端环节，也是解决问题的一种动力。爱因斯坦说："提出一个问题比解决问题更重要，因为后者仅仅是方法和实验的过程，而提出问题则要找到问题的关键和要害。"一个人在科学研究和发明上的造诣，很大程度上取决于发现问题的能力。如牛顿是从苹果落地这一看似平常的现象中发现了问题，才进而揭示了万有引力定律；马克思则是从人们认为天经地义的资本主义社会工资关系中发现了问题，由此创立了剩余价值学说。

发现问题和明确地提出问题依赖于以下心理条件。

一是主体的活动积极性。一般而言，主体活动量越大，接触面越广，越能发现问题和提出问题。

二是强烈的求知欲。求知欲是人追求某种现象或弄清某个问题的内部原因。求知欲强的人往往不满足于对事物的通常解释，敢于探索，他们对待一切总是打破沙锅问到底，因此就常有发现新问题的机遇。

三是思维的深刻性和批判性。它能使人深入地思考钻研，不轻信和迷信"权威"意见，从而能在一般人认为不存在问题的地方，独到地提出新问题。

四是知识经验。一般来说，发现问题需一定的知识经验作基础。知识贫乏的人难以发现有突破性的新问题，即使能提出问题，也大都是浅易的问题，不容易抓住问题的主要矛盾和核心，也不能深刻地认识问题。所以，知识经验越丰富，对事物了解得越多，提出的问题就越多、越重要、越深刻。

（二）分析问题

所谓分析问题，就是要抓住问题的核心与关键，找出主要矛盾的过程。

发现问题、提出问题之后，必须对问题做具体分析，明确问题的性质、范围、核心，使思维有明确的方向，能"有的放矢"地开展活动。这是将思维活动引向问题解决的一个重要阶段。任何问题都包含最终的要求和对问题解决提供的条件。分析问题归根到底就是分析问题的要求与问题解决的条件，找出两者之间的关系与联系，把思维引向问题的解决。

分析问题主要做以下工作。

第一，进一步明确解决的问题是什么，可供解决问题的条件有哪些。如果对解决什么问题还不明确，或对解决问题的要求和条件还缺乏正确的理解，解决问题的思维活动就将被引向错误的方向。

第二，了解各种条件之间的联系以及它们和解决问题的要求之间的关系。如有些条件可能直接引向问题的解决，而另一些条件可能不直接参与问题的解决，必须通过另外的中介改变其原始存在状态，再变成问题解决的直接条件。

第三,对问题进行综合性的分析,即从整个问题的情境出发,找出提供问题解决的条件与最终要求的内在联系,寻求问题解决的方向。例如,目前有些中学生存在学习劲头不大的倾向,对这个问题要进行综合分析。首先要了解问题的原因有哪些?都是什么?当前解决这些问题的有利条件有哪些?不利因素有哪些?做这种分析的目的就在于透过现象认识到事物的本质,了解事物内在的关系和联系,从而分清主流和支流,通过对问题的定向,促进问题的解决。

(三)提出假设

提出假设就是在明确问题的基础上,对问题解决的具体方案提出假定和设想。解决任何一个问题的方案都不只一个。不管哪一个方案,在实施之前,都具有假设的特点。提出方案就是形成假设,这是解决问题过程中最具有创造性的阶段。

所谓假设,就是人们推测、假定和设想问题的结论或问题解决的途径和方法。如学生解数学题时所提出的各种设想,医生根据病症确定患者是某种疾病及治疗方案等。

假设的提出为问题解决搭起了从已知到未知的桥梁。任何问题的解决都离不开假设的作用,不然,解决问题的活动就成为一种盲目的行为。假设的提出依赖于许多条件,已有的知识经验、智力水平、创造想象力、直观的感性形象、尝试性的实际操作、言语表达和创造性构想等对其有重要影响。

(四)检验假设

检验假设是对假设进行验证的过程,它是问题解决的最后步骤。

检验假设的方法有两种。一种是直接检验,即通过实验和实践活动来检验。这是检验的最根本、最有效的手段。例如,机器坏了,我们查找到原因,提出解决方案,进行实际维修,看一看这种维修方案是否解决问题。另一种是间接检验,即在头脑中根据已掌握的科学原理、原则,利用思维对假设进行论证。对于那些不能立即通过实践直接检验的复杂的假设常采用间接检验。例如,科学家研制的卫星、导弹、运载火箭等不可能一遍又一遍地进行直接检验,而是反复地进行间接的理论论证,认为万无一失了再进行直接检验。医生设计的治疗方案、军事指挥员提出的各种作战方案等,都总是先在头脑中进行反复的推敲、论证,最后付诸实际。实践是检验真理的唯一标准,任何假设的正确与否最终都要接受实践的检验。假设检验的结果可以有两种情况:一是假设与检验的结果符合,这样的假设是正确的;二是假设与检验的结果不符合,这样的假设就是错误的,这种情况下就要重新提出假设。正确的新假设的提出有赖于对以前失败的原因进行充分的了解和分析。

解决问题的思维过程的阶段划分不是绝对的。在解决复杂问题时,这些阶段往往相互重叠,循环往复;但是,任何问题的解决都离不开这些环节。

三、问题解决的策略

在解决问题,实现目标的过程中,可以采取不同的途径或方法。

(1) 尝试错误。这种方法是在解决问题的时候采用随机尝试的方法,经过多次尝试错误,最后找到答案。

(2) 探试搜索。指在解决问题时根据事先得到的有关信息选择最有利于达到目标的方向进行搜索。这种搜索称为探试搜索。

(3) 手段目的分析。指认识到问题解决的目标与自己当前的状态之间存在着差别,于是进行分析,想出某种活动来缩小这种差异,从而达到目标的方法。

(4) 反推法。就是从目标出发向反方向推导。在求解数学证明题时,反推法可以成为特别有效的探索方法。

(5) 简化计划法。先抛开某些细节而抓住问题解决中的主要结构,把问题抽象成较简单的形式,然后解决这个简单的问题,再以此解决整个复杂问题。

四、创造性思维

创造性思维是指以新颖、独创的方式、方法解决问题的思维。创造性思维不仅能揭示客观事物的本质及其内部联系,而且能在此基础上产生新颖的、独创的、有社会意义的思维成果。它是人类思维的高级过程,是人类意识发展水平的标志。

创造性思维不同于一般的思维活动,它寻求打破惯常的解决问题的方法,将已有的知识经验进行改组或重建,创造出个体前所未知的或社会前所未有的思维成果。因此新颖性是创造性思维最本质的特征。

(一) 创造性思维活动的特点

1. 善于发散思维

创造性思维中既有发散思维也有集中思维,它是发散思维和集中思维的统一。只有发散性大,集中性好的思维,才是最高水平的创造性思维。我们要解决某一创造性问题,首先进行发散思维,设想种种可能的方案;然后进行集中思维,通过比较分析,确定一种最佳方案。

在创造性思维中,发散思维和集中思维都是非常重要的,二者缺一不可。然而对于创造性思维来说,发散思维更为重要,它是思维的创造性的主要体现。发散思维可以突破思维定式和功能固着的局限,重新组合已有的知识经验,找出许多新的可能的解决问题方案。它是一种开放性的没有固定的模式、方向和范围的思维方式,可以"标新立异""海阔天空""异想天开"。没有发散思维就不能打破传统的框框,也就不能提出全新的解决问题的方案。

发散思维有三个指标：

(1) 流畅性。指发散思维的量。单位时间内发散的量越多,流畅性越好。

(2) 变通性。指思维在发散方向上所表现出的变化和灵活程度。

(3) 独创性。指思维发散的新颖、新奇、独特的程度。

2. 多体现为直觉思维

直觉思维是指没有完整的逻辑分析过程,迅速地对问题的答案作出合理猜测、设想或突然领悟的思维。它是创造性思维活跃的一种表现,它不仅是创造发明的先导,也是创造活动的动力。直觉思维的结果,是使用逻辑思维所得不到的预见、捷径,或是解决问题的最佳方案的雏形。它往往从整体出发,用猜测、跳跃、压缩思维过程的方式,直觉而迅速地领悟。许多科学家的发明创造都是从直觉思维开始的。例如,达尔文通过观察植物幼苗顶端向阳光方向弯曲,直觉提出"其中有某种物质跑向背光一面"的设想,随着科学的发展被证明的确有"某种物质",即"植物生长素"。

直觉思维作为创造性思维中的一个重要思维活动,具有三个特点：一是从整体上把握对象,而不是拘泥于细枝末节；二是对问题的实质的一种洞察,而不是停留于问题的表面现象；三是一种跳跃式思维,而不是按部就班地展开思维过程。直觉并不神秘,亦非毫无根据,恰恰是在个体掌握牢固的感知觉知识、具备丰富的生活经验、并积极从事实践活动的基础上产生的一种领悟。

3. 创造性想象的积极参与

创造性想象的积极参与是创造性思维的重要环节。因为创造性想象提供的是事物的新形象,并使创造性思维成果具体化。创造性思维只有创造性想象参与,才能从最高水平上对现有知识经验进行改造、组合,构筑出最完整、最理想的新形象。所以文艺作品中新形象的创造,科学研究中新假说的提出,新机器的发明等都离不开创造性想象。世界著名的物理学家爱因斯坦在高度抽象的理论物理领域中有许多杰出的创造性成果,他大多是运用创造想象来进行研究的。他对想象力的评价是："想象力比知识更重要,因为知识是有限的,而想象力概括着世界的一切,推动着进步,并且是知识进化的源泉。严格地说,想象是科学研究的根本因素。"

4. 多有灵感出现

灵感是创造性思维的又一典型特点。所谓灵感,是指人在创造性思维过程中,某种新形象、新概念和新思想突然产生的心理状态。它是人在以全部精力集中去解决思考中的问题时,由于偶然的触发而突然出现的顿悟现象,常给人一种豁然开朗、妙思突发的体验和百思不得其解的问题顿释。许多科学家的发明创造过程中大多出现过灵感。灵感能够给人带来一种超常态的心理压力和思维能力,这种压力和能力常常是科学研究和艺术成果降生的动力。

灵感并非天赐,也不是神助,而是长期艰苦思考和辛勤探索的结果。灵感产生的基本条件首先是创造动机明确,渴求寻找解决问题的方法,并进行了一段时间专注的探索。其次,灵感出现的契机是个体在紧张思维后处于精神放松、悠游闲适的时候。因为紧张后的释负、轻松之时,大脑灵活、感受能力强,最易产生联想、触发新意。阿基米德在沐浴时想到物体的浮力原理,华莱士因发疟疾卧床时想到进化论中的自然选择观点,凯库勒在瞌睡小憩时解开苯的化学结构之谜等。许多科学家发明创造的事例,都说明了一张一弛是捕捉灵感之道。

(二) 创造性思维的过程

创造性思维的过程是指在问题情境中,新的思维从萌发到形成的整个过程。英国心理学家华拉斯(G. Wallas)认为无论是科学还是艺术的创造,大体上都经历以下四个阶段。

1. 准备期

准备期是指创造活动前,积累有关知识经验,搜集有关资料和信息,为创造作准备。科学家在创造之前都需要对前人所积累的有关同类问题的知识经验有所了解,然后才有可能从旧问题中发现新问题,从旧关系中发现新关系。从前人的经验中不仅获得知识也获得启示,所谓创造,绝非无中生有。例如,爱因斯坦的著名论著《相对论》,写作仅花了五个星期的时间,但是准备工作却花了七年之久。文学艺术亦是如此,个人必须先具备基本的文学或艺术修养,而后才能谈到创造。

2. 酝酿期

酝酿期是指在已积累的知识经验的基础上,对问题和资料进行深入的探索和思考的时期。经过准备阶段,思考者不仅对某方面的知识经验已有了相当的基础,而且开始对问题和资料进行深入的探索和思考。在酝酿期,当思考者遇到新问题而进行各种尝试仍然百思不得其解时,可能会把问题暂时搁置一边而从事其他活动。这时候表面上看来思考活动已经中断,但事实上可能仍在断断续续地进行着。因为,在个人的意识中对该问题已不再有意去思考,但在不自觉的潜意识活动中问题可能仍然存在。例如,日间苦思不解的问题,最后放弃思索,夜间睡眠时忽然在梦中出现。因此,创造性思维的酝酿期多属潜意识过程,这种潜意识的思维活动极可能孕育着解决问题的新观念,一旦酝酿成熟就会脱颖而出,使问题得到解决。

3. 豁朗期

豁朗期是指新思想、新观念、新形象产生的时期,又叫灵感期。灵感的产生有时候是突然的,甚至是戏剧性的,有时产生于半睡眠状态,有时产生于正从事其他(如散步、钓鱼、旅行等)活动的时候。如阿基米德就是在沐浴时灵感突然闪现的一瞬间解决了王冠的含金量问题。

4. 验证期

验证期是指对新思想或新观念进行验证补充和修正，使其趋于完善的时期。豁朗期得来的观念必须加以验证。在验证期间，或从逻辑角度在理论上求其周密、正确；或是付诸行动，经观察实验而求得正确的结果。在这个时期，思维者可以对豁朗期的观念加以修正，使创造工作达到完美的地步。

五、影响问题解决的因素

问题解决的成败、速度和创造性水平，要受到一系列主客观因素的影响和制约，这些因素主要有以下几个方面。

（一）问题情境

问题情境是指问题解决者所要解决的问题的客观情境或刺激模式。当个体在实践活动中遇到某种不清楚、不了解的客观事实或现象，运用已有的知识和技能不能解决的情况下，就会出现问题情境。一般来说，问题情境与个人的认知结构所形成的差异越大，问题就越难解决；反之，问题则容易解决。问题情境对问题解决的影响，大体上可归纳为以下几个方面：

(1) 问题情境中物体、事物或条件的空间排列不同，会影响问题的解决。一般说来，解决某一问题所必需的物体都在问题解决者的视野之中，问题就容易解决，反之则困难。

(2) 问题元素的空间集合方式不同，问题解决的难易程度也不一样。有一个实验，要学生解几何题，两道几何题文字说明完全一样，即已知正方形的内切圆的半径为2英寸，求正方形的面积。这两题的差别是半径的位置不同（见图5-1）。学生分成两组，甲组学生做甲题，乙组学生做乙题。结果乙组学生解题比甲组学生解题快而且正确的多。主要原因是乙题的半径容易看成为正方形边长的一半，从而顺利地求出了正方形的面积。可见问题元素的空间集合方式不同，就可能促进或阻碍问题的解决。

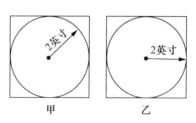

图 5-1 问题元素的空间集合方式对解决问题的影响

(3) 问题情境中所包含的物体或事实太少或太多都不利于问题的解决。太少可能遗漏事实，太多则会产生干扰。卡茨（D. Katz）曾经研究过多余刺激对解决问题所引起的干扰作用。他给几组学生做一些简单的算术题目——加法和减法。有一组做一些无名称算术题,如 10.50+13.25+6.89,等等;另一组则做一些带有熟悉名称的算术题,如 10.50 美元+13.25 美元+6.89 美元,等等;再有几组做一些带有瑞典货币名称的算术题,如 10.50 克朗+13.25 克朗+6.89 克朗,等等。研究表明,加上货币名称便增加了计算的困难,使用外币名称则困难更大。卡茨用成人重做了这个实验的一部分,还发现了有名称的算术题在加法上须增加 12% 的时间。显然,把一些不相干的或不熟悉的因素加在一项简单和熟悉的工作上(如加法或减法),由于"心理眩惑"作用,致使对问题解决产生干扰作用。

(二)定势的作用

定势是由先前活动所形成的并影响后继活动趋势的一种心理准备状态。它在思维活动中表现为一种易于以惯用的方式解决问题的倾向。定势在解决问题中既有积极的作用,也有消极的作用。在环境条件不变的情况下,思维定势能使人利用已掌握的方法迅速解决问题;而在变化了的情况下,它却会妨碍人们对问题的解决。

美国心理学家卢钦斯(A. S. Luchins,1957)做的著名的量水实验清楚地说明了这个问题(见表 5-1)。该实验要求被试用已知容量的三个大小不等的杯子(即 A、B、C)量出一定容量(即 D)的水来。用问题 1 让被试做过练习后,将被试分为两组:甲组解决 2~11 题,乙组只解决 7~11 题。结果甲组在解决 2~6 题时,发现了解决问题的共同规则 $D=B-A-2C$,由于形成了这样的定势,在解决 7~11 题时,仍套用 $B-A-2C$ 的算法,且有 63% 的人不会做第 9 题。而乙组由于未受此定势的影响,所有被试很快都发现了解决问题的更简便的方法。如 $A-C$、$A+C$ 等。

表 5-1 卢钦斯量水实验

题号	量杯容量			所求容量
	A	B	C	D
1	29	3		20
2	21	127	3	100
3	14	163	25	99
4	18	43	10	5
5	9	42	6	21
6	20	59	4	31
7	23	49	3	20
8	15	39	3	18
9	28	76	3	25
10	18	48	4	23
11	14	36	8	6

这个实验说明,尽管每个问题都有它最合理的解决办法,但解决者却往往存在一种套用先前解题方法的倾向。如果它被多次强化,就会形成习惯性思维定势,由此会大大降低人的思维的灵活性、创造性,妨碍问题的解决。可见,过多的让学生进行解答类似题目的模仿性练习,易于造成学生头脑的呆板和僵化。教师应注意让学生多做变式练习,培养学生形成随时动脑、求新、求异解决问题的良好习惯。在实际生活中,一旦发现自己以惯用的方式解决问题发生困难时,不要固执己见,而应退出旧思路,寻求新方法。

(三) 功能固着

功能固着是指人们在解决问题时往往只看到某种事物的通常功能,而看不到其他方面的功能。每个物体都具有人们常见的某种功能,例如,椅子是用来坐的,粉笔是老师用来写字的,等等。时间久了,人们就倾向于将每种功能赋予每个物体。而在人们解决问题的过程中,常需要改变事物固有的功能以适应新的问题情境的需要,这是解决问题的关键。

德国心理学家邓克尔的实验证实了功能固着对解决问题的消极影响。该实验中要解决的问题是:有三个小纸盒,一个装火柴,一个装图钉,一个装小蜡烛,要求大学生把蜡烛点燃置于木屏风上。一般说来,这个问题并不难,只要先用图钉把小纸盒钉在木屏风上作小台子,然后将蜡烛点燃,把它粘在小台子上就行了。但是,在实际的实验过程中,当把火柴、图钉和蜡烛分别装在各自的盒子里时,一些大学生感到束手无策,在此条件下解决问题的成功率为61%。只有把火柴、图钉和蜡烛都从纸盒里拿出来,把空盒子放在桌子上,这时多数大学生才会想出上述办法来,在此条件下解决问题的成功率上升到98%。为什么会这样呢?因为纸盒里装了东西后,会给人暗示:这是容器,从而使大学生的思维固着在"纸盒是容器"上,影响了其对问题的解决。克服功能固着有赖于思维的灵活性,同时还必须克服固有经验和思维定式的束缚。

(四) 原型启发

原型启发是指在其他事物或现象中获得的信息对解决当前问题的启发。而能使人获得启发的事物称为原型。作为原型的事物或现象是多种多样的,存在于自然界、人类社会和日常生活之中。瓦特由壶盖被水蒸汽顶起的事例启发,发明了蒸汽机;鲁班受丝茅草能割破手指的启发,发明了锯。原型之所以具有启发作用,主要因为原型与所要解决的问题有某些共同点或相似点,通过联想能找到解决问题的新方法。但是,有时原型也会限制人的思维的广阔性。

(五) 知识经验

个体已有的知识经验对于问题的解决既可能起积极的促进作用,也可能起消极的妨碍作用。一方面,没有必要的知识经验,就不能解决问题,特别是解决困难的问题。一个人的知识经验越丰富,对于有关事物的意义了解得越多、越深刻,就越能摆脱认识的狭隘性和片面性,思维的灵活性和变通性就越大,在解决问题时就易于受到多方面的启发,并从各方面的联系中找到解决问题的途径和方法。但从另一方面讲,一个人所掌握的有关知识和经验,又可能使人陷入老一套的传统习惯观念的束缚中,妨碍人的思考创新,影响问题的创造性解决。思维定式和功能固着都体现了知识经验的这种消极影响。因此问题的关键不在于知识经验的多少,而在于掌握什么样的知识和运用知识的态度。

实践证明,那些充分理解的、概括水平高的理论性的知识,比生吞活剥的、概括水平低的事实性知识,在解决问题时具有更大实用性和迁移性,更易举一反三、触类旁通。

(六)情绪状态

情绪因素对问题解决也有明显的影响。情绪对问题的解决可以是积极的,也可以是消极的。良好的情绪状态可以提高思维活动的积极性,推动问题的解决;而消极的情绪状态则会干扰问题解决的进程。美国心理学家耶尔克斯和多德森(1908)的研究发现,在解决问题中,思维的智力操作与情绪的激动水平之间的关系随任务的复杂性而变化,显示了复杂程度不同的三种任务的理论曲线(见图5-2),称耶尔克斯和多德森定律(The Yerks-Dodson Law)。

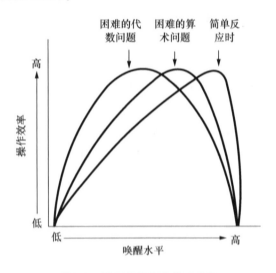

图5-2 耶尔克斯和多德森定律

由上图可见,运算复杂的代数问题,操作水平的最佳状态处于较低的情绪激动水平;进行初等的算术运算,操作水平的高峰处于相对的中等情绪激动水平;进行简单的算术运算时,其高峰水平则处于较高的情绪激动水平。这说明问题解决效率是受问题的难易和问题解决者的情绪状态所制约的。要提高问题解决的效率,根据耶尔克斯-多德森定律,问题解决者应保持适当的情绪状态。

(七) 动机强度

动机是解决问题的内部动因。心理学研究表明,在一定范围内,运用知识解决问题的效率随动机强度的增加而提高,但超过一定限度,动机过强则反而导致解决问题效率的降低。动机的强度与解决问题的关系,可以描绘成一条"倒 U 型曲线"(见图 5-3)

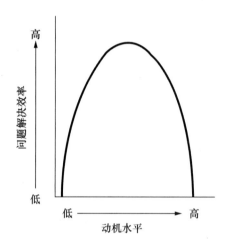

图 5-3 动机的强度与解决问题的效率

从图中可以看出,适中的动机强度最有利于问题的解决。动机过强,会使主体心情急切,情绪过分紧张,妨碍他们冷静地进行问题定向和在各种问题解决的方案中作出合理的决策。所谓欲速则不达,就是由于动机过强造成的。而动机过弱,解决问题的积极性不高,注意力易被无关因素所吸引,问题解决效率也很低。只有中等强度的动机,既使人积极振奋,又能保持镇定从容,方能达到解决问题的最高效率。

(八) 个性

个性因素对问题的解决也有重要影响。积极的进取心、上进心,和顽强、坚韧、自信、独立、创新等个性品质,是成功解决问题的必要心理因素。而动摇、畏缩、拘谨、自卑等个性品质,却往往无助于甚至妨碍问题的顺利解决。研究表明,一切科学家、发明家、文学家、艺术家都具有强烈的解决问题的欲望和好动脑筋的习惯。积极的进取心、上进心,以及干什么事都坚持到底的意志力等个性特征,是解决问题的内部动因。

第三节　思维规律在教学中的运用

一、在教学中培养学生的思维能力

(一) 明确思维力培养的突破口、重心、终极目的

1. 培养良好的思维品质

思维品质是思维能力的表现形式,不同的思维品质必定表现出不同的思维能力;而学生思维品质的差异,也是学生智力的主要差异,可以说,思维品质是学生智力超常、正常与低常的标志。此外,发展学生的学习能力、掌握科学的学习方法、学习策略等也离不开思维品质的培养。因此,培养学生的思维能力应当以思维品质的培养为突破口。

2. 培养概括能力

概括能力是思维的基础。思维之所以能揭示事物的内在联系和本质规律,主要依赖抽象与概括,因而概括能力就成了人们形成和掌握科学概念的前提。概括能力又是学生提高各种思维品质的基础。如果没有概括,学生就无法进行逻辑推理,就谈不上思维的深刻性与批判性,就不能灵活地迁移,自然也就谈不上思维的灵活性与敏捷性。概括能力更是一切科学研究的出发点,是掌握规律的基础。任何科学研究的结论都来自于概括。就学生来讲,学习和运用知识是一种迁移的过程,而迁移的实质就是概括。因此,教学中提高学生概括能力是培养学生思维能力的重心。

3. 发展学生的逻辑思维能力

逻辑思维是人类思维的核心形态,不管是形式逻辑思维还是辩证逻辑思维均是人们思维发展的最高水平。因此,教学工作中,应把发展学生的逻辑思维能力作为学生思维力培养的最终目的。

(二) 根据学科特点,结合知识传授进行思维能力的培养

培养学生的思维品质、概括能力及逻辑思维能力,决不能脱离知识传授而搞"形式化"的思维训练,而应密切联系学科教学进行,作为学科能力的一个组成部分。

1. 教学中善于对学生的思维活动提出明确要求

如,要求学生在回答问题或完成作业时在正确的基础上始终有速度的要求,并逐步把正确、迅速、合理与灵活结合起来,以培养学生思维的敏捷性、灵活性。再如,要求学生"一词多组""一题多解""一题多变"(改变条件或问题,由一个问题分散出多个问题),以引导学生"发散式"思考,培养学生的思维创造性。

2. 教学中要坚持"运用旧知识,学习新知识"的原则

即抓学生知识之间的渗透和迁移,做到"新课不新",使每种旧知识都是新知识的

基础,而每种新知识又是在旧知识基础上获得发展,从而做到知识之间的渗透和迁移,这既培养了学生思维的深刻性与逻辑性,也从中提高了学生的概括能力。

3. 利用学科特点,结合知识传授,培养学生的思维力

即利用学科的具体性质与特点,把教学内容与培养学生思维的品质、提高概括能力、发展逻辑思维能力有机整合在一起,使教学成为一个知识传授与能力培养相互促进的动态的开放系统。如,语文学科,可将4种语文能力(听、说、读、写)与5种思维品质(敏捷性、灵活性、创造性、批判性、深刻性)组成20个交结点的开放性的动态系统;将数学的3种教学能力(运算能力、空间想象能力、数学逻辑思维能力)和5种思维品质组成15个交结点的开放性的动态系统。

二、在教学中培养、训练学生的创造性思维

创造性思维是在一般思维的基础上发展起来的,它是后天培养与训练的结果。在教育教学中应注意从以下几方面入手,有目的地加以培养和训练。

(一)激发好奇心和求知欲,培养学生的创造意识

创造意识是创造性思维和一切创造活动的起点,强烈的创造意识能使人面对现实敢于质疑、勇于突破、不断创新。创造意识始于好奇心和求知欲。求知欲旺盛的人,对于所面临的问题决不满足于现成的答案或书本上的结论,而是积极地去思考去探索,寻找问题的答案,试图发现新问题,作出新解释。好奇心是激励人们探究客观事物奥秘的一种内部动力。当一个人头脑中已有的概念同客观事物发生冲突时,就会产生好奇心,从而引起思考,进一步去探索未知的新情境,发现未掌握的新知识,甚至可能会创造出前所未有的新事物。因此,好奇心和求知欲的激发对培养和发展创造性思维是十分必要的。可以说,好奇心和求知欲是引导人走上科学道路,进行科学探索与创造的诱因和强大动力。

培养学生的创造性思维,首先要发展其创造意识,不故步自封,不墨守成规,不安于现状,要有强烈的创造要求。为此,一方面应引导学生参加社会实践,广泛接触社会,了解社会对科技的各种需求,培养学生的社会责任感、义务感。另一方面,教学中应多采用"启发式教学",鼓励学生大胆质疑,保护好奇心,激发求知欲,树立创造的信心。

(二)创设问题情境,激发学生的创造性思维

思维总是从问题开始的,创造性思维也不例外。教师要积极创设问题情境,调动学生积极、自觉地进行思维,使学生的学习过程成为一个积极主动的探索过程,即不仅能获得现有知识和技能,还能进一步探索未知的新情境,发现未掌握的新知识,甚至去创造前所未有的新事物。

激发思维特别是创造性思维重点在于重视发散思维的训练和直觉思维的发展。在教学中的具体做法很多。如：充分采用"发散性"问题进行提问，以培养学生多方向多角度认识事物、解决问题的能力和习惯；充分显示和分析思维活动的全过程（包括正确的和错误的），培养学生独立显示自己的思维过程并对思维过程本身进行分析的能力；允许学生大胆猜想，有意识地发展学生的直觉思维；有计划地进行思维训练，让学生掌握一定的创造性思维的技能和方法。

（三）运用创造性思维策略，培养创造性思维力

在教学活动中，教师应有目的、有意识、有计划地运用各种发展创造性思维的策略，更好地培养、发展学生的创造性思维能力。如脑力激荡法、属性列举法、形态分析法、自由联想法等。

此外，教师应有意识地培养学生的发散思维和聚合思维的能力。发散思维是创造型思维的最主要的特点，是测定创造力的主要标志之一。根据发散思维具有独创性、灵活性和流畅性三个特征，培养学生的发散思维能力应从培养思维的独创性、灵活性和流畅性入手，着重启发学生从不同方面对同一问题进行思考。数学教学中的"一题多解"，作文教学中的"一事多写"，就是培养发散思维能力的方式。培养学生的聚合思维能力主要是要培养学生抽象、概括、判断和推理的能力。教师在教学过程中，将分析的内容、要点写在黑板上，跟学生一起讨论，最后得出结论，这是培养学生聚合思维能力的一种行之有效的教学方法。

（四）培养良好的创造性品质

良好的个性品质对于创造性思维的形成和发展具有重要的促进作用。有研究表明，有理想、有进取心、自信心和不屈不挠、有坚持性等，是取得成就者的共性特征。此外，高尚的动机、强烈的好奇心和求知欲、独立性与非从众性、不畏风险、积极稳定的情绪情感、勤奋、细致等良好的个性品质都有利于创造性思维的发展；相反，人的个性中的从众性、刻板性、严重的焦虑感、不安全感、过分的自我批评等特征，都与创造有着负相关的关系。因此，教师在教学中应注意学生良好个性品质的培养锻炼，及时矫正那些有碍创造的不良个性品质。

（五）引导学生积极参加课外创造性活动

课外活动，由于其内容新颖广泛，形式灵活多样，学生可以根据兴趣能力自愿参加、自由选择，能充分发挥学生的主体作用，能更好地发挥学生的潜在创造力，是发展学生创造性思维的有效途径。因此，应根据需要和可能，广泛组织并引导学生参加各种校内外活动，如科技小组、兴趣小组、文艺小组及体育、军事训练等各项活动，并在活动中启发学生灵活运用所学知识，发挥创造性。

> **信息窗 5-2**
>
> ### 动词有利于创新
>
> 　　为了有利于开阔思路，多考虑基本标志，在构思过程中最好多采用动词而避免使用名词来表达事物，因为动词强调广义的功能而名词容易使分类僵化。设在剑桥的一家咨询商行发明部主任戈登接受了一个顾客的要求，设计一种新型的开罐刀具。戈登向部里的助手们提出这一课题时避而不用"开罐刀具"这个名词，而是说想出一些办法来使一个东西便于"拆开"。这个提法使大家思路活跃起来，有人想到自然界中也有自动拆开的装置，如豆荚的接缝处只有一层薄薄的软皮。于是有人想到可以在罐口或容器口上装一层软的容易拆开的封皮。今天流行的能掀开盖子的瓶子和用薄膜封口的冰冻果汁容器等就是这一类发明的产品。倘若一开始就想"开罐工具"，这些方法就无从发明创造了。

三、指导学生进行思维的自我完善

（一）积累知识，丰富表象储备

　　知识积累与表象储备是思维的必要条件和前提。没有必要的知识经验和表象，思维特别是创造性思维便成了无源之水、无本之木，整个创造活动将会枯竭。而广博的知识和丰富的表象储备能使人视野开阔、思维宽广、思维灵活，易于受到多方面启迪，进行广泛的联想，产生出超常的见解和思路。

（二）善于捕捉灵感

　　灵感是创造性活动中出现的一种功能达到高潮的心理状态。这种状态能导致艺术、科学、技术的新的构思及观念的产生和实现。因此，及时捕捉灵感对创造性思维具有重要意义。灵感的产生是有条件的。首先，要有长期艰苦的努力，正如俄国画家列宾所说："灵感是对艰苦劳动的奖赏。要获得灵感，必须积极投身于创造劳动中，刻苦钻研、认真实践、不断探索。第二，良好的情绪状态。灵感多出现在长期艰苦紧张思索之后暂时松弛状态，如跑步、洗澡、赏花、旅行，甚至睡梦中。因此，宁静清新的环境、良好的精神状态，恬淡愉快的情绪等皆有利于灵感的降临。第三，随时准备捕捉灵感。由于灵感总是在无意中突然降临，其产生的时机无法预知和把握，而且又稍纵即逝，因此必须有所准备，如常随身携带纸和笔，以便随时记录头脑中突然涌现的灵感火花。据说《蓝色多瑙河》这一世界名曲，就是约翰·斯特劳斯在一个环境幽雅的小酒馆里突发灵感,而随手在衣袖上谱写下来的。

(三)掌握思维技巧和方法

著名物理学家爱因斯坦曾总结自己的探索经验,提出一个著名的成功方程式:"成功=艰苦劳动+正确方法+少说废话"。它启示我们,任何创造性活动的进行,从简单的一般疑难问题的解决,到复杂的科技发明创造,都必须掌握正确的方法。方法得当,则事半功倍;方法不当,则会事倍功半,甚至劳而无功。因此,要培养创造性才能,必须重视对自己进行思维方法与技巧的训练,真正掌握打开成功之门的钥匙,更好地发挥自己的智力潜能。

【阅读材料】

创造性活动的思维技巧与方法

克弱转换法 在创造活动中,寻找有关事物的弱点作为研究的瞄准点,往往会带来新的构想和突破。一些重大的发明创造,常常是先从发现已有产品的弱点和缺点作为瞄准点或突破口而获得成功的。

1705年,英国铁匠纽康门设计了著名的纽康门大气机。并且广泛用于矿上排水。纽康门机的一个主要缺点就是耗煤量太大。当时有人说,谁要使用纽康门机,就得有一个铁矿做原料,一个煤矿做燃料,瓦特瞄准这一点,开始致力于对纽康门机的改造,终于发明了蒸汽机,使耗煤量减少了3/4,使人类社会的生产力发生了一次巨大飞跃。

运用"克弱转换法"捷足先登的关键在于主动寻觅已有成果的缺陷或弱点。为此,应进行广泛的调查研究,详细听取使用者及相关人员的意见,以掌握第一手材料。同时,可通过召开缺点列举会的办法,发动与会者围绕一定主题畅所欲言,尽量全面地列举缺点,整理记录在卡片上,并从中选出主要可改进的缺点,制定出改革方案,此外,还可运用查找专利文献缝隙的办法。如李政道教授在一个会上听了伍拉的演讲,才第一次知道在非线性方程领域里有一种弧子的解,它有很多有趣的性质。这引起了他的兴趣,于是他从伍拉处借来了有关弧子的材料,用一星期时间翻阅了一遍。翻阅中,他并未纠缠于内中一些数字细节,而是专门挑剔别人工作中有哪些不足。结果他发现,现有的材料研究的都是一维空间中的弧子,而在物理学中,有广泛意义的是三维空间,这显然是一个漏洞,看准这一弱点,他研究了几个月,找到了一种新的弧子理论,用它来处理三维空间的某些亚原子过程得到了许多新成果。

于是,在此领域,他从一无所知,一下子赶到了别人的前面。

质疑证伪法 事物在不断地发展变化,人对于客观事物的认识总是不可避免地带有一定的局限性,因而必须根据变化了的情况不断地对现有认识加以修正、完善和发展,才能更客观地反映现实,更好地指导我们的实践。质疑证伪法就是对现有的、甚至是沿袭已久的认识、结论大胆质疑,并借助于理论论证和实际检验等证明其虚假和不可靠性的思维方法。

例如,早在公元前300多年,古希腊学者亚里士多德提出落体的速度与它的重量是成正比的理论,如脱离树枝的枯叶慢慢地落下,而丰满的果子则像石头一样快速落地。在此后近两千年中,人们始终在信奉,并广为传播着这一理论。尽管人们曾不止一次地看到过两块不同重量的石头从悬崖上同时落下却同时落地这种现象,但谁也没因此对亚氏的权威理论提出怀疑。直到16世纪,正在大学读书的伽利略认真地研究了亚氏的这一理论,感到它有不可克服的矛盾。据说,在1590年春天的一个早晨,年轻的伽利略带着他的助手及公证人登上了意大利著名的比萨斜塔,将两个分别重100磅和1磅的铁球同时从180英尺高的塔顶落下,只听"啪"的一声,两个铁球同时落地,围观的人群爆发出一片欢呼声,由此,向人们证实了亚氏自由落体理论的谬误。

仅仅限于怀疑是不够的,有理有据的证伪才是关键。证伪有两大类型:一是实践证明,即以具体的事实、行为、物证等来证明某种理论、观点的错误和虚假,如伽利略亲自登上比萨斜塔用实验推翻了亚氏自由落体理论;二是理论证伪,即从理论上证明某种观点、论点的虚假或错误。如宋朝王安石任宰相期间,有人向他建议:抽干太湖水,可得良田数万顷。王安石在与客人谈话时,提出这一建议,在场的一位学士刘贡父马上回答:"这很容易做到,只要在旁边另开一大湖用来容纳太湖水就成了。"王安石听了大笑起来,才认识到这条看似吸引人的提案是行不通的。

逆向思维 在我国"司马光砸缸"的故事一直被人们当作佳话传诵:童年的司马光在与同伴玩耍时,一个小孩不小心掉进了盛满水的大缸里,在危急情况下,司马光机智地搬起一块石头砸破水缸,将小孩救了出来。在这里,司马光并未按传统的思路和习惯去考虑问题(让人离开水),而是运用了一种相反的思路(让水离开人),这就是逆向思维法。

所谓逆向思维,就是背离常规现象或传统思维习惯,沿着与正常的思维程序不同的方向思考,以获得问题解决的思维。在创造活动中逆向思维是一种克服思维定式,冲破思维的有形或无形框框,使创造取得突破性进展的一种行之有效的方法。

运用逆向思维从事创造活动,可有三个途径:

(1)从已有事物的相反功能去设想新的技术发明,或寻求解困新途径。如日本人滨里是一位业余高尔夫球手,因家中没有草坪练球,不得不去买价钱昂贵的带毛地毯来代替,能否想办法使练习少花点钱呢?后来他想,草坪和地毯都具有给球施加摩擦力的作用,如果将其反转过来,将地毯上的毛装在球上,不是同样也产生摩擦力,并达到与在草坪、地毯上训练同样的效果吗?由此他发明了长满毛的高尔夫球。

(2)从已有事物的相反结构形式去设想新的技术发明或解决问题的思路。陕西神童史丰收在小学二年级时就思考一个问题:人们对数字的读、写、看皆是从左到右、从高位起步的,而唯独运算是从右到左、从低部起步的,如果能用一个办法实现从左到右的运算,把运算与读、写统一起来,不就可以加快运算速度吗?在老师的热情鼓励下,经过几年的努力探索,史丰收最终发明了蜚声中外的"快速计算法",使其演算速度超过了计算器。

(3)通过倒转已有事物的因果关系来引发新的创造性设想和思路。如1820年,丹麦物理学家奥斯特经过无数次实验,第一次发现了电流能产生磁场的电磁效应,由此人们又反过来思考:磁是否也能生电呢?正是在此设想指导下,英国科学家法拉第经过10年之久的实验研究,终于在1831年10月17日首次成功地发现了电磁感应现象,并将其概括为电磁感应定律。

侧向思维法 侧向思维法是利用相似、相关的或看似不相关的信息,找出解决问题途径的思维方法。世间万物皆是相互联系的,不同事物间常常具有一定的相通性、统一性,同样,不同的技术领域间某些技术功能或技术要求也具有相关性。因而,在创造性活动中,不应将自己的思路局限在某个狭小圈子里,而应将注意放宽,以"他山之石""攻"己之"玉",这常常能够带来意想不到的成果。如在一百多年前,外科手术十分落后,据统计45%病人死于术后感染。英国著名外科医生李斯特一直在为寻找一条战胜伤口感染化脓的途径而苦苦思考、探索着,但始终未找到解决办法。1864年法国微生物学家巴斯德发表的一篇有关微生物(细菌)是引起食物腐败和使蚕生病的原因的论文,使李斯特大受启发。他由此想到病人的伤口感染化脓,实际上也是一种有机物的腐败现象,也一定是微生物——细菌引起的。要防止术后感染,必须在术前严格消毒灭菌。而用什么药物灭菌防腐呢？李斯特试用了许多药品效果也不理想，后来在一次散步时，他从管道清洁工用苯酚除去下水道中的臭味联想到其灭菌功能，终于发现了苯酚防腐剂。李斯特的成功使外科手术死亡率由当时的80%以上下降到15%。

侧向思维有两种途径：

（1）异质同化。即从已有的知识成果或现实中某种事物（原型）中获得启发，悟出其与创造目的的某些相通之处，从而产生新的构想，上面所举例子皆属此种情况。

（2）同质异化。即从新角度对现有事物或发明经过分析处理，开拓出另外的创造构想。如，把保温瓶改为保温杯、保温食盒；泌尿科医生引入微爆炸技术，消除肾结石等等。需要指出的是，借助于联想和类比进行的侧向思维要取得可靠结论，必须以对象间某种关系或某种属性的相似为依据，而且所依据的属性应与推论的属性间有必然联系。切不可把对象间偶然的相同或相似，以及仅仅是表面上的相似作为依据，那样只会得出荒谬的结论。

置换思维法 置换思维法是通过置换某事物中的一个或几个元素，或变换某事物的构成元素的排列顺序，形成新的组合，以创造新事物的思维方法。

例如，在"曹冲称象"的故事中，面对"如何称出大象的体重"这样的难题，试图去寻找一杆当时无法制造的巨称显然是愚蠢的。幼年的曹冲机智地想出了解决办法：即先将大象放到浮于水上的大木船上，在船帮上刻下载象时的吃水线，而后把象弄下船来，再往船上放置一块块石头，直到船的吃水线齐到载象时的刻度为止，称出船上石块的总重量，就是大象的重量。在这里，曹冲运用的正是置换思维法：他用浮在水上的大木船置换了秤盘这一元素，用船帮上标志大象体重的吃水刻度线置换了用以标志重量的称"花"，用一堆石头置换了代替重量的秤砣，从而轻而易举地制造出了一杆大称，成功地称出了大象的体重。

运用置换思维法，首先需进行广泛的发散思维。元素的置换是与思维角度与方向的置换形影相随的，思维者的思维必须像太阳光芒一样向四处发散，具有较大灵活与变通性，不墨守成规，全方位、多角度地考虑问题，才能打破旧有的元素排列顺序，实现新的元素组合。其次，还需进行慎重而恰当的选择。置换思维并不是对各种元素的任意替代或置换，而是最佳的置换，在发散基础上必须选择出最佳的替换元素去"顶替"那已落伍、该"退休"的元素，或选择出最佳的排列顺序来代替旧有的排列顺序,才能真正带来创造性的突破。

杨善堂,刘万里等.心理学.北京:人民教育出版社.

心理测试

直觉思维的自我测量

直觉在你的生活中扮演着什么角色?你的直觉正确吗?请如实坦率地回答下列问题,看看直觉对你究竟有多么重要。

请将你选择的答案 a、b 或 c 记在纸上

1. 你认为下列哪种说法同你最接近?
   a. 当我遇到难题时,凡与此有关的事情,我都要考虑
   b. 当我在尽力解决问题时,我总是努力系统地考虑所有可能的方法,从中取得最佳选择
   c. 在解决问题方面,我从没有固定的方法、固定的步骤,我总是什么都想,结果总是能够想出一些办法

2. 当你的一个好朋友抱怨他感觉不舒服时
   a. 你能知道这是什么原因
   b. 在他告诉你一些症状后,你能感觉到是什么原因
   c. 你根本不知道这是怎么回事

3. 你能凭某种直觉知道别人正面临着的个人问题吗?
   a. 能   b. 不能   c. 如果他是你非常熟悉的人,你才能感觉到

4. 你的重大抉择都是以逻辑为根据做出的吗?
   a. 在某种程度上是这样的   b. 是的   c. 不是的——是根据自己感觉做出的

5. 如果有人请你帮助做出决定,你会:
   a. 在提出建议前竭力地想弄清他希望你说什么
   b. 能感觉到他应该怎样做才对,并依此提出自己的建议
   c. 不带任何偏见地经过逻辑分析,在一些方法中进行选择

6. 当别人竭力劝阻你时,你觉得很难做你想要做的事情吗?
   a. 不是的,你继续按你认为正确的去做
   b. 是的,当别人介入时,就把你想做的事给搅乱了

c. 有时受别人态度的影响

7. 如果你梦见你的一个好朋友死亡,你会:

a. 立刻就同他联系

b. 感觉有些茫然,但又认识到这样做太愚蠢

c. 对这个噩梦不屑一顾

8. 在同别人谈话时,你能预先知道要谈什么吗?

a. 能　　b. 不能

9. 如果你对第8题的选择是a,你会对此做出哪种解释呢?

a. 你对对方非常了解,因此能预知他要说什么

b. 某种心灵感觉

c. 谈话在向很明显的方面进行

10. 你习惯怎样判断第一次见到的人?

a. 凭形象　　b. 通过他们的言谈举止　　c. 凭感觉

11. 你相信别人的直觉吗?

a. 相信　　b. 不相信　　c. 有时相信

12. 你曾有过这种强烈的感觉——你本应该做某种你通常不做的事吗?

a. 有过　　b. 有时有　　c. 没有过

13. 如果你对12题的选择是a或b你曾把这种感觉落实到行动上吗?

a. 落实过　　b. 没有落实过

14. 你对自己或别人的这类感觉做何解释?

a. 这种感觉是某种警告　　b. 这种感觉完全没用　　c. 两者都有可能

15. 你通常能够确定人们是否在对你讲实话吗?

a. 总是能够确定　　b. 有时能够确定　　c. 通常确定不了

16. 如果你对15题的选择是a或b,你是怎样判断出来的?

a. 凭明显的信号,如他们看你的方式或是否脸红

b. 凭他们平时是否诚实

c. 不管怎样你就是感觉得到

17. 有位哲学家说过:"理智是,也只能是,感情的外人",你会:

a. 完全赞成这种说法　　b. 极不赞成这种说法　　c. 感觉很难确定

18. 你对某一地方有很强的感情上的印象吗?(如令你愉快或令你反感)

a. 有　　b. 没有

19. 你会选择一个你不喜欢但薪水可观的职业吗?

a. 会的　　b. 不会

20. 对你来说,理解一个与你不同类型的人的感情很容易吗?

a. 容易　　b. 不容易　　c. 不容易,但如果你努力以他的方式看待事物就能理解

21. 如果在你即将乘飞机旅行之前,你梦到飞机失事,你会:

a. 认为这是因为你过分疲劳,需要休息的征兆

b. 不知是否应该照计划旅行

c. 把梦当作警告

22. 你想出了解决工作中出现问题的方法但你不能从逻辑上对此方法加以解释,此时你:

a. 坚决把这一方法提出

b. 保持沉默直到能从逻辑上加以解释再提出

c. 试验性地提出

23. 如果你的领导或同事要求你做一件你确信肯定会失败的事,你会:

a. 接受要求　　b. 劝阻他们不要去做　　c. 坚决拒绝接受或主动要求做些别的事

24. 你赞成下列哪种说法?

a. 信仰疗法(即靠祈祷等治病),从科学的角度看是无用的

b. 信仰疗法可能有效

c. 相信信仰疗法有效

25. 如果你发觉你所不喜欢的人似乎比你原来想的要好些,你会:

a. 感到吃惊,但仍表示怀疑

b. 对他明显的好品质还是不相信

c. 认为原来的看法错了

26. 你能预感到什么人会出乎意料地同你取得联系吗?

a. 不能　　b. 有时能　　c. 通常可能

27. 如果你对 26 题回答是 b 或 c,你认为:

a. 那只不过是巧合　　b. 那是由于你也不能理解的某种原因,但决不是巧合

28. 你认为"女人的直觉"是:

a. 缺乏逻辑性　　b. 是现实的　　c. 荒诞的

29. 你曾发现你预感的结果同你原想的不一样吗?

a. 从来没有不一样过　　b. 有时不一样　　c. 经常不一样

30. 你对那些通常找不到合理解释而又不可思议的直觉能够认可吗?

a. 不能——对任何事物都要找到合乎逻辑的解释

b. 能——不打算对所有事情都找到合乎逻辑的解释

评分标准

题号 答案	1	2	3	4	5	6	7	8	9	10	11	12	13	14	15
a	3	5	5	3	3	5	5	5	3	3	5	5	5	5	5
b	1	3	1	1	5	1	3	1	5	1	1	3	3	1	3
c	5	1	3	5	1	3	1		1	5	3	1		3	1

题号 答案	16	17	18	19	20	21	22	23	24	25	26	27	28	29	30
a	3	5	5	1	5	1	5	1	1	3	1	1	1	5	1
b	1	1	1	5	1	5	1	5	5	5	3	5	5	3	5
c	5	3			3		3	5	3	5	1	5		3	1

分 析

你的得分将会在 20～150 分之间,你的分数越高,直觉对你的作用就越大,请参阅下面的详细讨论。

1) 50 分以下:极度具体思考型

你的得分很低,说明你不仅缺少直觉,而且不相信直觉真的有用。很遗憾你这种趋向过于具体的思考方式会永远束缚你,因而导致你对各种问题总是选择最不富想象,极为刻板的解决方案。

2) 51～89 分:具体思考型

这个分数不高,说明你基本上不相信直觉而习惯一步步地思考问题,这可能是由于你过于讲究实际,其中含有固执的成分,换言之,你无法接受不能理解的事物。这种态度可能有助于控制毫无条理的思想,但它同时也约束你的想象力,控制你的创造力。

3) 90～110 分:半直觉型

你怀疑直觉的价值,起码是怀疑直觉对你的作用。当然你是对的,因为直觉并不是每次都能提供正确答案。以你的情况看,你做事的确不太情愿依赖直觉,问题是你承认直觉的存在,但在直觉发生时,在行动中又不能认识其价值,希望你能经常以此做些实验,这可能会使你相信正确直觉的价值。

4) 111～135 分:健全直觉型

这一高分说明你相信直觉,进一步说你的直觉经常使你得益——思考迅速,节省时间。直觉到了这种程度也可能产生一种危险,那就是你可能有些过于自信,过于相信适合自己利益的直觉判断。

5) 135 分以上:极度直觉型

你的分数过高了,你过分地相信自己的直觉能力。如果你不调整一下,就会使你常常陷入困境,你总是认为你所有的直觉都是正确的。仔细想想！难道你的直觉没有导致你犯过错误吗？

思考与练习

一、名词解释

思维　思维定式　发散思维　直觉思维　灵感　创造性思维

二、简答与论述

1. 简述思维的基本特征及种类。
2. 思维过程的基本环节有哪些？为什么说分析与综合是思维活动最基本的环节？
3. 创造性思维与一般思维有什么区别？
4. 简述创造性思维的特征。
5. 试述影响问题解决的因素。
6. 试述如何培养创造性思维。

三、实例分析

下述分马问题的解决属于哪种类型的思维？影响三兄弟不能按遗嘱顺利完成分马任务的因素是什么？此例对你有何启示？

有一位老人,他有三个儿子和十七匹马。他在临终前对他的儿子们说:"我已经写好了遗嘱。我把马留给你们,你们一定要按我的要求去分。"老人去世后,三兄弟看到了遗嘱。遗嘱上写着:"我把十七匹马全都留给我的三个儿子。长子得一半,次子得三分之一,给幼子九分之一,不许流血,不许杀马,你们必须遵从父亲的遗愿!"这三个兄弟迷惑不解。尽管他们在学校里学习成绩都不错,可是他们还是不会用17除以2,用17除以3,用17除以9,又不让马流血。于是他们就去请当地一位公认的智者。这位智者看了遗嘱以后说:"我借给你们一匹马,去按你们父亲的遗愿分吧!"

解答:老人原有17匹马,加上智者借给的一匹,共18匹,于是三兄弟按照18匹马的一半、三分之一和九分之一,分别得到了9匹、6匹和2匹。(9+6+2)匹＝17匹,还剩下1匹,是智者借给的那匹,还给智者。

第六章 想　　象

学习目标

1. 掌握想象的含义、特征和种类。
2. 理解想象的功能。
3. 明确再造想象与创造想象产生的条件。
4. 能够运用想象的规律解决实际问题。

《敕勒歌》中有诗句"天苍苍,野茫茫,风吹草低见牛羊。"此时你脑海里会浮现出草原牧区的景象:湛蓝的天空,碧绿的草地,雪白的绵羊,壮实的牦牛,奔驰的骏马。尽管你可能没有去过大草原,但由于脑海中存有在电影中看到过的影像,因此,就可以把它们组合并构成一幅美丽草原的图画,这种心理活动就是想象。

第一节　想象概述

一、想象

(一) 什么是想象

想象是在刺激的影响下,人脑中旧经验重新组合,产生新事物形象的过程。对此概念我们应做如下的理解。

第一,想象是以感知过的事物形象为基础,即以记忆表象(储存在脑中的已有的事物的形象)为原材料进行加工改造而形成的。例如,我们没有去过草原,但当我们读到《敕勒歌》中的诗句"天苍苍,野茫茫,风吹草低见牛羊。"时,头脑中就会浮现出一幅草原牧区的美丽景象:蓝蓝的天空,一望无际的大草原,微风吹动着茂密的牧草,不时露出牧草深处的牛羊。这幅我们从未感知过的图景,就是我们所熟悉的蓝天、草地、微风、牛羊等记忆表象的组合构成的。

第二,人的头脑不仅能够产生过去感知过的事物形象,而且能够产生过去从未感知过的事物形象。例如,吴承恩在写《西游记》时,他头脑中出现的孙悟空、猪八戒等形象并不是他所感知过的;读者在读《西游记》时头脑中出现的孙悟空、猪八戒等的形象也是读者未曾感知过的;法国科幻小说家凡尔纳在他小说中出现的霓虹灯、潜水艇、坦克、电视机等也是他当时未曾感知过的;还有音乐家谱写一首新曲子时头脑中出现的音乐形象,建筑设计师设计一座新的建筑物时头脑中出现的新建筑物的形象等,这些他们没有感知过的但又出现在头脑中的新形象是想象的结果。

第三,想象过程所产生的新形象称为想象表象。想象表象有四种类型:① 在现实中存在着但主体未曾感知过的事物的表象;② 历史性事物的表象;③ 未来会有的事物的表象;④ 在现实中不可能有的事物的表象。由于构成想象表象的加工、改造过程是通过思维活动进行的,所以,想象是思维的一种特殊形式,是一种形象思维。

(二)想象的构成方式

想象过程是一个对已有形象(表象)分析、综合的过程。想象的分析过程,是从旧形象中区分出必要的元素或创造的素材;想象的综合过程是将分析出来的元素或素材,按照新的构思重新组合,创造出新的形象。想象的分析、综合活动有以下几种形式。

1. 黏合

黏合是把客观事物中从未结合过的属性、特征或部分在头脑中结合在一起而形成新形象的过程,如孙悟空、猪八戒、美人鱼、飞马等的形象。这种创造都是将客观事物的某些特征分析出来,然后按照人们的要求,将这些特点重新配置,综合起来,构成了人们所渴求的形象,以满足人们的某种需要。黏合的形象在内容上,受到一定的社会文化、民族风俗习惯的影响。黏合方式是想象过程中最简单的一种方式,多用于艺术创作和科技发明。

2. 夸张与强调

夸张与强调是改变客观事物的正常特征,使事物的某一部分或某一种特性增大、缩小、数量加多、色彩加浓等在头脑中形成新形象的过程。例如,人们创造的千手千眼佛、九头龙,及《格列佛游记》中的大人国、小人国等形象。还有,我们常看到的一些人物的漫画就是绘画者对人物特点进行夸张或强调的结果,这种方式是各种创作的一种重要手法。

3. 拟人化

拟人化是把人类的形象和特征加在外界客观对象上,使之人格化的过程。例如,《封神演义》《西游记》《聊斋》等古典名著中的许多形象,都采用了拟人化想象的创作手法——雷公、风婆、花仙、狐精、白蛇与青蛇等均是拟人的产物。拟人化也是文学和其他艺术创作的一种重要手段。

4. 典型化

典型化就是根据一类事物的共同的、典型的特征创造新形象的过程。这是一种在文学艺术创作中普遍采用的方式。例如,鲁迅笔下的阿Q的形象、祥林嫂的形象的创造,就是鲁迅综合某些人物的特点之后创造出来的。

5. 联想

由一个事物想到另一个事物,也可以创造新的形象。想象联想不同于记忆联想;它的活动方向服从于创作,是占优势的情绪、思想和意图。例如,一位诗人在某种情绪状态下,看到"修理钟表"几个字,可能会联想到"修理时间",进而想出这样的字句"请替我修理一下年代吧,它已不能按时间度过"。这是一种异乎寻常的联想,它打破了日常联想的习惯,因而引发了新的形象。

(三) 想象的作用

想象的作用主要体现在以下三个方面。

1. 想象是促使人的心理活动丰富和深化的重要因素

想象是智慧的翅膀,是思维的特殊形式。就深刻性而言,想象不满足像知觉那样只反映事物外部的和表面的联系,也不满足像记忆那样只再现过去的认识,而是人脑对已有的感知材料经过加工改造后进一步深化的认识;就其广阔性而言,想象不像感知觉只限于个人狭窄的直接认识的范围,而具有更丰富的内容。借助想象,人们可以驰骋于无限的现实世界和神奇的幻想世界之中,可以追溯上至几千年的过去,也可以展望几万年以后的未来。常言道,想象可以使人"思接千载,视通万里",就是说想象可以打破时空的界限,使人的心理更为丰富充实。

2. 想象是促使人们创造性地进行各种实践活动的必要条件

试想,如果没有想象,人们的活动就无法进行和提高,也不可能事先在头脑中构成关于活动本身及其结果的各种表象。人们对未来的预见,一切科学上的新发现、新发明,新的艺术作品的创作,各种科学知识的学习等,都是和人的想象活动密切联系的。列宁说过:"以为只有诗人才需要想象,这是没有道理的,这是愚蠢的偏见!甚至在数学上也是需要想象,甚至微积分的发现没有想象也是不可能的。"(选自《列宁全集》)

> **■ 信息窗**
>
> **想象与科学发现**
>
> 爱因斯坦有一次想象着自己手持一面镜子放在胸前,骑在一缕光线上在空中飞行。他认为自己不会在镜子中看到自己的形象,因为镜子和他本人正在以光速同时前移,他的形象不可能投入镜中。但是,一个站着不动的旁观者如果手里也持有一面镜子,当爱因斯坦在他面前一闪而过时,却能够在镜子中看到爱因斯坦的形象。爱因斯坦就凭着想象中的物理事件的类比获得顿悟,从而演绎出他的相对论学说。

3. 想象有助于调节人的情感和意志活动

想象的形象会引起人的情感体验,从而调节人的情绪。这一点在人们阅读文学作品时体会最深,我们借助想象与故事里的人物一起欢笑、流泪,一起紧张、悲愤;借助想象还可以从书中的英雄人物身上获得精神的陶冶,发展具有积极倾向性的情感;同时,想象也是构成人的意志行动的内部推动力的不可缺少的因素之一。苏联学者鲁宾斯坦认为,每一种思想,每一种情感,哪怕是在某种程度上的改变世界的意志行动,都有一些想象的成分。事实也正是如此,如果没有想象的作用,人就不可能预瞻活动的结果,不可能确定清楚的目标,不可能预定具体的计划,因而就不可能进行意志活动。

二、想象的种类

根据想象活动是否具有目的性,可以把想象分为无意想象和有意想象。

(一) 无意想象

无意想象也称不随意想象,它是没有预定目的,在一定的刺激影响下,不由自主地引起的想象。例如,我们看到天上的云,不自觉地把它想象成蘑菇、大象、羊群等;人们在睡眠时做的梦;精神病患者在头脑中产生的幻觉;由药物,如吸食大麻、迷幻药 LSD 导致的幻觉,都是无意想象。

梦是无意想象的极端情况。它是人在睡眠状态下的一种漫无目的、不由自主的奇异想象。在梦中,有时见到已故的亲人、昔日的朋友,体验到童年时代的激情,经历一些稀奇古怪的事情。从梦境的内容看,它是过去经验的奇特组合。按照巴甫洛夫的解释,人在睡眠时,大脑皮层产生一种弥漫性抑制,由于抑制发展不平衡,皮层的某些部位出现活跃状态,暂时神经联系以意想不到的方式重新组合而产生各种形象,就出现了梦。

(二) 有意想象

有意想象也称随意想象,它是按一定的目的、自觉进行的想象。人在多数情况下,总是根据一定的目的、自觉地进行想象活动。例如,学生在学习过程中为完成某项学习任务,获得某些知识的想象;工程师和工人对建筑图纸的想象等。

对于有意想象,根据它的新形象的新颖性、独特性和创造性的不同,又可分为再造想象和创造想象。幻想是创造想象的一种特殊形式。

1. 再造想象

再造想象是根据词语的描绘或图样的示意,在人脑中形成相应的新形象的过程。例如,当我们读着马致远的《天净沙·秋思》"枯藤老树昏鸦,小桥流水人家,古道西风瘦马。夕阳西下,断肠人在天涯。"时,头脑中就会展现出一幅充满苍凉气氛的"秋暮羁旅图",这就是再造想象。也就是说,人在阅读文艺作品、历史文献,工人看建筑或机械图纸,学生听教师对课文生动形象的描述时,头脑中出现的有关事物的形象,都属于再造想象。

再造想象的特点是:再造想象中形成的新形象,只是对自己来说是新的,是根据别人的描述或制作的图表、模型等在头脑中再造出来的,因此,新颖性、独立性成分比较小;其次,再造想象形成的新形象差异较大,因为人们的经验、兴趣、爱好和能力不同,再造的形象也就不会相同。例如,某美术学院举行考试,题目是"野水无人渡,孤舟尽日横",要求考生必须把这两句诗中的意境在画上确切地表现出来。结果,三名考生分别画了如下三幅画:

可见,每个考生都是根据自己的理解和经验、能力,按自己的方式再造出的新形象,他们的差异说明再造想象也有一定的创造性,但创造成分较低。

2. 创造想象

创造想象是在创造活动中,根据一定的目的、任务,在人脑中独立地创造出新形象的过程。例如,鲁迅创作的"阿Q"形象,马致远创作的《天净沙·秋思》,都是创造想象的产物。创造想象具有首创性、独立性和新颖性等特点。它们源于生活,但又高于生活。例如,工程师发明的新机器,虽然综合了许多机器的特点,但它又具有前所未有的新性能、新造型,因此,它比再造想象更复杂、更困难。它需要对已有的感性材料进行深入的分析、综合、加工,在头脑中进行创造性的构思。

创造想象在人的实际创造活动中是非常重要的,它是一切创造性活动的必要组成部分。科学领域里的一切发明,艺术领域里的一切典型形象,都必须首先在头脑中形成活动的最终或中间产品的模型,即进行创造想象。可见,创造想象是创造活动的必要环节。没有创造想象,创造活动就难以完成。

再造想象和创造想象既有异同,又有联系。其具体内容列于表6-1中。

表 6-1　再造想象与创造想象的关系

	再造想象	创造想象
不同点	(1) 具有再造性,构造出的形象与原物相符合 (2) 再造的形象所代表的事物是已被他人创造出来的 (3) 在一般性活动中的作用较大	(1) 具有创造性,构造出的形象是崭新的 (2) 创造的形象所代表的是事物前所未有的 (3) 在创造活动中的作用较大
共同点	(1) 都是根据已有的表象构造出的新形象 (2) 想象中的事物都是以前没有直接感知过的	
联系	(1) 再造想象是创造想象的基础,创造想象是再造想象的发展 (2) 创造想象中有再造性的成分,再造想象中有创造性的成分	

3. 幻想

幻想是与个人愿望相联系并指向于未来事物的想象。它是创造想象的特殊形式,如各种神话、童话中的形象都属于幻想。

幻想也是独立创造新形象的过程。它是创造想象的一种特殊形式,但它又不同于创造想象。幻想与创造想象既有异同,又有联系。其具体内容列于表 6-2 中。

表 6-2　幻想与创造想象的关系

	幻想	创造想象
不同点	(1) 是个人所向往的追求的愿望 (2) 指向于遥远的未来,不与创造活动直接相关联	(1) 不一定是个人所追求的、向往的 (2) 与创造性活动直接相关,有想象的结果和产物
共同点	(1) 都必须有一定的表象材料为依据 (2) 都富有创造性、新奇性	
联系	(1) 创造想象是幻想的基础,幻想是创造想象的特殊形式 (2) 创造想象中有一定的幻想成分,幻想中也有一定的创造想象的成分	

当人们依据事物发展的客观规律来想象未来时,这种想象叫理想。幻想不一定以客观规律为依据,因而不一定具有实现的可能。而理想体现了事物的发展规律,因而具有实现的可能性。空想是一种不以客观规律为依据,甚至违背事物发展的客观进程,因而是没有实现可能的想象。所以,在教育教学过程中,教师要教育学生力戒空想,坚持正确远大的抱负,培养克服内外困难的意志力,以实现自己所追求的理想。

三、想象的品质

（一）想象的主动性

想象的主动性是指想象的目的性、意识性的程度。它使人的想象有方向、有中心。在前面的想象的分类中我们已经知道，根据新形象的形成有无目的性，可以把想象分为无意想象和有意想象。主动性主要体现在有意想象之中。无意想象占优势的人，他们不能按照预定目的和计划来展开自己的想象，而是无目的、无意识地像一匹脱缰的野马任其驰骋，莫知所之，莫知所止；有意想象占优势的人，他们能够有目的、有计划地唤起自己的想象沿着一定的方向前进，能当行则行，当止则止。一般说来，想象的主动性强的人，他们都善于再造性想象和创造性想象，会在创造性活动中有所成就。

（二）想象的丰富性

想象的丰富性是指想象内容的丰富程度。它一方面取决于头脑中已有表象的多样性，因为想象是在已有表象的基础上形成的，旧的表象越多样，越具体，越容易产生联想，想象的形象也就越丰富；另一方面取决于对当前的事物的理解程度。例如，有绘画知识的人与不懂绘画的人，想象的丰富性是不同的。绘画的知识越多，对画的理解越深刻，想象的形象就越丰富。人的想象的丰富性存在着差异：有的人想象丰富多彩，内容充实；有的人想象贫乏单调，内容不充实。一般来说，作家、艺术家、创造发明家等都有很丰富的想象。

（三）想象的生动性

想象的生动性是指想象表现的活泼、鲜明的程度而言。想象的生动性是以表象的生动性为转移的。一般说来，表象越富有直观性，则由之而形成的想象也就越富有生动性。如果一个人的视觉表象、听觉表象、味觉表象、嗅觉表象、触觉表象等，就像直接看到、听到、尝到、嗅到、触到时那样鲜明、完整和稳定，则由这些表象所构成的想象自然也就生动、鲜明。他们头脑中的形象如同是他们所见所闻，有如身临其境之感。而想象死板呆滞、色彩暗淡的人，他们在头脑中构成某一形象时，既不能"看到""听到"什么，也不能"尝到""嗅到""触到"什么。

（四）想象的现实性

想象的现实性是指想象与现实相符合的程度。任何想象总是超越现实，但又不能绝对摆脱现实。想象的现实性使人的想象可望可及，超前而又科学、可靠。再造想象、创造想象、积极的幻想（理想）都是如此。消极的幻想（空想）与现实完全脱节，可望而不可及。一个富于积极幻想的人，他的想象虽然走在现实的前面，但却是符合事物发展规律的，经过一定努力可以实现。这样的幻想对人类的发展具有积极的作用，常常是人们事业的巨大推动力。而一个空想的人则不然,他的想象远远跑在现实的前面,并且不符合现实发展规律,根本无法实现。这样的幻想只能给事业带来巨大的危害,把人引向歧途,使人碌碌无为度过一生。

(五)想象的新颖性

想象的新颖性是指想象所构成的形象的新异程度。想象的新颖性是通过表象的改造而实现的。想象所构成的形象越是出乎意外,越是异乎寻常,则它越富于新颖性。有的人想象新颖、独特,能够把已有表象有机地结合起来,能打破常规、别出心裁地进行创造。有的人的想象则缺乏新颖性,他只能把已有的表象简单地、机械地拼接起来,这种人很难进行创造活动。一般来说,从事创造活动的人,其想象都需要有高度的新颖性。

(六)想象的深刻性

想象的深刻性是指想象所构成的形象揭示事物的主要特征的程度。想象的形象是否深刻,一方面取决于是否能从典型的高度出发,对已有的表象进行深刻的改造;另一方面还必须具备有关的高水平的技能,如创造性活动中的科研技术、写作技巧等。这两方面的有机结合,方可创造出高水平的产品。想象的深刻性的差异更多地表现在创造想象中。具有想象深刻性品质的人,能通过生动的形象把事物的主要特征揭露出来,使形象具有典型性。如鲁迅笔下的"祥林嫂""阿Q""狂人"等的形象都是他想象深刻性的表现。而有些作家,他们作品中所描写的主人公的形象不典型、一般化,缺乏深刻性,所以也就缺乏感染力。

第二节 想象的一般规律

一、想象的功能

(一)预见功能

想象具有预见功能。心理学的研究表明,人从事任何活动之前,都必须首先在头脑中确立目标,即能够想象出活动过程及其结果,一旦活动过程结束,将是头脑中预定观念的实现,于是人的活动就有了主动性、预见性和计划性,这有助于活动的顺利完成。科学家的发明、工程师的设计、作家的人物塑造、艺术家的艺术造型等活动都离不开人的想象,都是想象预见性的体现。学生的学习也是一样,一个想象力贫乏的学生,他考虑问题的思路必然狭窄,也不可能有很高的分析问题和解决问题的能力。

(二)补充功能

想象具有补充功能。在现实生活中,有许多事物是人们不可能直接感知到的。如由于时间、空间的限制,原始人生活的情景、千百万年前发生的地壳变动和历史变迁、远方的风云变幻、各种宏观世界与微观世界的结构与运动状况等,我们要直接感知是很困难的,有的甚至是不可能的。在这种情况下,我们可以借助想象,弥补人类认识活动的时空局限和不足,超越个体狭隘的经验范围,扩大人的视野,对客观世界产生更充分、更全面、更深刻认识。

(三) 替代功能

想象具有替代功能。在现实生活中,当人们的某种需要不能实际得到满足时,可以利用想象从心理上得到一定的补偿和满足。例如,儿童想当一名飞行员,但由于他的年龄、能力所限而不能实现,于是就在游戏中,手拿一架玩具飞机在空中舞起来,满足了自己当飞行员的愿望。在哑剧的表演中,许多布景和实物是通过演员形象化的动作来唤起观众的想象而获得良好效果的。在日常生活中,人们也常常从想象中得到某种寄托和满足。为此,生活因梦想而升华,因梦想而完美。

二、再造想象产生的条件

再造想象的产生应具有以下三个条件。

(一) 必须具有丰富的表象储备

表象是想象的基本材料,一个人的知识经验越丰富,表象储备越多,再造想象的内容也就越丰富。再造想象不仅依赖于已有表象的数量,而且也依赖于已有表象的质量,正确反映客观现实的材料越丰富,再造出来的想象内容就越正确。

(二) 为再造想象提供的词语及实物标志要准确、鲜明、生动、形象

准确、鲜明、生动、形象的语言及实物标志便于人们理解并正确地再造想象,而含糊不清、模棱两可的东西,人们就很难正确、逼真地进行想象。例如,古代描写女子用"樱桃口""杏核眼""柳叶眉"等作比喻来描述,显得十分形象、逼真,想象起来也比较容易。一个建筑设计师设计的建筑图纸使用的有关符号、标志必须准确、清楚,才能在建筑工人头脑中形成相应的建筑物的形象,否则别人看不懂或出现曲解。

(三) 正确理解词语与实物标志的意义

再造想象是依赖语言的描述和图样的示意而进行的。一个人读小说,如果读不懂文字,他头脑中就不可能有小说中主人公的形象出现;一个建筑工人,如果不懂建筑符号的表现法,他也无法看懂建筑图,头脑中也不会出现相应的建筑物的形象;一个刚入学的儿童,在他识字和掌握词汇不多的情况下,让其阅读古诗文,是很难形成丰富的再造想象的。可见,正确理解有关事物的描述,了解图样、图解的表现法和各种符号的含义是形成再造想象的重要条件。

三、创造想象产生的条件

（一）创造动机

人在社会生活、社会实践中，社会不断地向人们提出创造新事物、解决新问题的要求，当这种要求一旦被人接受，就会在人脑中变成创造性活动的需要和愿望。如果这种创造的需要和愿望与活动结合，并有实现的可能，就会转化为创造性活动的动机，人们就获得了创造想象的动力，也就会进行创造想象。

（二）丰富的表象储备

进行创造想象，首先要对有关事物进行细致观察，储备丰富的表象材料。因为，想象决定于已有表象材料的数量和质量。表象材料越丰富，质量越高，人的想象也就会越广、越深，其形象也会越逼真；表象材料越贫乏，其想象越狭窄、肤浅，有时甚至完全失真。鲁迅曾说过："如要创作，第一须观察，第二是要看别人的作品……必须博采众家，取其所长，后来能够独立。"托尔斯泰在《战争与和平》一书中创造的娜塔莎的形象是基于观察和分析他熟悉的两个人的性格和特点而塑造的，这两个人分别是他的妻子和妹妹。

（三）积累必要的知识经验

要进行创造想象，还必须对有关领域进行深入研究，掌握必要的知识。每一个发明创造都是发明者对相应领域深入研究的结果。例如，牛顿对物理学的研究，发现了经典力学三定律；达尔文对生物学的研究，写出了《物种起源》；李时珍对医药学的研究，写出了著名的医药书《本草纲目》。可见，只有就某一领域深入研究，掌握必要的知识，才能在相应的领域展开想象的翅膀，进行创造想象。

（四）原型启发

任何一个人对某一项目的发明创造或革新，都不是凭空想象出来的，在开始时总要受到某种类似的事物或模型的启发。例如，鲁班从丝茅草割破手得到启发，发明了锯子；阿基米德原理是阿基米德在洗澡时看见水溢出盆外得到启发而发现的；瓦特发明蒸汽机是受到蒸汽冲开壶盖的启发；现代仿生学则是在生物的某些结构和机能的启发下，进行科学想象，研制出许多精巧的仪器。原型之所以有启发作用，是因为事物本身的特点与所创造的事物之间有相似之处，存在某些共同点，可以成为创造新事物的起点。某一事物能否起到原型启发的作用，还取决于创造者的心理状态，特别是创造者当时的思维状态。当人的思维积极而又不过于紧张时，往往能激发人的灵感，从而导致人的创造活动。

（五）积极的思维活动

创造想象不是一般的想象，而是一种严格的构思过程，必须在思维的调节支配下进行。积极的思维活动就是在创造想象过程中,要把以表象为基础的形象思维与以概念、判断、推理为手段的逻辑思维结合起来。一方面,有理性、意识的支配调节;另一方面,积极捕捉生活经历中各种有利于主体目标形象产生的表象,并迅速地把它们组合配置,完成新形象的创造性思维活动。

(六) 灵感的作用

在创造想象的过程中,新形象的产生往往带有突然性,这种突然出现新形象的状态,称为灵感。例如,我们有的时候写文章,虽然经过长期构思酝酿,但久久不能落笔,突然某一天灵感来了,思路有了,文章一气呵成。灵感出现时的特征:注意力高度集中于创造的对象上,意识活动十分清晰、敏锐,思维活跃,"思如泉涌"。灵感并不是什么神秘物,它是想象者个人在长期生活实践中勤于积累经验的结果。由于注意力高度集中于要解决的问题,过去积累的大量表象被唤起,并且迅速结合,构成了新的形象。正如大发明家爱迪生所说,"天才,就是百分之一的灵感加百分之九十九的汗水。"柴可夫斯基说得好,"灵感是这样一位客人,他不喜欢拜访懒惰者。"

此外,创造思维能力、高水平的表象改造能力、丰富的情绪生活、正确的理想和世界观也是创造想象的条件。

第三节 想象规律在教学中的运用

想象力是人类独有的才能,是人类智慧的生命。在创造发明和探索新知识的过程中,想象力是一切希望和灵感的源泉。

一、在教学活动中培养学生的想象力

青少年正处在富于想象的年龄,他们对周围的世界有强烈的好奇心和浓厚的兴趣。鲁迅先生说过:"孩子是可敬佩的,他常想到星月以上的境界,想到地面以下的情形,想到花卉的用处,想到昆虫的语言;他想飞到天空,他想潜入蚁穴。"作为教育者,教师应该注意保护他们的兴趣和好奇心,培养他们良好的想象习惯。通常可从以下几方面入手。

(一) 通过指导观察培养想象力

培养观察能力是发展想象能力的有效手段之一。在指导学生观察图画和事物的过程中,不仅要教给学生正确的观察方法,还要启发学生根据观察对象的特点,展开创造性想象,具体合理地想象与观察对象有关的内容。例如,窗外下着漫天飞舞的大雪,老师就可以让学生畅想"山舞银蛇,原驰蜡象""千树万树梨花开"的美景。

(二) 通过阅读教学培养想象力

阅读教材中蕴含着大量可以培养学生想象能力的素材。教学中可以运用生动的

有感情的语言,描述课文记叙的事物,把学生引入课文的意境之中;可以恰当地运用投影、录像等媒体,展示课文中描述的某些景物、事物或情节,引导学生想象作者没有叙述的某些景物、事物或情节;还可以通过创造性复述、续编故事、改写课本等方式,训练学生的合理想象。充分利用教材中创造性的内容,展开想象,不仅可以提高学生的创造能力,培养不受约束、随意性的思考习惯,还可以从中获得自信心的满足。教师要有意识地启发学生,依据课文中的某些语句展开合理丰富的想象,把抽象的概念形象化,把笼统的描述具体化,把隐约的情节明朗化,使学生的想象力不断发展。

(三)通过作文教学培养想象力

充分利用教材,设计想象性作文练习。如学了《皇帝的新装》一文后,让学生运用想象和夸张的手法,写一篇续文,色彩越浓越好;假如《变色龙》结尾处写的那只狗不是将军哥哥家的狗时,结局会是怎样补写结局。在作文课上还可以出一些和生活紧密相关的话题作文,如"闲话足球""我看申奥"等引导学生联想想象,自由感悟。引导学生对事物的未来进行大胆想象,设计目标刺激学生的幻想,例如下面的题目:假如世界允许克隆人,那么,这个世界将会变成什么样子?假如记忆可以移植,人类将会面临什么问题呢?这样的问题既可以引导学生关注现实,又能激励学生好好学习,运用掌握的知识,寻找将目标化为现实的途径,从而培养学生的创造能力。写这类作文,一要注意创设情境,激发学生的作文欲望;二是指导学生创造性地提取写作素材;三要指导学生进行创造性作文,特别是在写法上要敢于突破常规。

除了以上几种方法以外,教师在教学中对学生进行想象能力的训练,应当遵循科学思维的一般规律,采取灵活恰当的方式,这样才能收到预期的效果。

二、在教学活动过程中发展学生的再造想象

再造想象在学生的学习中具有重要作用。

(一)是学生感知和掌握未知事物的有效手段

学生可以借助教师在教学过程中的言语、教具以及模型等,引起再造想象,以此摆脱自己狭小的生活圈子,形成与掌握自己不曾感知或无法亲自感知过的事物的形象。再造想象可以使人"思接千载,视通万里"。教师可以通过语言描述、图形解释等,利用学生已有的再造想象去认识事物,了解宇宙、预见未来的世界以及展现将来的生活场景等。

(二)是学生理解和掌握客观事物规律与内在联系必不可少的心理条件

掌握知识,获得经验,必须有积极的再造想象。这是因为学校所传授的知识多半是通过教师、书本用词或图表、模型和教具等传递给学生的,只有使这些内容在学生头脑中产生并形成了与所学概念相应的事物形象,才能使学生真正理解和掌握,否则只

能停留在机械识记的水平上。

(三) 是思想教育的重要形式之一

用生动的语言对英雄人物、劳动模范、科学家等的描述,可以在学生脑海中形成鲜明的榜样形象,从而加强思想品德教育的感知性。"榜样的力量是无穷的",榜样教育就是利用再造想象的心理活动,对学生进行思想教育的一种比较好的形式。

在各科教学过程中,可以通过学生再造想象的作用来提升想象力,帮助他们理解基本概念,领会词汇含义,巩固所学知识并获得有用经验。

任何学科都要求学生具有丰富的想象力。因此,在教学中要发展学生的再造想象。首先,要扩大学生头脑中的表象储备。当学生的记忆表象储备越多,那么他所展开的再造想象的内容也就越丰富;其次,教师要帮助学生理解语言、模型、图形等描述的关键性词句与实物标志的含义,如果发生了错误的理解,那么,就会引起不正确的再造想象,达不到教育的目的;再有,教师要唤起学生对教材的想象,以加深对知识的理解和巩固。小学生的空间想象力、逻辑思维能力由于受知识水平和经验所限,发展水平较低,因此,教师要善于利用学生日常生活经验中的例子,借助对比、比喻、教具、图表和模型等引起学生的再造想象,帮助他们理解概念,领会和巩固知识。

三、在教学活动过程中培养学生的创造想象

创造想象是学生在目前和将来从事创造活动的重要心理条件。在教育教学活动中,教师要通过课堂教学来有意识地培养学生的创造想象。为此我们应该做到以下几方面。

(一) 丰富学生的表象储备

创造性想象的程度与水平主要是由表象的数量和质量决定的,因此,教师在教育和教学活动中要创设各种条件,采取多种手段和运用不同措施来丰富学生的表象储备,改进其表象的质量,充实其数量,以提高学生的创造想象。例如,在语文教学过程中,教师可以通过引导学生阅读欣赏文艺作品中的人物、情景或事件的发生、发展,让学生在接受艺术熏陶的过程中,唤起再造想象,使学生能够深受感染,引起心理上的共鸣而激发创造想象;在科学常识课的教学中,教师可采用引导学生观察生活中的实例,认识动植物的不同形态、不同结构等,在引起再造想象的同时激发其创造想象。在教学过程中,教师还要充分利用直观教具、多媒体教学手段,以及形象化教材等,使学生在观看、触摸、视听等方面产生创造想象。在课外,可以让学生参加文艺、体育、科技活动等兴趣活动,来激发学生的创造想象。

(二) 扩大学生的知识经验

想象不是凭空产生的,它是人脑对客观现实的主观反映,除了需要有丰富的表象

储备以外,还需要大量的知识与经验。发明家爱迪生一生中有2000多项科学发明,就是源于他的勤奋好学。他10岁时就阅读了《美国史》《罗马兴亡史》《大英百科全书》,11岁时就阅读了牛顿的一些著作,以后又阅读了诸如电磁学家法拉第等人的著作。正是由于他从小涉猎各种书籍,积累了丰富的科学知识,才为他以后发挥超强的想象力,进行发明创造打下了坚实的基础。教育实践经验也证明,人的知识经验越丰富、广博,头脑越充实,想象力也就越丰富。因此,教师要引导学生努力学好各科知识,打下坚实的理论知识基础,还要鼓励学生广泛涉猎课外有益书籍,获得多学科、多领域的知识,并要积极鼓励学生参加各种课外活动,例如,课外阅读、科技制作、绘画、写作、科学实验、文艺创作以及参加各种兴趣小组等,以丰富学生的生活经验,扩大学生的知识范围,为学生的创造想象的激发与发展奠定基础。

(三)发展学生的语言能力

想象是在语言的调节下进行的,并通过言语来表现的,因此,言语的发展与想象的发展关系密切。只有言语的发展达到一定的水平,学生的想象才可能从形象的水平提高到符号水平,使想象变得更加广阔、深刻,更加概括且富有逻辑性。同时,教师在教学中要重视用丰富、优美清晰、生动形象化的语言描绘事物,这不仅可以唤起学生的想象力,更为他们表现想象力做出榜样,使他们学会如何使用言语来表现想象。这对提高学生语言表达能力,发展学生的想象力,起到潜移默化的作用。

(四)训练学生的想象力

教师要结合各学科的教学活动,有目的地训练学生的想象力。例如,在上语文课时,可以让学生们带着感情朗读课文,鼓励他们通过想象力来体会作品中主人公的思想和感情,想象作品中所叙述的事情发生的缘由以及可能发展的趋势。教师要指导学生多阅读健康有益的课外书籍,书籍是最好的培养学生创造想象的材料,通过书中的文字描述,能够发展他们的再造想象,同时也能发展和激发学生的创造想象。在音乐课上,歌词和乐曲也是激发学生情感,同时也是激发创造想象的重要方式。课外活动中,通过绘画、手工、雕刻、科技制作以及文艺演出等活动,来培养和提高学生想象力。此外,还可通过形式训练,提高学生的想象力。例如,可对静物作动态想象,变无声为有声想象,对抽象词作具体形象想象,对物作拟人想象,对无色彩事物作有色彩的想象,对个别事物作概括的想象等。通过以上训练,可以逐渐打开学生想象力的大门,使想象力得到充分的发展。

(五)引导学生积极地幻想

理想因其符合事物发展规律,并且在一定条件下能够实现,因此,对学生的想象活动具有直接推动作用。学生的幻想,尤其是小学生的幻想正处于远离现实幻想向现实幻想过渡的阶段,因此,教师要把学生的幻想与学生的实际生活结合起来。一方面要培养他们具有远大的崇高的理想,把自己今天的学习与祖国的现代化建设、人类的发展结合起来。教师可以给学生介绍一些科学家、发明家、英雄模范等的事迹,使学生在情感上敬重他们,热爱他们,以他们为榜样,努力学习,全面发展自己的素质,将来为祖国、为人类作出贡献。另一方面,培养他们的科学幻想,鼓励学生从小向科学进军的志气与勇气,鼓励他们去发明创造。因此,教师要鼓励学生在现实的基础上,展开想象的翅膀,要敢于大胆地去想象。例如,可以给学生出这样的题目:幻想未来的世界将是什么样子?地球上的石油都用完了,可以用什么来替代?假如地球上的淡水用光了,将会怎么样?以此来培养学生的科学幻想。

此外,教师要指导学生认识事物发展的规律,消除那些不符合实际、不能实现的空想。小学生的幻想往往容易脱离现实,容易陷入虚无缥缈的空想世界。还有的小学生面对学习中的困难产生畏难情绪,于是想入非非,以无益的空想来逃避困难。一个长期陷入空想的人,只会碌碌无为,一事无成。因此,教师应使有空想的学生认识事物发展的规律,帮助他们回到现实中来。

【阅读材料】

睡眠和梦

睡眠和梦是宇宙奥秘之一,自古以来吸引着人们的注意。近年来,对睡眠和梦的机制的研究进展较快,但由于它们的复杂性,许多问题有待进一步深入研究。

近年来,脑电和眼动的研究,发现人的睡眠不是单一的过程,具有两种不同的时相:慢波睡眠和快波睡眠。

慢波睡眠中脑电波呈现同步化慢波。夜间睡眠多数时间处在这种睡眠状态。成年人慢波睡眠可分成四个阶段,第一阶段为打盹浅睡;第二阶段为中度睡眠;第三阶段为中度至深度睡眠;第四阶段为深度睡眠。儿童睡眠的分期比较困难。

快波睡眠中脑电波呈现去同步化快波。人的一生中,快波睡眠的时间在整个睡眠时间中所占的比例随年龄增加而减少。新生儿的快波睡眠占整个睡眠时间的50%,2岁以内的婴儿的快波睡眠占睡眠时间的30%～40%,青少年和成年人的快波睡眠占睡眠时间的20%～25%,而老年人的快波睡眠占睡眠时间不到5%。

慢波睡眠时眼球没有或只有少量缓慢的运动,故又称非快速眼动睡眠;

快波睡眠时眼球有快速运动(50～60次/分),故又称快速眼动睡眠。

成年人的睡眠中,慢波睡眠和快波睡眠相互交替,先进入慢波睡眠状态,持续约90分钟,然后进入快波睡眠,约持续20～30分钟,接着又进入慢波睡眠。两种睡眠状态都可以直接进入觉醒状态,但从觉醒状态进入快波睡眠必须先进入慢波睡眠。一夜整个睡眠期间这种反复交替约3～5次,越接近睡眠后期,快波睡眠的持续时间越长。

做梦是人脑的正常活动,是人脑处于睡眠状态下,一定时间一定部位的兴奋活动。做梦是必不可少的,而且每个人每夜都反复地做着梦,只是有的人记得清楚,有的人记不清楚。

研究表明,做梦主要是在快波睡眠期间,当然,也有少数是在慢波睡眠期间。但两种睡眠状态所做的梦,在内容上是不同的。慢波睡眠期间所做的梦,概念性较强,内容常涉及最近生活中所发生的事;快波睡眠期间所做的梦,知觉性(特别是视知觉)较强,内容生动、古怪。由于快波睡眠状态大部分发生在下半夜,因此,整个睡眠时所做的梦,一般是从较多概念化的上半夜向较多知觉化的下半夜过渡。

梦具有离奇性和逼真性的特点。离奇性指梦中出现的事物常常是现实中不存在的,如有时梦见人会飞起来。这主要是由于做梦时,高级中枢处于抑制状态,缺乏意识的严密调节和控制,使激活的表象形成了离奇的结合。逼真性是指人们在梦中常有一种身临其境之感,如有人梦见自己坠入悬崖,其情景犹如真的一般。

梦虽然是无意想象,但也是由一定的动因引起的。第一,身体内部的某些变化。如胃空时,人们往往梦到自己到处在找食物。第二,外部刺激的作用。如睡觉时风刮树叶的沙沙声,可使人梦到下雨。睡觉时把手压在心脏跳动的部位,就会做恐惧的梦。第三,日有所思,夜有所梦。白天生活中的某些事情引起大脑皮层的过度兴奋,使这部分细胞不易抑制,也能构成梦境。

做梦是脑的正常功能的表现,它不仅无损于身体健康,而且对维持脑的正常功能是必要的。研究表明,如果人为地连续几天剥夺人的快波睡眠,人就会出现紧张、焦虑、注意力涣散、易激怒,甚至出现幻觉等反常现象。还有人认为,从半睡眠状态到做梦这个阶段,对于恢复脑细胞的功能,用于积累、整理、储存来自外界和机体的信息是极为重要的时刻。做梦可以防止人脑因晚上不用而丧失其效能。

心理测试

想象力的自我测量

请如实回答下列问题,并根据所得分数阅读后面的分析。

请将选择的答案a,b或c记在纸上。

1. 你不得已而要撒一个不怀恶意的慌时,你总是:

   a. 慌乱,不抱希望,结果让对方听出你是在说谎

   b. 编造得过于详细,结果引起对方的怀疑

   c. 话讲得恰到好处,令人信服

2. 你相信自己的谎言吗?

   a. 相信   b. 不相信   c. 差不多相信

3. 你来的时候,人们骤然不语,你认为:

   a. 他们准是在谈论你   b. 这是谈话中的正常间断   c. 他们是在跟你打招呼

4. 你对别人倒霉、失意的经历的反应是:

   a. 流泪   b. 同情   c. 厌烦

5. 你受到批评时,你总是:

   a. 完全拒绝批评

   b. 认为这些批评是合理、正当的

   c. 觉得自己做事总是不对

6. 你晚上外出消遣时:

   a. 总是在自己熟悉、喜欢的地方   b. 每次都试试不同的地方   c. 有时换换新地方

7. 在你盼望什么人来时,他却迟迟未到,你会:

   a. 担心他出了什么交通事故

   b. 假定他被什么平常事耽搁了

   c. 至少在一个小时之内不会担心

8. 你在影院或剧场看演出哭过吗?

   a. 哭过   b. 没哭过   c. 已多年不哭了

9. 如果你晚上孤身一人,你会觉得:

   a. 觉得害怕   b. 觉得没什么烦恼   c. 有点怕,但又能消除

10. 听鬼神的故事会使你:

    a. 发笑   b. 感到毛骨悚然   c. 对超自然的事感兴趣

11. 你盯着有图案的壁纸时:

a. 要是看了很长时间,你还可看出其中的格局

b. 你不怎么注意它

c. 你只不过单纯地注意它的设计图样

12. 你在一处陌生的地方睡觉时,被奇怪的声音弄醒,你会:

a. 想起鬼   b. 想到夜盗   c. 想到是热水管(或废气管)发出的声响

13. 恋爱时:

a. 尽管你们相识不久,你认为对方是理想的

b. 你想和你所爱的人进一步理想化

c. 你看得出你所爱的人实际上有多漂亮

14. 当你在看一部由你熟悉的小说改编的影片时:

a. 你通常觉得看电影更能享受其中的乐趣

b. 通常觉得很失望

c. 发现这个故事由于电影的特点而改变了

15. 你空闲时:

a. 能以思考为自娱

b. 要是能找到什么事做的话,会觉得快活

c. 要是有特别有兴趣的问题考虑,会觉得高兴

16. 你对一本书或一部影片还有什么更好的主意吗?

a. 经常有   b. 有时有   c. 实际上从来没有

17. 要是你知道你打算买的那栋房子里曾发生过凶杀:

a. 如果这块地方对你很合适,你还会买

b. 你会立即放弃这幢房子

c. 你会想到这种事会不会在你身上也发生

18. 你在心里改写过电影或小说的结尾吗?

a. 只是在这个故事给你很深的印象时才想过   b. 经常如此   c. 从来没有

19. 在讲述你自己的经历时:

a. 你总是夸大其辞以便把自己的经历说得更好些

b. 坦率地讲述自己的经历

c. 只修饰某些细节

20. 你幻想吗?

a. 经常   b. 有时   c. 很少

21. 你幻想的时候:

a. 能虚构出大量详细错综复杂的情节

b. 只能模糊地想出一些中意、合乎需要的情节

c. 偶尔能把某些细节安排进去

22. 看报时发现这样一条消息："饥饿的第三世界"——

a. 你会迅速翻掉不看

b. 你会发现自己没有食欲

c. 你告诫自己应为其做点什么

23. 你能在想象中同别人交谈吗？

a. 只是在辩论之后才能　　b. 不能　　c. 经常这样

24. 强烈的视觉意象总是伴随着你思考吗？

a. 通常如此　　b. 很少　　c. 有时

25. 如果一个孩子给你讲述了一个他想象中的同伴的故事，你会：

a. 完全进入他的幻想　　b. 告诉他说谎不对　　c. 只是宽容地微笑

26. 请你心里想着一首你喜欢的歌：

a. 你能完全清楚地听到这支歌

b. 你只能断断续续地听到一些

c. 你得小声唱才能想起来

27. 当你发现邻居被盗时，你会：

a. 查看自己门上的锁牢固与否　　b. 想买只看家狗　　c. 想买只枪

28. 你能否假设你可能会遇到像坐牢这类真正的麻烦事

a. 不能

b. 要是情况稍有不妙，可以想象到

c. 这似乎是不可能的事，所以做不到

评分标准

题号\答案	1	2	3	4	5	6	7	8	9	10	11	12	13	14
a	1	5	5	5	1	5	5	5	5	1	5	5	5	1
b	3	1	1	3	3	5	1	1	1	5	1	3	3	5
c	5	3	3	1	5	3	3	3	3	3	3	1	1	3

题号\答案	15	16	17	18	19	20	21	22	23	24	25	26	27	28
a	5	5	1	3	5	5	5	1	3	5	5	5	1	1
b	1	3	5	5	1	3	1	5	1	1	1	3	3	5
c	3	1	3	1	5	1	3	3	5	3	3	1	5	3

分 析

你的得分在 28～140 之间。总的规律是,分数越高,想象力就愈强。为了说得更详细,下面就对 5 种类型加以分析。

1) 28～50 分

你的想象力属于弱型,这令人十分遗憾。你似乎一点也不能进入想象的境界,你可能很注重实际,很现实,不喜欢幻想。尽管如此,你也会对自己的想象力弱而感到失望。

2) 51～74 分

你不太喜欢想象。你具有一定的想象力,但只要可能,你总是尽量消除幻想。人们可能对你冷静、讲究实际的做法表示赞同。尽管如此,你是否也失去了想象本可以给你带来的益处呢?看来回答是肯定的。

3) 75～109 分

你当然具有想象力。你甚至可以站在别人的立场上思考,这使你做事很有效果。想象给你带来一定的好处。但你的想象力还为你的见识所限制,你应努力扩大视野,向高度想象迈进。

4) 110～129 分

你具有很强的想象力。有时你的想象过于丰富,对周围的事物过分敏感。另一方面,你可能具有较高的艺术天才,每当你设法利用自己的想象力时,你便产生一系列的丰富想象。

5) 130～140 分

你具有相当强的或者说过于丰富的想象力,你拥有一个非常复杂的内心世界,你必须勇敢地面对日常生活中的许多现实问题。

思考与练习

1. 想象的基本特征及种类?
2. 为什么说想象也是人脑反映客观现实的一种形式?
3. 什么是再造想象、创造想象?它们的形成与发展应具备哪些基本条件?
4. 再造想象和创造想象在人的实践活动中有什么作用?

第七章 注 意

学习目标

1. 掌握注意的概念、分类标准。
2. 理解注意类型及它们之间的区别与联系。
3. 了解注意的生理机制与外部表现。
4. 理解注意与心理过程的关系。
5. 识记注意的品质。
6. 能够运用注意的规律提高教与学的效果。

我国古代思想家荀子曾说:"心不在焉,则黑白在前目不见,雷鼓在侧耳不闻。"(《荀子·解蔽》)注意不是独立的心理过程,不能孤立地存在,它总是参与到感知、记忆、思维、想象、情绪情感等心理过程之中,并以心理过程的反映内容为自己的指向对象。我们常说:"注意汽车""注意铃声",只是把"看"和"听"省略罢了。任何心理过程离开了注意都将无法进行。

注意是贯穿于心理过程的一种共同的心理状态,是人的各种心理活动顺利进行的监控机制。人脑对客观环境中不断作用于感觉器官的各种各样刺激的选择性反应,就是注意的表现。人的感知、记忆、思维、想象、情绪情感等各种心理活动正是在注意的监督、调节、控制下反映客观世界的。

第一节 注意概述

一、注意的概念

注意是心理活动对一定事物的指向和集中。

注意是人们熟悉的一种心理现象,它在心理活动中占有特殊的地位。人们要想有效地进行活动,就必须把心理活动指向和集中在活动的对象上。学生要想学好功课,就必须专心地听老师讲课,仔细地观察挂图,聚精会神地思考老师提出的问题。这里讲的"专心""仔细""聚精会神"等心理现象,就是注意。

指向性和集中性是注意的两个基本特征。

人的心理活动有选择地朝向一定刺激物,而同时离开其余刺激物的特点就是注意的指向性,也就是说,注意的指向性所表明的是心理活动所反映的对象和范围。作用于人的客观事物是复杂多样的,它们不可能同时成为人的心理活动的内容,人们总是选择特定的客体作为心理活动的对象,例如,一个人在电影院里看电影,他的心理活动选择了屏幕上演员的活动,而忽略了影院里的观众,前者他看得清,记得牢,而对后者只留下非常模糊的印象,甚至看完了电影,还不知道他邻座的观众是一个什么样的人。

注意的集中性是指人们把心理活动关注并维持在某一对象上的强度或紧张度。人的心理活动不仅可以有选择地指向特定对象,而且可以使注意在这个对象上保持相当长的时间。注意集中时心理活动会离开其他无关事物与活动,而集中到某一特定对象上,并对其他有妨碍的活动产生抑制。正是由于注意集中于某一特定对象,才使这一对象得到鲜明而清晰的反映,而其他事物处于"注意的边缘"或注意的范围之外,对其反映比较模糊或"视而不见"。很多科学家、思想家都具有高超的注意集中能力,苏格拉底就是其中一人。苏格拉底曾经加入了一支部队,在一次行军途中,他全神贯注地思考起一个哲学问题,不知不觉地停了下来,当他清醒过来,才知道自己已在那里站了几个小时,远远地掉队了。

注意的指向性和集中性是同一注意状态的两个方面,它们既紧密联系又有区别。一方面,当人的心理活动指向某一对象时,同时也就集中于这一对象。没有指向性,也就没有集中性,而指向性又是通过集中性表现出来的。可见,指向性是集中性的前提和基础,集中性是指向性的体现和发展。另一方面,它们又是有区别的,指向性主要是指反映一定范围的对象,离开其他对象而言,而集中性则是指对一定范围内的对象反映的清晰、完善和深刻的程度,以及对其他事物的各种干扰加以抑制的程度。

注意的对象既可以是外部事物,如一张桌子、一幅画等,也可以是内部事物,如自己的想法等。引起注意的对象是注意的中心,其余的东西就处于注意的边缘,或注意的范围之外。由于需要不同,人们注意的中心是可以相互变换的,新的对象不断变成注意的中心,原来是注意中心的对象又退居到注意的边缘,甚至完全不被注意。为此,才使得人们有选择地省时高效地加工来自外部和内部的各种信息。

二、注意的种类

根据注意发生时有无目的性和是否需要意志努力,可以把注意分为无意注意、有意注意和有意后注意。

(一) 无意注意

无意注意是一种没有预定目的、也不需要付出意志努力自然而然地发生的注意。由于它不受人的意识调节和控制,所以无意注意又叫不随意注意。例如,正在上课时,突然有位迟到的学生敲门进来,大家就会不由自主地把目光投向这位同学,这就是无意注意。

无意注意从其发生的方式来说是一种定向反射,它往往是由周围环境发生突然变化而引起的,表现为在一定刺激物的影响下,人不由自主地把感觉器官朝向刺激物。以此动员起自己的感觉器官,全力以赴地弄清这个新异刺激物的意义和作用。所以说无意注意是一种初级的、消极被动的注意。但从另一角度讲,正因为无意注意是不需要付出意志努力自然而然地发生的注意,为此,它的优点是不易使个体产生疲劳。

(二) 有意注意

有意注意是自觉而有预定目的,必要时还需要一定的意志努力的注意。由于它是受人的意识调节和支配的,所以,有意注意又叫随意注意。例如,当我们正津津有味地阅读小说时,上课时间到了,为了更好地完成学习任务,就努力把自己的心理活动从小说内容转向并集中到老师所讲授的内容上。这种注意就是有意注意。

有意注意是一种积极主动地服从于当前目的任务的注意,它受人的意识支配、调节和控制,充分体现了人的能动作用。例如:青年工人在开始学习机床操作的时候,对于操作过程还不熟悉,稍不注意就会出废品或发生事故,他要集中注意进行操作,特别是在容易发生错误的地方更要密切地注意,甚至要克服一定的困难来使注意指向和集中于当前的工作。

有意注意是高级形式的注意,是人类所特有的注意。它是在词成为心理活动的组成因素的时候产生的,就是说,有意注意是由第二信号系统支配的。由于第二信号系统的参加,人就能够通过词来按照一定的任务确定自己的活动,注意于一定的事物或活动。这是人的心理活动的指向和集中作用,即使在当前没有具体事物存在的情况下,也能够借助于词而实现。因此说有意注意是人类所特有的一种心理现象,是人们完成实践活动的必要条件。

人类的实践活动是复杂的,无论是劳动还是学习,不可能全都是引人入胜的,肯定有许多困难,这就要求我们做一定的意志努力,迫使自己把注意集中到这些活动上来。因而也有人称它为意志的注意。正因为有意注意需要一定的意志努力,所以它的缺点是个体易于产生疲劳。

(三) 有意后注意

有意后注意是在有意注意的基础上产生的一种与目的任务联系在一起,但又不需要意志努力的注意。是注意指向一个对象后期所出现的一种特殊形式,因此又称继有意注意。从特征上讲它同时具有无意注意和有意注意的某些特征。它和自觉的目的、任务联系在一起,这方面,它类似于有意注意;但它不需要意志的努力,在这方面它又类似于无意注意。例如,儿童在家长的强迫下学习钢琴,刚开始不感兴趣,但迫于压力,不得不付出很大的努力,这个时候他的注意是有意注意;渐渐地随着水平的提高,他体验到了音乐的美感和演奏的成就感,不需要付出努力就可以自觉主动地坚持练习钢琴,这时候的注意就是有意后注意。

有意后注意是一种更为高级的注意形态,它具备了无意注意和有意注意的优点。一方面,由于它的引起是以有意注意为先导的,因此它具有潜在的目的性。另一方面,由于它不需要意志努力,因此个体不易产生疲劳。由于有意后注意具有上述两个特点,因此它有利于人们完成长期、持续性的活动任务,并且是人们从事创造性活动的必要条件。

培养有意后注意关键在于发展对活动本身的直接兴趣。当我们完成各种较复杂的智力活动或动作技能的时候,我们要设法增进对这种活动的了解,让自己逐渐喜爱它,并且自然而然地沉浸在这种活动中,这样才能在有意后注意的状态下,使活动取得更大的成效。

以上三种注意,在人的实践活动中是紧密交织并可以相互转换的。在实际生活中,人们要达到某种目的或完成某项任务,都需要无意注意和有意注意的参与,并且两者的不断交互转化是注意在活动中的正常状态。任何一项有意义的活动,单凭无意注意是难以完成的。因为,很少有整个活动过程都是有兴趣而不遇障碍的,一旦遇到枯燥乏味或困难的情况,注意就会分散,使活动无法进行下去。所以,必须有有意注意的参与。而只凭有意注意,活动也难以坚持长久。因为过多地用意志努力来维持注意,会造成巨大的紧张,使人很快地发生疲倦而分散注意,不能实现预期的目的。因此,在有意注意参与后,要有意识地积极培养兴趣为产生有意后注意创造条件,从而使注意维持得更长久,活动进行得更顺利并取得成效。

三、注意的品质

注意的品质主要有注意的广度、注意的稳定性、注意的分配和注意的转移。它们可以反映个体的注意的发展水平。

(一)注意的广度

注意的广度又叫做注意的范围,是指在同一时间内所能清楚把握的对象的数量。知觉的对象越多,注意的广度越大,知觉的对象越少,注意的广度越小。注意广度是心理学最早进行实验研究的问题之一。心理学家耶文斯(W. S. Jevons,1871)抓一把黑豆撒在一个黑色背景上的白盘子中,只有一部分豆粒落到盘子中,其余豆粒滚到黑色背景上面去,待白盘子中的豆粒刚一稳定下来,便让被试立刻报告所看到的盘子中的豆粒数量。耶文斯这样重复了一千多次实验,实验表明:

(1)在盘上有 5 个豆粒的时候,开始发生估计上的误差;在不超过 8~9 个豆粒的时候,估计还比较正确,错误估计次数在50%以下;但豆粒数超过8~9个的时候,错误估计次数便占50%以上。

(2) 豆粒数量越多,估计的偏差范围越大。

(3) 豆粒数量较多,出现低估倾向,即倾向于把数量估计得较少。

视觉的注意范围可以用速视器加以确定。在不超过十分之一秒的时间内,在速视器上呈现一些印有数字、图形或字母的卡片,由于呈现时间很短,眼睛来不及移动,受试者对刺激物的知觉几乎是同时进行的。在此时间内,受试者所能知觉的数量就表示了他的注意范围。实验结果证明,在十分之一秒的时间内,成人一般能够注意到8~9个黑色圆点或4~6个彼此不相联系的外文字母。

(二) 注意的稳定性

注意的稳定性又叫注意的持久性,是指人的心理活动持久地保持在一定事物或活动上的特性。这是注意在时间上的特征,注意集中的持续时间愈长,注意的稳定性愈高。

注意的稳定性并不意味着它总是指向于同一个不变的对象,而是说行动所接触的对象和行动本身可以变化,但活动的总方向保持不变。例如,学生做作业时,看参考书、写字、演算等,这些活动都服从于完成作业这一总任务,仍表现为注意的稳定性。

在集中注意感知某一事物时,很难长时间地保持不变。如把一只手表,放在离被试一定距离,使其刚刚能够听到表的滴答声。即使是十分专心地听,也会感到时而听到时而听不到;或者感到表的声音时强时弱。注意的这种周期性变化现象,称为注意的起伏现象。注意的起伏现象是不能直接控制的感受性所发生的周期性变化。如图7-1 所示,当要求被试全神贯注地持续观看时,便会发现该图中的小方块时而向前凸出,时而又向内凹进。这种看到图形反复变动的现象就是典型的注意起伏现象。它是一种经常发生的、受神经活动本身特点影响的正常心理现象。一般说来,1~5秒内的注意起伏,不影响完成复杂而有趣的活动。但研究也证明,经过15~20分钟的注意起

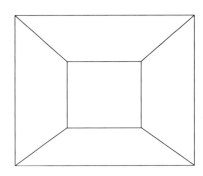

图 7-1 在知觉两可图形时注意的起伏现象

伏,将导致注意不由自主地离开客体。根据这一特点,要保持学生稳定的注意,教师上课时,每隔10～15分钟应使学生转换活动方式,把一些实际动作夹杂在学生的听知觉和视知觉的活动中。

与注意的稳定性相反的一种现象是注意的分散即分心,是指心理活动没有完全保持在当时所应该指向和集中的对象上。注意的分散是由无关刺激物的干扰或由单调刺激物所引起,对完成当前的活动任务具有消极的影响作用。我们应该增强抗干扰能力,避免分心的产生。

(三) 注意的分配

注意的分配是指人在同时进行两种或多种活动时,能够把注意指向不同的对象;或指在从事某种活动时,同时把心理活动指向两种或几种不同的动作上的特征。

在日常生活和活动中,经常要求人同时注意更多的事物,把注意分配到不同的对象上,所谓"眼观六路""耳听八方"就是形容这种状况的。谁能够把注意同时分配到较多方面,谁就能把握更多的事物,顺利地完成复杂的工作。例如,教师上课时边讲课、边板书、边观察学生的反应;学生听课时边听、边记、边思考、边注视教师和黑板。这都需要很好地分配注意力。

注意的分配能力是在实践活动中锻炼出来的,而且几乎所有的实践活动又都要求较高的注意分配能力,如:管理机床、课堂教学、音乐指挥等。因此我们要有意识地在各种活动中培养形成必要的熟练动作,以便于更好地分配注意,能够把注意集中在主要的工作学习任务上,同时又能够照顾到次要的方面。

(四) 注意的转移

注意的转移是根据新的活动目的和任务,主动地把注意从一个对象转移到另一个对象上去的特征。如上完一节语文课后,主动把注意转移到下一节数学课上,这就是注意的转移。

注意的转移与注意的分散有着本质的区别。注意的转移是根据新任务的需要,主动地把注意转移到新的对象上,使一种活动合理地代替另一种活动,是一个人注意灵活性的表现。注意的分散是由于受到无关刺激的干扰,使自己的注意离开了需要注意的对象,而不自觉地转移到无关活动上。

注意的转移有一个过程,这正是开始做一件事情时觉得有些困难的原因,故"万事开头难"。开始时,注意力还没有完全集中在新的活动上,效率就不高。例如,写文章时,起初总觉得很难下笔。写好开头后,注意完全转移并集中在这方面上,写作的效率也会提高。

主动而迅速地进行注意的转移,对各种工作和学习过程都十分重要。有些工作要求在短时间内对各种新刺激作出迅速准确的反应,对注意转移的要求尤其高。例如,一个优秀的飞行员在起飞和降落时的五六分钟之内,注意的转移就达 200 次之多。

总之,人们在注意的品质上存在着个别差异。注意品质的综合表现就构成了各具特色的注意能力。一个人的工作效率如何,不仅取决于是否具有某种注意的品质,而且还取决于能否根据活动的性质把各种注意品质有机地结合起来。注意的品质可以通过实际生活锻炼或教育训练而改进提高的,我们要按照不同的职业要求,进行有关的注意锻炼,就会提高从事某种职业的工作能力。

第二节 注意的一般规律

一、注意的功能

注意是整个心理活动的引导者与组织者,它使心理活动处于积极状态并获得必要的驱动力。注意有三种主要功能:

1. 选择功能

我们周围的环境随时提供大量的刺激,但这些信息对我们来说具有不同的意义。有的信息是重要的、有益的,但也有的信息于我们所从事的任务无关,甚至是一些有害的干扰信息,注意的选择功能就是从大量的信息中选择重要的信息给出反应,同时排除掉有害的干扰信息。否则,千变万化的外界事物,不加选择地进入人的意识,或者人头脑中原有的表象,全部同时呈现出来,那么人的心理活动将是一片混乱,任何活动都不可能顺利进行。

2. 维持功能

注意能够使人的心理活动或意识在一段时间内保持比较紧张的状态,就是注意的维持功能。人只有在持续的紧张状态下,才能够对被选择的信息进行深入的加工与处理。注意的持续功能还体现在时间的延续上,对于复杂活动的顺利进行有重要意义。例如:围棋选手在对弈时,为了战胜对手可全神贯注棋盘风云几小时;外科大夫为了抢救病人可连续数小时站在手术台前,集中注意做手术。这些都说明注意具有维持功能。没有注意的维持功能,人的各种心理活动就不可能连续地顺利进行,也就谈不上活动效率的提高。

3. 调节和监督功能

注意能使人及时觉察事物的变化,并调节自己的心理和行为以适应这种变化。注意的功能不仅表现在稳定而持续的活动中,而且也表现在活动的变化中。当人们要从一种活动转到另一活动时,注意体现了重要的调节作用。人只有在注意转变的状态下,才能实现活动的转变,也才能适应瞬息万变的环境。例如:汽车司机随时注意交通情况,根据实际变化,及时改变行车的速度和方向,以确保行车安全。注意的监督作用表现为能随时发现自己行动的错误,并对自己的心理、行为及时进行调整,对错误及时纠正。注意的调节和监督功能保证人能更好地适应周围环境的变化,更好地认识和改造世界。

注意是有效地进行学习和劳动时所不可缺少的条件,注意能保证人们及时地集中自己的心理活动,正确地反映事物,是人们细致观察、良好记忆、创造性想象、正确思维的重要条件。许多实验表明,注意对学生学业成绩的优劣和智力的发展,对劳动者生产效率的提高,都有重要的影响。俄国教育家乌申斯基十分强调注意的作用,他说:"注意正是那一扇从外部世界进入人的心灵之中的东西所要通过的大门。"可见,注意在人的心理活动和行为中占据很重要的位置,对人类具有十分重要的意义。

二、注意的外部表现

1. 在注意时,常常伴随着的一些特有的生理变化和外部动作

(1) 适应性运动。当注意某一事物时,人们对感官进行的适当调整性行为就叫适应性运动。如注意看时,视线集中在某物体上,举目凝视;注意听时,把耳朵转向声源,侧耳倾听;注意思考问题时,常常眼睛呆视,双眉紧皱,凝神沉思。这些举目凝视、侧耳倾听、凝神沉思都是注意的适应性运动。

(2) 无关运动的停止。注意力高度集中时,一些与活动任务无关的动作就会自然而然地停下来,使人的外部动作常常表现为静止状态。比如学生听课入神时,会昂起头一动不动地望着老师。当演员能够抓住观众的注意的时候,观众就会停止身体运动,剧院里出现一片寂静。

(3) 呼吸变得轻微而缓慢。人在集中注意时,呼吸会变得格外轻微和缓慢。呼与吸的时间比例也会发生显著的变化,吸短而呼长。当注意达到高峰时,甚至会出现呼吸暂时停止现象,即所谓的"屏息现象"。

此外,在紧张注意时,还会出现心脏跳动加速,牙关紧闭、握紧拳头,怒目相对等现象。

一般来说,注意的外部表现和注意的真实情况是相一致的,根据注意的外部表现,可以了解人的内心活动。但在特定条件下,人可以通过假象来掩盖注意的真实情况,可能会出现外部表现和内心状态不相符合的特例,即所谓貌似注意实际不注意或貌似不注意实际注意的现象。因此,在判断一个人的注意时,还必须进行多方面的观察和了解。

2. 了解注意的外部表现,对教育工作者具有重要的意义

教师掌握了注意的外部表现,可以帮助自己了解学生在课堂上的注意状态,判断

他们是否在注意听课。有经验的老师,能够根据学生注意的外部表现,如姿势、面部表情,特别是眼神判断他们是否注意。一经发现学生注意分散的苗头,不等他们完全脱离教学活动就及时加以引导。

三、影响注意引起或保持的因素

(一)引起无意注意的原因

引起无意注意的原因很多,既有客观刺激物本身的特点,又有个体主观方面的因素。

1. 客观刺激物

客观刺激物本身的特点是引起无意注意的主要原因,具体包括:

1)刺激物的强度

任何强烈的刺激,例如,强烈的光线,巨大的声响,浓郁的气味,剧烈的震动,都会引起人的无意注意。在一定的范围内,刺激物的强度越大,越容易引起人的无意注意。而对无意注意起决定作用的是刺激物的相对强度,即指这个刺激物与同时出现的其他刺激物在强度上的相互关系。一个强烈的刺激物如果在其他强烈刺激物构成的背景上出现,就可能不会引起人们的注意,这是因为相对强度小。例如,在强烈的噪音背景上,即使大声说话也不会引起人们的注意。相反,一个不甚强烈的刺激物,如果在没有其他刺激物的背景上出现,则可能引起人们的注意,这是由于相对强度大。例如,在安静的教室里,一位学生不小心碰掉了一本书,它所发出的声音就能引起同学们的注意。

2)刺激物的新异性

新异性是指刺激物在内容和形式上具有不同寻常的特性。一般来说,新颖奇特的刺激物容易引起注意,而司空见惯、千篇一律、单调重复的事物则不易引起人们的注意。如果我们的教室里来一位金发碧眼、高鼻梁、白皮肤的洋学生,就容易引起学生的注意。另外,司空见惯的事物以不同寻常的形式出现时也会引起人的无意注意。如一个平时穿着朴素的女生,今天忽然穿了一件崭新的颜色亮丽的衣服,就很容易引起同学们的关注。

3)刺激物之间的对比关系

刺激物之间在形状、颜色、大小、强弱、持续时间等方面存在的差异越显著、对比越鲜明,越容易引起无意注意。例如,"万绿丛中一点红""鹤立鸡群"等都容易引起人们的无意注意。

4)刺激物的运动变化

在相对静止的背景上,运动变化的刺激物容易引起注意,如忽明忽暗的光线,忽高忽低的声音,抑扬顿挫的语调等,都容易引起无意注意。而在运动变化的背景上,相对静止的刺激物容易引起人的注意。如在电影画面不停地活动中,如果有一个短暂的突然停顿,就会引起人的注意。

2. 人的主观因素

由于人的主观心理状态不同,人们面对同样的外界刺激,也可能出现不同的注意状态,其主要原因在于:

1) 需要和兴趣

凡是能满足人的需要、引起人的兴趣的客观事物就容易引起无意注意。例如,一杯开水,容易引起口渴的人的注意;一幅画展广告,容易引起书画爱好者的关注;一张报纸上有各种信息报道,而有关高考方面的消息易引起高三年级学生的注意。

2) 情绪和精神状态

情绪在很大程度上影响着无意注意。一个人在心情舒畅时对平时不在意的事物也会产生注意,而在闷闷不乐时,对平时有兴趣的事物也会视而不见、听而不闻。

人的精神状态,身心健康状况,在很大程度上影响着一个人的无意注意。一般来说,心情愉快、精神饱满、心胸开朗时,平时不太容易引起注意的事物,这时也容易引起注意,同时注意也容易集中和持久。而在心情烦闷、身体不适、精神过度疲劳时,无意注意范围较窄,许多平时感兴趣的事情也不能引起注意。

3) 已有的知识经验

凡是与一个人的知识经验相联系,并能在原有知识的基础上增加新知识的事物,容易引起注意,十分陌生的事物或者已经非常熟知而又不能增加一点新知识的事物,不容易引起人的注意,即使引起了注意,也不能保持长久。例如:学英语的人打开收音机,听到英语广播讲座时,就能引起他们的注意,而听到俄语广播讲座时,就不会坚持听下去;又如,一个看过某部小说的人,对报纸上刊载的有关这部小说的介绍、评论易产生注意,而对此小说一无所知的人就对这些介绍、评论没有兴趣了。

4) 人对事物的期待

凡是人们期待着的事物,容易引起注意。例如,中国古典章回小说常用"欲知后事如何,且听下回分解"作为每一回的结尾,使读者形成一种期待心理,吸引读者欲罢不能,手不释卷,一回回地读下去。

(二) 引起和保持有意注意的条件

1. 明确的活动目的和任务

对活动目的、任务的重要意义认识得越清楚,理解得越深刻,完成任务的愿望就越强烈,那么,为完成这项任务所必需的一切活动和有关事物也就越能引起人们的有意注意。例如:师范院校的学生如果明确了未来对教师的能力和各方面的素质的要求后,就会深刻认识到学习心理学对于从事教育工作的重要意义。他们的学习目的越明确，就越能在心理学的学习活动中集中和保持注意。

2. 合理地组织活动

在明确活动目的和任务的前提下，对活动进行有计划地、全面合理地组织，才能保证最清晰地反映那些有关对象，使有意注意得以顺利进行。为了使注意集中于要完成的任务上，首先，要根据要求，把用品准备齐全，尽量与内、外分心现象作斗争，以便在活动中全神贯注。其次，应把活动程序安排妥当，明确规定各阶段应完成的任务，经常提出进一步完成任务的具体要求，对"已经做过什么？"要了如指掌，对"现在还要做什么？"有强烈的要求、明确的回答。再次，把记忆、思维等智力活动与实际的外部活动结合起来，能更好地保持有意注意。

3. 稳定的间接兴趣

兴趣有两种，一种称直接兴趣，另一种称间接兴趣。直接兴趣是指个体对活动的过程感兴趣；间接兴趣是指个体对活动的结果感兴趣。如果说直接兴趣是引起无意注意的主要原因，那间接兴趣则是保持有意注意的重要因素，可以激发人对该活动的积极性，把注意集中于活动上。例如，初学外语的人，可能会感到记住读音规则、生词、语法这件事本身是相当枯燥乏味的，但是由于认识到掌握外语对个人成长、学习外国的先进科学技术有重要意义，便对学习外语产生了间接兴趣，因而在学习过程中就能够保持高度的有意注意。间接兴趣越强烈、越稳定，有意注意就越集中、越持久。

4. 坚强的意志力

有意注意的产生和维持，经常是在有干扰的情况下进行的。对注意的干扰，可能是外界的刺激物，如无关的声音、视觉刺激等外部干扰；也可能是身心的某些状态，如疾病疲劳等，或者是一些消极的思想和情绪等内部干扰。这就需要人们做出一定的意志努力去排除干扰。在某些情况下，排除内部干扰比排除外部干扰更困难，更需要意志上的努力。总之，只有用坚强的意志力，才能克服各种诱因的干扰，使有意注意保持下去。

四、影响注意品质的因素

(一) 影响注意广度的因素

1. 注意对象的特点

注意广度的大小是随着被知觉对象的特点而改变的。例如：对同样颜色的字母所能注意的范围，一般比对颜色不同的字母的注意范围要大一些；对排列成一行的字母，比对分散在各个角落上的字母的注意数目要多一些；对大小相同的字母所能感知的数量，要比对大小不同的字母感知的数量大得多。由此可知，被注意的对象越集中，排列得越有规律，越能成为相互联系的整体，注意的广度就越大。

2. 活动的性质与任务

在注意对象相同的情况下,注意广度的大小会随着活动的任务和性质的不同而有所改变。例如:呈现一定数量的字母,要求受试者指出字母写法上的错误,这时,他能知觉到的字母的数量,比单纯要求他说出有些什么字母时的数量少得多。在这种情况下,注意范围的缩小是因为指出错误的任务比辨认字母的任务,要求受试者要更清楚地知觉每个字母的细节。可见,活动任务越多越复杂,越需要关注细节的注意过程的注意广度会大大缩小。

3. 个体的知识经验

注意广度的大小与个体的知识经验密切相关。注意去感知一些有意义的字或词句,要比知觉一些彼此不相联系的孤立的字母或单字的范围大得多。一般来说,个体的知识、经验越丰富,整体知觉的能力就越强,注意的广度就越大。专业素养深厚的人在阅读专业资料时可以做到"一目十行",非专业人士即使逐字逐句阅读也不见得能正确理解。我们知道,围棋高手扫视一下棋盘,就能把握双方的形势和局面变化,而一个初学者由于经验欠缺,就只能一部分一部分来关注棋势。

(二)保持注意稳定性的条件

1. 注意对象的特点

一般来说,注意对象的内容丰富、复杂多变,注意可在一定范围内运动着,注意就较稳定和持久。而内容贫乏、单调而静止的对象,就不易稳定注意。例如,看一幅画比看一句警示语容易维持注意的稳定;而看变化活动的画面,又比看一幅画容易保持注意的稳定。

2. 个体对活动的态度

个体对活动对象的了解,对目的任务的明确认识,对活动意义的深刻理解,是否有浓厚的兴趣和高度的责任心,都影响注意的稳定性。

3. 个体自身的因素

一个意志坚强、善于控制自己的人,就能与干扰作斗争,保持稳定的注意。一个人处于头痛、失眠或过度疲劳等不正常状态时,就不易保持长久而稳定的注意。

保持稳定的注意在实践中具有重要意义,许多工作都需要有高度稳定的注意,即使短时间的注意分散,也会严重影响工作质量,甚至酿成事故。如军人的警戒、医生的手术、学生的听课、司机的驾驶工作等。

(三)实现注意分配的条件

1. 同时进行的几种活动的熟练程度

在同时进行的多种活动中,如果其中只有一种是不熟悉的,需要集中注意观察它或思考它,而其余动作已成为熟练的动作,达到了自动化或半自动化的程度,不需要更多的注意参与也能完成时,就可以实现注意的分配。如果工作的各方面都是生疏的,那么,注意的分配就困难。例如,初登讲台的教师,往往由于怕讲不好,情绪紧张,只注意自己的讲述。虽然看着学生却不能理会学生是否在注意听讲。教学经验丰富的教师,熟悉教材,从容不迫,能在讲课时,注意到学生的反应以及整个课堂活动。

2. 同时进行的活动之间的关系

为了更好地分配注意,同时进行的几种活动,通过练习建立起一定的联系,使这些活动之间形成统一的动作系统,协调一致甚至达到自动化的程度,那么它们同时进行就容易成功。如果要进行几种毫不相关的活动,则注意的分配是很困难的。例如,汽车驾驶员经过专门训练,形成了一定的动作系统,已不需要特别的意志努力就可以把注意分配到行车、会车、转弯、绕过障碍物及注意路面情况上。而一个人边弹琴边唱歌,如果弹的和唱的不是同一首歌,注意就很难进行分配。

3. 同时进行的几种活动的性质

注意的分配与活动性质有密切关系。如果同时进行的活动属于动作技能,则注意的分配比较容易。如果同时进行的是两种智力活动,注意的分配就比较困难,即使这两种活动能同时进行,其中一项或两项活动也会受到影响。有一个实验,在听故事的同时进行加法运算,这样同时进行两种活动是可能的。检查注意分配效果的方法是在实验后要求受试者复述出故事的细节。另外进行控制实验,即单独听故事和单独进行加法运算,与复合活动的实验结果作比较。一位受试者的结果如下。

(1) 单一活动:正确完成加法运算的数目52。

(2) 复合活动:正确完成加法运算的数目43(相当于单一活动正确完成运算数的83%)。

(3) 单一活动:正确复述故事项目的数目31。

(4) 复合活动:正确复述故事项目的数目10(相当于单一活动正确复述项目数的32%)。

上述实验结果表明,在复合活动中,每种单一活动的效率都降低了。

(四)影响注意转移的因素

1. 对原有活动的注意集中程度

个体对原来活动兴趣越浓厚,注意力越集中,注意的转移就越困难。一个沉迷于电脑游戏的孩子很难让他转移注意力,去拿起书本温习功课。而如果对原活动的注意力本来就不够集中,就比较容易随活动任务的要求而转移。

2. 新旧注意对象的吸引程度

如果新的活动对象引起个体的兴趣,或能够满足他的心理需要,注意的转移就比较容易实现。假如那个正玩电脑游戏的孩子,听到自己喜欢的电视动画片开演了,可能会离开电脑,将注意力转移到看电视上。

3. 是否有明确的信号提示

在需要注意转移的时候,明确的信号提示可以帮助个体的大脑处于兴奋和唤醒状态,灵活迅速地转换注意对象。文艺演出中报幕员的角色,上课的铃声都是明确的信号提示。这种提示信号,既可能是物理刺激(如铃声、号角),也可以是他人的言语命令,甚至是自己的内部言语的提醒。

4. 个体的神经类型和自控能力

神经类型灵活性高的人比不灵活的人更容易实现注意的转移,自控能力强的人比自控能力弱的人更善于主动及时地进行注意的转移。

第三节 注意规律在教学中的运用

注意是心理过程得以顺利进行的必要条件,并伴随心理过程的始终,还使心理活动处于积极状态并且有方向性。任何心理过程的开端,总是表现为注意指向这一心理过程所反映的事物。在教学活动中,有经验的教师都知道,当学生注意力集中时,就能清晰、完整、深刻地感知教材内容、思考问题,对其他事物就很少觉察或根本觉察不到,为富有成效的学习创造最佳条件。学生的"注意"参与教学的状况,直接决定教学的成败。怎样才能有效地组织学生的注意呢?关键在于教师要自觉地掌握、运用注意的规律。

一、根据注意的外部表现了解学生的听课状况

注意具有明显的外部表现,教师通过观察学生的外部表现,既能够判断学生是否在专心听讲,又能够了解自己的教学效果,从而保证课堂教学的最优化。课堂上,学生表现出积极的神情和适应性的动作说明他在全身心地关注教学,教师可以利用这种积极的学习状态深化知识教学,启发思考。相反,学生若是做小动作,或漫不经心,就说明注意力有所分散,教师应该及时提醒,同时也要灵活地组织教学,帮助学生把注意力集中到课堂教学中来。

二、运用无意注意规律进行教学

无意注意在教学当中,既有积极作用,又有消极作用。在教学中应用无意注意,就是要吸引学生的无意注意指向于教学,另外又要避免由于无意注意产生的注意分散。具体来说,教师应注重以下三个方面。

1. 创造良好的教学环境

为了使学生在学习过程中不受外部无关刺激的干扰,应该创造一个安静、整洁的教学环境。

(1) 教师要注意教室外环境对课堂的干扰,冬天风大的时候应关紧门窗,夏天日晒的时候要拉上窗帘,如有噪音、视觉干扰或不良气体侵入,应该尽快排除。

(2) 教师还应注意教室内的环境,如地面是否干净,桌椅排列是否整齐,教室的布置和装饰是否简洁朴素等。过于华丽、繁杂的室内布置,有时会成为课堂教学的"污染源",使学生注意力分散。

2. 注重讲演、板书技巧和教具的使用

客观刺激物的强度、对比、新颖性和活动性是引起无意注意的重要因素,教师要发挥无意注意的积极作用,就应努力在讲演、板书和教具使用中施加这些影响。

在讲课过程中,教师应该音量适中,语音、语调做到抑扬顿挫,遇到重点、难点还要加强语气,伴以适当的手势和表情。声音太大、语调平淡,容易使学生疲劳;声音过小,学生听不到或听不清,就很容易分心。

在板书、教具的设计和使用上,注意对比、新颖、变化、颜色、距离、运动和使用时机等一些特性,其效果会更好。

3. 注重教学内容的组织和教学形式的多样化

个体的知识经验是影响无意注意产生的因素,学生更愿意关注与自己知识经验有联系的事物。这就需要教师找出教学内容与学生知识结构的结合点,提供具体的实例,引起学生的直接兴趣,维持学生的注意。另外,教师应该运用多种教学方法和灵活多样的教学手段,调动学生饱满的情绪状态和学习积极性,如教师在讲解和板书之外,还应穿插使用教具演示、个别提问、集体讨论、小组竞赛、动手操作等教学形式。

三、运用有意注意规律组织教学

在教学中,教师要保证学生有良好的有意注意,应注重以下三个方面。

1. 明确学习的目的和任务

学习活动的进行,更多地需要有意注意的调节和控制。帮助学生确立明确的学习目的,有一个正确的学习态度,是保证学生持之以恒的学习活动的前提。另外,在每节课的开始,教师都要给学生明确本节课的教学目标和应掌握的知识点,以增强学生学习的自觉性,有的放矢地配合教师的教学活动进行学习。特级教师魏书生提出的"目标定向教学法",就是强调使学生了解一堂课的教学目标和任务要求,积极主动地配合教学,完成预定目的。

2. 培养间接兴趣

维持有意注意,不仅需要明确目的,还应使学生明确本学科知识学习的意义和重要性。特别是在一些内容相对枯燥、难度较大的科目学习中,使学生了解知识掌握后的功用和社会价值,引起他们对学习结果的间接兴趣,可以使他们进入有意注意的学习活动。历史上有些科学家一生从事物理、化学研究,一开始并非其兴趣所在,但为了使国家富强,科技腾飞,总是兢兢业业全身心地投入学习和工作。

3. 合理组织课堂教学,防止学生分心

学习活动需要学生维持有意注意,但人的注意力又很难长久地集中,所以教师的教学过程应避免任务安排过满,节奏过于紧张,应该张弛有度,给学生适当放松休整的时间。有时,教师适当放慢速度,穿插些有趣的谈话,可以更好地促进学生的学习。

另外,教师可以运用多种电化教学手段,采取生动活泼的形式,来调整学生的注意状态。可以说,课堂教学组织越合理,越符合学生的心理特点和内在需要,学生越不容易分心。但有时为了避免学生分心,还要采取一些具体的控制措施。

(1) 预先控制。对有不良的学习习惯、上课爱做小动作的学生,作有针对性的调查分析,进行说服教育并适当采取防治措施。

(2) 信号控制。教师在教学过程中通过言语提示和表情暗示等信号来提醒分心的学生。

(3) 提问控制。针对个别分心的学生点名提问,在回答不出时,要求他集中注意,听其他同学的正确回答。

(4) 表扬控制。不失时机地表扬专心听讲、正确回答问题的学生,给分心的学生树立榜样。同时适当地对分心的学生进行批评,也可以起到加强注意的效果。

【阅读材料】

注意的理论

注意的实质是什么?什么原因引起注意和不注意?对于这些问题给予理论上的说明,曾经是早期实验心理学的兴趣中心。这里介绍认知心理学中关于注意的三个主要理论。

一、过滤器理论

过滤器理论的基本思想是,注意受人的信息加工系统的结构的限制,某些特定类型的输入信息可以通过过滤器得到进一步的加工而得到识别,而其他的信息则不能通过。因此,过滤器理论一般要解决下列几个问题:① 信息加工系统中有多少个过滤器?② 过滤器处于信息加工系统的什么位置?③ 过

滤器以什么原则进行工作来选择信息的？

1. 早期选择模型

布罗德本特（Broadbent，1958）在其《知觉和交往》一书中最先提出注意的过滤器理论。尽管它在今天只有历史的意义，但了解该理论对于认识注意理论的发展仍然是有益的。该理论的基本假设是，信息加工受通道容量的限制。来自外界输入的信息是大量的，这些感觉信息将通过大量的平行的感觉通道进行加工。但是人的神经系统高级中枢的加工能力，是极其有限的，于是在信息加工的某一阶段就出现了瓶颈口。为了避免系统超载，就需要过滤器加以调节，选择出一些信息进入高级分析阶段，而其余的信息则迅速衰退。通过过滤器的信息受到进一步的加工而被识别或存储。这种过滤器类似于高保真听力设备中的交叉过滤器。它按"全或无"的方式进行工作。一个通道通过信息同时就关闭其他通道。当环境需要的时候，过滤器又转换到另一个通道，使有关信息通过；同时阻断其他通道，不让信息通过，因此该理论也称为单通道理论。他认为，过滤器位于语义分析（知觉）之前对输入信息的通过或拒绝完全是由刺激的物理属性决定的，不需要信息加工的高级分析阶段参与活动，即不需要已有知识经验对输入信息的作用。

2. 衰减模型

特雷斯曼（Treisman，1964）的衰减模型认为，有机体的加工能力是有限的，在信息加工系统中存在着某种过滤器。但是，她认为过滤器不是按"全或无"原则工作的，而是按衰减的方式工作的；并认为许多通道都能对信息作不同程度的加工。至于过滤器在信息加工系统中的位置问题，特雷斯曼认为有两种情况：一是在语义分析之前的，被称为外周过滤器；二是在语义分析之后的，被称为中枢过滤器。前一种过滤器对刺激的特点进行级差性选择，即对输入的感觉信息给予不同程度的衰减而不是完全阻断感觉输入。她假定长时记忆中已存储的项目具有不同的激活阈值。当输入的信息（追随耳的）通过过滤器未受到衰减时，能顺利激活长时记忆中有关的项目而得到识别；当输入的信息（非追随耳的）通过过滤器受到衰减时，由于强度减弱因而常不能激活长时记忆中相应的项目，因而不能被识别；但特别有意义的项目（如自己的名字）的激活阈值较低，因而能被激活、被识别。因此，选择注意不仅取决于感觉信息的特征，而且取决于中枢过滤器的作用。中枢过滤器在信息选择中起积极作用，它是根据在回答反应组织中起着巨大作用的范畴、语义特征进行选择的。由于强调了中枢过滤器的作用,人们把它称为中期选择模型。

3. 晚期选择模型

该模型首先由多依奇(Deutsch,1963)提出,后来由诺曼(Norman,1968)加以修订。该模型认为,所有的选择注意都发生在信息加工的晚期,过滤器位于知觉和工作记忆之间。注意的选择依知觉的强度和意义为转移。事实上,该模型假定信息到达了长时记忆,并激活其中的项目,然后竞争工作记忆的加工。这个模型强调了中枢控制过程,选择注意就是加工系统中这个控制的一部分。通过它,某些信息的编码被选择出来作进一步的系列加工。诺曼把这个机制称为"相关机制",即对相关刺激作出反应。选择注意就是这个控制机制用来使人集中加工特定信息的结果,是一种主动的过程。

这个模型能很好解释注意分配现象,因为输入的所有信息都得到了加工;也能很好解释特别有意义的信息易引起人的注意,因为储存在长时记忆中的这些项目激活阈值是很低的。但是,这个模型看来是不经济的,因为它假设所有的输入信息都被中枢加工,这就不能很好解释早期选择现象。

二、智源限制理论

智源限制理论把注意看做心理智源,认为对输入进行操作的智源在数量上是有限的。如果一个任务没有用尽所有的智源,那么就注意可以指向另外的任务。注意的有限性不是过滤器作用的结果,而是从事操作的智源的有限数量所决定的。

最初提出智源限制理论的卡尼曼(Kahneman,1973)认为,操作的有限性仅仅是由心理智源有限所决定的。诺曼和博布罗(Norman & Bobrow,1975)精确化了智源的概念,区分出两种类型的限制:一类是作业成绩已经达到了最佳的水平,人再增加努力也不可能提高作业的成绩,这类任务称为"资料限制"任务。另一类是指通过增加更多的努力可以提高作业操作水平的,这类任务称为"智源限制"任务。实验表明人是可以同时操作两项任务的;在这种情况下,说明注意两项任务的智源是足够的。也有研究表明,操作一项任务往往会影响另一项的操作成绩,这说明同时完成这两项任务缺乏足够的智源。这一理论的基本假设是,完成每一项任务都需要运用足够的智源。这些加工过程产生一定数量的输出,人在操作几项任务时根据特定数量的智源和输出在质量上的变化,将智源量分配给这些任务的操作。

只要同时进行的两项任务所需要的资源之和不超过人心理资源的总量,那么同时操作这两项任务是可能的。

显然,智源限制理论可以解释许多实验结果,而且这一理论不涉及信息加工阶段的分析,因此,也不必要在加工序列的哪个阶段有个过滤器。这个理论的最大缺陷是不能作出预测。因为科学研究的一个目标是预测。而这个理论却不能告诉我们,人的智源总量是多少?是如何分配的?一项任务包含了哪些智源?

三、多重择信息加工理论

多重择信息加工理论是建立在人类信息加工系统的工作的一般模型基础上的。该理论认为注意是灵活的,加工系统可以依据输入的物理属性或它的意义来进行选择,但对输入的加工却受着工作记忆容量的限制。该理论的基本假设是,从感觉储存中抽取的信息类型取决于中央控制器的特性。奈瑟(Neisser,1967)把注意理解为中枢对知觉结果的主动预期。通过注意刺激的物理属性,加工系统可能仅选择特定的输入进行进一步加工。经最初的选择,较少的输入就留下来,这样工作记忆的加工容量也就相对较大了。中央控制器和刚进来的刺激一起控制着长时记忆中哪些项目将被激活。因此,有意义的刺激就比不重要的刺激更容易进入意识,受到注意。晚期选择(如我们自己的思考或内心活动)被认为主要是由中央控制器确定的,是长时记忆中特定项目高度激活的产物。晚期选择可能需要更多的工作记忆进行加工,因而往往有许多项目竞争注意。

上述理论都可以解释不少注意研究的实验结果。但是,注意的机制是十分复杂的。目前,认知心理学关于注意的理论主要探讨的是注意的选择性,对于注意的其他方面的探讨显得十分薄弱,更少见到把这些机制综合起来加以考察的。同时,认知心理学都采用标准化的实验程序来研究注意,实验结果缺乏实验室之外的对照,往往与人在生活实践中的注意现象有相当大的差距。人是有主观能动性的,生活实践的需要不仅制约着人的注意力,而且通过社会实践的锻炼能培养和发展人的注意力。因此,对注意机制进行综合研究,并把实验室的研究与生活实践中人的注意力的研究结合起来加以考察,是今后注意理论研究的一个重要方向。

第七章 注 意

检测自己的注意力

1. 下面表格中所列的数字为 10~59,如果能在 30 秒内找到 3 个连续的数字(如 12、13、14 或 37、38、39 等),说明你的注意力水平属中等;如果能在 15 秒内找到,说明你的注意力水平属上等;如果需要 1 分钟才能找到,说明注意力集中性较差。

34	19	42	54	45
26	16	39	28	57
40	35	14	56	30
12	29	44	51	23
50	43	36	24	11
37	20	55	32	47
25	41	17	53	38
52	18	21	31	46

2. 请用你的眼睛尽可能快地追踪下图中所示的每一条曲线,然后,在图的右面每条线终止的那个长方形上写下线条的号数。如果你能在右面方格完全无误地写出每一条线的号数,就说明你的注意是稳定、持久和高效率的。

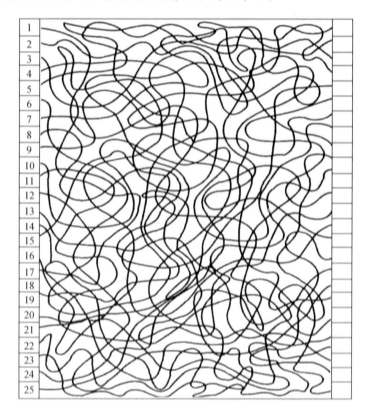

思考与练习

1. 什么是注意？注意的特征是什么？

2. 注意有哪些种类？

3. 什么是无意注意？引起无意注意的原因是什么？

4. 什么是有意注意？引起和保持有意注意的原因有哪些？

5. 注意的品质表现在哪些方面？

6. 王明上课时，坐姿标准，眼睛一直看着黑板。可老师提问，他却答不上。老师批评他上课溜号。老师是怎么发现他不注意听讲的？

第八章 情绪与情感

学习目标

1. 识记情绪、情感的概念及种类。
2. 理解并识记情绪与情感的性质与功能。
3. 掌握在教育过程中如何发挥情感的作用,以及如何培养青少年健康情感。

"人非草木,孰能无情?"各种情绪,如喜悦、愤怒、哀愁、恐惧等,人人都有过切身的体验。感知、记忆与思维等认知活动反映事物或事物属性及其关系。本章我们要学习的情绪与情感不是反映活动,而是个体对反映内容的一种特殊的态度,它具有独特的主观体验、外部表现,并且总是伴有自主神经系统的生理反应。情绪与情感究竟是什么?有哪些规律?如何提高情感修养,是本章要探索的主要内容。

第一节 情绪与情感的概述

一、情绪与情感

情绪和情感是人对现实的态度的体验。人们在生活中有时感到高兴和喜悦,有时感到气愤和憎恶,有时感到悲伤和忧虑,有时感到爱慕和钦佩等。这里的喜、怒、哀、乐、忧、愤、憎等都是情绪和情感的不同表现形式。情感与人的认识和需要有着密切的关系,认识是情感产生的基础,需要是情感产生的中介。当某一事物与人的需要处于不同的关系中,就会产生不同的情感。例如,同样是一杯茶水,对于喜欢品茶的人来说,会引起愉悦感;对于喜欢喝咖啡的人来说,则多少有些失望。一般来说,当一事物能够满足人的需要时,就会产生积极的肯定的情绪与情感,如愉快、高兴等;如果不能满足人的需要,就会产生不愉快、不高兴等否定的情感。

情绪和情感是由独特的主观体验、外部表现和生理唤醒三种成分组成的。

主观体验是个体对不同情绪和情感状态的自我感受。每种情绪和情感都有不同的主观体验,它们代表了人们不同的感受,构成了情绪和情感的心理内容。人的主观体验与外部反应存在着固定的关系,即某种主观体验和相应的表情模式联系在一起的。如愉快的体验必然伴随着欢快的面容或手舞足蹈的外显行为。

情绪与情感的外部表现,通常称之为表情。它包括面部表情、姿态表情和语调表情。面部表情是所有面部肌肉变化所组成的模式,眼、眉、嘴等的变化,最能表示一个人的情感。高兴时嘴角后伸,上唇提起,两眼闪光,即所谓的笑容满面;愁苦时眉头紧皱,眼睑下垂,由于双颊双唇下垂,整个脸变得狭长。一张脸由于眼睛、嘴唇、眼睑、眉毛配置不同,表情也各不相同,人的面部表情是丰富多彩的,因此是鉴别情绪的主要标志;姿态表情是指面部表情以外的身体其他部分的表情动作,包括手势、身体姿势等,如人在痛苦时捶胸顿足,愤怒时摩拳擦掌等。语调也是表达情绪的一种重要形式,语调表情是通过言语的声调、节奏和速度等方面的变化来表达的。

生理唤醒是指情绪与情感产生的生理反应,是一种生理的激活水平。不同情绪、情感的生理反应模式是不一样的。如满意、愉快时心跳节律正常;恐惧或暴怒时心跳加速、血压升高、呼吸频率增加,甚至出现间歇或停顿;痛苦时血管容积缩小等。

二、情绪与情感的种类

对情绪和情感的分类可以从不同角度,不同方面来分成不同类别,下面介绍几种分类情况。

(一) 情绪的基本形式

在近代关于情绪的分类研究中,常把快乐、愤怒、悲哀、恐惧列为基本的情绪形式。

1. 快乐

在现实生活中,常常是盼望的目的达到后,对紧张解除时的情绪体验。如经过努力准备,高考中取得了好成绩的情绪。

快乐程度取决于愿望满足的程度。快乐的程度可以分为满意、愉快、异常的欢乐、狂喜。

2. 悲哀

悲哀一般与所热爱事物的丧失和所盼望东西的幻灭有关。如亲人的去世、升学考试中的失意,都属于这种情况。

悲哀情绪的强度,依存于失去事物的价值。在人的生活中有各种程度的悲哀,由悲哀引起的紧张性的释放,就是哭泣。悲哀的程度,可以有从遗憾、失望,到难过、悲伤、哀痛等不同等级。

3. 愤怒

一般愤怒的情绪是由于遇到与愿望相违背或愿望不能达到,并一再地受到妨碍,从而逐渐积累起紧张而产生的。

愤怒情绪程度可以有从轻微不满、生气、愠、怒、激愤到大怒、暴怒等几种。愤怒情绪最容易在遇到不合理的挫折或被人恶意地造成不幸等情况下发生。

4. 恐惧

恐惧是企图摆脱、逃避某种情景而又苦于无能为力的情绪。它与快乐和愤怒正相反，快乐与愤怒都是企图接近、达到快乐与愤怒的目标。

引起恐惧情绪的原因，往往是由于缺乏处理或摆脱可怕的情景或事物的力量和能力造成的。

在上述四种基本情绪形式的基础上，可以派生出多种不同组合形式的情绪，也可以赋予不同含义的社会内容。如与感觉刺激有关的情绪，可以有疼痛、厌恶、舒服、愉快。与自我评价有关的情绪，可以有骄傲与自卑、羞耻与荣耀、悔恨与矜持。与别人有关的情绪，可以有热爱与仇恨、尊敬与轻蔑等。这些情绪又可以进一步分化派生复合成多种形式，如由疼痛引起的不愉快比较单纯，而厌恶、悔恨、骄傲等情绪就比较复杂，它是多种因素的组合。

(二) 情绪与情感的分类

1. 按情绪状态分类

情绪状态是指在某种事件情境的影响下，在一定时间内所产生的某种情绪，其中比较典型的情绪状态有心境、激情、应激等三种。

1) 心境

心境是一种使人所有情绪体验都感染上某种色彩的，持久而微弱的情绪状态。如：高兴了，看见什么都高兴，人逢喜事精神爽。而灰心丧气时，总是对月伤怀，见花落泪。心境是一种缓和而又微弱的情绪体验，这种体验持续的时间较长，少则几天，长则数年之久；而且是一种非定向的弥漫性的情绪体验，不指向特定的对象。一定时期使人的一切体验和活动都染上同样的情绪色彩。

引起心境的原因是多方面的，诸如：事业的成败、工作的顺利与否，以及与周围人相处关系等；人的健康状况、疲劳程度等生理原因；时令气候、环境景物等自然原因。引起心境的原因，有时并非都能被人意识到，有时会莫名其妙地高兴或烦躁。心境对人的生活，工作与学习有很大的影响，积极的心境，使人振奋乐观，有助于人的积极性与主动性的发挥，从而克服困难，提高工作学习的效率，并促进坚强意志的培养。消极的心境，使人颓废悲观，影响人的身心健康。

2) 激情

激情是一种强烈而短促的情绪状态。例如：欢喜若狂、暴跳如雷、呆若木鸡等都属于这类体验。激情爆发时个体认识范围缩小，自制力减弱，不能约束自己，不能正确地评价自己行为的意义及后果。

引起激情的原因很多,生活中的重要事件,与自己的意向和愿望相对立的冲突和过度抑制与兴奋,都会引起激情。

3) 应激

应激是出乎意料的紧张而又危险的情境所引起的情绪状态。当人遇到预料之外的紧急事件,如火灾、地震、车祸、参加重大活动或重要的考试等,都可能使人处于应激状态之中。个体在应激状态下的反应有积极和消极两种表现:消极反应表现为目瞪口呆,手足失措,陷入一片混乱之中;积极反应表现是急中生智,力量倍增,体力和智力都充分调动起来,动作准确,行为有力,及时摆脱困境。我们都希望是后者的表现,通过训练,这是可以达到的。

应激状态能使机体具有特殊防御与排险机能,能够使精力旺盛,思维敏捷,行动迅速,推动个体化险为夷。但应激状态的延续能击溃个体的生物化学保护机制,使人抵抗力降低,易受疾病的侵袭。

2. 按情感的社会内容分类

情感是同人的社会性需要相联系的主观体验,是人类所特有的现象之一,情感是人类社会历史发展过程中形成的高级社会性情感,是受社会历史制约的,人类的高级社会情感主要有道德感、理智感、美感。

1) 道德感

道德感是关于人的言论、行动、思想与意图是否符合其道德需要而产生的态度体验。如义务感、责任感、集体主义情感、人道主义情感、爱国主义情感等,都属道德感范畴。

2) 理智感

理智感是人在对客观事物的认识过程中和智力活动过程中产生的态度体验。如对认知活动中新发现的喜悦,对追求科学和真理时的确信感,对某些知识经验或定论的怀疑,对某些客观世界表现出的奇妙现象的惊诧等,都属理智感表现。

3) 美感

美感是人对客观事物、行为与思想等是否符合其美的需要而产生的态度体验。如对艺术品的欣赏、对自然景物的陶醉、对人文景观的感叹和对社会中和谐现象的赞许中所蕴含的各种态度体验,都属于美感范畴。

第二节 情绪与情感的一般规律

一、情绪与情感的性质

情绪与情感作为一种心理活动，作为个体受到某种刺激而产生的身心激动状态及心理体验，其性质如下：

一是情绪与情感为刺激所引起。情绪是内、外刺激交织在一起相互作用的结果。人们生活中的自然和社会环境及其变化，个体的生理与心理等这些外在与内部因素都可能引起人的情绪。

二是情绪与情感是主观意识的经验。虽然通过表情与生理唤醒表现，可观察得到某人的情绪表现。但是个体所经验到的情绪是一种主观的感受体验与意识经验，面对同一事物，不同的人有不同的体验。

三是情绪与情感状态不易自我控制。虽然情绪与情感的产生与个体的认知密切相关，但是情绪状态下伴随产生的生理变化与行为反应，是受大脑皮层与皮层下情绪中枢控制的，当事人往往无法有意识地直接控制。

二、情绪与情感的区别

情绪与情感是两个既有联系又有区别的概念。从脑的反射与反应活动而言，两者是同一物质过程的心理形式，都是"人对客观事物的态度与体验"，但严格来说，二者是有区别的。

从需要的角度认识，情绪是和机体需要相联系的体验形式。个体对食物、新鲜的空气、性的需要等生存本能联系的态度体验多属于情绪体验形式。而情感是同人的高级的社会性需要相联系的。如友谊感、道德感、美感与理智感等。

从发生的角度认识，情绪发生较早，为人类与动物共同具有。从个体发展来看，婴儿身上最先产生的是情绪，有些情绪还带有本能的特点。随着年龄的增长，生活环境变得复杂，人的情绪也越来越丰富。而情感发生较晚，是人类特有的心理现象，它是与人的社会需要相联系的，在实践中逐渐发展起来的。

从反映的角度来看，情绪带有情境性、不稳定性和易变性的特点。而情感的性质是与稳定的社会事件的内容密切相关的，它是在千百次地从多方面感受事物的过程中，逐渐形成的某种持久的、稳定的、反映本质的需求关系的态度体验。

情感是在情绪的基础上形成的，反过来情感对情绪又产生巨大的影响。情绪与情感在个体的社会生活过程中往往交织在一起而难以区别。

三、情绪与情感的作用

（一）情绪与情感的动力功能

情绪与情感的动力功能是指情绪与情感对人的活动具有增力或减力的效能。现代心理学研究表明，情感不只是人类实践中所产生的一种态度体验，而且对人类行为动力施予直接的影响。在同样的有目的、有动机的行为活动中，个体情绪的高涨与否会影响其活动的积极性：在高涨情绪下，个体会全力以赴，努力奋进，克服困难，力达预定目标；在低落情绪下，个体则缺乏冲动和拼劲，稍遇阻力，便畏缩不前，半途而废。

（二）情绪与情感的调节功能

情绪与情感的调节功能是指情感对一个人的认知操作活动具有组织或瓦解的效能。这是随着现代情感心理学家把注意力越来越多地集中于情绪与情感和认知的相互关系方面以后，所揭示出来的一个最为引人瞩目的功能。人们过去对情感的偏见，也主要集中在情感对认知活动的干扰或破坏上。然而，大量研究表明，适当的情感对人的认知过程具有积极的组织效能，而只是不适当的情感才会产生消极的瓦解作用。这一情感功能的揭示，不仅打开了非智力因素直接影响智力因素的一条重要通道，对于人类的实践活动，尤其是教学活动，具有不可估量的价值。

情绪与情感对认知操作活动的积极与消极作用，首先反映在情绪的积极性上。一般说，快乐、兴趣、喜悦之类的正情绪有助于促进认知操作活动，而恐惧、愤怒、悲哀之类的负性情绪会抑制或干扰认知操作活动。

（三）情绪与情感的信号功能

情绪与情感的信号功能是指一个人的情感能通过表情外显而具有信息传递的效能。确切地说，一个人不仅能凭借表情传递情感信息，而且也能凭借表情传递自己的某种思想和愿望。心理学家阿尔伯特研究了使用英语的人们中的交往现象后，惊奇地发现：在日常生活中，55％的信息是靠非言语表情传递的，38％的信息是靠言语表情传递的，只有7％的信息才是靠言语传递的。

（四）情绪与情感的保健功能

情绪与情感的保健功能是指情感对一个人的身心健康有增进或损害的效能。情绪的生理特性已告诉我们，当一个人发生情绪时，其身体内部会出现一系列的生理变化。而这些变化对人的身体影响是不同的。一般说，在愉快时，肾上腺素分泌适量，呼吸平和，血管舒张而使血压偏低，唾液腺和消化腺分泌适中，肠胃蠕动加强等，这些生理反应均有助于身体内部的调和与保养。但焦虑时，肾上腺素分泌过多，肝糖原分解，血压升高，心跳加速，消化腺分泌过量，肠胃蠕动过快，乃至出现腹泻或大小便不自主泄出。这一切又有碍身体内部的调养。倘若一个人经常处于某种情绪状态,久而久之便会影响一个人的身体健康。

(五)情绪与情感的感染功能

情绪与情感的感染功能是指一个人的情感具有对他人情感施予影响的功能。当一个人发生情绪时,不仅能自身感受到产生相应的主观体验,而且还能通过表情外显,为他人所觉察,并引起他人相应的情绪反应。例如,你走过大街,看见有人被车撞伤,在路边痛苦地呻吟,你自己也会产生难过的心情。西方心理学把这种现象称为移情或情感移入。在人们的日常生活中还可以看到,当一个人的情绪引起另一个人完全一致、且有相当强度的情绪时,我们称之为情感共鸣。其实,这就是最典型、最突出的移情现象。心理学研究表明,一个人的情感会影响他人的情感,而他人的情感还能反过来再影响这个人的原先情感。这就使人与人之间的情感发生相互影响。这是情感的感染功能所导致的必然结果。情感的这一功能为情感在人际的交流、蔓延提供可能性,使个人的情绪社会化,同时也为情感在影响、改变他人情感,达到情绪控制的效果方面开辟了一条"以情育情"的途径。

(六)情绪与情感的迁移功能

情绪与情感的迁移功能是指一个人对他人的情感会迁移到与他人有关的对象上去的功效。自1890年詹姆斯首先进行了记忆训练的迁移实验之后,迁移现象引起了心理学家的极大兴趣,提出了不少有关认知方面的迁移理论。嗣后发现,迁移现象具有相当的普遍性,而非局限认知。"由此可以看出,动作技能、知识、情感和态度都可以迁移。"一个人对他人有深厚的感情,那么对他人所结交的朋友,所经常使用、穿戴的东西也都会产生好感。这是把对他人的情感"迁移"到其所接触的人和物上去了,这便是情感的迁移现象。中国有句成语叫"爱屋及乌",生动而典型地概括了这一独特的情感现象。无独有偶,在西方也有类似的谚语:Love me, love my dog. 直译是:"爱我,也爱我的狗。"其意译即是"爱屋及乌"。可见东西方文化在这里产生了异曲同工之妙,恰恰反映了情感迁移是一种普遍存在的情感现象。

第三节　情绪与情感规律在教学中的运用

学校教育是教师和学生共同参与的教学相长的活动,也是特定情境中人际交往活动。在活动中师生间不仅有认知方面的信息传递,也有情感方面的交流。重视教育中的情感因素,发挥其积极作用,优化教育效果,是教师教育教学一个重要的方面。

一、在教学中确定情感目标,科学安排教学内容

教师、学生与教材是教学中情感现象的三个源点,教师的情感包括对教育与教学工作的情感、对所教学科及其有关知识内容的情感,对学生的情感等;学生的情感包括对学校学习活动的情感、对所学课程及其有关知识内容的情感,对老师和同学的情感等。教材的内容直接或间接地反映了人类实践活动的情况,又是教育者按一定社会时代背景要求所编写,因而其内容本身也不可避免地蕴含了大量的情感因素。所以当教师和学生进行教学活动时,认知和情感因素都会被激活。因此教学不仅要有认知目标,也要有情感目标。以下几方面的内涵应是情感目标中包含的:其一是让学生处于愉悦、兴趣饱满、振奋的情绪状态之中,为认知活动和情感的陶冶创设良好的情绪背景;其二是让学生在接受认知信息的同时获得各种积极情感和高尚情操的陶冶;其三是让学生对学习活动本身产生积极的情感体验,好学乐学,养成良好的学习品质。

围绕情感目标科学安排教学内容,通过情感与认知的交互作用,即有助于促进教学中的认知发展,又有利于学生心理发展。首先精心选择教学内容。美国教育家布鲁纳指出"学习的最好刺激乃是对所学材料的兴趣"。在教学活动中真正能引起学生的积极情绪体验的是教学内容所具有的内在魅力。教师要根据学生的实际情况对教材进行调整与增补来选择组织教学内容。其次是丰富教学形式。根据不同的教学内容并结合学生的特点,选择最佳教学形式,以满足学生的需要,唤起他们的积极情绪。

二、正确认识情绪与情感,学会管理与调控

(一)情绪的调节与控制

1. 情绪能力

情绪能力也就是人们常说的情商。但情商至今还是一个不准确的概念,情商根本无商,目前国内外以情商命名的书籍,没有一本能够测出情商。所以用"情绪能力"是一种更为科学、更为严谨的说法。具有良好情绪能力的人往往乐观自信,幽默礼貌,有爱心,有良好的人际关系,不感情用事,能面对现实,能在生活、学习和事业上取得更多的成功。

情绪能力包含以下内容:

(1)认识自己的情绪。当出现了某种情绪时,要能认识并接受这些情绪。只有对自己的情绪有清晰的认识与把握,才能对思想与行为有理性的监控,才能更好地指导自己的人生,更准确地决策婚姻、职业等大事;反之,不了解自身真实情绪的人,必然沦为情绪的奴隶。

(2)管理自己的情绪。情绪管理是指能够自我安慰,能够调控自我的情绪,使之

适时、适地、适度。这种能力具体表现在通过自我安慰和运动放松等途径,有效地摆脱焦虑、沮丧、激怒、烦恼等因失败而产生的消极情绪的侵袭,不使自己陷于情绪低潮中。这方面能力较匮乏的人常要与低落的情绪交战;而这方面能力高的人可以从人生挫折和失败中迅速跳出,重整旗鼓,迎头赶上。

(3) 激励自我。指能将情绪专注于某项目标上,为了达成目标而调动、指挥情绪的能力。任何方面的成功都必须有情绪的自我控制——延迟满足、控制冲动、统揽全局。拥有这种能力的人能够集中注意力、发挥创造力、积极热情地投入工作,并能取得杰出的成就。缺乏这种能力的人,则易半途而废。

(4) 认识他人的情绪。即移情的能力,是在自我认知的基础上发展起来的最基本的人际技巧。具有这种能力的人,能通过细微的社会信号敏锐感受到他人的需要与欲望,能分享他人的情感,对他人处境感同身受,又能客观理解、分析他人情感。此种能力强者,特别适合从事监督、教学、销售与管理等工作。

(5) 处理人际关系。就是管理他人情绪的能力。大体而言,人际关系的管理就是调控与他人的情绪反应的技巧。这种能力包括展示情感、赋予表现力与情绪感染力,以及社交能力。人际关系管理可以强化一个人的受欢迎程度、领导权威、人际互动的效能等。能充分掌握这项能力的人,常是社交上的佼佼者;反之,则易于攻击别人,不易与人协调合作。

2. 情绪调适的常用方法

由于不良情绪会妨碍人的身心健康,因此,积极地进行情绪的调节与控制并进行自我调节非常重要。不同情境中的负性情绪可以采取不同方法进行自我调节和控制。以下原则对大多数人会有一定的指导与帮助。

(1) 培养乐观向上、积极进取的人生观。
(2) 培养广泛的兴趣爱好,热爱大自然、热爱生活。
(3) 注重沟通的艺术,学会与人合作,建立宽厚的人际关系。
(4) 悦纳自己,用赞赏的目光对待自己。
(5) 宽容别人,不苛求别人。
(6) 学会忘记过去的失败与失败对自己的伤害。
(7) 避免过分自责。
(8) 善于控制自己的情绪,并学会消化负性情绪。
(9) 不要随意扩大某事的严重性,尽可能做到"大事化小,小事化了"。
(10) 学会忽略对自己不利的事情,以避免因此引起的负性情绪体验。

从操作层面看,不良情绪的自我调节方法很多,人们经常使用的有如下几种。

1) 理性情绪疗法

这是由美国心理学家阿尔伯特·埃利斯在20世纪50年代创立的理性情绪疗法。其核心是去掉非理性的、不合理的信念，建立正确的信念。

先请判断下面几个论述是否有道理？

埃利斯的观念测试

	有道理	说不清	无道理
1．人应该得到在自己生活中每一位重要人物的喜爱与赞许。	1	0	−1
2．一个有价值的人应该在各方面都比别人强。	1	0	−1
3．对于有错误的人应该给予严厉的惩罚与制裁。	1	0	−1
4．如果事情非已所愿，将是可怕的。	1	0	−1
5．不愉快的事是由外在因素引起的，自己不能控制和支配。	1	0	−1
6．逃避困难、挑战与责任要比面对它们容易。	1	0	−1
7．对危险或可怕的事物要随时警惕，随时考虑到其他可能发生。	1	0	−1
8．人要活得好一点，就必须依靠比自己强的人。	1	0	−1
9．以往的经历和事件对现在具有决定性的难以改变的影响。	1	0	−1
10．对于他人的问题应当非常关心。	1	0	−1
11．任何问题都有一个唯一正确的答案。	1	0	−1

你的总分是多少？

这是埃利斯列举的11类不合理观念，所以你的得分越低越好，满分为−11分。

埃利斯认为：情绪并不是由某一诱发事件本身直接引起的，而是由经历这一事件的个体对这一事件的解释和评价所引起的。这一理论也称为情绪障碍的ABC理论，A是指诱发性事件（activating events），B是指个体所遇到的诱发性事件之后产生的相应信念（beliefs），即他对这一事件的想法、解释和评价，C是指在特定的情景下，个体的情绪及行为的结果（consequences）。

例如，甲、乙两个大学生一起在校园中漫步，迎面碰到两人都熟识的同学丙，但丙未与二人打招呼而径自走去。这一事实同时引起了甲、乙二人的注意，但二人对此事件的信念（即评价和解释）不同：甲认为丙可能正在想自己的事情没有注意到我们；乙则认为，丙不理睬我们是不友好的表现。信念不同，二人的情绪反应也不同：甲认为这事没什么，因而情绪很平静；乙却愤愤不平，认为丙对自己有意见，所以才不理睬，因而对丙心怀怨愤，情绪起伏不平。按照ABC理论的解释，甲乙二人的不同情绪反应，其直接原因不是事件本身，而是二人对事件所持的不同信念，甲对人持宽容的信念和态度，易使他情绪平静，少受负性情绪干扰；乙却苛求于人，这种信念易导致负性情绪的发生，情绪常常起伏不平。

2）积极的自我暗示

自我暗示，就是个人通过语言、形象、想象等方式，对自身施加影响的心理过程。自我暗示分消极自我暗示与积极自我暗示，积极的自我暗示令我们保持好的心情、乐观的情绪、自信心，从而调动人的内在因素，发挥主观能动性。心理学上所讲的"皮格马利翁效应"也称期望效应，就是讲的积极的自我暗示。而消极的自我暗示会强化我们个性中的弱点，唤醒我们潜藏在心灵深处的自卑、怯懦、嫉妒等，从而影响情绪。

我们可以利用语言的指导和暗示作用，来调适和放松心理的紧张状态，使不良情绪得到缓解。心理学的实验表明，当个人静坐时，默默地说"勃然大怒""暴跳如雷""气死我了"等语句时心跳会加剧，呼吸也会加快，仿佛真的发起怒来。相反，如果默念"喜笑颜开""兴高采烈""把人乐坏了"之类的语句，那么他的心里面也会产生一种乐滋滋的体验。由此可见，言语活动既能唤起人们愉快的体验，也能唤起不愉快的体验；既能引起某种情绪反应，也能抑制某种情绪反应。因此，当我们在生活中遇到情绪问题时，我们应当充分利用语言的作用，用内部语言或书面语言对自身进行暗示，缓解不良情绪，保持心理平衡。比如默想或用笔在纸上写出下列词语："冷静""三思而后行""制怒""镇定"等等。实践证明，这种暗示对人的不良情绪和行为有奇妙的影响和调控作用，既可以松弛过分紧张的情绪，又可用来激励自己。

3）转移注意力

注意力转移法就是把注意力从引起不良情绪反应的刺激情境转移到其他事物上去或从事其他活动的自我调节方法。当出现情绪不佳的情况时，要把注意力转移到使自己感兴趣的事上去，如：外出散步，看看电影、电视，读读书，打打球，下盘棋，找朋友聊天等，有助于使情绪平静下来，在活动中寻找到新的快乐。这种方法，一方面中止了不良刺激源的作用，防止不良情绪的泛化、蔓延；另一方面，通过参与新的活动特别是自己感兴趣的活动而达到增进积极的情绪体验的目的。

4）适度宣泄

过分压抑只会使情绪困扰加重，而适度宣泄则可以把不良情绪释放出来，从而使紧张情绪得以缓解、放松。因此，遇有不良情绪时，最简单的办法就是"宣泄"。宣泄一般是在私人空间，在知心朋友中进行的。采取的形式或是用过激的言辞抨击、漫骂、抱怨恼怒的对象；或是尽情地向至亲好友倾诉自己认为的不平和委屈等，一旦发泄完毕，心情也就随之平静下来；或是通过体育运动、劳动等方式来尽情发泄；或是到空旷的山林原野，拟定一个假目标大声叫骂，发泄胸中怨气。必须指出，在采取宣泄法来调节自己的不良情绪时，必须增强自制力，采取正确的方式，选择适当的场合和对象，避免引起意想不到的不良后果。

5）自我安慰法

当一个人遇有不幸或挫折时，为了避免精神上的痛苦或不安，可以找出一种合乎内心需要的理由来说明或辩解。这种方法，对于帮助人们在大的挫折面前接受现实，保护自己，避免精神崩溃是很有益处的。比如，对于失恋者来说，想到"失恋总比结婚后再离婚要好得多"，便可减轻因失恋带来的痛苦。因此，当人们遇到情绪问题时，经常用"胜败乃兵家常事""塞翁失马，焉知非福""坏事变好事"等词语来进行自我安慰，可以摆脱烦恼，缓解矛盾冲突、消除焦虑、抑郁和失望，达到自我激励，总结经验、吸取教训之目的，有助于保持情绪的安宁和稳定。

6）交往调节法

某些不良情绪常常是由人际关系矛盾和人际交往障碍引起的。因此，当我们遇到不顺心、不如意的事，有了烦恼时，能主动地找亲朋好友交往、谈心，比一个人独处冥想、自怨自艾要好得多。因此，在情绪不稳定的时候，找人谈一谈，具有缓和、抚慰、稳定情绪的作用。另一方面，人际交往还有助于交流思想、沟通情感，增强自己战胜不良情绪的信心和勇气，能更理智地去对待不良情绪。

7）情绪升华法

升华是改变不为社会所接受的动机、欲望而使之符合社会规范和时代要求，是对消极情绪的一种高水平的宣泄，是将消极情感引导到对人、对己、对社会都有利的方向去。如一同学因失恋而痛苦万分，但他没有因此而消沉，而是把注意力转移到学习中，立志做生活的强者，证明自己的能力。

在上述方法都失效的情况下，仍不要灰心，在有条件的情况下，去找心理医生进行咨询、倾诉，在心理医生的指导、帮助下克服不良情绪。

【阅读材料】

有趣的情绪实验

"生气水"有毒 美国生理学家艾尔玛将人在不同情绪状态下呼出的气体收集到试管中，并将试管置于装有冰水混合物的容器内冷却。

结果发现：人在心平气和状态下呼出气体的冰水混合物澄清透明、无色、无杂质；在悲痛状态下呼出气体的冰水混合物有白色沉淀物；在生气状态下呼出气体的冰水混合物有紫色沉淀物。研究者将"生气水"注射到白鼠体内，几分钟后，白鼠死亡。

让小白鼠患上了胃溃疡 Weiss通过实验成功的让小白鼠患上了胃溃

疡。实验者通过控制电击状况,让小白鼠分别处于三种不同环境中(A、B、C三个实验箱)。

A箱中的小白鼠,不定时对其尾部施予电击,在每次电击来临之前,先出现一个讯号(灯光或声音),在讯号出现之后,即予以电击;如电击开始后能按动前面的转轮,电击就会停止。如小白鼠能学到在讯号出现而电击尚未开始之前适时按动转轮,即可避免电击。

B箱中的小白鼠,受到电击的次数与强度与A箱中的完全相同,但是既不对之提供信号,也不让它学到按转轮控制电击的机会;它只能毫无作为地等待电击。

C箱中的小白鼠只是被关在箱内而已,既不受电击,也得不到讯号,它只是用来做为比较用的。

实验结果:B箱中的小白鼠胃溃疡现象严重;C箱中的小白鼠未发生胃溃疡;A箱中的小白鼠胃溃疡现象较轻。

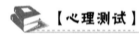
【心理测试】

情绪类型自我测验

你是哪种情绪类型呢?理智?冲动?平衡?想了解自己,就做做这个测试吧!或许对你的生活、工作、事业有很大帮助哦。

(一)测验说明

回答以下问题,将每题分值相加的总和与结果对照,可以确定情绪状况与类型。

(二)测试题目

1. 如果让你选择,你更愿意:

a. 同许多人一起工作并亲密接触(3分)

b. 和一些人一起工作(2分)

c. 独自工作(1分)

2. 当为解闷而读书时,你喜欢:

a. 读史书、秘闻、传记类(1分)

b. 读历史小说、社会问题小说(2分)

c. 读幻想小说、荒诞小说(3分)

3. 对恐怖影片反映如何?

a. 不能忍受(1分)

b. 害怕(3分)

c. 很喜欢(2分)

4. 以下那种情况符合你：

a. 很少关心他人的事(1分)

b. 关心熟人的生活(2分)

c. 爱听新闻,关心别人的生活细节(3分)

5. 去外地时,你会：

a. 为亲戚们的平安感到高兴(1分)

b. 陶醉于自然风光(3分)

c. 希望去更多的地方(2分)

6. 你看电影时会哭或觉得要哭吗?

a. 经常(3分)

b. 有时(2分)

c. 从不(1分)

7. 遇见朋友时,经常是：

a. 点头问好(1分)

b. 微笑、握手和问候(2分)

c. 拥抱他们(3分)

8. 如果在车上有烦人的陌生人要你听他讲自己的经历,你会怎样：

a. 显示你颇有同感(2分)

b. 真的很感兴趣(3分)

c. 打断他,做自己的事(1分)

9. 是否想过给报纸的问题专栏写稿?

a. 绝对没想过(1分)

b. 有可能想过(2分)

c. 想过(3分)

10. 被问及私人问题,你会怎样?

a. 感到不快活和气愤,拒绝回答(3分)

b. 平静地说出你认为适当的话(1分)

c. 虽然不快,但还是回答了(2分)

11. 在咖啡店里要了杯咖啡,这时发现邻座有一位姑娘在哭泣,你会怎样?

a. 想说些安慰话,但却羞于启口(2分)

b. 问她是否需要帮助(3分)

c. 换个座位远离她(1分)

12. 在朋友家聚餐之后,朋友和其爱人激烈地吵了起来,你会怎样?

a. 觉得不快,但无能为力(2分)

b. 立即离开(1分)

c. 尽力为他们排解(3分)

13. 送礼物给朋友:

a. 仅仅在新年和生日(1分)

b. 全凭兴趣(3分)

c. 在觉得有愧或忽视他们时(2分)

14. 一个刚相识的人对你说了些恭维话,你会怎样?

a. 感到窘迫(2分)

b. 谨慎地观察对方(1分)

c. 非常喜欢听,并开始喜欢对方(3分)

15. 如果你因家事不快,上班时你会:

a. 继续不快,并显露出来(3分)

b. 工作起来,把烦恼丢在一边(1分)

c. 尽量理智,但仍因压不住火而发脾气(2分)

16. 生活中的一个重要关系破裂了,你会:

a. 感到伤心,但尽可能正常生活(2分)

b. 至少在短暂时间内感到痛心(3分)

c. 无可奈何地摆脱忧伤之情(1分)

17. 一只迷路的小猫闯进你家,你会:

a. 收养并照顾它(3分)

b. 扔出去(1分)

c. 想给它找个主人,找不到就让它安乐死(2分)

18. 对于信件或纪念品,你会:

a. 刚收到时便无情地扔掉(1分)

b. 保存多年(3分)

c. 两年清理一次(2分)

19. 是否因内疚或痛苦而后悔?

a. 是的,一直很久(3分)

b. 偶尔后悔(2分)

c. 从不后悔(1分)

20. 同一个很羞怯或紧张的人谈话时,你会:

a. 因此感到不安(2分)

b. 觉得逗他讲话很有趣(3分)

c. 有点生气(1分)

21. 你喜欢的孩子是:

a. 很小的时候,而且有点可怜巴巴(3分)

b. 长大了的时候(1分)

c. 能同你谈话的时候,并且形成了自己的个性(2分)

22. 爱人抱怨你花在工作上的时间太多了,你会怎样?

a. 解释说这是为了你们两人的共同利益,然后仍像以前那样去做(1分)

b. 试图把时间更多花在家庭上(3分)

c. 对两方面的要求感到矛盾,并试图使两方面都令人满意(2分)

23. 在一场特别好的演出结束后,你会:

a. 用力鼓掌(3分)

b. 勉强地鼓掌(1分)

c. 加入鼓掌,但觉得很不自在(2分)

24. 当拿到母校出的一份刊物时,你会:

a. 通读一遍后扔掉(2分)

b. 仔细阅读,并保存起来(3分)

c. 不看就扔进垃圾桶(1分)

25. 看到路对面有一个熟人时,你会:

a. 走开(1分)

b. 招手,如对方没有反应便走开(2分)

c. 走过去问好(3分)

26. 听说一位朋友误解了你的行为,并且正在生你的气,你会怎样?

a. 尽快联系,作出解释(3分)

b. 等朋友自己清醒过来(1分)

c. 等待一个好时机再联系,但对误解的事不作解释(2分)

27. 怎样处置不喜欢的礼物?

a. 立即扔掉(1分)

b. 热情的保存起来(3分)

c. 藏起来,仅在赠者来访时才摆出来(2分)

28. 对示威游行、爱国主义行动、宗教仪式的态度如何？

a. 冷淡(1分)

b. 感动地流泪(3分)

c. 使你窘迫(2分)

29. 有没有毫无理由地觉得过害怕？

a. 经常(3分)

b. 偶尔(2分)

c. 从不(1分)

30. 下面那种情况与你最相符？

a. 十分留心自己的感情(2分)

b. 总是凭感情办事(3分)

c. 感情没什么要紧,结局才最重要(1分)

三、测验结果分析

1) 30～50分：理智型情绪

很少为什么事而激动,即使生气,也表现得很有克制力。主要弱点是对他人的情绪缺乏反应。爱情生活很有局限,而且可能会听到人们在背后说你"冷血动物"。目前需要松弛自己。

2) 51～69分：平衡型情绪

时而感情用事,时而十分克制。即使在很恶劣的环境下握起拳头,但仍能从情绪中摆脱出来。因此,很少与人争吵,爱情生活十分愉快、轻松。即使配偶陷入情感纠纷,也能不自觉地处理得妥帖。

3) 70～90分：冲动型情绪

是个非常重感情的人。如果是女人,一定是眼泪的俘虏。如果是男人,可能非常随和,但好强,且喜欢自我炫耀。可能经常陷入那种短暂的风暴式的爱情纠纷,因此麻烦百出。想劝你冷静,简直是不可能的事情。这里有必要提醒你,限制自己。

思考与练习

1. 什么是情绪和情感？两者的区别？
2. 什么是心境、应激和激情？
3. 简述情绪和情感的功能。
4. 结合一案例,试用情绪的自我调节方法对不良情绪进行调节。

第九章 意 志

学习目标

1. 理解并识记意志的概念、特征。
2. 明确意志与认识、情感之间的辩证关系。
3. 了解意志行动两个阶段的心理过程,识记意志品质的特征。
4. 能够运用意志理论分析和解决实际问题。

我们可能有这样的经历,为了锻炼身体或是准备体育比赛而进行清晨跑步训练,结果可能是坚持几天,过几天后就再也不想去跑步了,这是为什么呢?这就涉及意志行动的问题。通过本章的学习,你就知道这不单单是提高意志力能解决的问题,我们要达到一定的目标,首先是先要制订合理的目标,不断努力坚持,才能实现目标。否则,很有可能坚持不下去。这一章我们学习什么是意志、意志的行动特征以及意志与认识、情感的关系,之后我们对意志行动的心理过程进行分析,最后学习如何培养意志力。

第一节 意志概述

一、意志

人不仅能认识世界,还能有目的、有计划地改造客观世界。在认识和变革现实的过程中,人自觉地确定目的,有意识地根据目的动机,调节支配行动,克服困难,实现目标的心理过程,叫做意志过程。

意志总是表现在人们的实际行动之中,是人的主观能动性的突出表现。我们常把受意志组织和控制的行动称为意志行动。意志行动不同于与生俱来的本能活动和缺乏意识控制的不随意行动;而是为了实现某种目的的行动。意志表现为意识对行动的调节,是支配、调节行为的内部精神因素,行动则是意志的外在表现。

二、意志行动的特征

人的意志行动有如下三个特征。

（一）意志行动有明确的目的

目的在意志行动中起着极其重要的作用。意志是在有目的的行动中表现出来，这个目的是自觉的、有意识的。人之所以不同于动物，是由于人具有根据自觉的目的去行动的能力。动物有各种各样的行为，但动物没有意志，意志是人类所独有的。动物也作用于环境，有些高等动物仿佛也具有某种目的性的行为，例如，狮子捕食。但是从根本上说，动物的行为不能达到自觉意识的水平，因为它不能意识到自己的行为后果。动物的行为是盲目的、自发的。然而人的活动不同，人具有对未发生事件的超前反应能力，人可以对自己的行为后果做出准确预测，人的活动是有意识、有目的和有计划的。人在从事具体活动之前，活动的结果已经作为行动的目的而存在于他的头脑中，他以这个目的来指引自己的行动。人类的这种超前反映的能力是积极的、创造性的劳动的基础和源泉，是与千百万年的长期进化分不开的。

没有明确的目的性和方向性，不能算作意志行动，如：一个不会作画的人信手涂鸦，一个不会打拳的人胡踢乱打。那些有明确的行动目的，并在该目的支配和调节下的行动才是意志行动。运动员为获得奥运金牌而刻苦训练，文学爱好者为成为作家而笔耕不辍，科学家为攻克难关而废寝忘食，都应属于意志行动的范畴。

（二）意志行动与克服困难相联系

现实生活中，不是所有有目的的行为都需要意志努力。如，长时间站着工作后，需要坐下休息。这一需要虽有明确的目的，但却不需要意志努力。目的的确定与实现，通常会遇到种种困难，而克服困难的行动才是意志行动。如运动员伤痛在身，仍坚持在训练中扭腰摆臂，克服了一定的困难，更容易被人们视作意志行动的表现。此外，建筑工人冒着酷暑施工，清洁工人顶着严寒工作，都是为达到一定的目的而去克服困难的意志行动。

困难可以分为两种：内部困难和外部困难。内部困难是指人在行动时有相反的要求和愿望的干扰，是来自于主体自身的障碍。例如：认识模糊、经验不足、冷漠、低沉、心境不佳等消极情绪，优柔寡断、墨守成规、懒惰、马虎、性格急躁等个性中的消极品质，思想上的矛盾斗争，道德感的缺乏，能力有限以及身体欠佳等。外部困难是人们在意志行动中遇到的客观条件的障碍，如自然环境条件恶劣，人员、设备等必要的工作条件的缺乏以及来自他人的讥讽和打击等不良的人际关系等。

外部困难和内部困难是相互联系的，外部困难常常通过内部困难而起作用，相比之下，人最难战胜的是内部困难。因此，当要实现某种计划时，缺乏饱满的信心，畏缩不前，对计划的实现是十分不利的。虽然，有时为了实现计划需要对目标进行修改或调整，但计划一经确定，就应满腔热情、信心百倍、勇往直前，要有不达目的决不罢休的英勇气概。

（三）意志行动以随意运动为基础

随意运动是由意识指引的运动，是在生活实践中学会了的运动，是意志行动的必要组成部分。如果没有掌握这些必要的随意运动，意志行动就无法实现。

随意运动具有一定的方向性和目的性，一般都是学会了的、比较熟练的系列动作。所以，必要的学习和对知识、技能的掌握是实现意志行动必不可少的条件。一般来讲，一个人掌握随意运动的熟练程度越高，他的意志行动越容易顺利进行，意志行动也就越容易实现。所以，坐在钢琴前练习两个小时，一个钢琴家要比一个初学弹琴的小孩子更容易做到；一个经验丰富的司机可以担负起长途驾驶的任务，一个刚学开车的生手就感到困难。

但必须明确，随意运动不等于意志行动，而意志行动必须以随意运动为基础。例如：写字是随意运动，但不能说写字就表现了人的意志，只有写字受到阻碍，如胳膊受伤、疼痛，写字有困难时，通过克服困难，才表现为意志。

三、意志的品质

构成人的意志的某些比较稳定的方面就是人的意志品质，人的意志的强弱可由意志品质四种特性来体现。

1. 意志的独立性

意志的独立性品质是指人在行动中具有明显的目的性，能充分认识所采取行动的意义，使自己的行动服从于一定的要求方面的良好品质。

与独立性相反的品质有两种，一是受暗示性，二是独断性。

容易受暗示的人，只能在得到提示、命令、建议时才表现出积极性，而且很快就屈从于别人的影响，不假思索地接受他人的思想。这种人缺乏主见，人云亦云，想事处事，先看看左邻右舍，别人怎么干，自己也跟着跑，这是意志薄弱的表现。具有这种性格的人，难以充分发挥自己的智慧和个性，工作中也难以发挥应有的独创性。

行为具有独断性品质的人，表面上似乎是独立地采取决定、执行决定，但实际上是主观、片面、从不考虑自己采取的决定是否合理，执行决定时也听不进任何劝告、固执己见、一意孤行。

独立性强的人虽不人云亦云，但也不一概拒绝他人的合理见解而陷入刚愎自用。具有独立性意志品质的人，能独立地支配自己的行动，不轻易受外界影响，目标一旦认定，便义无反顾地坚持，为实现自己的既定目标而努力。同时，对于一切有助于目标实现的建议和批评，也会欣然接受。独立性是坚强意志品质的首要特征，它反映着一个人的坚定立场和信仰，是人的意志行动的力量源泉，贯穿于意志行动的始终。

2. 意志的果断性

意志的果断性品质是在复杂的情境中迅速而有效地采取决定和执行决定的品质。具有果断性意志品质的人，能全面而深刻地考虑行动的目的和达到目的的方法，清楚地了解自己所做决定的重要性及其后果，在行动上能当机立断，不左摇右摆、犹豫不决。

为了取得成功，把握时机是重要的。时机是变化、瞬间即逝的，只有处事果断，才能抓住有利时机。这一点，在军事指挥员身上表现得尤其突出。战场形势错综复杂，瞬息万变，需要决断迅速及时。战斗的胜负不仅取决于指挥员决策的正确与否，而且取决于决策的及时与否。否则，即使是正确的军事布置，如果在时间上延迟、耽误，也可能招致失败。

与果断性相反的品质有两种：一是优柔寡断，二是鲁莽、草率。优柔寡断者每遇抉择，总是犹豫不决，摇摆不定，动机的斗争没完没了，难于做出最终选择，好不容易决定了，又迟迟不付诸行动，生怕走错步子而后悔。莎士比亚笔下的哈姆雷特头脑清醒，感觉敏锐，感情丰富，但由于他太过分地耽于思索而怯于行动，结果错失多次良机，终难实现替父报仇的夙愿。

果断性不仅表现在能抓住有利时机，顺利实现决定的行动上，而且也表现在一旦发现情况变化能立即改变决定或终止还在进行的行动上。而这些表现都是以正确的认识为前提，以深思熟虑和大胆机敏为条件的。果断性离开了这两条，可能就成了鲁莽或草率。鲁莽者办事倒也很少迟疑，说干就干，但他的行动虽快，却不善于事前作周密考虑和斟酌，结果多半成事不足，败事有余。

3. 意志的坚持性

意志的坚持性品质是指那种坚持不懈、在行动中能以坚忍不拔的毅力克服种种困难而坚持到底的良好品质。具有这种品质的人能够在活动中持之以恒，具有锲而不舍、不达目的决不罢休的决心，不怕困难与失败，具有顽强进取的精神。

人生是一个漫长的过程，长时期地向着既定目标奋进、拼搏，必须有意志的坚忍性。许多卓有成就的革命家、科学家、文艺家之所以取得成功，除了他们的才能之外，无一例外地都具有一种共同的心理品质，即意志的高度坚韧性。正是这种坚韧性，使他们数十年如一日地克服种种艰难险阻，百折不挠地向前搏击。大目标是由一系列小目标积累而成的。有些小目标的实现，也需假以时日，不能一蹴而就。

意志的坚忍性不同于执拗。性格执拗者，其特点是只能刻板地依照一成不变的计划行事，不能敏锐地觉察情势的变化，不善于及时根据新情况，相应地对行动方式、行动目的做出修正，一意孤行。良好的意志品质，不仅表现于坚持贯彻既定的决定，而且也表现在必要时善于当机立断地改变旧的决定，采取新的决定。顽固、执拗、我行我素,都是意志薄弱的表现。

4. 意志的自制力

意志的自制力品质是指那种能够完全自觉、灵活地控制自己的情绪,以约束自己产生与完成任务相反行动的良好品质。

自制力反映着意志的抑制功能。自制力强的人,善于控制自己的思想,调节自己的行为,能够克制自己不应有的情绪冲动和冲动性行为,抗拒来自外部和内部的诱因的干扰,自觉遵守纪律,执行决定,不论是胜利还是失败,他都能激励自己前进。情绪会直接影响人的行为,因此,对情绪的有效控制,也间接地调节着人的行动。突然遇到危险,人往往产生恐惧,甚至惊慌失措。但呆若木鸡也好,手忙脚乱也好,不但无助于人应付险情,反而会使事态更加严重。只有临危不惧,镇定自若,从而情急生智,思考对策,才可能化险为夷,而要做到这一点,需要自制力。

自制力典型的范例是英雄邱少云,他为了不在敌人面前暴露目标,强忍烈火满身的煎熬,一动不动,直至失去生命。这是为了事业,为了全局的利益,高度地发挥了人的自制力。这一事例有力地证明,一个人的高尚而强烈的社会性动机可以在很大程度上制约和克服生理性动机,显示出令人惊叹的意志力量。学生在课堂上遵守纪律,学习时注意力能高度集中;在公共场所遵守规章,组织性、纪律性较强;身患疾病时遵医嘱忌食自己喜爱的食物等,都是自制力的表现。

第二节 意志的一般规律

一、意志与认识

(一)认知过程是意志产生的前提和基础

首先,意志的重要特征是具有自觉的目的性。然而,只有人认识了客观世界的规律,认识了人自身的需要和客观规律间的关系,才能提出和确立合理的目的。

其次,实现意志活动还需要有行动的手段。关于行动手段的知识和技能,也是通过认识活动而形成的。个体的认识愈是丰富和深入,他所积累的有关知识和技能愈多,他在意志活动中对行动手段的采取和运用才愈是顺利和有效。

再次,意志行动是与克服困难相联系的,而对困难的性质和大小的估计离不开认知过程。如果对困难的性质认识不清、估计不足,就可能使人盲目地采取行动,付出大量的意志努力,却事与愿违,甚至半途而废。因此,离开了认识过程,就不会有意志活动。

最后,在实现每一个具体的意志行动的时候,为了确立目的和选择手段,通常要审视客观的情势,分析现实的条件,回顾以往的经验,设想未来的后果,拟订种种方案,编制行动的计划,并对这一切进行反复的权衡和斟酌,以决定对意志行动过程的进程和方向的调整。这就必须依赖感知、记忆、想象、思维的过程,这些过程实际上构成意志活动的理智成分。

(二)意志对认识过程的影响

首先,人对外部世界的认识,是有目的、有计划并需克服各种困难的过程。诸如观察活动的组织、随意注意的维持、随意识记的进行、创造性想象的实现、解决问题的思维活动的展开等,都离不开人的意志努力,即离不开意志过程。

其次,在认知过程中遇到的各种困难需要意志努力来解决。在认知过程中,一些意志薄弱、不能做到坚持不懈的人,学习和工作会缺乏绩效,认知活动也会不深入。

二、意志与情感

(一)情绪情感推动或阻碍意志行动的实现

情绪情感可以成为意志的动力。当某种情绪或情感对人的一定行为起推动或支持作用时,就推动意志行动的实现。例如,对祖国的热爱和对敌人的仇恨,激励着人们去保卫祖国和消灭敌人。

情绪情感也可以成为意志的阻力。人在遇到他所不喜欢的活动时就发生这种情形。一个对所要达到的目标抱着漠然的冷淡态度的人,常常难以表现出坚强的意志。这种"不喜欢"的情绪是一种消极的体验,它妨碍着意志行动的贯彻,造成意志过程的内部困难。此外,人在完成某项他所热衷但却又感到棘手的任务时,也可能发生这种情形。因为由外部困难所引起的消极的情绪体验(如困惑、焦虑、彷徨以至痛苦),也动摇和消蚀着人的意志。

(二)意志对情绪情感的影响

意志对情绪情感的影响,有时表现为对情绪情感的直接控制。如一个遭遇个人不幸而陷于哀伤心境中的演员,为了不妨碍本职工作,在舞台上仍然能成功地扮演喜剧性角色,那么他就是凭借意志的力量,在某种程度上抑制了一种情绪而激发了另一种情绪。平时人们所说的"理智与情感的冲突",其实也是意志与情感的冲突;所谓"理智对情感的驾驭",其实是由意志遵循理智的要求而实现的对情感的驾驭。认识过程本身并不具有控制情感的功能,控制是由意志来完成的。所谓"理智战胜情感",是指意志的力量根据理智的认识克服了与理智相矛盾的情感;而"情感战胜理智",是指意志力不足以抑制情感的冲动而成为情感的俘虏,背离了理智的方向。

由于意志本身执行着调节功能,对某项意志行动起阻碍作用的情绪,实际上与意志处于相互制约、此消彼长的关系之中。在这种情况下,意志行动最终是否得到实现,取决于种种主客观条件。就人的内部条件来说,主要取决于意志和消极情绪之间的力量对比:意志力薄弱而消极情绪强烈,会导致意志行动半途而废;意志坚强则可以克服不利情绪的干扰,把行动贯彻始终。

总之,认识、情感和意志是密切联系、彼此渗透着的。发生在实际生活中的同一心理活动,通常既包括认识过程又包括情绪、情感过程,同时也不能离开意志过程的参与。任何意志过程总包含有理智成分和或多或少的情绪成分,而理智和情感过程也包含有意志成分。实际上并不存在纯粹的、不与任何认识和情绪过程相关联的意志过程。例如,学习是一个典型的认识过程,但同时离不开意志对行为的调节与控制,学习过程也总伴随着一定的情绪、情感活动。因此,不能把意志仅仅归结为反映活动的效应环节,而应看做是完整反映活动的一个方面。研究意志,就是研究统一的心理。

三、意志行动过程

意志行动,有其发生、发展和完成的过程。这一过程可分为两个阶段:采取决定阶段和执行决定阶段。前者是意志行动的开始阶段,它决定意志行动的方向,是意志行动的动因;后者是意志行动的完成阶段,它使内心世界的期望、计划付诸实施,以达到某种目的。我们通过对意志行动的心理过程分析来说明意志的一般规律。

(一) 采取决定阶段

采取决定阶段是准备阶段,一般包含确定目的或目标、形成动机、行为方式的选择和制订计划等许多环节。

1. 确定目的

目的是人的行动所期望的结果,行动目的是指人的行动所要达到的是什么。每一个意志行动都有行动的最终目的,它是一个人行动之前预先确定的,随着动机冲突的解决而完成"确定目的"这一过程。

人期望得到的结果,有时是很明确的,有时则是不明确的。缺乏行动的目的就会产生随意性。

在现实生活中,人往往面临多个目的的实现,但这些目的可能是彼此冲突的,或者可能彼此虽不冲突但也不能同时实现……这就需要作远近或主次的安排,先实现近的目的,再实现远的目的;先实现主要目的,再实现次要目的;或者相反,先实现次要目的,准备条件,再集中力量实现主要目的。

2. 动机斗争

动机比目的更为内隐,更能直接推动人去行动。但动机和目的并不一致,同一目的可能有不同的动机,同一动机也可能有不同的目的。

在简单的意志行动中,动机几乎是直接过渡到行动的。这时,行动是单一的、明确的。动机一经引发,通过习惯的行为方式就能实现,想要达到的结果只有一个,无选择之余地,这时确定目的不会产生内心冲突。

在复杂的意志行动中,有时会同时存在几种动机,其中哪一个先实现,哪一个后实现;哪一个是对的,哪一个是错的;轻重缓急,利弊得失等,使人面临复杂的冲突和选择。这时,如果它们彼此不相矛盾,就不发生动机斗争,由动机过渡到行动并不发生内部障碍。反之,如果这些动机是彼此对立的,或都只能在某一时刻实现而事实上不可能同时实现,那么,就会发生动机斗争。例如,自己犯了错误,是隐瞒错误还是考虑到集体事业的需要而诚恳地向他人检查自己的错误;在某一次战斗中是为了替自己报仇而冒失地冲上去,还是从全局考虑暂时撤退下来……都体现出一个人的意志是否坚强。

动机斗争的过程是对各种动机权衡轻重,评定其社会价值的过程。这个过程可以明显地看出一个人的意志是否坚强。意志坚强的人善于原则地、深刻地权衡各种动机,并且及时地选择正确的动机;而意志薄弱的人,则常常长久地处于犹豫不决的矛盾状态,甚至在做出决定以后,也很容易改变决定。一个人业已形成的信念、理想、世界观和道德品质对其动机斗争的过程将起着制约的作用。

动机斗争一般有四种形式,即:

1) 双趋式冲突

当一个人追求同时并存的两个有利目标,但又不可能同时都得到满足,只能求其一,究竟选择哪个,此时的心理矛盾冲突称为双趋式冲突。如"鱼我所欲也,熊掌亦我所欲也",但二者不可以兼得。日常生活中,人们在选择职业、专业、朋友等方面经常会出现这种冲突。在这种冲突中,个体更趋向于优越性大的目标,从而解决冲突。

2) 双避式冲突

当一个人面临两个都令人不喜欢或具有威胁性而想躲避的事物或目标时,迫于情势而又必须选择其中一个,这种心理冲突称为双避式冲突。例如,前有悬崖,后有追兵;儿童患病既不想吃苦药,又不想打针等。在发生这种冲突时,个体往往会出现举棋不定、犹豫徘徊的现象,最终的结果是趋向于危害程度较轻的事物或目标。

3) 趋避式冲突

当一个人面对同一个既有吸引力又有排斥力的目标,既欲趋近它的益处,又想避开它的不利之处时产生的心理冲突,称为趋避式冲突。如既想吃肉又怕发胖,既想成名又畏惧成名途中的艰辛,既想旅游又怕花钱等。

4) 多重趋避冲突

人们常常会遇到多个目标,每个目标对自己都有利也都有弊,反复权衡拿不定主意,这时所遇到的冲突叫多重趋避式冲突。如:两种工作,一种地位高待遇低,另一种待遇高地位低。选择哪种工作,难以拿定主意。

3. 行为方式的选择及行动计划的制订

目的确定之后,进一步就要选择达到目的的行动方式和方法,拟定出行动计划。

行为方式和方法的选择,也有各种不同情况。有时只要一提出目的,行为的方式和方法就可以确定。这通常发生在实现那些熟悉的行动时。但是,在许多情况下,达到同一目的的可能的方式和方法不止一种,这时就需要进行选择。在选择之前要了解、比较各种方式和方法可能导致的结果及其优点和缺点。如果对情况了解不够或知识经验不足,就不能很快做出决定,这时也会处于犹豫不决的矛盾状态,时而想采取这种、时而想采取那种方式和方法。有时,某种方式和方法是符合自己愿望的,但是不应当采取的,而另一种方式和方法是必要的,却又违反了自己的愿望;有时,这种方式和方法是容易的,但是有缺点,而那种方式和方法是困难的,却是正当的。在这种情况下,选择行为的方式和方法也会遇到困难,引起内心的矛盾和斗争。因而在确定行动计划做出决策时也会产生心理冲突,也需要做出意志努力。一般来说,有某种卑劣动机的人,可能会干出"不择手段"的事情来;而有高尚动机的人,则绝不会如此。这一事实说明动机斗争影响着行为方式和方法的选择。

制订行动计划,有时只要目的一提出便确定了。但在更多的情况下,达到目的的方案可能不止一种,这就必须在拟定计划时进行选择。在选择之前首先要搜集资料,比较各种方案的优劣,然后才能做出决定。如果对情况不够了解和知识经验不足,就不能很快做出决策,也会产生动机斗争。因此,下决心拟订切实可行和符合自己愿望的行动计划,并且对计划充满信心,本身也需要做出一定的意志努力。如打一场战争或做一次大手术,都需要精心准备,做好计划。制订有效行为的计划应注意以下四点:第一,要调查研究,实事求是,要综合考虑主客观因素,力争周密而严谨。因为一个切实、合理的计划将为执行决定打下一个良好的基础。第二,指标要有一定高度和难度。过高的指标和难度难于实现,而指标和难度过低则其意义和价值就会降低。第三,制订计划时要相对果断。制订计划时需要谨慎,但也不能在制定过程中浪费不必要的时间。第四,制订计划要留一定余地。

(二)执行阶段

在做出决定之后,便过渡到执行决定阶段,进入了实际行动。执行决定是意志行动的最重要环节。因为即使在做出决定时有决心,有信心,如果不见之于行动,这种决心和信心依然是空的,意志行动也就不能完成。该阶段主要有两个环节。

1. 意志对行动的调节

在执行决定时,意志表现为两方面:一方面是发动积极的行动来达到目的;另一方面是制止那些不利于达到目的的行动。发动和制止这两方面是统一的。如果一个人只善于做出决定而不采取积极的行动将决定付诸执行,或在执行中不制止那些不利于达到目的的活动,以致半途而废,其目的就永远不会实现,即使做出的决定再好,也没有意义。例如,有了利用业余时间学好外语的决心,这种决心就一方面推动人去进行外语学习活动,另一方面又抑制那些可能干扰他学好外语的其他活动。正因为意志有这两个功能,才对人的行为具有调节和控制作用。

2. 意志行动的维持与动摇

在执行决定的过程中,已经确立起来的决心和信心也可能会发生动摇。这通常发生在下列情况。

(1) 执行决定时遇到的困难,要付出大的努力而与个体已形成的消极的个性品质(如懒惰、骄傲、保守、坏习惯等)或兴趣爱好发生矛盾,从而使决心和信心发生动摇。

(2) 在做出决定时虽然选择了一种目的,其他目的仅受到暂时的压抑,但仍然很有吸引力。在执行决定的过程中,暂时受到压抑的期望又可能重新抬头,产生了新的心理冲突。

(3) 在执行决定的过程中,还可能产生新期望、新意图和新方法,它们也会同预定的目的发生矛盾,令人踌躇,干扰行动的进程。

(4) 有时在做出决定时没有充分考虑到各种主客观条件,没有预见到事物的发展变化,在执行决定时遇到新情况,出现新问题,而人又缺乏应付新情况、解决新问题的知识和技能,也可能使人犹豫不决。这些矛盾都会妨碍意志行动贯彻到底。只有解决了这些矛盾才能将意志行动贯彻到底,达到预定的目的。

当意志行动达到预定目的时,会增强克服困难的毅力,提高克服困难的勇气,否则会给个体带来挫折感。人们往往由于在心理上无法克服内部障碍而总是过分夸大和惧怕外部困难,以致半途而废,一蹶不振。因此培养坚强的品格,加强意志锻炼,勇于挑战自我,才能克服各种困难,达到预定的目标。优良的意志品质,正是在克服困难的实际斗争中锻炼和培养起来的。

综上,在采取决定阶段过程中,意志表现在动机的取舍、心理冲突的解除和正确目标的选定上。同时,还要根据已确定的目标,选择有效的方法和策略,制定切实可行的决策。在执行决定阶段,意志的作用主要体现在两方面:一是克服各种困难和障碍,坚持完成预定的目标;二是排除各种内外干扰,使自己的行动始终指向目标。意志的第一阶段规定和指导着第二阶段行动的方向和方法;第二阶段的行动结果又给第一阶段提供反馈信息,从而对行动目标和行动策略进行修改,并进一步指导意志行动。因此,意志行动是通过这两个阶段循环往复,直至达到行动目标的过程。

第三节 意志规律在教学中的运用

学生的学习活动是一个长期而艰苦的过程,要取得成功,同样离不开意志努力的参与。人们早已发现,学业成就的好坏与意志水平的高低通常是一致的。因此,教育者在教学中如何运用意志的规律,促进学生的学习活动,是应当受到重视的问题。

一、根据意志与认识的关系,促进学习活动

如前所述,意志与认识过程有着密切的关系,认识是意志的基础和前提,意志对认识活动又产生着重要影响。学习活动主要是一种认识活动,但要达到相应的学习目标,还必须是一种意志行动。因此,教学中处理意志与认识的关系,就是要将它们统一于学生的学习活动中,促进学习活动的顺利进行。

首先,使学生明确学习的目标、意义和结果,激发学生的意志行动。意志行动的基本特征就是有明确的目的性,无论是在一门课的学习中,还是在一节课的学习中,只有学生了解了自己的学习目标,学习行为才会更自觉,更具有方向性。使学生了解学习的意义和结果,可以激发起强烈的学习动机,这是学习行为产生的内在动力。因此,教师在教学过程中,应善于给学生确立明确的目标导向,使学生能够预期到自己学习行为的结果,同时以目标的实现督促学生的意志行动,帮助他去积极地克服困难,完成学习任务。

其次,发挥意志对学习过程的支配和调节作用。当学生在学习过程中有了明确的意志行动,并具备了一定的意志品质,就要帮助学生利用意志过程的规律调控自己的学习活动。具体来讲,学习活动也应该有采取决定和执行决定阶段,既有预先的学习计划的制订,学习方法的选择和学习策略的安排,又要在执行中不遗余力,坚决果断地贯彻预定计划。另外,在学习中遇到外部困难或者内部产生动摇退缩时,要运用坚忍的意志严格要求自己,攻克难关,走出困境。有时,教师可以在教学中有意设置一些困难情境和学习障碍,让学生从挫折中磨炼意志,培养学习的恒心和毅力。

二、根据意志与情感的关系,促进学习活动

教学活动中,教师可以利用意志与情感的关系,既增强学生的意志力,又调动其饱满的学习情绪,推动学习活动的进行。

积极的情感可以激发人的学习动机,对意志行动产生推动作用。我们经常看到,那些在学习活动中神情愉快、情绪饱满、热爱读书的学生,往往更能克服困难,锲而不舍,取得良好的成绩。怎样发展这些积极的情感,促进学习中的意志行动呢? 一方面,

要培养师生之间和学生之间真诚、亲密的情感联系。如果教师与学生之间能够建立起平等、真挚、互相信任的关系,它就会为学生创造一个轻松、愉快的心理氛围,并成为学生学习活动持久的驱动力。尤其对于小学生,他们总是把和自己关系密切的教师作为心目中的好教师,愿意上这位教师的课,也愿意付出努力来学好这门课。另一方面,教师还应多采用正强化的原则保护学生积极的情感。那就是说,教师对学生的学习行为要多进行积极的评价,多给予肯定和鼓励。学生在获得成功时得到肯定和表扬,会进一步激发他学习的热情,从而争取更大的进步;学生在失败时若也能得到教师的关心和鼓励,就在保护他的自尊心的同时,也增强了自信心,有利于他调整情绪,继续努力。

当然,一些不良的情感对意志过程起着阻力作用。学生在学习中遭遇挫折和失败时,有时会感到悲观、失望,甚至是丧失自信,一蹶不振。这就需要教师及时发现问题,帮助学生正确地认识和调控不良情绪。同时,教师应该要求学生增强意志品质的自制力的训练,学会自己控制和排解不良情绪的困扰,保证意志行动坚持下去,达到预定目的。

三、教学中良好意志力品质的培养

(一) 确立人生目的

如前所述,认识是意志产生的前提。对现实环境的认识,对环境与自身关系的认识,对活动过程本身与活动结果所具有的意义的认识,对自身能力与素质的认识等,都会影响行动目的的确立与行动计划的制订。在意志行动的执行过程中,个体要及时地认识、评估行动执行的效果如何,以便修改错误的、不恰当的目的与计划。同时,在意志行动的执行过程中,个体还要能敏锐地认识到环境的变化,及时地修改已经不适时的目的与计划。只有充分地认识到上述问题,意志行动才能达到预期的效果。

在所有影响人的意志品质的行动目的中,莫过于人生目的最能影响人的意志了。人生目的对人一生中所有其他目标起着最高统率、最终决定意义的作用。目的越明确,人的行动也越自觉;目的越深刻,其对行为的动力作用也越大。而要树立正确的、远大的和具体的人生目的,离不开对人生意义的全面而深刻的认识:一方面是对社会现实的认识,另一方面是对自己所肩负的历史使命与时代责任的认识。只有这样才能树立正确的、符合时代潮流的人生目的,才能使自己的人生目的既符合客观规律又符合自身能力与素质,才能使自己的人生目的有利于社会,有利于人民,有利于自身,并能够被最终实现。人生的目的不仅应是正确的,也应是远大的。因为,只有远大的目标才能使人高瞻远瞩,不为眼前的蝇头小利所折腰,同时远大的目标也能使人胜不骄、败不馁,再接再厉,以求达到最终的成功。当然,在树立远大目的的同时也应在人生道路的每一阶段的每一个方面都给自己设置一些具体的、可实现的、具有一定难度的目标,并逐步实现。"高目标、小步子"的方式,使人在大小目标的导向中前进,因为只有大小目标的有机结合,才能使人的行动既不丧失正确的方向,又不流失于空泛的口号;才能使人的生活既充满激情,又不丧失理智,并不断进取,在实现目标的征途中培养出自己坚强的意志品质。

(二) 丰富实践活动

认识不仅仅局限于书本和课堂,更加深刻与具体的认识来源于实践,书本与课堂知识虽然也来源于人类的实践,但只是一种间接经验,是对前人实践经验的抽象与总结,要使其能够直接指导自己的意志行动,还有一个从抽象到具体,从一般到特殊的过程。我们常说,马克思主义的活的灵魂是"具体问题具体分析",但要把它们真正还原、渗透到生活、学习和工作中的每一个环节与细节中是非常困难的。其原因就在于直接经验对人的行动同样具有不可忽视的作用。直接经验必须从亲身实践中获得,只有具备一定的直接经验,人们才能真正地、彻底地理解书本知识,并把这些抽象的、一般的知识灵活地运用于具体问题之中,而经验越丰富,这种理解也就越深刻,解决问题时人也就越能灵活运用。

实践经验不仅可以加深人的认识,还可以培养人的志趣,陶冶人的情操,从情绪情感的角度来增强人的意志品质。因此,要培养意志,也不能忽视人的情绪情感的作用,而情绪情感不可能从书本中学到,只能在实践中体验到,实践越丰富,体验也就越深刻,这种切身的体验往往会给人留下终身的记忆,长久地对人的行为产生影响。一个生活经验丰富的人,情感上也会更加沉稳、冷静,而一个初涉尘世的学生,则往往更加单纯、富于冲动。

(三) 运用集体的力量

集体对意志品质的培养有很大的影响。行动中总是单枪匹马,尽管有利于形成独立性,但时间长了,难免使人感觉到寂寞与孤独,同时,在行动中不可避免地产生一些挫折也会使人难以承受。而在集体活动中,人们可以获得必要的归属感,集体成员之间的相互鼓励与帮助可以使每一个成员增强与困难做斗争的信心与决心,遇到挫折之后,还可以相互安慰与鼓励,重新鼓起意志的风帆。当然,以上所述的集体作用是有一定条件的,即这个集体必须是团结向上的。许多研究表明,融洽和谐的关系可以使集体更加团结、向上,每个成员更加具有集体责任感与荣誉感,也更乐于遵守集体的纪律,这对增强每个成员的意志品质有积极作用;相反,一个不团结的、消沉的集体会使大家缺乏集体荣誉感与责任感,最终成员都意志消沉。

(四) 加强自我培养

在意志品质的形成过程中,自我培养也起着关键的作用。在个体发展中,人会自觉地评价自己的行为举止,形成自我意识,并且会按照一定的标准,提出自我调整自己个性品质的任务,而这种自我调整过程往往是从意志领域的自我培养开始的。人们会系统地执行不感兴趣但很有意义的行动任务,培养自己的自制力,克服懒散等不良品质。通过完成这种任务,人们增强了意志力,对自己的力量充满信心。当然,自我培养必须在正确的世界观指导下,并且要有一定的制度和连续性,需要分析自己的言行,模仿好的榜样,并且持之以恒。

【阅读材料】9-1

人的意志是不是自由的?

学习心理学"意志"这一章时,往往会与哲学上所说的"意志"相混淆。在心理学中,意志只是指对随意运动的支配,不等于哲学意义上的"自由意志"。

哲学中的"自由意志"问题指的是人是否可以自由地支配自己的命运。如行为主义者华生否认人的意识,否认意志自由,认为人的行为完全是由外界刺激所决定的。唯意志论者叔本华和尼采认为人的意志行为是不受任何东西约束的,可以绝对自由,为所欲为。这两种见解都是错误的。和这两种见解相反,辩证唯物主义认为人的意志是自由的,但又是不自由的。说它是自由的,因为在一定的条件下,人可以根据自己的意愿自主地选择目的,发动或制止某种行动,按某种方式、方法行事;说它是不自由的,因为人的一切愿望、一切行为都必须符合客观规律,否则,将一无所成。意志自由是有条件的、历史的。

一个人掌握的自然科学和社会科学知识越多,越善于运用客观规律,他对世界的改造也就越主动、越自由。而这种能力的获得又是依赖于人的主观努力,即需要勤奋地学习、勇敢地探索,不断地实现。

【阅读材料】9-2

意志对心理和生理的调节

意志不仅调节人的外部行为,而且也调节人的内心状态,调节人的认识过程、情绪情感过程和个性心理。学生的学习过程如果没有意志的调节,就不能排除干扰而注意听讲,也不能集中精力思考问题,更不可能在学习中有所创新。人在危急、险恶的情况下要镇定自若、急中生智,没有意志是根本不可能的。

　　意志对内心状态调节的一个特殊表现就是冒险行为。个人为了实现自己的愿望,敢于承担多大程度的风险,可以表明他的意志力水平。在社会生活中,机遇常常伴随着风险。人类古往今来的许多伟大发明与创造,许多丰功伟绩的建立,都经历过种种骇人的艰险。人类迎接、承受和战胜无数风险的历程,闪烁着巨大意志力量的光辉。

　　意志还可以通过对内心状态的调节间接地影响人的某些内脏活动。根据这个原理,可以对一些心理疾病和躯体疾病实施生物反馈疗法。所谓生物反馈,是个体通过操作条件反射的机制,调节自己的心身机能,进行有意识学习的方法。通过专门的仪器设备,将生理变化的信息转变为信号或数字,自动地显示给病人,在专家的指导下,病人练习改变自身的生理特征,控制自己过去所不能控制的自主反应,以达到治疗的目的。米勒等人在1967年,成功地在动物身上训练了对心跳、血压和肠收缩的控制。以后其他一些心理学家通过训练,使人也能控制心跳快慢、血压变化和脑电波的变化。现在,生物反馈和其他技术相结合,已经能帮助人们控制应激反应、头痛等疾病,在临床治疗和运动员训练中起到一定的作用。

思考与练习

一、名词解释

意志　随意运动　双趋冲突　双避冲突　趋避冲突　多重趋避冲突

二、简答与论述

1. 简述意志行为的特征。
2. 简述意志、认识和情绪情感的关系。
3. 意志行动的心理过程有哪些?
4. 谈谈如何培养良好的意志品质。
5. 案例分析:王益昕不能坚持跑步是意志力问题吗?

案例:春天到了,在学校的新一届运动会上,激烈的竞争热潮一浪高过一浪,平时身体素质好的同学纷纷踊跃表现。王益昕被这种场面深深感动,下决心自己要好好锻炼身体,争取在以后的运动会上也能有所作为。说到就要做到,而且要一鸣惊人。第二天,王益昕早早就起了床,到操场跑了起来⋯⋯可是没过多久,王益昕就开始气喘吁吁,步伐沉重了,他想自己一定要坚持住。经过努力,他跑完了五圈,他感到非常满足。心想,自己以后要每天都跑五圈,这样坚持一年,一定能实现在来年运动会上有所作为的目标。第三天,王益昕又早早起了床,经过巨大的努力,他又跑完了五圈,可是他感觉比昨天更累,也没了前一天的新鲜感。第四天,王益昕虽然在床上经过了一些思想斗争,可还是坚持起了床,来到操场,看着长长的跑道,王益昕感到有些害怕。果然,才跑了两圈儿,双腿就象灌了铅一样抬不起来了,但他的脑海中却有一个强烈的念头"坚持"。终于,在付出了极大努力之后,他完成了任务。但是,第五天,王益昕无论如何也无法说服自己从温暖的被窝里爬出来了,一想起那漫长的跑道,自己孤单的身影,疲惫的双腿和喘不上气时肺部的难受情形,就有一种说不出的恐惧与厌烦,原定的目标已经变得遥不可及,好像也没了吸引力,最终放弃了自己的计划。

第十章 个性及其倾向性

> **学习目标**
>
> 1. 掌握个性心理结构、个性倾向性的内容。
> 2. 理解并识记需要、动机和兴趣的含义。
> 3. 明确需要、动机和兴趣产生的条件。
> 4. 能够运用个性倾向性理论分析、解决生活中的实际问题。

个性是心理现象中用以区分人与人之间差异的内容,主要包括两部分内容,即个性倾向性和个性心理特征。其中个性倾向性是相对来说不十分稳定的内容,而个性心理特征是相对来说比较稳定的内容。个性倾向性主要包括需要、动机、兴趣、理想、信念和价值观等内容。其中,需要、动机和兴趣在学生学习过程中发挥了重要作用,所以,学习需要、动机和兴趣的基本概念、分类、品质等内容,以及学习需要规律、动机规律和兴趣在教育教学中,这对于教师教育专业学生是十分必要的,通过本章的学习,学生既可以了解学生个性及个性倾向性的规律,而且能够依据书中提供的指导有效地组织和开展教育教学活动。

第一节 个性概述

个性贯穿着人的一生,影响着人的一生。在日常的人际交往中,我们会发现,有的人行为举止、音容笑貌令人难以忘怀;而有的人则很难给别人留下什么印象。有的人虽曾见过一面,却给别人留下长久的回忆;而有的人尽管长期与别人相处,却从未在人们的心目中掀起波澜。出现这种现象的原因就是个性在起作用。一般来说,鲜明的、独特的个性容易给人以深刻的印象,而平淡的个性则很难给人留下什么印象。

一、个性

在西方,个性一词源于拉丁语 Persona,它有两个含义:一方面,原指演员在舞台上所戴的假面具,后引申为个体在生命舞台上所扮演的角色,即演员——一个具有特殊性格的人;另一方面,指能独立思考、具有独特行为特征的人。一般来说,个性不仅指个体的外在表现,而且指个体的真实的自我。

现代心理学一般把个性定义为个体的整个精神面貌,即个体在一定社会条件下形成的、具有一定倾向的、比较稳定的心理特征的总和,即个性是个性倾向性和个性心理特征的总和。

二、个性的特征

研究个性必须探讨它的特性及表现,这样才能把个性心理与其他心理现象区别开来。一般来说,个性具有以下几方面特性。

(一)自然性与社会性

人的个性是由其自然性和社会性两种基本特性所构建起来独特的系统。人的个性是在先天的自然素质的基础上,通过后天的学习、教育与环境的作用逐渐形成的。因此,个性首先具有自然性。人们与生俱来的感知器官、运动器官、神经系统等,是个性形成的物质基础与前提条件。

就个性的本质来说,人作为社会成员受一定的复杂的社会关系的制约,是复杂的社会关系的体现者,因而,人的个性的本质是社会的,即个体社会化结果。正如马克思所说:"'特殊的人格'的本质是在个体生活过程中逐渐形成的,他在很大程度上受社会文化、教育教养内容和方式的塑造。""人的本质并不是单个个体所固有的抽象物,实际上,它是一切社会关系的总和。"

由此可见,个性是自然性与社会性的统一。

(二)稳定性与可塑性

个性具有稳定性。只有在个体身上经常一贯表现的心理特征才是个体的个性特征。在个体生活中暂时的偶然表现的心理特征,不能认为是个体的个性特征。例如,一个处事谨慎的人,总是循规蹈矩,持事稳重,但他偶然也有冒险、轻率的表现,在这里谨慎标志着他的个性特征,而轻率则不能认为是他的个性特征。

在学校教育中,我们经常可以看到,每个学生都具有一些不同的、经常表现的心理特征,如有的学生关心集体,热情帮助同学,活泼开朗;有的学生对集体的事也关心,但不善言谈,稳重、踏实,埋头苦干,这些不同的行为表现不仅是在班集体中,在其他场合也是如此。因此,通过这些个性特征能把某个学生同另一个学生在精神面貌上区别开,也可以预料某学生在一定情况下会有什么样的行为举止。并且,个体的个性及其特征一旦在儿童时期形成,我们就可以从此时期的人格特征推测其成年时的人格特征。

尽管如此,个性决不是一成不变的。现实生活非常复杂,随着社会现实和生活条件、教育条件的变化,年龄的增长,主观的努力等,个性也可能会发生某种程度的改变。特别是在生活中经历过重大事件或挫折,往往会在个性上留下深刻的烙印,从而影响个性的变化,这就是个性的可塑性。

由此可见,个性既具有相对的稳定性,又有一定的可塑性。教育工作者要充分认识到这一点,履行教育职责时才能有耐心和信心。

(三) 独特性与共同性

个性的独特性是指人与人之间的心理和行为是各不相同的。因为构成个性的各种因素在每个个体身上的侧重点和组合方式是不同的。如在认识、情感、意志、能力、气质、性格等方面反映出每个个体独特的一面,个性上也存在独特性。有的人知觉事物细致、全面,善于分析;有的人知觉事物较粗略,善于概括;有的人情感较丰富、细腻,而有的人情感较冷淡、麻木等。这如同世界上很难找到两片完全相同的叶子一样,也很难找到两个完全相同的人。

强调个性的独特性,并不否认个性的共同性。个性的共同性是指某一群体、某个阶级或某个民族在一定的群体环境、生活环境、自然环境中对问题的看法,对事、对人、对己所持的态度和价值判断,会形成相似的或相同的典型的心理特点。正是个性具有的独特性和共同性才组成了个体复杂的心理面貌。

(四) 整体性和系统性

个性的整体性和系统性是指个性是个完整的统一体。个体的各种个性倾向性、心理过程和个性心理特征都是在其标准比较一致的基础上有机地结合在一起的,决不是偶然性的随机凑合,而是错综复杂地相互联系、交互作用组成一个完整的系统。人是作为整体来认识世界并改造世界的,是人的整个精神面貌的表现。

个性的整体性和系统性有多方面的表现。

首先,表现为个性的内在统一性。一个有血有肉的活生生的正常人,能比较正确地认识和评价自己,能及时调整在个性中出现的相互矛盾的心理冲突。因此,在个体的内心世界,他的动机和行为之间才能经常保持和谐一致。否则,当个体失去了个性的内在统一性时,他的行为就会经常由几种相互抵触的动机所支配。个体的这种个性是不正常的,是一种人格分裂现象,叫"二重人格"或"多重人格"。

其次,只有从整体、系统的角度出发,在和其他个性特征联系中,才能认识个别特征,使其具有确定的意义。如沉默寡言这一特征,在不同的人身上,可能有不同意义。甲可能由于害羞,不愿出头露面,这是怯懦的表现;乙可能是不想暴露自己的真实面目,这是虚伪的表现;丙可能是想靠别人的努力,获得自己的满足,这是懒惰的表现。

三、个性心理结构

个性心理结构是复杂的、多侧面、多层次的体系。它主要由个性心理结构的动力系统、特征系统和自我调控系统三部分组成。

1. 个性心理结构的动力系统

即个性倾向性,是决定人的态度和积极性、选择性的动力系统。动力系统是个性结构中最活跃的因素,是决定社会个体发展方向的潜在力量,是人们进行活动的基本动力,也是个性结构中的核心因素。它主要包括需要、动机、兴趣、理想、信念与世界观等心理成分。

2. 个性心理结构的特征系统

即个性心理特征,是个体心理差异性的集中表征,它体现出个体的典型心理活动和行为,包括能力、气质和性格。

3. 个性结构的自我调控系统

即自我意识系统或自我控制系统,具有自我认知、自我体验和自我控制三个子系统,其作用是对个性的各种成分进行调控,保证个性的完整、统一和和谐。

四、个性的影响因素

个性的发展是遗传与环境两种因素交互作用的结果。遗传因素对个性的作用程度随个性特质的不同而异,通常在智力、气质这些与生物因素相关较大的特质上,遗传因素的作用较重要。后天环境因素,小到家庭因素,大到社会文化因素,对个性的形成和发展具有重要的影响,集中表现在对价值观、信念、性格等的影响。

(一) 生物遗传因素

心理学家对"生物遗传因素对个性具有何种影响"的探讨已经持续很久了。由于个性具有较强的稳定性特征,因此个性研究者更注重遗传因素对个性的影响。

许多心理学家认为,双生子研究是研究个性遗传因素的最好方法。双生子研究结果显示,个性的许多特征都有遗传的可能性。

(二) 社会文化因素

每个个体都处在特定的社会文化环境中,文化对个性的影响是极为重要的。社会文化因素决定了个性的共同性特征,它使同一社会的人在个性上具有一定程度的相似性。这种相似性具有维系社会稳定的功能,又使得每个个体能稳固地"嵌入"在整个文化的形态里。

社会文化对个性的影响力因文化而异,这要看社会对顺应的要求是否严格,越严格其影响力越大。影响力的强弱也要看行为的社会意义,对于社会意义不大的行为,社会允许较大的变异;而对社会意义十分重要的行为,就不允许有太大的变异。如果个体极端偏离其社会文化所要求的个性特质,不能融入社会文化环境中,就可能被视为行为偏差或患有心理疾病。

社会文化具有对个性的塑造功能,这反映在不同文化的民族有其固有的民族性格。例如,美国人类学家玛格丽特·米德(Margaret Mead,1901—1978)等人研究了新几内亚的三个民族的个性特征,各具特色,鲜明地体现了社会文化对个性的影响力,居住在不同自然环境下的民族也反映出了人文地理因素对个性的影响。

居住在山丘地带的阿拉比修族,崇尚着男女平等的生活原则,成员之间互助友爱、团结协作,没有恃强凌弱,没有争强好胜,一派亲和景象。

居住在河川地带的孟都古姆族,生活以狩猎为主,男女间有权利与地位之争,对孩子处罚严厉。这个民族的成员表现出攻击性强、冷酷无情、嫉妒心强、妄自尊大、争强好胜等个性特征。

居住在湖泊地带的张布里族,男女角色差异明显,女性是这个社会的主体,她们每日劳作,掌握着经济实权。而男性则处于从属地位,其主要活动是艺术、工艺与祭祖活动,并承担孩子的养育责任。这种社会分工,使女人表现出刚毅、支配、自主与快活的性格,男人则有明显的自卑感。

(三) 家庭环境因素

家庭是社会的细胞,家庭不仅具有其自然的遗传因素,也有着社会的"遗传"因素。这种社会遗传因素主要表现为家庭对子女的教育作用,俗话说"有其父必有其子",其中不无一定的道理。父母们按照自己的意愿和方式教育着孩子,使他们逐渐形成了某些个性特征。

研究者把家庭的教养方式分成三类,不同的教养方式对孩子的个性特征具有不同的影响。

第一类是权威型教养方式。采用这种方式的父母在子女教育中表现得过于支配,孩子的一切都由父母来控制,在这种环境下长大的孩子容易形成消极、被动、依赖、服从、懦弱、做事缺乏主动性,甚至会形成不诚实的个性特征。

第二类是放纵型教养方式。采用这种方式的父母,对孩子过于溺爱,让孩子随心所欲,父母对孩子的教育有时达到失控的状态。在这种家庭环境中成长的孩子多表现为任性、幼稚、自私、野蛮、无礼、独立性差、唯我独尊、蛮横无理、胡闹等。

第三类是民主型教养方式。父母与孩子在家庭中处于一种平等和谐的氛围中,父母尊重孩子,给孩子一定的自主权和积极正确的指导。父母的这种教育方式使孩子能形成一些积极的人格品质,如活泼、快乐、直爽、自立、彬彬有礼、善于交往、富于合作、思想活跃等。由此可见,家庭确实是"人类个性的工厂",它塑造了人们不同的个性特质。

(四) 早期童年经验

中国有句俗话:"三岁看大,七岁看老。"人生早期所发生的事情对个性的影响,历来为个性心理学家所重视。

研究指出,在儿童早期,父母的忽视和虐待对子女的心理有明显的不良影响。孩子会形成胆小、呆板、迟钝、不与人交往、敌对、攻击、反叛的人格。儿童心理健康的关键在于婴儿和年幼儿童与父母亲建立的一种和谐而稳定的亲子关系。

早期童年经验影响个性的途径:

(1) 个性发展的确受到童年经验的影响,幸福的童年有利于儿童的个性健康发展,不幸的童年会引发儿童不良性格的形成。但二者不存在一一对应的关系,溺爱也可使孩子形成不良的个性特点,逆境也可磨炼出孩子坚强的性格。

(2) 早期经验不能单独对个性起决定作用,它与其他因素共同决定个性。

(3) 早期儿童经验是否对个性造成永久性影响因人而异。对于正常人来说,随年龄的增长、心理的成熟,童年的影响会逐渐缩小、减弱,其效果不会永久不衰。

(五)自然物理因素

生态环境、气候条件、空间拥挤程度等这些物理因素都会影响到个性的形成和发展。自然物理环境对特定行为具有一定的解释作用。在不同的物理环境中,人可以表现出不同的行为特点。但是自然环境对个性没有决定性影响,更多地表现为一时性的影响。如:气温会提高人的某些个性特征的出现频率。热天会使人烦躁不安,对他人采取负面的反应,发生反社会行为。世界上炎热的地方,也是攻击行为较多的地方。

综上所述,个性是先天与后天的合金,是遗传与环境交互作用的结果,遗传决定了个性发展的可能性,环境决定了个性发展的现实性。这是研究者们已达成共识的结论。但是,二者是如何相互作用并对个性形成产生影响的,还需心理学家和社会生物学家们共同深入探索。

第二节 个性倾向性

个性倾向性,是决定人的态度和积极性、选择性的动力系统。是个性结构中的核心因素。它主要包括需要、动机、兴趣等心理成分。

一、需要

人生活在社会中,有各种各样的需要。因为有需要,我们才会采取行动,使需要得以满足。那么到底什么是需要,需要有哪些种类呢?

(一)需要的概念

需要是人脑对生理和社会需求的反映,是人的行为的动力基础和源泉。心理学家也把促成人们各种行为动机的欲望称为需要。

人类社会的早期从维持生存和延续后代中，形成了最初的需要。人为了生存就要满足他的生理的需要。例如，饿了就需要食物，冷了就需要衣服，累了就需要休息，为了传宗接代，就需要恋爱、婚姻。人为了生存和发展还必然产生社会需求。例如，通过劳动创造财富，改善生存条件；通过人际交往沟通信息、交流感情和相互协作等。人的这些生理需求和社会需求反映在个体的头脑中，就形成了他的需要。

（二）需要的特征

人类的需要有别于动物的需要，具体表现在以下几个方面：

1. 对象性

人的需要不是空洞的，而是有目的、有对象的，而且也随着满足需要的对象的扩大而发展。人需要的对象既包括物质的东西，如，衣、食、住、行，也包括精神的东西，如，信仰、文化、艺术、体育；既包括个体生活和活动，如，个体日常的物质和精神方面的活动，也包括参与社会生活和活动以及这些活动的结果，例如，通过相互协作带来物质成果，通过人际交往沟通感情，带来愉悦和充实；既包括想要追求某一事物或开始某一活动的意念，也表现为想要避开某一事物或停止某一活动的意念，这些意念的产生都是根据个体需要及其变化决定的。各种需要彼此之间的区别，就在于需要对象的不同。但无论是物质需要、还是精神需要，都必须有一定的外部物质条件才能满足。例如，居住需要房子，出门需要交通工具，娱乐需要场所等。

2. 阶段性

人的需要是随着年龄、时期的不同而发展变化的。也就是说个体在发展的不同时期，需要的特点也不同。例如，婴幼儿主要是生理需要，即需要吃、喝、睡；少年时代对知识、安全的需要；到青年时期对恋爱、婚姻的需要；到成年时，对名誉、地位、尊重的需要等。

3. 社会制约性

人不仅有先天的生理需要，而且在社会实践中，在接受人类文化教育过程中，发展出许多社会需要。这些社会需要受时代、历史的影响。在经济落后、生活水平低下的时期，人们需要的是温饱；在经济发展、生活水平提高的时期，人们需要的不仅是丰富的物质生活，同时也需要高雅的精神生活。由此可见，人的需要具有社会性和历史制约性。

4. 独特性

人与人之间的需要既有共同性，又有独特性。由于生理、遗传因素、环境因素的不同，每个个体的需要都有自己的独特性。年龄不同的人、身体条件不同的人、社会地位不同的人、经济条件不同的人，都会在物质和精神方面有不同的需要。

(三)需要产生的条件

需要对人类至关重要,那么需要依赖于哪些条件而产生呢?

1. 生理状态

需要建立在生理状态的基础上产生。例如,对食物的需要产生于饥饿,依赖于味觉、胃的收缩、血液含糖程度、荷尔蒙(激素)状态及神经活动等。

2. 社会情境

社会情境容易产生欲望,或增加已产生需要的程度。在社会情境中产生需要(欲望)最强有力的是目标对象。例如,画饼充饥、望梅止渴等。

3. 认知因素

思想可使个体的欲望不断产生,特别是想象和幻想。个体想象他置身于某一社会情境之中,就能加强他在某一方面的欲望。因此,一些人会将其中的某些欲望付诸现实,以求满足其需要,如心理学史上大量用剥夺食物来验证需要产生与认知的相互关系的实验研究。研究发现,当个体处于饥饿状态而又禁止他获得食物时,个体很容易产生对食物的幻想。

(四)需要的种类

人类生活在自然界中,伴随着逐渐的社会化,产生了各种各样的需要,具体来讲,有以下几种。

1. 自然性需要和社会性需要

根据需要的起源,可以将需要分为自然性需要和社会性需要。

自然性需要与维持个体的生存与种族繁衍相联系,是一种本能的需要。如人对空气、水分、食物、睡眠、性、安全、运动等的需要。自然性需要又称生物性需要或生理性需要,是人和动物都具有的一类需要。但人与动物在满足自然性需要的对象和方式上存在本质的差异。动物只有依靠自然界现成的天然物质来满足需要;而人则主要依靠生产劳动满足需要,其满足需要的水平受个体的社会生活条件的制约,其满足需要的方式受文化习俗和个体特点的制约。

社会性需要与个体的社会生活相联系,是后天习得的需要。如人对劳动、交往、学习、审美、威信、道德等的需要。社会性需要是人类所特有的一类需要。它是从社会要求转化而来的。人们在社会生活中,社会不断向个体提出各种要求,当个体认识到接受这些要求的必要性时,社会的要求就会转化为个体的需要。

2. 物质需要和精神需要

按照需要对象的性质,可以将需要分为物质需要和精神需要。

物质需要是个体对生存和发展所必需的物质生活的需要,既包括对自然界产物的需要,又包括对社会文化产品的需要。例如,在对服装的需要中,既有满足人们防寒、防晒等自然性需要的内容,也有满足人们自尊、追求美的社会文化产品需要的内容。

精神需要是个体对生存和发展所必需的精神生活的需要。如对劳动、交往、审美、道德、创造等的需要。随着社会的进步和社会生产力的发展,人类所特有的精神需要不断发展。人类对劳动和交往的需要是最早形成的精神需要,这些需要对人类历史的发展起着十分重要的作用。精神需要有高尚与低级趣味之分:高尚的精神需要可以使人不断取得进步,而低级趣味的精神需要则会消磨人的意志,使人走向歧途。

(五) 需要学说

心理学家对需要进行研究,提出了许多有关需要的学说,比较有影响的有以下几种。

1. 默瑞的需要学说

美国心理学家默瑞认为,需要是个性的核心,是以大脑一定区域内某种生化过程为基础的,是人的一切思想和行动的推动力量。它能够组织知觉、智力活动和行动,使不合意的情境向一定方向发生变化。默瑞还认为需要可分两种:潜在的需要,指受压抑的或受约束的需要;显现的需要,是自由表达和为个体有意识认可的需要。

2. 勒温的需求说

美国心理学家勒温认为,需求是把心理学的其他各部分综合起来的核心问题。他提出平衡和张力的理论,认为个体的生存就是个体与环境之间的平衡,当平衡被破坏时,人就产生某种需求,这时体内就会出现一个张力系统。张力系统的活动导致人力求恢复平衡,消除张力使需求得到满足。

3. 成就需要层次理论

美国科学家麦克利兰(D. McClelland,1917—1998)提出了成就需要理论。他认为具有强烈的成就需要的人,把个体的成就看得比金钱更重要。他们事业心强,有进取性,也比较实际,敢冒一定风险,是"进取的现实主义者"。麦克利兰认为,高成就的需要是可以通过教育加以培养的。

4. 马斯洛的需要层次理论

马斯洛是20世纪50年代中期兴起的人本主义心理学派的主要创始人,他提出了需要层次理论。

马斯洛的需要层次理论把需要由较低层次到较高层次分成生理需要、安全需要、社交需要、尊重需要和自我实现需要五类。

1)生理需要

对食物、水、空气和住房等需要都是生理需要,这类需要的级别最低,人们在转向较高层次的需要之前,总是尽力满足这类需要。个体在饥饿时往往不会对其他事物感兴趣,他的主要动力是找到食物。

2) 安全需要

安全需要包括对人身安全、生活稳定以及免遭痛苦、威胁或疾病等的需要。和生理需要一样,在安全需要没有得到满足之前,人们主要关心的就是这种需要。

3) 社交需要

社交需要包括对友谊、爱情以及隶属关系的需要。当生理需要和安全需要得到满足后,社交需要就会突显出来,进而产生激励作用。

4) 尊重需要

尊重需要既包括对成就或自我价值的个体感觉,也包括他人对自己的认可与尊重。有尊重需要的人希望别人按照他们的实际形象来接受他们,并认为他们有能力,能胜任工作。他们关心的是成就、名声、地位和晋升机会。这是由于别人认识到他们的才能而得到的。当他们得到这些时,不仅赢得了人们的尊重,同时内心因自己价值的满足而充满自信。不能满足这类需要,就会使他们感到沮丧。如果别人给予的荣誉不是根据其真才实学,而是徒有虚名,也会对他们的心理构成威胁。

5) 自我实现需要

自我实现需要的目标是自我实现,或是发挥潜能。达到自我实现境界的人会接受自己也会接受他人,解决问题能力增强,自觉性提高,善于独立处事,要求不受打扰地独处。要满足这种尽量发挥自己才能的需要,他应该已在某个时刻部份地满足了其他的需要。当然自我实现的人可能过分关注这种最高层次的需要的满足,以至于自觉或不自觉地放弃满足较低层次的需要。

二、动机

动机问题则是心理学研究中的重要领域之一,并愈来愈受到心理学家们的广泛重视。动机的深入研究,成为今日心理科学进步的趋势。

(一) 动机的概念

动机是为实现一定的目的,激励人们行动的内在原因。人从事任何活动都有一定的原因,这个原因就是人的行为动机。动机可以是有意识的,也可能是无意识的。它能产生一股动力引起人们的行动,维持这种行动朝向一定目标,并且能强化人的行动。因此,在国外也被称为驱动力。比如说,工作动机是指人们从事工作的原因或力量,具体可能是挣钱、学技术、发挥才干、造福人类等。

动机可以由当前的具体事务所引起。如感到寒冷的人,有取暖的需要;附近的木柴、引火物等,能引起他产生烤火的动机。动机也可以由不在当前的事物引起,如:表象和概念,甚至是人的信念和道德理想等。例如,对真理和正义的坚信和热爱,个体的责任感或事业心,在一定条件下都能成为推动人去从事活动的动机。

(二)动机的功能

动机本身不属于行为活动,它是行为的原因,不是行为的结果,具体有以下功能。

1. 引发和始动性功能

没有动机,就不可能有行动,动机是人的行动动力。为了使居住条件得以改善,就会产生装修居室的行动;中学生为了政治上的进步,就得写入团申请书,就得在行动上严格要求自己。

2. 方向和目标性功能

动机都是有一定的方向和目的的,他的行动总是按照这样的方向和目标去实现。例如,在班级卫生评比中,某班的卫生委员想使本班在全年级评第一,这个"第一"就是方向和目标,为了实现这个目标,他就得以身作则,带领全班同学认真打扫教室。

3. 强化和激励性功能

动机对其行动还起着维持、强化和激励的作用,以使其最终达到目标。动机产生目标,目标总是促使、激励人们不断地进取,获得成功。一般来说,动机越明显、越强烈,这种强化和激励性功能也就越大。举例来说,对一些初中学生来说,认为中考至关重要,成绩好就会上重点高中,成绩不好就只能上一般高中,而上重点高中又是将来上大学的必备条件。这种动机及目标就会激励他们、强化他们不断努力,提高自己的学习水平。

(三)动机产生的条件

动机是在需要的刺激下,直接推动人进行活动的内部动力。动机是个体活动的内在过程,行为是这种内在过程的结果。引起动机的条件可以分为内在条件和外在条件。

动机产生的内在条件指的是需要。动机是在需要的基础上产生的,离开需要的动机是不存在的。只有需要的愿望很强烈、满足需要的对象存在时,才能引起动机。例如,求职需要学历,学历越高求职的难度就越小,所以一般来说为了能找到合适的工作,人们就需要一定层次的学历,这种需要就会引起人们再学习、再深造的动机。

动机产生的外在条件指的是能够引起个体动机并满足个体需要的外在刺激,也就是诱因。诱因可能是物质的,也可能是精神的。例如,对于饥饿的人来说,食物是诱因;对于应届高中毕业生来说,考上名牌大学是诱因;对要求进步的学生来说,学校的奖励和老师的表扬是诱因。

内在条件——需要,以及外在条件——诱因,是个体产生动机的主要因素。在个体强烈的需要、又有外部诱因的条件下,就能引起个体强烈的动机,进而使个体产生某种行为。

(四) 动机的种类

依据不同的分类标准,动机可分为不同的种类。

1. 生理性动机和社会性动机

根据动机的起源,可将动机分为生理性动机和社会性动机。

生理性动机是与人的生理需要相联系的,具有先天性。

社会性动机是与人的社会性需要相联系的,是后天习得的,如交往动机、成就动机、权力动机等。交往动机,是在交往需要的基础上发展起来的一种重要的社会性动机。交往需要表现为每个个体都愿意归属于某个团体,喜欢与人来往,希望得到别人的关心、友谊、赞赏与支持。这种需要促使人们结交朋友,寻找支持,参加某个团体并在其中活动。成就动机,是人们希望从事对他有重要意义的、有一定困难的、具有挑战性的活动,在活动中能取得优异结果和成绩,并能超过他人的动机。例如,一个孩子希望自己搭的积木又高又稳,超过别的孩子;一个学生希望自己在考试中获得好成绩,能名列前茅;一位作家希望创作出时代重大主题的作品,受到社会的好评。成就动机强烈的人在活动中有高标准,他们愿意承担容易引起争议的工作,即使对它没有特别的兴趣,也能尽力把它做好。成就动机对个体活动有重要作用。研究发现,在两个体的智商大体相同的情况下,一般成就动机高的人比成就动机低的人在活动中成功的可能性高一些。权力动机,是指人们具有的某种支配和影响他人以及周围环境的内在驱力。在权力动机的支配下,人们表现出积极主动的精神,并有成为某一群体的领导者的愿望。高权力动机者,经常表现为对社会事业的浓厚兴趣,在讨论问题时总是试图以自己的观点、看法去说服别人,在群体中希望处于领导地位,日常生活中表现得比较健谈,好争论。

2. 内在动机和外在动机

根据动机的引发原因,可将动机分为内在动机和外在动机。

内在动机是由活动本身产生的快乐和满足所引起的,它不需要外在条件的参与。个体追逐的奖励来自活动的内部,即活动成功本身就是对个体最好的奖励。如学生为了获得知识、充实自己而努力读书就属于内在动机。

外在动机是由外部因素引起的,个体追逐的奖励来自动机活动的外部。如有的学生认真学习是为了获得教师和家长的好评等。

内在动机的强度大,持续时间长;外在动机持续时间短,往往带有一定的强制性。事实上,这两种动机缺一不可,必须结合起来才能对个体行为产生更大的推动作用。

3. 主导性动机和辅助性动机

根据动机在活动中所起的作用不同,可将动机分为主导性动机和辅助性动机。

主导性动机是指在活动中所起作用较为强烈、稳定、处于支配地位的动机。

辅助性动机是指在活动中所起作用较弱、较不稳定、处于辅助地位的动机。在人的行为中主导性动机和辅助性动机可以互相转化。研究表明,主导性动机和辅助性动机的关系较为一致时,活动力会加强;彼此冲突,活动力会减弱。

4. 近景动机和远景动机

根据动机行为与目标远近的关系,可将动机划分为近景动机和远景动机。

近景动机是指与近期目标相联系的动机。

远景动机是指与长远目标相联系的动机。如:有的学生努力学习,其目标是为期末获得好成绩;而有的学生努力学习,其目标是为今后所从事的事业打基础。前者为近景动机,后者为远景动机。

近景动机和远景动机具有相对性,在一定条件下,两者可以互相转化。远景动机可分解为许多近景动机,近景动机要服从远景动机。"千里之行,始于足下",是对近景动机与远景动机辩证关系的描述。

(五)动机的理论

在现代心理学中关于行为的动机问题,有各种不同的理论主张。主要的动机理论有精神分析的动机理论、内驱力理论。

1. 精神分析的动机理论

弗洛伊德认为,人有两大本能。一种是生的本能,他称之为力比多(libido),并用力比多这个词来概括一系列行为和动机现象。像饮食、性、自爱、他爱等个体所从事的任何愉快的活动,都是生的本能。另一种是死的本能,他称之为萨那托斯(即希腊神话中的死神),像仇恨、侵犯和自杀等都是死的本能。由于这两种本能在现实生活中都不能自由发展,常常受到压抑而进入无意识领域,并在无意识中并立共存,驱使我们的行动。人的每一种动机都是无意识的生的本能和死的本能的混合物。他把心理比做冰山,露出水面的小部分为意识领域,水下的大部分为无意识领域。这种无意识的大部分是冲动、被压抑的愿望和情感。因此要了解人类行为背后潜藏的动机,如果只分析意识领域是不充分的,也是不恰当的。于是,弗洛伊德采用自由联想、释梦等方法来揭示无意识的动机过程。

人们有意识地压抑自己的本能冲动(特别是性冲动),但无意识的本能冲动决不能消除,也不能完全加以控制,常以梦、失言、笔误以及许多神经症状等显现,也会以升华或其他文饰方式表现出来。因此,人类的行为是很复杂的。

2. 内驱力理论

美国心理学家赫尔(Hull,1884—1952)是内驱力理论的主要代表。他认为,机体的需要产生内驱力。内驱力激励有机体的行为。在赫尔的理论中,内驱力是一种中间变量,其力量大小可以根据剥夺时间的长短或引起行为的强度及能量消耗从经验上加以确定。但他认为,剥夺的持续时间是一个相当不完善的指标,因而强调用行为的力量来衡量。

在赫尔的理论中,内驱力主要有两种:原始性内驱力和继发性内驱力。原始性内驱力同生物性需要状态相伴随,并与有机体的生存有密切的联系。这些内驱力产生于机体组织的需要状态,如饥、渴、空气、体温调节、大小便、睡眠、活动、性交、回避痛苦等。继发性内驱力是指情境(或环境中的其他刺激)而言,这种情境伴随着原始性内驱力的降低,结果就成了一种内驱力。

人类的动机是很复杂的,因此,心理学家对动机的理论探索也仅是各谈一面。上述各种动机理论都有一定的合理性,但又不能解释所有的动机现象,而都有其局限性。现代动机的理论研究已不再醉心于解释各种动机现象的"大理论",而侧重于探索各种活动领域中的动机作用规律,根据观察实验材料,建立各种小型的动机理论。

(六) 动机与需要的关系

动机和需要是有区别的。需要是人们对某种目标的渴求或欲望,主要和人们的主观愿望相联系。动机在需要的基础上产生,主要和人的行动相联系。也就是说,需要并不能直接产生行动,而必须先产生动机才能引起人的行动,动机是需要与行动之间必经的一个中间环节。

动机虽然是在需要的基础上产生的,但并非所有的需要都能成为动机。这是因为,需要必须达到一定强度并有相应的诱因条件才能成为动机。

三、兴趣

人的兴趣不仅是在学习、活动中发生和发展起来的,而且又是认识和从事活动的巨大动力。它可以使人的智力得到开发,知识得以丰富,眼界得到开阔,并使人尽快适应环境,对生活充满热情。兴趣确实对人的个性形成和发展起着巨大作用。

(一) 兴趣的概念

兴趣是个体以特定的事物、活动及人为对象,所产生的积极的和带有倾向性、选择性的态度和情绪。

每个个体都会对他感兴趣的事物给予优先注意和积极地探索,并会对其心驰神往。例如,对美术感兴趣的人,对各种油画、美展、摄影都会认真观赏、评点,对好的作品进行收藏、模仿;对钱币感兴趣的人,会想尽办法对古今中外的各种钱币进行收集、珍藏、研究。

兴趣不只是对事物表面的关心,任何一种兴趣都是由于获得这方面的知识或参与这种活动而使人体验到情绪上的满足而产生的。例如,个体对跳舞感兴趣,他就会主动地、积极地寻找机会去参加,并且在跳舞时感到愉悦、放松和乐趣,表现积极而自觉自愿。

(二) 兴趣产生的条件

不管人的兴趣是什么,都是以需要为前提和基础的,人们需要什么也就会对什么产生兴趣。由于人们的需要可以分为生理需要和社会需要或物质需要和精神需要,因此,人的兴趣也同样表现在这两个方面。人的生理需要或物质需要一般来说是暂时的,容易满足。例如,人对某一种食物、衣服感兴趣,吃饱了、穿上了也就满足了;而人的社会需要或精神需要却是持久的、稳定的、不断增长的,例如,人际交往、对文学和艺术的兴趣、对社会生活的参与则是长期的、终生的,并且是不断追求的。兴趣是在需要的基础上产生的,也是在需要的基础上发展的。中学生需要知识,他的知识越多,他的兴趣也就越广泛,越浓厚。

兴趣与个体的认识和情感有着密切联系。如果个体对某项事物没有认识,也就不会产生情感,因而也就不会对它发生兴趣。相反,认识越深刻,情感越丰富,兴趣也就越深厚。例如,集邮,有的人对集邮很入迷,认为集邮既有收藏价值,又有观赏价值,它既能丰富知识,又能陶冶情操,而且收藏的越多,越丰富,就越投入,越有兴趣。

(三) 兴趣的种类

人类的兴趣是多种多样的,可以用不同标准对它们进行分类。

1. 根据兴趣的内容可以分为物质兴趣和精神兴趣

物质兴趣主要指人们对舒适的物质生活(如衣、食、住、行方面)的兴趣和追求;精神兴趣主要指人们对精神生活(如学习、研究、文学艺术、知识)的兴趣和追求。

就中学生来说,由于人生观和世界观尚未完全形成,无论物质兴趣和精神兴趣都需要老师和家长进行积极的引导,以防止在物质兴趣方面的畸形发展,在精神兴趣方面的消极发展和追求。

2. 根据兴趣所指向的目标,可以分为直接兴趣和间接兴趣

直接兴趣是指对活动过程的兴趣。例如,有的中学生想象力丰富,富于创造性,喜欢制作各种模型,在制作过程中,全神贯注,表现出浓厚的兴趣。间接兴趣主要指对活动过程所产生的结果的兴趣。有的中学生喜欢绘画,每当完成一幅画,他都会对自己取得的成果表现出极大兴趣。

直接兴趣和间接兴趣是相互联系、相互促进的,如果没有直接兴趣,制作各种模型的过程就很乏味、枯燥;而没有间接兴趣的支持,也就没有目标,过程就很难持久下去。因此,只有把直接兴趣和间接兴趣有机地结合起来,才能充分发挥个体的积极性和创造性,才能持之以恒,目标明确,取得成功。

(四)兴趣的作用

兴趣是认识和从事活动的巨大动力,是推动人们去寻求知识和从事活动的心理因素。兴趣在人的学习、工作和一切活动中起动力作用。

1. 兴趣是引起和保持注意的重要因素

人们对感兴趣的事物,总是愉快地、主动地去探究它。兴趣使人集中注意,产生愉快、紧张的心理状态,对认识过程产生积极的影响。无论是无意注意还是有意注意都与兴趣有关,若对某种事物不感兴趣,也就不能集中注意。

2. 兴趣是人们从事活动的强大动力

凡是符合个体兴趣的活动,就能提高人们的积极性,使人积极愉快地从事某种活动。兴趣对个体的生活和活动的作用主要表现在以下几个方面。

(1) 对未来活动的准备作用。例如,对于一名大学生来说,对心理学感兴趣,就可能激励他积累各种心理学知识,研究各种心理学现象,为将来研究和从事心理学方面的工作做充分的准备,打下坚实的基础。

(2) 对正在进行的活动的推动作用。兴趣是一种具有浓厚情感的志趣活动,它可以使人集中精力去获得知识,并创造性地完成当前的活动。美国著名华人学者丁肇中教授就曾经深有感触地说:"任何科学研究,最重要的是要看对自己所从事的工作有没有兴趣,换句话说,也就是有没有事业心,这不能有任何强迫。……比如搞物理实验,因为我有兴趣,我可以两天两夜、甚至三天三夜在实验室里,守在仪器旁,我急切地希望发现我所要探索的东西。"正是兴趣和事业心推动着丁教授所从事的科研工作,并使他获得巨大的成功。

(3) 对活动的创造性态度的促进作用。兴趣会促使人深入钻研、创造性的工作和学习。就中学生来说,如果对一门课程感兴趣,就会促使他刻苦钻研,进行创造性思维,这样不仅会使他的学习成绩大大提高,而且会大大地改善学习方法,提高学习效率。

3. 兴趣对智力发展起促进作用

皮亚杰指出:"所有智力方面的工作都要依赖于兴趣。"拉扎勒斯等人进行了一项研究表明,兴趣比智力更能促进学生努力学习。他将高中学生按照智力和兴趣分成智力组和兴趣组,智力组学生的平均智商120,但对于语文的阅读和写作不感兴趣;兴趣组学生的平均智商107,但对于语文的阅读和写作很有兴趣。在学期结束时,兴趣组的成绩远远超过智力组。

(五)兴趣的品质

兴趣的品质三种:广阔性、稳定性、效能性。

1. 兴趣的广阔性

兴趣的广阔性是指个体兴趣范围的大小或丰富性的程度,也可称兴趣的广度。兴趣的广度具有明显的个别差异。有的人兴趣十分狭窄,对什么都没热情,不感兴趣;而有的人兴趣十分广阔,爱因斯坦的兴趣就是如此,他是伟大的物理学家,但又非常喜欢音乐,小提琴拉得好,钢琴弹得也很出色,还能撰写文学评论。

2. 兴趣的稳定性

兴趣的稳定性是指兴趣的持续时间和巩固的程度。例如,有的人兴趣是持久而稳定的,这种人一旦对某种事物或活动产生兴趣,就始终保持而长期不变,并且一步一步地深入下去,达到迷恋程度。而有的人兴趣极不稳定,经常会对某种事物产生兴趣,但又不能持久,往往朝秦暮楚,见异思迁。这种暂时的兴趣,即使很强烈,但对实践活动的推动作用也不大。可见,在兴趣的稳定性方面也存在很大的差异。

3. 兴趣的效能性

兴趣的效能性是指兴趣对活动产生作用的大小。兴趣对人的行动的动力作用有积极和消极两种。凡是对社会的进步和个体身心发展起推动作用的,就是具有积极效能的兴趣;凡是对社会的进步和个体身心发展起阻碍作用的,就是具有消极效能的兴趣。同样,人们兴趣的效能性是有很大差别的。有的人兴趣是主动的、积极的;有的人兴趣是消极的、被动的。如有的人对上网很有兴趣,但主要用于玩游戏或聊天,影响了正常的学习和生活,这样的兴趣就是消极效能的兴趣。

第三节 个性倾向性在教育教学中的应用

一、需要规律在教育教学中的应用

需要在教育教学中发挥着重要的作用,了解并利用需要规律能够有效促进开展教育教学活动,但是,在开展教育教学活动过程中,经常会出现把教育教学活动简单地等同为满足人的需要的片面化倾向。所以,只有科学地运用需要规律和采取有效方法才能极大地调动人的积极性,顺利地进行教育教学活动,提高教育教学活动的有效性。

(一)在教育教学过程中,学生应学会确立合理的、正确的需要

学生确立合理的需要,才能满足和实现学生的需要,有效开展教育教学活动。学

生的需要有合理和不合理之分,决定需要合理性的标准很多,有生理标准、心理标准、道德标准等,其中生理标准和心理标准是最基本的。在满足需要的过程中,道德标准起到了很重要的作用。教师在开展教育教学活动过程中,应按照这三条标准,指导学生确立适合自己身心状况,符合道德标准的合理的、正确的需要,指导自己进行有效的学习。

(二)引导学生的需要由低层需要逐渐向高层需要提升

学生的需要由低级层次向高级层次提升可以有效调动和保持学生的积极性,从而有效的促进学习。由于学生生活在不同的社会环境中,且不同年龄段的学生身心发展特点存在个体差异,所以,学生的需要存在多样性、多层次性等特点,需要与需要之间的关系错综复杂,有合理与不合理之分,有现实性的和非现实性的对立,还有个体需要与他人、社会需要之间的矛盾。因此,只有引导学生针对自己的实际情况,制订合理的,由低层次向高层次逐渐提升的需要,才能更好地调动学生的积极性,更好地促进学生身心健康发展,促进学生学习的有效性。

(三)引导学生正确选择需要的满足方式

选择什么样的需要满足方式不是任何学生的意志所能决定的,而是受现实社会客观条件制约的。所以,教师应根据学生的实际情况,引导学生正确选择需要的满足方式,使学生既能健康成长,又能取得较好的学习成绩。

二、动机规律在教育教学中的应用

在学校环境中,培养学生的学习动机能够有效提高学生学习的积极性,从而提高学习成绩。学生学习动机的激发与培养有多种途径,概括起来可分为外部动机激发和内部动机激发两种。外部动机激发着眼于创设各种外部条件(如反馈、奖励与惩罚、竞赛等),内部动机着眼于用内部各种心理因素(如需要、求知欲、兴趣、自尊心和自信心等)激发学习动机。教师在教育教学中可通过以下措施培养、激发学生的学习动机。

(一)明确活动目的和意义,增强学习动机水平

学生在学习过程中缺乏学习动机是因为对学习活动的目的和意义不明确造成的。因此,进行活动目的和意义教育是十分重要的。它可以使学生认识到学习活动的社会意义,从而产生学习的需要,形成学习的长远性和间接性的远景动机,提高学习的主动性与积极性。作为教师,在开展教育教学活动前,应向学生清楚说明学习活动的目的、任务要求,只有当学生充分了解学习活动的目的和意义时,才能把学习活动转化为学习的动机,满足自身学习需要。一般说来,学生学习的目的和意义越明确,越能激发学生的学习动机。

(二)激发学生的求知欲,并使之转化为学习动机

激发学生求知欲是形成学习动机的有效方法。教师在教学中可以通过创设问题情境,引起学生的"认知失调",从而激发学生的求知欲。不过在问题情境的创设过程中要注意问题要小而具体,新颖而有趣,有适当的难度,还要有启发性。此外,教师在教育教学活动中还可以利用一些直观的教学材料,如挂图、视频、游戏、实验演示等多种方式培养学生对所学内容产生兴趣,激发求知欲,并使之转化为学习动机的目的。当学生缺乏学习动机时,教师可利用学习动机的迁移,因势利导把学生已有的对其他活动的学习动机转移到新的学习内容上来,从而激发学生学习新知识的强烈动机。

(三)利用各种诱因,激发学生学习动机

对学生进行学习目的和意义教育是启动学生对学习的内在需要,使之转化为学习的内在动机。利用诱因是指通过外部的各种刺激物满足学生的需要,使个体产生学习的外在动机,从而产生学习行为,提高学习成绩。研究表明,科学运用奖励和惩罚、合理开展学习竞赛、及时反馈等诱因都起到了激发学生学习外在动机。但是,在运用这些诱因激发学生学习动机时,一定要做到科学有效。

1. 及时反馈

反馈就是让学生对自己的学习结果有所了解,这样学生就可以看到自己的进步和存在的不足,从而提高学习的热情,克服缺点,增加努力程度。运用反馈要做到及时、全面,还要以正面反馈为主,对学习成绩不理想的学生,更应以表扬和鼓励为主,以增强学生学习的自信心。

2. 科学地运用奖惩

这里的奖惩主要指表扬与批评。实验表明,表扬与批评运用得好,有利于学生学习动机的激发。因此,教师对学生进行表扬与批评时应注意:多表扬,少批评,表扬与严格要求相结合,批评中要带有鼓励,教师对学生的表扬与批评做到客观、实事求是,才能对学生学习动机的激发起到积极作用。有学者还提出了有效地运用奖惩的几个原则:

(1)淡化奖赏的外部控制作用,强调学生的努力因素。
(2)奖赏要与学生的实际付出的努力相一致。
(3)奖励要以精神奖励为主,物质奖励为辅。
(4)切忌把惩罚作为教师发泄情绪的手段。

3. 合理地开展学习竞赛

竞赛是激发学生学习动机、提高学习积极性的有效手段。研究表明,在学生学习知识过程中,适当开展一些学习的竞赛活动,可以增强学生的成就动机、学习兴趣和克

服困难的毅力。合理开展学习竞赛应考虑学生自身的年龄和身心发展特点、适当安排学习竞赛的难易程度和学习竞赛活动的频率,不能因竞赛增加学生的心理紧张度,以致产生心理压力;竞赛时要尽量按能力的高、中、低分组,使每个学生都有获胜的机会;竞赛还要与评比、奖励相结合,以便巩固竞赛的成果。总之,只有当竞赛符合学生的自尊、获取成就和自我表现的心理需要,才能激励学生奋发努力、积极向上的学习动机。

三、兴趣规律在教育教学中的运用

(一)通过各种活动,调动学生的学习兴趣

学生的学习兴趣只有在活动中才能得到发展,也只有在活动中才能发挥学习兴趣对学习活动的推动作用。体验成功的快乐是发展学生学习兴趣的重要途径,教师应该在活动中让学生体验到成功的欢乐。一方面,在课堂教学中,要调动一切手段,让学生积极参与活动,开动脑筋,使他们在活动中体验成功的快乐,更能积极主动地进行学习活动;另一方面,要充分利用学校课外活动和少先队活动,组织各种有趣的比赛、游戏、参观、义务劳动、游览等活动,把校内与校外活动结合起来,为学生开辟广阔的活动天地,在活动中开阔视野,体验成功的快乐,发展学生的学习兴趣。

(二)通过提高教学水平,激发学生的学习兴趣

研究表明,中小学生对不同学科出现兴趣分化现象的原因是多方面的,其中很大程度上取决于教师讲课的好与不好。可见,教师的教学水平,是学生对不同学科产生学习兴趣的最重要的条件。因此,教师在教育教学活动中,要努力提高自身的教学水平,加强教学的基本功训练。此外,教师在教学过程中,加强和学生之间感情的沟通,处理好师生间关系,也能有效激发学生学习兴趣。教师在教学过程中,要不断创设问题情景,搞好启发式教学,鼓励学生在学习活动中发挥独立性与创造性,引发学生的学习兴趣,提高学生的学习成绩。

(三)通过积极的评价,强化学生的学习兴趣

积极的评价是指当学生取得成功或有了进步时,教师要及时给予鼓励与表扬,使学生体验到成功的喜悦。表扬和鼓励,体现的是一种社会评价,这种评价能为学生提供反馈信息,使他们能认识到自己的能力及价值,从而能进一步增强原有的兴趣。但积极的评价也要恰当,表扬、鼓励既不要过头,也不可不足,而且要做到及时。若对不同性格特点的学生采取不同的表扬与鼓励的方式,所达到的强化效果会更好,更能促进学生产生学习兴趣。

【阅读材料】

马斯洛简介

马斯洛(Abraham. H. Maslow 1908—1970),美国社会心理学家、人格理论家和比较心理学家。人本主义心理学的主要发起者和理论家。1933年在威斯康星大学获博士学位,第二次世界大战后转到布兰代斯大学任心理学系教授兼主任,开始对健康人格和自我实现者的心理特征进行研究。曾任美国人格与社会心理学会主席和美国心理学会主席(1967)。

马斯洛的著名论文《人类动机论》最早发表于1943年的《心理学评论》。他的动机理论又称需要层次论,这种理论认为,人类动机的发展和需要的满足有密切的关系,需要的层次有高低的不同,低层次的需要是生理需要,向上依次是安全、爱与归属、尊重和自我实现的需要。自我实现指创造潜能的充分发挥,追求自我实现是人的最高动机,它的特征是对某一事业的忘我献身。高层次的自我实现具有超越自我的特征,具有很高的社会价值。健全社会的职能在于促进普遍的自我实现。他相信,生物进化所赋予人的本性基本上是好的,邪恶和神经症是由于环境所造成的。越是成熟的人,越富有创造的能力。

主要著作:《动机和人格》(1954);《存在心理学探索》(1962);《科学心理学》(1967);《人性能达到的境界》(1970)。

学习动机的自我诊断

此测验,主要是了解你在学习动机、学习兴趣、学习目标的制定上是否存在困扰。该测验题共20题,测验时,请把你真实的想法或做法在与自己相符的题后打"√",不相符的题目后打"×"。

1. 如果别人不督促你,你极少主动学习。   (   )
2. 当你读书时,需要很长时间才能提起精神。   (   )
3. 你一读书就觉得疲劳与厌烦,只想睡觉。   (   )
4. 除老师指定的作业外,你不想再多看书。   (   )
5. 不懂的内容你根本不想设法弄懂它。   (   )
6. 你常想自己不用花太多时间,成绩也会超过别人。   (   )
7. 你迫切希望自己在短时间内就大幅度提高自己的学习成绩。   (   )

8. 你常为短时间内成绩没提高而烦恼不已。（　　）
9. 为了完成某项作业,你宁愿废寝忘食,通宵达旦。（　　）
10. 为了把功课学好,你放弃了很多感兴趣的活动,如体育锻炼、看电影或郊游等。（　　）
11. 你觉得读书没意思,想去找个工作做。（　　）
12. 你常认为课本上的基础知识没啥好学的,只有看高深的理论读大部头作品才带劲。（　　）
13. 只在你喜欢的科目上狠下功夫,而对不喜欢的科目放任自流。（　　）
14. 你花在课外阅读上的时间比花在教科书上的时间要多得多。（　　）
15. 你把自己的时间平均分配在各科上。（　　）
16. 你给自己定下的学习目标,多因做不到而不得不放弃。（　　）
17. 你几乎毫不费劲就实现你的学习目标。（　　）
18. 你总是同时为实现几个学习目标忙得焦头烂额。（　　）
19. 为了对付每天的学习任务,你已经感到力不从心。（　　）
20. 为了实现一个大目标,你不再给自己制定循序渐进的小目标。（　　）

上述20道题可以分成四组,分别测查你在学习动机上四个方面的困扰程度:1～5题测查学习动机是不是太弱;6～10题测查学习动机是不是太强;11～15题测查学习兴趣是否存在困扰;16～20题测查学习目标上是否存在困扰。假如你对某组中大多数题目持认同态度,则一般说明你在相应的学习动机上存在一些不够正确的认识,或存在一定程度的困扰。

思考与练习

1. 什么是个性?个性的特征有哪些?
2. 个性的影响因素有哪些?
3. 个性倾向性包括哪些内容?
4. 什么是需要?需要的种类有哪些?
5. 什么是动机?动机的种类有哪些?
6. 在这个案例中,老师都用到了哪些动机培养的方法?

案例:这是一节"欣赏音乐、想象作文"训练课。让学生欣赏钢琴曲《蝴蝶》,展开想象,练习表达。一上课,教师先启发学生回忆:"蝴蝶是什么样的?""你在什么地方见过蝴蝶?"接着,老师演奏钢琴曲《蝴蝶》,指导学生倾听、欣赏。第一遍演奏,让学生整体感知。一曲终了,请学生说说乐曲的主要意思和层次。然后,老师再次弹奏乐曲,引导学生欣赏。当美妙的乐曲声回荡在教室里时,合着乐曲的旋律,梁旭燕老师边弹奏、边启发描绘。

第十一章 能　　力

学习目标

1. 理解并识记能力的基本概念及能力的不同类型。
2. 理解能力与知识、技能的关系。
3. 了解能力的个体差异与发展特征。
4. 识记影响能力形成的各种因素，及如何培养、提升个体的能力。

能力是大家比较熟悉的心理现象。现实生活中，有人运算敏捷思路灵活，人们就说他运算能力强；有人过目成诵，大家就羡慕他有惊人的记忆力；有人擅长音乐与舞蹈，有较高的艺术才能等等。这些都是人们顺利完成某些活动的必要的心理条件。在现代教学目标体系中，对能力的培养已十分重视。人才培养的核心问题之一，就是要培养和发展学生的实践能力和创造力。

第一节　能力概述

一、能力

能力是直接影响活动效率，使活动顺利完成的个性心理特征。

能力一词有两种含义：一种是实际能力，即个人已经具备并表现出来的能力，国外心理学家称之为成就，它是个人先天遗传基础加上学习的结果；另一种是潜在能力，即个人将来可能发展并表现的能力。潜在能力是实际能力的基础和前提；而实际能力则是潜在能力的展现。我们说某人在文学上很有天赋，是指他在文学方面具备突出发展的能力，如果潜在能力转化为实际能力，他有可能成为文学大师；但是也有可能潜力得不到发挥，无法转化成实际能力，只成为平庸的人。

对于能力这一概念的理解，我们从以下两个方面来分析。

首先，能力是和活动紧密相连的，离开了具体活动，能力就无法形成和表现。一个有绘画能力的人，只有在绘画活动中才能施展自己的能力；一个教师的组织能力，只有在教育教学活动中才能显示出来。我们只有通过活动才能了解一个人能力的大小。

其次，能力是顺利完成某种活动直接有效的心理特征，而不是顺利完成某种活动的全部心理条件。因为成功完成某种活动受许多主观因素的影响,如知识、经验、性格特征、兴趣与爱好等,但这些因素都不直接影响活动的效率,不直接决定活动的完成,而只有能力才有这种作用,它是完成某种活动所必备的心理特征。例如,思维的敏捷性和言语表达的逻辑性,是直接影响教师能否成功地完成教学任务的能力因素。如缺乏这种因素,就无法顺利有效地完成教学任务。

要顺利完成某种活动,单凭一种能力是不够的,必须靠多种能力的结合。我们把多种能力的有机结合称为才能。说一个人有才能,即意味着他能将从事某项活动所必需的各种能力进行综合运用,因而能取得很好的效果。才能常以活动的名称来命名,如音乐才能、管理才能、教学才能等。

如果完成各种活动所必备的各种能力得到最充分的发展和最完美的结合,并能创造性地、杰出地完成相应的活动,就表明这个人具有从事这种活动的天才。天才就是高度发展的能力的最完美的结合。如马克思和爱因斯坦都是天才人物,他们能够高效率地、创造性地解决前人未曾解决的问题。无论是特殊能力还是一般能力,在他们身上都得到了完美的体现。

二、能力的种类

根据不同的维度,我们可以将能力进行不同的分类。了解能力的种类,对认识个体能力的差异、鉴定与培养等有重要意义。

(一)一般能力和特殊能力

这是以能力所表现的活动领域的不同来划分的。

一般能力是指在进行各种活动中必须具备的基本能力。它保证人们有效地认识世界,也称智力。智力包括个体在认识活动中所必须具备的各种能力,如感知能力(观察力)、记忆力、想象力、思维能力、注意力等,其中抽象思维能力是核心,因为抽象思维能力支配着智力的诸多因素,并制约着能力发展的水平。

特殊能力又称专门能力,是顺利完成某种专门活动所必备的能力,如音乐能力、绘画能力、数学能力、运动能力等。各种特殊能力都有自己的独特结构。如音乐能力就是由四种基本要素构成:音乐的感知能力、音乐的记忆和想象能力、音乐的情感能力、音乐的动作能力。这些要素的不同结合,就构成不同音乐家的独特的音乐能力。

一般能力和特殊能力相互关联。一方面,一般能力在某种特殊活动领域得到特别发展时,就可能成为特殊能力的重要组成部分。例如,人的一般听觉能力既存在于音乐能力之中,也存在于言语能力中。没有听觉的一般能力的发展,就不可能发展言语和音乐的听觉能力;另一方面,在特殊能力发展的同时,也发展了一般能力。观察力属一般能力,但在画家的身上,由于绘画能力的特殊发展,对事物一般的观察力也相应增强起来。人在完成某种活动时,常需要一般能力和特殊能力的共同参与。总之,一般能力的发展为特殊能力的发展提供了更好的内部条件,特殊能力的发展也会积极地促进一般能力的发展。

(二) 再造能力和创造能力

这是按活动中能力的创造性的大小进行划分的。

再造能力是指在活动中顺利地掌握前人所积累的知识、技能,并按现成的模式进行活动的能力。人们在学习活动中的认知、记忆、操作与熟练能力多属于再造能力。创造能力是指在活动中创造出独特的、新颖的、有社会价值的产品的能力。它具有独特性、变通性、流畅性的特点。

再造能力和创造能力是互相联系的。再造能力是创造能力的基础,任何创造活动都不可能凭空产生的。因此,为了发展创造能力,首先就应虚心地学习、模仿、再造。在实际活动中,这两种能力是相互渗透的。

(三) 认知能力和元认知能力

这是按活动的认知对象的维度划分的。认知能力是指个体接受信息、加工信息和运用信息的能力,它表现在人对客观世界的认识活动之中。元认知能力是指个体对自己的认识过程进行的认知和控制能力,它表现为人对内心正在发生的认知活动的认识、体验和监控。认知能力活动对象是认知信息,而元认知能力活动对象是认知活动本身,它包括个人怎样评价自己的认知活动,怎样从已知的可能性中选择解决问题的确切方法,怎样集中注意力,怎样及时决定停止做一件超越自己能力范围的工作,怎样判断目标是否与自己的能力一致等。

第二节　能力的一般规律

一、能力与知识、技能的关系

知识是个体通过与环境相互作用后获得的信息和结构,是人类社会历史经验的总结和概括,是客观事物及其信息在人脑中的储存与表征方式。

技能是个体通过练习而巩固,并在活动中应用的动作方式。可分为心智技能(演说、写作、计算等)、动作技能(体操、游泳、吹拉弹唱等)两大类。

1. 能力与知识、技能是紧密联系,相辅相成的

知识是在人脑中形成的经验系统,技能是个体身上固定下来的复杂的动作系统,能力则是个体顺利完成活动任务的直接有效的心理特征。能力与知识、技能虽然都是一些巩固了的概括化的系统,但概括的水平不同。知识是对经验的概括,技能是对动作和动作方式的概括,而能力则是对调节认识活动的心理活动过程的概括,是较高水平的概括。能力的发展和知识的掌握是不同步的,能力的发展比知识的获得要慢,能力并不是永远随着知识的增多而成正比例发展的。

2. 能力与知识、技能又是相互联系相互转化的

一方面,知识、能力是技能掌握的前提,它制约着技能掌握的快慢、深浅、难易、灵活性和巩固程度;而技能的形成与发展将有助于知识的掌握和能力的发展,所以任何技能的形成与发展都离不开与之相应的知识和能力。另一方面,知识和技能是能力发展的基础。知识的掌握和技能的形成,就能推动和促进能力的发展。而能力又反映出掌握知识、获得技能的内在条件和可能性。

二、能力的个别差异

由于人的遗传素质、后天环境和所受教育以及从事的实践活动的不同,人与人之间在能力上存在着个别差异。研究能力的个别差异,是教师掌握学生智力特点、"因材施教"的重要依据,也是量才用人、各尽所能的理论依据。以下,我们从几个方面来分析人的能力的个别差异。

(一)能力类型差异

能力类型差异是指构成能力的各种因素存在质的差异,主要表现在知觉、记忆、想象、思维的类型和品质方面。

知觉方面的差异有三种类型:综合型,即知觉具有概括性和整体性,但分析能力较弱;分析型,即知觉具有强的分析能力,对细节感知清晰,但整体性较差;分析综合型,具有上述两种类型的特点,即同时具有较强的分析能力和概括能力。

记忆类型的差异,根据人们怎样记忆材料可分为:视觉型,运用视觉记忆效果好;听觉型,运用听觉记忆效果好;运动型,有运动参加时记忆效果较好;混合型记忆,运用多种记忆效果较好。

言语和思维方面,有的人言语特点富于形象性,情绪因素占优势,属于生动的言语类型或形象思维类型;有的人言语特点富于概括性,逻辑因素占优势,属于逻辑联系的言语类型或抽象思维类型;还有居二者之间的混合型。在思维能力方面,每个人在思维的深刻性、灵活性和批判性等品质上又都有自己的特点。

能力的类型差异,一般不代表智力水平的高低,只影响人们学习的过程和获取知识经验的方式。

(二)能力发展水平的差异

能力发展水平的差异主要是指智力上的差异,它表明人的能力发展有高有低。研

究发现,就一般能力来看,在全世界人口中,智力水平基本呈常态分布,即智力极低或智力极高的人很少,绝大多数的人属于中等智力。美国心理学家推孟(Terman)抽取2～18岁的2904人进行测验得出的智商情况,可以看出,表两端的百分数都很小,而中间部分很大(见表11-1)。

表 11-1　不同智商水平上的人数分配百分比($N=2904$)

智 商	百分比/%	级 别
139 以上	1	非常优秀
120～139	11	优秀
110～119	18	中上
90～109	46	中智
80～89	15	中下
70～79	6	临界智力
70 以下	3	智力迟钝

心理学家根据智力发展水平把儿童分成三个等级,即超常儿童、常态儿童、低常儿童。

超常儿童是指智力发展或某种才能显著超过同龄儿童平均水平的儿童。智力超常儿童智力一般在130分以上;其共同的心理特征表现为:浓厚的认识兴趣,旺盛的求知欲;思维敏捷,理解力强,有独创性;敏锐的感知觉,良好的观察力;注意力集中并易转移,记忆速度快而准;进取心强,勤奋,有坚持性。

低常儿童是指智力发展明显低于同龄儿童平均水平并有适应性行为障碍的儿童,又称智力落后儿童。推孟认为,智商70以下的都可以称为智力低常。按程度的不同,可将低常儿童分为三级:迟钝(智商在50～69),愚笨(智商在25～49),白痴(智商在25以下)。低常儿童的主要特征为:知觉速度缓慢,范围狭窄,记忆能力差,语言发展迟缓,词汇贫乏,思维概括能力差,生活自理能力差。总之,低常儿童整个心理活动的各个方面的发展水平都低下。

造成智力低常的原因很复杂,主要是先天因素与后天因素两方面。先天因素包括遗传和非遗传性的;后天因素如脑疾病、脑损伤、剥夺学习机会等。

(三)能力表现早晚的差异

1. 人才早熟

人才早熟也叫智力的早期表现。历史上不少能力出众的人,在少年时期就已崭露头角。在我国,秦朝的甘罗十二岁做了上卿;唐朝的王勃六岁善于文辞,十岁能赋,十三岁能写出脍炙人口的《滕王阁序》。俄国诗人普希金八岁能用法文写诗。控制论创始人之一的维诺,七岁开始读专著,十一岁写论文,十四岁大学毕业,十八岁获得哈佛大学哲学博士学位。

2. 中年成才

1960年有人曾统计1243位科学家、发明家所作的1911项重大发明创造,画出了人才成功曲线。这个曲线说明科学发明的最佳年龄为35岁左右。中年人年富力强,知识基础坚实,实际经验丰富,创造想象力强,善于分析判断,很少因循守旧(见图11-1)。

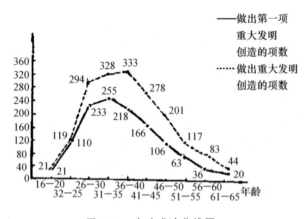

图11-1 人才成功曲线图

3. 大器晚成

人的能力除"早慧"外,还有"大器晚成"的现象,有的人的才能很晚才表现出来。我国古代就有"甘罗早,子牙迟"的记载。近代著名画家齐白石,少年时期只读过半年书,当过牧童,做过15年木匠。40岁才表现出绘画才能,50岁才成为著名画家。生物学家、进化论的创始人达尔文,经过20多年的努力研究,到50岁才写出《物种起源》。这说明人的智力可以通过勤奋学习和艰苦劳动而获得高度发展。

4. 特殊能力的差异

特殊能力是一般能力在专门职业与活动中特殊表现。它们的独特结合表现出个体的才能特点。具有文学才能的个体,往往表现为具有敏锐而深刻的观察能力和高度发展的运用语言表达思想的能力。具有绘画才能的个体,视觉敏感性强,艺术的创造想象力丰富,有较强的形象记忆力。

在特殊能力方面,有的人较多地显露出音乐、舞蹈、美术、体育等才能,他们善于表演、操作,心灵手巧。有的则表现出数学、物理、历史、建筑等思维型的能力,他们善于抽象逻辑思维,善于钻研、分析与综合。有的则表现出交际、组织与管理、教育等社会活动的能力,他们组织能力强,解决问题条理清晰,化难为易。

三、影响能力形成与发展的因素

人的能力有一般与特殊、"早熟"与"晚成"、"超常"与"低常"等方面的重大差异,是在遗传素质的基础上,通过环境与教育的作用,在学习和实践活动中逐步形成的。

(一)遗传因素的影响

遗传素质是指从父母遗传下来的大脑、感官、效应器等方面的解剖生理特点。它包括感觉器官、运动器官以及神经系统和脑的特点。它是能力形成和发展的自然前提和物质基础。

有学者对不同遗传关系人的智商进行相关研究,结果显示,遗传关系愈相近,智力水平越相近。父母的智商与亲生子女的智商相关为 0.50,养父母和养子女的智商相关为 0.25;同卵双生子的智商相关很高,为 0.90,而异卵双生子的遗传相似性类似于同胞兄弟姐妹,他们的智商相关为 0.55;研究分开抚养的同卵双生子,其智商相关为 0.75,比在一起抚养的异卵双生子的智商相关还高。这些研究一方面说明遗传对智力的重要影响,但同时也说明环境对智力的重要作用。

(二)环境因素的影响

能力的发展离不开具体的生活环境,它为能力发展提供了现实条件,使生物遗传性因素所提供的可能性转变为现实性。环境因素有广义和狭义之分。广义的指个体生活的整个社会环境。大到国际、国家经济环境,小到个体居住的周边环境,社区、学校、家庭及亲朋好友。狭义的环境是指教育环境,主要指学校教育以及与个体的能力、性格发展有关的环境。这里仅就个体出生前后的环境及教育教学环境探讨对能力的影响。

1. 产前环境及营养状况的影响

许多研究表明,母亲怀孕期间服药、患病、大量吸烟、遭受过多的辐射、营养不良等,能造成染色体受损或影响胎儿细胞数量,使胎儿发育受到影响,甚至直接影响出生后婴儿的智力发展。胚胎期和出生后,身体和脑都处在迅速发育的时期。脑的发育,特别需要蛋白质、矿物质、维生素等营养物质的供应。有人通过分析儿童头发中的铁、锌、铜、锰、铬、钛、硒、镍、锡、碘、钢等 14 种微量元素的含量,来区别正常儿童和低能儿童,其准确度可达 98%。

2. 教育教学环境的作用

在个体成长的整个过程中,智力的发展速度是不均衡的。美国著名的心理学家布鲁姆对近千人进行追踪研究后,提出了一个重要假设,把五岁前视为智力发展最迅速的时期。如果把 17 岁的智力水平视为 100%,那么从出生到四岁就获得 50% 的智力,其余30%是四岁至七岁获得的,另外20%是八岁至十七岁获得的。苏联的教育家马卡边柯也指出:"教育的基础主要是在五岁以前奠定的,它占整个教育过程的90%……"可见,发展能力要重视早期教育环境的作用。

一个人能朝什么方向发展,发展水平的高低、速度的快慢,主要取决于后天的教育条件。家庭环境、生活方式,家庭成员的职业、文化修养、兴趣、爱好以及家长对孩子的教育方法与态度,对儿童能力的形成与发展有极大的影响。如歌德小时候,歌德的父亲就对他进行有计划多方面的教育,经常带他参观城市建筑物,并讲解城市的历史,以培养他对美的欣赏和历史的爱好。他的母亲也常给他讲故事,每讲到关键之处便停下来,留给歌德去想象,待歌德说出自己的想法后,母亲再继续讲。歌德从小就受到良好的家庭教育,这为他能成为世界著名的大诗人打下了基础。

在教育环境中,学校教育在学生能力发展中则起主导作用。学校教育是有计划、有组织、有目的地对学生施加影响,因此,不但可以使学生掌握知识和技能,而且在学习和训练的同时促进了其能力的发展。在教育教学中发展学生的能力并不是无条件的、绝对的、自发的,而是依赖教育教学内容的正确选择、教学过程的合理安排、教学方法的恰当使用等。

(三) 实践因素的影响

除了生物与环境因素,个体的实践因素也对能力的发展起着积极的作用。实践因素主要体现在个体的实践活动中。实践活动是人与客观现实相互作用的过程,是人所特有的积极主动的行动形式。前面提到的遗传、环境和教育因素是能力形成的重要因素,但这些因素只有在实践活动中才能影响能力的形成与发展,因此可以说,实践活动是能力形成与发展的必要条件。

我国汉代唯物主义哲学家王充就曾提出过"施用累能"和"科用累能"的思想。前者是说能力是在使用中积累的,后者指从事不同职业活动可以积累不同的能力。许多关于劳动、体育、科研等实践活动影响能力形成的研究,充分证明了这一点。油漆工在长期的工作中,辨别漆色的能力得到充分的发展,他们可以分辨的颜色达四五百种;陶器和瓷器工人听觉很灵敏,他们可以根据轻敲制品时发出的声音的性质,来确定器皿质量的优劣。同样的道理,人的自学能力是在学习活动中形成与发展的;人的组织能力也是在长期的社会实践中逐渐形成的。人的各种能力,脱离了具体的实践活动是无从提高和发展的。

(四) 其他个性因素的影响

环境和教育是能力形成与发展的外部条件,外因必须通过内因起作用。一个人要想发展能力,除必须积极地投入实践中去之外,还要充分发挥自身的主观能动性,充分调动积极的个性心理特征。

许多学者和有成就的人指出，人的智慧同坚强的信念、崇高的理想联系在一起。没有理想和信念，发展能力就缺乏强大的动力；兴趣和爱好是促使人们去探索实践，进而发展各种能力的重要条件。高尔基说过："才能不是别的什么东西，而是对事业的热爱。当人们迷恋于自己感兴趣的工作时，就会给能力的发展提供巨大的内部力量；勤奋与坚强的毅力也是能力得以发展所不可缺少的性格因素。"歌德说过："天才就是勤奋。著名的物理学家爱因斯坦在向别人介绍自己的成功经验时写下了一个公式：$A=X+Y+Z$，A代表成功，X代表艰苦的劳动，Y代表正确的方法，Z代表少说空话。从这个公式看出，爱因斯坦把自己的成功归于多种因素的结合，但勤奋是最重要的因素，因此把它放在首位。

四、智力与非智力因素的关系

非智力因素有广义与狭义之分，广义的非智力因素是指智力因素之外的对智力发挥或发展有影响的一切心理因素；狭义的非智力因素主要指动机、兴趣、情感、意志、性格等对学生学习有重要作用的心理因素。非智力因素在人的认识活动中具有动力作用、定向作用、引导作用、维持作用、调节作用、强化作用。

智力和非智力因素的关系处于相互作用的过程之中：

（1）智力促进非智力因素的发展。这表现在两方面：一方面，智力活动的开展会对非智力因素提出一定的要求，从而促进它的发展；另一方面，智力的各个因素在实践活动中逐渐具有了稳定性，就可以直接转化为性格的理智特征，如记忆力的敏捷性、正确性、持久性，思维力的批判性、独立性、深刻性及广阔性等，而性格是非智力因素的重要成分。可见，智力的发展过程也是非智力因素的发展过程。

（2）非智力因素又能支配智力活动，只有在非智力因素的主导下，智力活动才会积极主动，才会克服困难、坚持到底。

（3）非智力因素还能补偿智力方面的弱点，"勤能补拙"就是说明非智力因素对智力的补偿作用。所以，培养非智力因素是发展智力的重要条件与方法。

总之，智力因素与非智力因素的关系是相辅相成、相互促进的，但二者的发展表现在个体身上，经常是不平衡的。所以在教学中既要发展学生的智力因素，也要注意培养学生的非智力因素。

五、能力的鉴定

能力的鉴定可采用观察法、实验法和测验法。在此主要介绍用测验法来鉴定个体的一般能力与创造能力。

(一) 一般能力测验

一般能力测验又称智力测验。中国较早的测验智力的方法是使用七巧板、九连环、猜谜语、做对联,虽然比西方国家开始得早,但是缺乏科学性。首先使用科学的方法测验人的智力始于西方。1905年,法国人比奈根据教育部门测量智力落后儿童的实际需要,与西蒙制定了第一个测量智力的工具,即比奈-西蒙智力量表,这是科学能力测验的开端。到目前为止,各种类型的能力测验有几百种之多。下面就主要介绍测验智力的两种智力量表。

1. 年龄量表

最早的年龄量表是由前面提到的法国人比奈、西蒙编制的,它是在1905年量表的基础上,于1908年修订而成,称比奈-西蒙智力量表。这一量表以年龄作为测量智力的标尺,又称年龄量表,用以测量3~15岁儿童的智力。

1916年,美国心理学家、斯坦福大学教授推孟对比奈-西蒙智力量表进行修订,使其适合美国人使用,并进一步标准化,这就是斯坦福-比奈量表。该量表在儿童智力测验中影响很大。

斯坦福-比奈量表适用于2~14岁儿童。该量表中每一年龄组都有六个题目,通过一个题目代表有两个月的智龄,通过六个题目就代表有一周岁的智龄。智龄又称心理年龄(Mental Age,MA),是比奈首先提出来的,它表示一个人的智力水平。例如,一个儿童通过了6岁组的全部题目和7岁组的3个题目,那么他的智龄就是6岁半(6岁6个月)。

推孟把智力测验的结果用智商(Intelligence Quotient,IQ)表示,智商是通过测验所得到的儿童心理年龄和实际年龄(Chronological Age,CA)之比,又叫比率智商。国际流行的智商计算公式是:

$$IQ = \frac{MA}{CA} \times 100\%$$

例如,上述那6岁的儿童,他的智商就是 $IQ = 6.5/6 \times 100\% = 105$。心理年龄和实际年龄相等时,IQ等于100,表示中等智力。IQ越大,表明儿童智力越高;相反,智力越低。

2. 项目量表

制定年龄量表是以假定心理年龄同实际年龄一起增长为基础的,但事实并非如此。儿童在达到一定年龄之后,他们的心理年龄就不再随实际年龄增长,而稳定在一定的水平上。在这种情况下,如再用智商表示一个人的智力水平,那将出现年龄越大,智力越下降。这说明用比率智商表示人的智力水平是有局限性的。

美国著名的心理学家韦克斯勒编制的韦氏量表包括三种:韦氏幼儿智力量表,适用于4~6岁儿童;韦氏儿童智力量表,适用于6~16岁儿童;韦氏成人智力量表,适用于16岁以上的成年人。

韦氏量表采用项目分类标准,而不再采用年龄分类标准。每套量表都包括言语和操作两个分量表。韦氏量表也不再用智龄的概念,而把测量一个人与同龄组正常人的智龄平均数之比确定为智商,即离差智商。离差智商表示一个人在同年龄组正常人中的相对地位。离差智商不受年龄影响,因此,可以据此对各种年龄的被试进行比较。

计算离差智商先要进行大规模测试,以获得团体平均数(X)和标准差(S)。然后以一个年龄组或团体的平均智商为100、标准差为15进行换算。计算公式是:

$$IQ = 100 + 15(X - \bar{x})/S$$

式中,X 为个人原始分数,$\bar{x}$ 为团体的平均分数,S 为标准差。

例如,某个年龄组的平均分数为70分,标准差为10分,甲生得80分,乙生为60分,其离差智商分别是:

$$IQ 甲 = 100 + 15(80 - 70)/10 = 115$$
$$IQ 乙 = 100 + 15(60 - 70)/10 = 85$$

目前在我国,上述两种量表都有修订版。因为科学的测验远胜一般的观察,所以对学生智力的鉴定多采用智力测验的方法。不过由于智力现象极为复杂,目前智力测验尚不能提供完全准确无误的指标,所以对学生智力的鉴定应采取定量与定性分析结合的方法。

(二) 创造能力的测量

智力测验主要测量个体的一般能力。研究证明,创造能力与智力既有联系又有区别,但二者之间相关性较低,因此,智力测量结果不能说明创造能力的水平。美国心理学家吉尔福德分析了许多智力测验,发现他们主要测量的是认知和集中思维能力,但创造能力更需要发散思维的参与。发散思维在行动上的表现主要有思维的流畅性、变通性、独特性三方面。目前国外的创造力测验主要是从这三方面对人的创造性进行评定的。20世纪60年代初美国芝加哥大学首创了一套创造力测验,这套测验由下列五项组成:

1) 词汇联想

要求被试对"螺钉"或"口袋"之类的普通单词说出尽可能多的尽可能新的定义,根据定义的数目和类别记分。

2) 物体用途

尽量说出一个普通物体的多种可能用途,如"一枝铅笔""一枚曲别针"的用途,根据所说用途的数目单独记分。

3) 隐蔽图形

从复杂的图形中找出隐蔽在其中的一个给定的简单图形,根据找出图形的复杂性和隐蔽性记分。

4) 完成寓言

呈现几个没有结尾的短寓言,要求被试对每个寓言给出三个不同的结尾,如道德的、悲伤的、诙谐的,根据结尾的数目、恰当性和独创性记分。

5) 组成问题

呈现几篇短文,要被试用所给的材料尽可能组成多种数学问题,根据问题的数目、恰当性、复杂性和独创性来评分。

第三节 能力规律在教学中的运用

一、在教育教学中培养学生的能力

教学过程中教师如何根据学生能力发展的状况培养学生的能力,这是当前教育领域一个非常值得研究的重要课题。

(一)正确处理培养能力与学习知识的关系

掌握知识与发展能力都是学校教学的重要任务,传统教学偏重知识掌握,而相对轻视了能力发展。当前,发展学生的能力成了教学改革的重要方向。知识掌握和能力发展之间是相互制约、相互促进的。知识是能力的重要基础,一个人在具体活动中的能力总是与他有关该领域的知识联系在一起,没有对知识的掌握就谈不上能力的发展。但知识本身并不等同于能力,只有当知识可以灵活变通、灵活迁移,从而能够稳定地提高学生在某领域中的活动水平时,这种知识才转化成了学生的能力。所以,在教学中不是要在掌握知识和发展能力之间二者取其一,而是应该根据知识与能力之间的辩证关系设计有效的教学活动,通过让学生掌握知识来更好地发展他们的能力。具体要做到以下几点。

(1) 不仅要帮助学生掌握各个知识点,更重要的是理解不同概念、原理及事实之间内在的逻辑联系,融会贯通,形成良好的、一体化的知识结构。

(2) 知识掌握不要只是着眼于巩固,教学中更重要的任务是知识的深层理解和灵活应用。

(3) 要将知识的学习与多种问题情境联系起来,让学生灵活地应用知识解决复杂多变的问题,完成某些实际任务。

(4) 在让学生掌握知识时,要帮助他们将知识真正变成自己的,即在深刻理解知识的基础上,通过自己的批判性思维形成自己的"判断""观点"甚至是"思想"。

(5) 要更多地让学生自己去发现、探究知识。

（6）在知识探究活动中让学生掌握有效的思维策略和科研方法。

（二）针对学生的能力差异因材施教

能力差异规律使我们认识到，在能力发展上每个学生是不可能齐头并进的，每个学生都有自己的独特之处。因此，教师可以通过观察、测验等方法了解并掌握学生能力的差异，从而对学生采取不同的教育教学措施、方法，进行个别指导。具体要做到以下几点：

（1）在教学中可根据学生不同的特点，分别提出不同的要求。对能力发展水平较高、学习成绩优良的学生，应提供较难的学习任务，鼓励他们独立进行思考，创造各种条件以发挥他们的才智；对智力发展较差的学生，要给他们更多的帮助，对作业进行具体的指导，使他们树立起信心；对那些智力水平不差，但学习成绩差的学生，要针对他们各自的特点，主要从端正学习态度和培养良好学习习惯入手，不断完善其良好的个性品质。

（2）教师不应歧视在某些能力方面有缺陷的学生，教师要树立一种观念，即任何儿童都有可能发展某种活动所需要的能力，要鼓励他们树立信心，扬长避短，同时采取适当的方法使学生长善救失，人尽其才。

（3）教师要善于发现和培养有特殊兴趣和才能的学生，对于有某方面特长的学生，应给予机会，通过组织各种课外活动来促进他们的特长进一步发展。

（三）培养学生的元认知能力和创造能力

培养学生元认知能力，主要就是教会学生如何去学习和如何正确评价自己的学习能力，使学生由被动学习变为主动学习。在人们的各种活动中，元认知都发挥着十分重要的监控、调节功能，其实质就是人们对认识活动的自我意识、自我监控和自我调节。有研究表明，元认知在儿童的学习、记忆、理解、问题解决等方面的活动中起着重要的作用，元认知的训练可以提高儿童的智力发展水平，其训练的方法主要有以下三种。

1. 自我提问法

即通过提供一系列关于学生自我观察、自我监控、自我评价的问题，不断促进学生自我反省，从而提高问题解决的能力。美国数学家波利亚就解决数学问题的几个阶段，提出了一系列供学生自我提问的问题。例如，在理解问题阶段可以问：未知条件是什么？已知条件是什么？足以确定未知量吗？多余还是不足？在回顾步骤时问：我能检验结果的正确性吗？我能运用这个结果或方法在其他问题上吗？等等。

2. 相互提问法

即将学生每两人分为一组，给每个学生一份类似于上述自我提问的问题表，要求学生在解决问题的同时根据问题相互提问并作出回答。研究表明，相互提问法能有效地促进学生思考与竞争，发展元认知能力。

3. 知识传授法

主要是通过传授学习理论的有关知识，特别是关于元认知的知识，使学生通过学习,认识到元认知在学习中的重要性,自觉地将元认知运用到学习中,形成适当的学习策略,提高学习效果。

以上几种元认知训练,都能一定程度地提高学生的元认知水平,特别是对复杂、困难的问题,元认知的训练就更为有效。

元认知能力的培养可以通过元认知学习意识的提高、元认知知识体验的丰富、元认知知识操作的指导等途径实现。

创造能力是一种综合的心理品质,与创造者的思维、情感、意志、个性特征乃至社会环境都有密切的关系。每个学生都有创造的潜能,学校的教育教学应为学生营造良好的创造性学习的环境,使其创造性潜能得以发挥。创造能力的核心是创造性思维,因此,通过教学培养学生的创造性思维能力是提高创造能力的重要途径。

(四) 培养学生的非智力因素

对学习效果的影响不仅有智力因素,也有非智力因素,而且是二者协同作用的结果。因此,教师在教学中注重发展学生智力因素外,要特别重视对学生非智力因素的培养与引导。从智力开发的角度来说,非智力因素所起的作用是至关重要的。没有非智力因素,智力因素就失去了动力源。教师只有善于培养和激发学生的非智力因素,并通过课程系统的学习和操作训练,才能使学生的能力不断地充分地发展起来。

总之,对学生非智力因素的培养,其目的就是调动学生学习的主动性、积极性,激发他们的学习兴趣和热情,培养他们坚强的学习意志和良好的学习习惯,形成良好的性格特征。

二、在自我教育中培养学生的能力

(一) 培养自我管理能力

相对于家庭来说,学校是一个大社会,学生有一定的自由,没有家长整天管束,所以一旦学生缺少自我管理能力,学习成绩和学习积极性将受到影响,班级气氛也迅速变差,直接影响教师的教学和学生人格的发展。自我管理历来是教师培养学生管理能力的一个主要渠道,例如,组织学习兴趣小组,让学生互帮互学;让学生轮流做一周的班长,协助教师工作,检查班级纪律;班集体的重大活动由班干部组织,教师只从旁边进行辅导;学生轮流值日负责班级的纪律和卫生;设立课代表,协助教师进行管理等,这些做法都可以起到培养学生的自我管理能力的效果。教师还可以在实践中结合具体情况想出新的方法,培养学生自我管理、自我发展的能力。

(二) 培养自学能力

自学能力是指通过独立思考,积极主动获取知识所需要的各种能力。自学能力是智力在学生的学习活动中的表现。调查表明,学校里成绩优秀的学生,自学能力都较强,他们在预习、听课、复习、解题、课外阅读等方面都有一套行之有效的方法。自学能力与记忆能力的差别在于,前者是"会学",后者是"学会"。两者都是学习中必须有的能力。自学能力不仅在中小学学习中起着重要的作用,而且对学生毕业后的工作或学习都有较大的影响。进入大学,学生基本上是自学,教师只起一种引路人的作用;进入社会参加工作,自学能力更是必须的,对人的一生而言,很大一部分知识来源于自学。

教师可以在组织、评价和支持三方面对学生进行自学能力的辅导。学生独立地组织自己的学习活动并不是一件容易的事,许多学生做完教师布置的作业后,就万事大吉了,不能主动地确立学习目标,控制自己的注意力。所以教师要善于组织学生进行自学活动,如给予学生独立学习的机会,使他们通过实践活动亲身体会到依靠自己的力量也可以扩大知识,理解原来不懂的东西,产生自学的兴趣;同时在学生自学的过程中,教师应帮助学生解决一些实际困难,并细心指导。例如,教师可以和学生一起制订学习计划、分配好学习和休息的时间,让学生学会如何控制自己的注意力和兴趣点,如何增强教材对自己的吸引力等。

(三) 培养自我表达能力

表达能力是指学生用语言表达自己思想或是自己观察到的情况的能力。自我表达能力强的学生往往能清楚明白地表达自己的本意而引起众人的注意;而表达能力差的学生则往往会让人无法理解,从而使交流的愿望受阻,容易形成缄默、孤僻等性格。良好的表达能力一般可通过课堂演讲、讨论及书面作业等方式加以培养。教师在学科教学中要注意给学生以自我表达的机会,在课堂教学中有意识地提问学生,锻炼学生在公众场合的口头表达能力。同时学生自己也要加强自己这方面能力的训练。

(四) 培养阅读能力

阅读能力是学生获取知识的主要途径,也是学生进行自我教育的重要途径。教师可以通过有计划地布置阅读材料来培养学生的阅读能力,同时要把阅读当成课堂教学的有机组成部分,循序渐进地加以引导。

【阅读材料】

智力结构理论

关于智力的结构在西方的学者中众说纷纭,下面介绍一些较有影响的理论。

(一) 双因素理论

20世纪初,英国心理学家斯皮尔曼(Spearman,1927)首先提出能力的二因素结构。他认为能力包括两个因素,即一般因素,又称G因素;特殊因素,又称 S 因素。G 因素是每种心智活动所共同具有的，S 因素则是因心智活动不同而各异，它指专门领域的知识，完成任何一项作业都是以上两种因素决定的。例如，完成一个数学推理作业需要 G+S1，完成一个言语作业需要 G+S2，完成第三个作业则需要 G+S3，这几个测验的结果出现正相关关系，是由于每个作业中都包含有一般因素 G，但三者又不完全相关，是由于每个作业中都包含不同的、无联系的 S 因素。由此，斯皮尔曼得出 G 因素是能力结构的基础与关键，是一切能力活动的主体。

（二）群因素理论

20 世纪 30 年代，美国心理学家塞斯顿（Thurstone，1938）提出"群因素论"。他提出智力由七种基本能力组成，它们是计算能力、言语理解能力、词的流畅性、记忆能力、演绎推理能力、空间知觉能力和知觉速度。他设计了测验测量它们，但测验结果与他开始设想的它们是彼此独立的相反，各能力因素之间存在一般因素。

早期能力结构的研究，通过对测验结果的相关系数分析，看到了一般因素与特殊因素的作用。二因素说和群因素说在一定程度上接触了智力的本质，但都有片面性。这两种理论都把一般因素和特殊因素对立起来，没有认识到二者是共性与个性的辩证统一关系。

（三）智力三维结构理论

美国心理学家吉尔福特（Guilford，1959）在二十余年因素分析研究的基础上，于 1967 年创立了智力三维结构理论模型，认为智力结构应从操作、内容、结果三个维度去考虑。智力活动就是人在头脑里加工（即操作过程）客观对象（即内容），产生知识（即结果）的过程。智力的操作过程包括认知、记忆、发散思维、聚合思维、评价 5 个因素；智力加工的内容包括图形（具体事物的形象）、符号（由字母、数字和其他记号组成的事物）、语义（词、句的意义及概念）、行为（社会能力），共 4 个因素；智力加工的产物包括 6 个因素，即单元、类别、关系、系统、转换、蕴含。这样，智力便由 $4×6×5=120$ 种因素构成。1971 年，吉尔福特又将智力加工对象中图形分为视觉和听觉两部分，使智力分解为 150 种因素。

（四）智力层次因素理论

美国心理学家阜南（Vernon，1971）提出智力层次结构理论。阜南把斯皮尔曼的一般因素作为最高层次，在这个层次之下包含了两大因素群，即言语和教育方面的能力因素、操作和机械方面的能力因素;第三层是小因素群;第四层是特殊因素。这一学说进一步剖析了各种因素在智力结构中所处的地位,指出了一般能力与特殊能力以及特殊能力与特殊能力之间的关系,实际上是斯皮尔曼的二因素理论的深化。这一学说明显地改变了把一般因素和特殊因素相对立的局面。

(五) 流体智力和晶体智力理论

这是美国著名的因素分析专家卡特尔(Gattell,1965)根据因素分析结果,按能力功能的差异将人类的智力分为流体智力和晶体智力两种不同的类别。

1. 流体智力

这是指受先天遗传因素影响较大的智力。它主要表现在对新奇事物的快速辨认、记忆、理解等能力。流体智力主要特点是,对不熟悉的事物,能迅速准确地反应以判断其间彼此的关系。根据卡特尔的研究发现,流体智力的发展与年龄有关,一般人在20岁以后,流体智力的发展就已达到顶峰,30岁以后将随年龄的增长而下降。流体智力在个别差异上,受教育文化的影响较少。

2. 晶体智力

这是指受后天经验影响较大的智力。这是一种以学得的经验为基础的认知能力。它主要表现在运用已有知识和技能去吸收新知识解决问题的能力上。显然,晶体智力与教育文化有关,但与年龄的变化关系不大。

心理测试

创造力测试

下面共列50道题目,每道题为一句,你如表示同意,请在题后记下一个"A";不同意,记下一个"C";吃不准,不知道,记下一个"B"。回答时,要实事求是,不要违心回答,也不要猜测,这样才能获得有效的测试。

1. 我不做盲目的事,干什么都有的放矢,用正确的步骤来解决每一个具体问题。
2. 只是提出问题而不想得到答案,无疑是浪费时间。
3. 无论什么事情,要我产生兴趣,总比别人困难。
4. 我认为合乎逻辑的、循序渐进的方法,是解决问题的最好方法。

5. 有时,我在小组里发表意见,似乎使一些人感到厌烦。
6. 我花费大量时间来考虑别人是怎样看待我的。
7. 做自认为正确的事情,比力求博得别人赞同重要得多。
8. 我不尊重那些做事似乎没有把握的人。
9. 我需要的刺激和兴趣比别人多。
10. 我知道如何在考试前,保持自己的心情镇静。
11. 我能坚持很长一段时间解决难题。
12. 我有时对事情过于热心。
13. 在特别无事可做的时候,我倒常常想出好主意。
14. 在解决问题时,我常常单凭直觉判断"正确"或"错误"。
15. 在解决问题时,我分析问题较快,而综合所收集到的材料较慢。
16. 有时,我打破常规去做我原来并未想到要做的事。
17. 我有收集东西的癖好。
18. 幻想促进了我许多重要计划的提出。
19. 我喜欢客观而又有理性的人。
20. 如果让我在两种职业中选择一种,我宁愿当一个实际工作者,而不愿当探索者。
21. 我能与我的同事或同行们很好地相处。
22. 我有较高的审美感。
23. 在我的一生中,我一直追求着名利和地位。
24. 我喜欢坚持自己结论的人。
25. 灵感与获得成功无关。
26. 争论时,使我感到最高兴的是,原来与我观点不一样的人变成了我的朋友,即使牺牲我原先的观点也在所不惜。
27. 我更大的兴趣在于提出新建议,而不在于设法说服别人接受这些建议。
28. 我乐意独自一人整天"深思熟虑"。
29. 我往往避免做那种使我感到低下的工作。
30. 评价资料时,我觉得资料的来源比其内容更为重要。
31. 我不满意那些不确定和不可预言的事。
32. 我喜欢埋头苦干的人。
33. 一个人的自尊比得到他人的美慕更重要。
34. 我觉得那些力求完美的人是不明智的。
35. 我宁愿与大家一起努力工作,而不愿单独工作。

36. 我喜欢那种对别人产生影响的工作。
37. 在生活中,我经常碰到不能用"正确"或"错误"加以判断的问题。
38. 对我来说,"各得其所""各在其位"是很重要的。
39. 那些使用古怪和不常用的词语的作家,纯粹是为了炫耀自己。
40. 许多人之所以感到苦恼,是因为把事情看得太认真了。
41. 即使遭到不幸、挫折和反对,我仍然能够对我的工作保持原来的精神状态和热情。
42. 想入非非的人是不切实际的。
43. 我对"我不知道的事",比"我知道的事",印象更深刻。
44. 我对"这可能是什么",比"这是什么"更感兴趣。
45. 我经常为自己在无意中说话伤人而闷闷不乐。
46. 纵使没有报答,我也乐意为新颖的想法而花费大量时间。
47. 我认为,"出主意无甚了不起"这种说法是中肯的。
48. 我不喜欢提出那种显得无知的问题。
49. 一旦任务在肩,即使受到挫折,我也要坚决完成之。
50. 从下面描述人物性格的形容词中,挑选出10个你认为最能说明你性格的词:

① 精神饱满的	② 有说服力的	③ 实事求是的
④ 虚心的	⑤ 观察力敏锐的	⑥ 谨慎的
⑦ 束手束脚的	⑧ 足智多谋的	⑨ 自高自大的
⑩ 有主见的	⑪ 有献身精神的	⑫ 有独创性的
⑬ 性急的	⑭ 高效的	⑮ 乐意助人的
⑯ 坚强的	⑰ 老练的	⑱ 有克制力的
⑲ 热情的	⑳ 时髦的	㉑ 自信的
㉒ 不屈不挠的	㉓ 有远见的	㉔ 机灵的
㉕ 好奇的	㉖ 有组织力的	㉗ 铁石心肠的
㉘ 思路清晰的	㉙ 脾气温顺的	㉚ 可预言的
㉛ 拘泥形式的	㉜ 不拘礼节的	㉝ 有理解力的
㉞ 有朝气的	㉟ 严于律己的	㊱ 精干的
㊲ 讲实惠的	㊳ 感觉灵敏的	㊴ 无畏的
㊵ 严格的	㊶ 一丝不苟的	㊷ 谦逊的
㊸ 复杂的	㊹ 漫不经心的	㊺ 柔顺的
㊻ 创新的	㊼ 泰然自若的	㊽ 渴求知识的
㊾ 实干的	㊿ 好交际的	51 善良的

㊿ 孤独的　　　　　　53 不满足的

答案及分数

题号\选项	A	B	C	题号\选项	A	B	C
1	0	1	2	2	0	1	2
3	4	1	0	4	−2	0	3
5	2	1	0	6	−1	0	3
7	3	0	−1	8	0	1	2
9	3	0	−1	10	1	0	3
11	4	1	0	12	3	0	−1
13	2	1	0	14	4	0	−2
15	−1	0	3	16	2	1	0
17	0	1	2	18	3	0	2
19	0	1	0	20	0	1	0
21	0	1	2	22	3	0	0
23	0	1	0	24	−1	0	2
25	0	1	0	26	−1	0	2
27	2	1	3	28	2	0	0
29	0	1	2	30	−2	0	3
31	0	1	2	32	0	1	2
33	3	0	−1	34	−1	0	2
35	0	1	2	36	1	2	3
37	2	1	0	38	0	1	2
39	−1	0	2	40	2	1	0
41	3	1	0	42	−1	0	2
43	2	1	0	44	2	1	0
45	−1	0	2	46	3	2	0
47	0	1	2	48	0	1	3
49	3	1	0				

50. 下列形容词得 2 分。

①　⑤　⑧　⑩　⑪　⑫　⑲　㉒　㉕　㉞　㉟　㊳　㊴　㊺　㊻

下列形容词得 1 分。

⑭　⑯　㉑　㉓　㉔　㉜　㊶　53

其余的得 0 分。

创造力评价

将 50 题的得分相加——

1）110～140 分：创造性非凡

2）85～109 分：创造性很强

3）56～84 分：创造性强

4）30～55分：创造性一般

5）15～29分：创造性弱

6）-12～14分：无创造性

思考与练习

1. 什么是能力、智力、才能和天才？
2. 简述能力与知识、技能的关系？
3. 能力的个别差异表现在哪些方面？怎样正确对待？
4. 简述一般能力与特殊能力的关系。
5. 试述影响能力形成与发展的主要因素。
6. 请结合自己或他人的实际，写一篇智力与非智力因素关系的小论文。

第十二章 气 质

学习目标

1. 理解气质概念。
2. 了解气质的类型,认识自己与周围人的气质类型。
3. 明确气质与实践活动的关系。

气质与我们平常所说的"脾气""秉性"相近似。在日常生活中,有的人活泼好动,有的人安静稳重,有的人反应缓慢,有的人做事总是十分急躁等。个体间的这些心理特性的差异,就是气质特征差异造成的。你对自己的气质了解多少?气质对工作学习的影响又怎样?气质是否可以改变?这便是本章所要讲述的内容。

第一节 气质概述

一、气质

气质一词来源于拉丁语,原意是掺合、混合,按适当比例把佐料调和在一起。在现代的心理学中,气质是表现在人的心理活动和行为的动力方面、稳定的个人特点,这些特点一般不受个人活动的目的、动机、内容的影响。气质是个人最一般的特征,它影响到个人活动的一切方面。

气质不是推动人们行为的心理原因,因而不是个性的内部动力因素,它不决定一个人是否活动,也不决定他的活动的具体方向。气质表现在人的心理活动和行为中,是显露在外的动力特点,如速度和强度的特点、稳定性的特点、指向性的特点等。我们一般把知觉的速度、情绪和动作反应的快慢归结为速度方面的特点;把情绪的强弱、意志的紧张度等归结为强度方面的特点;把注意持续的长短、情绪的起伏变化等归结为稳定性的特点;把心理活动倾向于外部事物(外倾),还是自身内部(内倾)归结为指向性的特点。人们由于这些特点的不同,因而表现出各自不同的气质。

在心理学的发展史上,人们常常把气质和情绪、情感的特点联系在一起。而事实上,气质不仅包括情绪、情感和动作方面的某些动力特点,而且应该包括表现在其他心理过程方面的稳定的动力特点,包括认识过程的动力特点和意志过程的动力特点等。气质是个体心理活动和行为的动力特点,因而要在个体活动的一切方面表现它的影响。巴甫洛夫曾经说过:气质是每一个人的最一般的特征,是他的神经系统最基本的特征,而这种特征在每一个人的一切活动上都打上了一定的烙印。

二、气质的特性

(一)气质具有天赋性

气质在很大程度上是由遗传素质决定的。俗话说:江山易改,本性难移。这个本性指的就是气质。气质是人脑的机能,与高级神经活动的类型关系特别密切。因此气质是天赋的。刚出生的婴儿,有的大声啼哭,四肢乱动;有的则安静平和,哭声较小。这就是气质最早、最真实的流露。实践证明:年龄越小,气质的表现越明显,气质的各种特征也越清楚。儿童的遗传素质越接近,气质的表现也越接近。例如,对具有相同遗传素质的同卵双生子的研究证明,同卵双生子的气质比遗传特征不完全相同的异卵双生子相似的多,而且即使在长时期内将他们置于不同的生活和教育条件下抚养,他们的气质也未表现出显著差别。

(二)气质具有稳定性

有着某种独特气质类型的人,常在不同的场合、不同的活动中,表现出同样性质的动力特点。例如,一个容易激动的学生,听课时会沉不住气,会迫不及待地抢答问题;争论时易情绪激动;等人时会坐立不安。而一个沉着稳定的学生,在不同的场合下,都会表现出不紧不慢、安详沉静的特点。气质的稳定性还表现为,在人生的不同时期内,他的气质特点是相对稳定的。儿童在内向和外向方面所表现出来的气质特点,在生命的最初几年内就明显形成了。这些特点在他们后来的生活中也很少改变。比如,友好的婴儿倾向于成长为友好的少年;而不友好的婴儿会变为不友好的年轻人等。可见,气质具有相对稳定性。

(三)气质具有可变性

气质的稳定性并不意味着它完全不发生变化。在生活环境和教育条件的影响下,气质可以被掩蔽,也可以得到相当程度的改造。例如,在集体生活的影响下,有些情绪易于激动的人,可能变得比较能够克制自己;有些行动缓慢的人,可能变得行动迅速。实践证明,遗传对气质的影响有随人的年龄增长而增大的趋势。因此,气质是具有可塑性的。气质的生理基础是人的高级神经活动类型,但大脑两半球具有接受训练的巨大可能性,这就是可以改变的意思,虽然这种改变是缓慢的。气质是人格的比较稳定的方面,但在一定程度上受社会生活的制约。个体会在早期教育、学校教育和社会实践中对气质进行自我调节和改变,只是这种改变较为缓慢、困难。

俄罗斯心理学家巴甫洛夫曾用动物的实验为例,说明气质在某种生活条件下被掩蔽、被改造的特点。在他的实验室中饲养了八只同时出生的小狗。四只在自由条件下长大,另外四只一直关在笼子里,从不放出,也不让它们与其他狗来往。结果在两年之后,在笼子内长大的四只狗,对外界刺激的反应明显表现出被动、防御的特点。由于长时间的"刺激剥夺",这些狗的神经系统的某些先天特性,显然是被掩蔽或被改造了。

在有计划、有系统的教育下,由于教育者和受教育者的自觉努力,人的气质被掩蔽,被改造的情况表现得更为明显。例如:某中学的一名女同学自幼孤僻、胆怯、羞涩,动不动就伤心、烦恼、啼哭。在几年时间里,老师有意识地引导她参加社会活动,委托她承担一些重大的事情,推举她担任学校共青团委员会的委员。最后发现,长期教育工作的效果是非常显著的。这个带有抑郁质特点的女孩子,在许多方面都成功地克服了孤僻、胆怯。她学会了更好地控制自己的情感,养成了主动的、独立的、不怕困难与障碍的习惯。

第二节 气质的一般规律

人为什么会有气质的差异?支配这种差异的原因是什么?关于气质的生理机制,几千年来有许多哲学家、医学家进行了探讨,也提出过许多学说。现就其中有一定影响的几种学说作以简单介绍。

一、气质学说

(一)体液说

古代最著名的气质学说是在公元前五世纪,由古希腊医生希波克拉底提出的。他根据自己的医学实践,认为人体内有四种液体,即血液、粘液、黄胆汁和黑胆汁。这四种体液在不同人的身上的不同比例,就构成了人的四种气质类型。

1. 多血质——心脏里血液占优势

这类人情感行为等心理活动发生快,变化快,但较为温和,易发生情感,但体验不太强烈,也不持久,易变化和消失,且显著表现于外。他们对各种事物都易形成生动逼真的印象,但所形成的印象都较肤浅而不深刻,他们机智灵敏,注意易转移,动摇不稳。缺乏忍耐力和毅力。行动敏捷,易接近人,善于适应变化的生活条件,在新环境中从不拘束,不甘心于寂寞,喜欢交际,但失于轻浮。如《红楼梦》中的王熙凤。

  2. 胆汁质——肝脏中的黄胆汁占优势

  这类人各种心理活动特别是情感和行为动作产生快而且强烈,并有极明显的外部表现,较为热情、坦率,性情易急躁且好争斗。情感易冲动但不持久,喜怒形于色。注意稳定而集中,难于转移,意志坚定、果断、勇敢。行动利落敏捷,说话速度快且声音洪亮,行为鲁莽冒失,精力十分充沛。如《三国演义》中的张飞、《水浒传》中的李逵。

  3. 黏液质——大脑中的粘液占优势

  这类人感情行为动作等心理活动迟缓、稳定、缺乏主动性,情感含蓄、淡漠、宁静,少有激情。缺乏生动表情,情感不易外露。注意稳定持久难于转移。有耐性,自制力强,严守制度但创新不够。很少见迅速活泼的动作,做事总是从容不迫,谨慎细致,不鲁莽,沉默寡言,言语低缓少生气。如《红楼梦》中的薛宝钗。

  4. 抑郁质——脾脏中的黑胆汁占优势

  这类人感受性高,耐受性低;不随意的反应性低;严重内倾;情绪兴奋性高而体验深,多愁善感,反应速度慢;具有刻板性,不灵活。如《红楼梦》中的林黛玉。

  希波克拉底认为,四种体液形成了人体的性质,机体的状态决定于四种体液的正确配合。正如他在《论人的本性》一书中所说的:当这些体液在人体内的存在比例不适当,即当这些元素有一种太多或太少,或在体内孤立而不与一切其它元素结合时,人就感到痛苦。可见,只有四种体液调和,人才健康幸福。

  希波克拉底还认为,每种体液都是由冷、热、湿、干四种性质相匹配产生的。血液是由热和湿配合的,所以多血质的人热情、湿润,好似春天;粘液质是冷和湿的配合,因此粘液质的人冷漠、无情,好似冬天;黄胆汁是热和干的配合,因此胆汁质的人热而躁,好似夏天;黑胆汁是冷和干的配合,因此抑郁质的人冷而躁,好似秋天。

  用体液说来解释气质虽然并不科学,但是它反映了古希腊、古罗马医学的唯物主义倾向。这种医学把人的差异归结为身体的差异,即体液混合比例的差异,这对后世关于气质问题的研究,产生了深远影响。另外,古代医学界关于气质的四分法,也比较接近生活的实际。因此它对今天研究气质类型,仍有其存在的价值。

信息窗 12-1

请认真看下面四幅图，相信你一定会对胆汁质、多血质、粘液质、抑郁质这四种类型的气质类型有更深的认识。

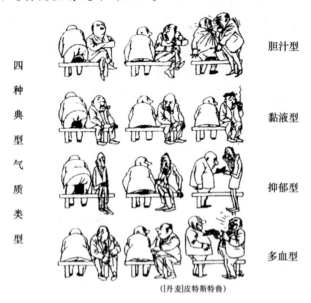

四种典型气质类型

（[丹麦]皮特斯特鲁）

在现实生活中，并不是每个人都能归入某一气质类型，非此即彼。除了少数人具有四种气质类型的典型特征外，大多数人都属于中间型或混合型。他们较多地具有某一类型的特点，同时又具有其他类型的一些特点。从这个意义上讲，把人简单地纳入一个固定的模式，是没有好处的。

（二）体型说

德国心理学家、精神病学家克瑞奇米尔，据一些精神病患者的临床观察以及对正常人的研究认为：人的身体结构与气质特征以及所患精神病种类有一定的关系。由此，他把人分为三种类型：肥胖型、细长型和筋骨型。由体型决定了相应的气质特点。例如：

细长型——具有分裂气质。行动倾向为：不善于交际，孤僻，神经质，多思虑等。

肥胖型——具有躁狂气质。行动倾向为善于交际，表情活泼，热情，平易近人等。

筋骨型——具有粘着气质。其行动倾向为迷恋，一丝不苟，理解缓慢，情绪爆发性等。

三种体型与不同精神病的发病率有关。例如：肥胖型较多出现躁狂症，这种病人说话唠叨，整日忙忙碌碌，稍遇阻碍就攻击人，动作不能自持，有时达到蛮横不可理喻的地步，直到筋疲力尽为止。细长型的人较多出现神经分裂症等，这种病人喜怒无常，孤独自守，动作怪异，思想错乱，语无伦次等，常有妄想与幻觉产生。筋骨型的人较多出现癫痫症，这种病人脑功能异常，出现痉挛，丧失意识。

美国心理学家谢尔顿（A. Sheldon，1921—1989），也是气质体型论的代表之一。当谢尔顿还是一个孩子的时候，他就学会了按一张量表判断动物的体型，并且注意到动物的体型与其气质的关系。长大以后，他把这种想法运用到人的身上，致力于研究人的体型与人格的关系。他拍摄并分析了几千张大学生的照片，提出了体型分类的三个维度：内胚叶型（柔软、丰满、肥胖）、中胚叶型（肌肉发达、坚实、体态呈长方形）和外胚叶型（高大、细瘦、体质虚弱）。根据这三个维度就可以用一个七点量表对人们的身体进行分类，并确定体型与气质的关系。他发现，内胚叶型的人图舒服，好饮食，会找轻松的事，追求社会的认可和社会感情；中胚叶型的人武断，过分自信，体格健壮，咄咄逼人，主动积极；外胚叶型的人善于自制，受社会约束，爱好艺术，并倾向于智力活动，这种人敏感，反应迅速，睡眠差，容易疲劳。

气质与体型间存在着某种相关，这可能是事实。但是，后人验证：气质与体型的相关度并不是很高；另外，相关并不意味着气质与体型间存在着因果关系。人的体型在一生中不断变化。年轻时比较瘦弱，中年以后身体可能肥胖起来。而人的气质并不随体态的变化而变化。可见，用体型来说明气质的生理机制是不科学的。也有人认为，人们常期待具有某种身体结构的人应该怎样行动，如期待身体健壮的人应该成为运动员，肥胖的人应该快快活活等。因此，对人的行为有更大影响的可能不是体型而是人们的期望。

（三）激素理论

把气质归结为内分泌腺的活动，形成气质的激素理论，这是英国心理学家伯曼等人提出的观点。这种理论根据人体内哪种内分泌腺的活动占优势，把人分成甲状腺型、脑垂体型、肾上腺分泌活动型、副甲状腺型等。这种理论认为，人的气质特点与内分泌腺的活动有密切的关系。人体内居于优势的内分泌腺活动，产生了彼此区别的气质特点。例如：甲状腺分泌过多，表现为任性、主观、自信心过强；甲状腺分泌过少，表现为迟钝、缓慢、不好动；脑垂体占优势，表现为有耐性、细心、温顺、能忍受身心的痛苦；副甲状腺型，常表现出侵犯性行为。

内分泌腺的活动与人的气质有关，这是事实。内分泌腺的活动影响到人的情绪、肌肉的力量与速度、人的代谢机能，这一切必将在气质的特点上产生明显的影响，否认这种影响是不对的。但是，内分泌腺的活动，不是产生气质差异的唯一原因。气质是人脑机能、神经系统的机能。气质的差异主要是由神经系统的差异造成的,而且内分泌腺的活动是受神经系统调节的。因此,只承认内分泌腺的活动对气质的影响,也是片面的。

(四)高级神经活动类型说

20世纪30年代,巴甫洛夫发现高级神经活动有两个基本过程:兴奋和抑制。在强度、平衡性和灵活性方面,不同的人有不同的特点。他根据这3方面特点的变化,划分高级神经活动的4种基本类型,而这些恰好与希波克拉底的4种气质类型相一致,为之找到了科学的自然基础。

巴甫洛夫对4种气质作了如下解释。

1. 强而不均衡型——相当于胆汁质

这种气质的人兴奋性很高,脾气暴躁,性情直率,精力旺盛,能以很高的热情埋头事业,兴奋时,决心克服一切困难,精力耗尽时,情绪又一落千丈。

2. 强而均衡的灵活型——相当于多血质

这种气质的人热情、有能力,适应性强,喜欢交际,精神愉快,机智灵活,注意力易转移,情绪易改变;但是办事重兴趣,富于幻想,不愿做耐心细致的工作。

3. 强而均衡的不灵活型——相当于粘液质

这种气质的人平静,善于克制忍让,生活有规律,不为无关事情分心,埋头苦干,有耐久性,态度持重,不卑不亢,不爱空谈,严肃认真;但不够灵活,因循守旧。

4. 弱型——相当于抑郁质

这种气质的人兴奋和抑制过程都弱。他们沉静,深刻,易相处,人缘好,办事稳妥可靠,做事坚定,能克服困难;但比较敏感,易受挫折,孤僻、优柔寡断,疲劳不易恢复,反应缓慢,不图进取。

虽然巴甫洛夫的高级神经活动学说较好地解释了气质的生理机制,但是它并不是对气质的生理机制的唯一正确的解释。后来的研究表明,神经活动的类型并不总是跟气质的类型相吻合。显然,影响到气质的不仅有神经系统的特性,而且还有整个个人的身体组织。人的气质不仅与大脑皮层的活动有关,而且与皮层下组织的活动有关。因此,只在神经活动类型与气质间寻找对应的关系,是不会有积极的结果的。

(五)托马斯—切斯的三类型说

托马斯、切斯等人认为,气质在婴儿时期就已经体现出来,因此他们对婴儿进行了大量追踪研究,进而将婴儿的气质类型划分为以下3种。

1. 容易型

大多数婴儿属于这一类型,约占托马斯与切斯全体研究对象的40%。这类婴儿的吃、喝、睡等生理机能有规律,节奏明显,容易适应新环境,也容易接受新事物和不熟悉的人,他们情绪一般积极愉快,爱玩,对成人的交往行为反应积极。由于他们生活规律、情绪愉快且对成人的抚养活动提供大量的积极反馈(强化),因而容易受到成人最大的关怀和喜爱。

2. 困难型

这一类婴儿人数较少,约占10%。他们突出的特点是时常大声哭闹,烦躁易怒,爱发脾气,不易安抚。在饮食、睡眠等生理机能活动方面缺乏规律性,对新食物、新事物、新环境接受很慢。他们的情绪总是不好,在游戏中也不愉快。成人需要费很大的力气才能使他们接受抚爱,很难得到他们的正面反馈。由于这种孩子对父母来说是一个较大的麻烦,因而在养育过程中容易使亲子关系疏远,因此,需要成人极大的耐心和宽容。

3. 迟缓型

约有15%的被试属于这一类型。他们的活动水平很低,行为反应强度很弱,情绪总是消极,而不甚愉快,但也不像困难型婴儿那样总是大声哭闹,而是常常安静、退缩、情绪低落、逃避新事物新刺激,对外界环境和事物的变化适应较慢。但在没有压力的情况下,他们也会对新刺激缓慢地发生兴趣,在新情境中能逐渐地活跃起来。这一类儿童随着年龄的增长,随成人抚爱和教育情况不同而发生分化。

以上三种类型只涵盖了约65%的儿童,另有35%的婴儿不能简单地划归到上述任何一种气质类型中去。他们往往具有上述两种或三种气质类型的混合特点,属于上述类型中的中间型或过渡(交叉)型。

二、气质的鉴定

气质测量是研究气质特性和类型的一种手段,最常用的方法有实验法、问卷法和行为评定法等。

(一) 实验法

由于气质特点一般可以用神经系统的特点来表示,因此,通过实验手段了解神经过程的基本特性(如强度、灵活性、平衡性等),将有助于对气质的鉴定。

例如:应用条件反射的方法研究神经系统的灵活性,通常有两种做法:一是在改造刺激物的信号意义的情况下,记录被试的反应时间。在这种情况下,有些被试的反应时间没有明显的变化,说明他们的神经系统较灵活;另一些被试的反应时间明显延长,说明他们的神经系统具有较大的惰性。二是记录定型建立和改造时被试的反应时间,从定型形成的速度和改造容易程度,可以了解神经系统不同的灵活性。

(二) 问卷法

问卷法也是评定气质的一个有效方法。它要求被试对一系列经过标准化的问题作出回答,然后分析出被试的气质特征。现以瑟斯顿的气质量表为例。

瑟斯顿气质量表包括七种类型的题目,每类20题,共140题。每类题目测试一种气质特性。答题的方式有三种:是、否或不肯定。七类题目称为七种因素。它们是:

因素1,活动性。他们通常做事动作较快,在必须安静时仍浮躁不安。

因素2,健壮性。他们喜欢体育,或从事户外运动。

因素3,冲动性。他们乐观大方,无所谓,容易冲动,决定事情很快,喜欢竞争,常常调换工作,遇事常做出草率的决定。

因素4,支配性。他们常认为能负重任,应居领导地位,虽有领袖才能,但不跋扈,喜欢组织社交活动,提倡新计划,能说服别人,并善于处理工作。

因素5,稳定性。他们情绪稳定,即使环境嘈杂吵闹,仍能使自己宽松舒畅。在危急中保持镇定,注意力集中。

因素6,社会性。他们喜欢与人相处,善交友,有同情心,易于合作,容易适应新环境。

因素7,沉思性。他们深思熟虑,重理论轻实践,爱好独自安静及精细的工作,但计划多于实践。

(三) 行为评定法

行为鉴定法是通过在自然条件下的观察,了解一个人的气质特性,进而作出鉴定。例如:教师要想了解自己的学生,他可以细心地观察学生在各种场合下的行为,如能否迅速、准确地完成作业,能否坚持已经开始的工作;当成绩优秀受到表扬或因成绩低下受到批评时,他们的情绪活动有什么特点;在集体生活中,他们的表现如何,是否愿意与别人交往;他们在运动中是否勇敢机智;日常生活中是否活泼好动;对新环境是否易于适应等。通过这种了解,我们也有可能对一个人的气质作出鉴定。

例如,某教师观察两名学生在学校中的表现,发现一名学生经常表现出冲动、容易进入兴奋的状态,对老师的提问不加思索地回答,易发火,爱打架,说话声音大。另一名学生上课下课都很安静,情感发生慢,很容易局促不安,当老师和同学对他进行评价时,感到尴尬。即使自己掌握得很好的知识,回答时也缺乏自信。根据这两名学生的表现,可判断他们在反应性、主动性、心理活动的速度及可塑性等方面都表现出明显的差异。前者具有较高的反应性和主动性,心理活动的速率快,而且反应性比主动性占优势,可塑性不足,因而可以判断他的气质具有胆汁质的特点。相反,后者则以较高的敏感性和较低的反应性和主动性为特征,心理活动的速率缓慢,因而具有抑郁质的特征。

由于气质在生活环境的影响下常常受到掩蔽和改造,因此,根据行为表现来判断一个人的气质是一件相当困难的事情。有些学生在学校里表现得束手束脚,使人认为他是弱型的气质,但是只要观察一下他在家里和外面的表现,就会发现他的气质是另一个样子。因此,在使用行为评定法时,研究者必须对学生的生活条件、成长道路以及他在各种环境中的活动表现,进行全面而深入细致的了解,并对自己所了解到的材料进行认真的比较和对照,这样才能把个人的某些稳定的个性特点与他的那些偶然的行为方式区别开来,进而了解到一个人的真正的气质特点。

第三节 气质规律在教学中的运用

人的气质是各种各样的。它表现了人的神经系统的某种特性。正如人的神经系统没有好坏之分一样,气质也没有好坏的区别。每种气质类型都有积极的一面,也有消极的一面,它不预定一个人的性格发展的方向,也不预定他的能力大小。例如:多血质的人情感丰富、灵活、亲切,这是优点,但又有轻浮、多变、精力易分散等缺点;胆汁质的人生气勃勃,动作迅速有力,这是优点,而暴躁、任性这是缺点;黏液质的人有较强的自制力,遇事沉着冷静,这是优点,但对周围事物冷淡、动作迟缓,又是缺点;抑郁质的人情感深刻而稳定,办事仔细、认真、观察力敏锐是优点,而容易沉沦于个人的体验和过度保持沉默、孤僻、羞怯,又是缺点。正因为这样,在任何一种气质类型的基础上,既可以发展良好的性格特征和优异的才能,也可以发展不良的性格特征和限制才能的发展。因此,在整个人的个性系统中,气质仅仅是具有从属的意义,它只是人的性格和能力发展的前提之一。

气质也不决定一个人的社会价值,即一个人的成就的大小或对社会贡献的大小。在对社会作过巨大贡献的人当中,有各种气质类型的人。因此,任何一种气质类型的人都可以发挥自己特有的才能,在自己特定的工作范围内,对社会作出自己的贡献。

一、气质对早期教养和发展的意义

婴儿气质对早期教养的影响主要体现为不同气质类型的婴儿对早期教养的适应性和要求不尽相同。一般来讲,容易型婴儿对各种各样教养方式都容易适应。但这种容易适应性也会导致一些行为问题的发生。如,这些婴儿在早年容易接受并适应父母的期望和管教标准,并将它们内化为自己的期望和规则系统。这样当他们走进幼儿园或同龄人的世界时,就会发现新环境中的要求和规则与他们在家庭中习得的行为模式有所出入。如果这两种要求间的冲突十分严重,则婴儿会陷入进退两难、无所适从的境地,从而导致行为问题或发展障碍。

困难型婴儿的父母从一开始就面临着早期教养和亲子关系的问题。为了使婴儿抚养和家庭生活的正常秩序能够维持下去,家长们必须处理很多棘手的问题。如,怎样适应这类婴儿的生活不规律、适应慢的特点,怎样对待和调教婴儿的烦躁,易哭闹,等等。如果家长在教养孩子时不一致、不耐心或经常性地斥责、惩罚孩子,那么这些婴儿比其他类型的孩子就容易表现得更加烦躁、抵触、易怒和消沉。只有特别热情耐心、有爱心地对待这些孩子,全面考虑他们的气质特点,积极采取适合于其特点的、有针对性的措施、方式,才能使这些孩子健康、良好地适应、发展。

对迟缓型婴儿教养的关键,在于让他们按照自己的速度和特点去适应环境"顺其自然"。如果给他们施加压力以催促其尽快地适应环境,则只会强化或诱导其本能的反应倾向——回避。而另一方面,他们也确实需要鼓励或机会去尝试新经验,适应新环境,他们更需要尝试过程中的热情帮助与具体指导,只有这样,他们才能适应、发展得更积极、良好。

二、气质对教学的影响

调查显示:一些气质可能比另一些气质更符合课堂上的要求。例如,那些专注、持久、适应性强的孩子可能比在这些气质维度上做得差的孩子表现更好。那些注意力持续时间短、容易分心的孩子可能很难在刚开始就完成所要求的任务或对所学课程给予足够的注意。那些需要较长时间来适应新环境的孩子会发现他们落在了全班同学的后面。而且,孩子对这些困难的反应可能会进一步导致其他问题。在要求完成的任务中落在后面或做得不好的孩子可能会变得沮丧或放弃,因此增加了他们的学业困难。

(一)学生的气质与教育

气质是表现在个体的心理活动和行为方面的动力特点,它影响到个体活动的一切方面。在学校中,学生的气质不仅影响到他们的情感表现、动作状态,而且影响到他们上课和完成作业时的表现,影响到他们注意的状态、注意转移的速度、解决问题的方法与方式、作业的效率、对事物的评价以及在集体生活中的协调关系等。对于那些不了解气质现象的教师,学生的行为就可能引发教师的不同反应:那些注意力集中、适应性强、愿意学习、情绪积极的学生和那些烦躁、容易分心和退缩的学生所引发的教师的反应显然不同。与前者相处令人愉快,教师常以奖励回应他们;与后者相处则容易引发教师的挫折感,教师常常不得不向他们发出强硬的指令。处于无意,这些教师就可能会跟一些学生更接近,对他们比对别人更关注。因此,孩子的气质类型造成了他们学习和成功机会的多少。对于教学中的这种现象,现代的教育要求教师了解学生的气质特点,因势利导、因材施教。只有这样,才能做好教育、教学工作,引导所有学生共同健康地成长。

气质本身不决定学生的成就水平。许多研究发现,各种气质类型的学生都可能成为学校中的优秀学生,都可能掌握丰富的知识,形成良好的道德品质和发展较好的组织才能。但是不可否认的是,不同气质类型的人达到同一成就水平所走过的道路可能不同;他们适应学校生活条件的方式可能不同。对灵活性的人来说,他们适应环境的表现较为轻松,改组旧的知识,使之适应新任务的需要较迅速,但目标往往不专一,进步的道路往往不平衡;而对迟缓型的人来说,他们在新任务和新知识方面可能适应较慢,但学习进步很平稳,知识掌握可能很牢固。因此,教师应根据每个学生的气质特点,采取具有个性的教育方法,引导学生按照自己的特点来掌握知识和发展才能。

此外,由于学生的气质特点不同,同一方法所产生的实际影响可能有很大差别。例如:在接受批评时,严厉的批评和高亢的语调可能使强型的学生受到震动,重视自己的缺点和错误,而使弱型的学生感到恐惧,丧失自信心,并加大学生和教师的距离。可见,教育方法的个性化也是很重要的。

信息窗 12-2

研究表明:不同气质的教师教学上表现出来的风格可能有较大的差异,虽然气质很难说与某种教学风格有着固定的联系,但它确实可成为形成不同教学风格的基础。

多血质的教师容易形成这样的教学风格:上课如同讲演,手舞足蹈,眉飞色舞,抑扬顿挫,集爱恨于一身,富有感染力。

胆汁质的教师容易形成这样的教学风格:上课时情感起伏较大,兴致高时,旁征博引;兴致低时,冷若冰霜。他们组织教学能力强,有魄力。

粘液质的教师容易形成这样的教学风格:上课慢条斯理,以理服人;善于用提问启迪思路;富有耐心,性情随和;深入浅出,循循诱导,条理分明。

抑郁质的教师容易形成这样的教学风格:在课堂上教学常常按部就班,细致、平板、缺乏表情,举止迟缓,照本宣科。但他们往往理论修养较高,看待问题能一针见血,为人老成持重,办事有条不紊。

(二) 教育学生善于认识、改善自己的气质

1. 正确对待学生的气质特征

有证据表明,教师常会曲解学生的气质差异。当缓慢发动型的儿童没能及时地完成新课业时,他们被看成是缺乏学习动机的,而当他们需要多次尝试才能掌握新任务

时，他们又被认为是不聪明的。活动水平高的孩子可能会被看成是爱制造麻烦的孩子。容易分心的学生可能会被看做是对学习不感兴趣的人。大量研究表明，教师对学生行为的解释，影响着师生间的相互作用，最终影响到学生在学校中的表现。

正确对待学生的气质特征，有针对性地进行教育。气质本身没有好坏之分，教师对学生的气质不应存在任何偏见，不能偏爱某种气质类型的学生，或讨厌某种气质类型的学生，因为各种气质既有优点又有缺点。

教师教育的目的不是设法改变学生原有的气质，而是要克服这种或那种气质的缺点，发展它的优点，使学生在原有气质的基础上建立优良的个性特征。教师的教育任务是找到适合于学生气质特点的，能培养他们个性积极特征的最好的教育途径与方法。事实证明，对不同气质学生采取不同的教育态度与策略，所产生的实际效果是不同的。

2. 根据学生的气质特征有的放矢地进行教学

因材施教是一条很重要的教学原则，但在人们的一般认识中因材施教是强调教师在教学过程中，要依据学生能力的不同水平加以区别对待。在这里，"材"的内涵被限制在"能力"的范围。我们认为，这是一种误解，起码是不全面的认识。"材"的内涵应包括气质因素。换言之，教师在传授知识、技能时不可忽视学生的气质特点。有研究表明，各种气质类型的学生，都可以在学习知识技能方面取得优良成绩，其主要原因是学生在学习中充分发挥了各自气质的积极特征，克服消极特征的影响，从不同途径，以不同方式方法取得的好成绩。

3. 指导学生正确认识和调控自己的气质

作为教师，掌握气质的原理与规律不仅有利于教育教学，更重要的是可以指导学生正确认识自己的气质。教师应该使学生懂得人的气质是不可选择的，要乐于接受自己的气质，因为每种气质都具有优势之处，教师要指导学生善于认识和分析自身气质的长处与不足。在各种活动中，根据学生的气质特点合理地分配角色，充分调动学生气质的积极方面，帮助他们有意识地克服气质中的消极方面。例如，帮助抑郁质的学生提高自信心，帮助粘液质的学生提高反应速度，帮助胆汁质的学生克服不稳定、易激动的缺点等。教师应帮助学生正确地认识和评价自己气质的优缺点，并激发他们改善气质特点的愿望。教师只有调动学生的自我教育能力，自觉地克服气质的消极表现并巩固其积极的特性，才能使学生真正成为自己气质的主人。

三、气质与职业选择

气质与职业活动的关系表现在两方面：一方面是要使个人的气质特性适应于工作和活动的客观要求；另一方面在选拔人才和安排工作上，要考虑个人的气质特点。

前面讲过，任何一种气质都有积极的特点和消极的特点。当个人的某些气质特点不适应于工作的客观要求时,人们应该扬长避短,使自己的某些特性从另一些特性上得到补偿。例如,一个具有惰性气质的人,他不够灵活,在环境变化时无所适从,这是气质中的消极特点;但他注意力稳定,工作很少分心,这又是气质中的积极特点。人们了解自己的气质特点之后,就能自觉地利用自己的气质中与当前工作相适应的特性,并克服其他一些特性的消极作用。

人的活动领域十分广泛,不同的职业和工作对人的气质有着不同的要求。例如,运动员,驾驶员,消防队员等要有应付紧急事变的能力,它要求人们情绪稳定,心理反应速度快,具有较大的灵活性。而观测员,接线员等,工作在比较单调环境中,就要求人们具有稳定、持续的气质特点。

在现代化的生产中,提出了劳动条件个性化的问题。其中一个重要方面就是要在安排劳动条件时考虑个人气质的特点。这对发挥个人在生产过程中的作用具有重大的意义。有些研究表明,外倾的人适合于担任与别人一道工作的任务,因为高度的自动化会使他们感到寂寞,并降低工作的积极性,而内倾的人适宜承担独自完成的设计任务,单独的思考可以给他们更多展示的空间。可见,在选拔职员时,考虑到他们的气质特点,使工作条件适应于他们的气质,也有重要的意义。

心理测试

气质测量

首先,请认真阅读下列各题,对于每一题,你认为非常符合自己情况的,在后面括号里填上"＋2",比较符合的填"＋1";拿不准的填"0";比较不符合的填"－1",完全不符合的填"－2"。

1. 做事力求稳妥,不做无把握的事。(　　)
2. 遇到可气的事就怒不可遏,想把心里话全说出来才痛快。(　　)
3. 宁肯一个人干事,不愿很多人在一起。(　　)
4. 到一个新环境很快就能适应。(　　)
5. 厌恶那些强烈的刺激,如尖叫、噪音、危险的镜头等。(　　)
6. 和人争吵时,总是先发制人,喜欢挑衅。(　　)
7. 喜欢安静的环境。(　　)
8. 善于和人交往。(　　)
9. 羡慕那种能克制自己感情的人。(　　)
10. 生活有规律,很少违反作息制度。(　　)
11. 在多数情况下情绪是乐观的。(　　)

12. 碰到陌生人觉得很拘束。（　　）
13. 遇到令人气愤的事,能很好地自我克制。（　　）
14. 做事总是有旺盛的精力。（　　）
15. 遇到问题常常举棋不定,优柔寡断。（　　）
16. 在人群中从不觉得过分拘束。（　　）
17. 情绪高昂时,觉得干什么都有趣;情况低落时,又觉得什么都没意思。（　　）
18. 当注意力集中于一件事时,别的事很难使我分心。（　　）
19. 理解问题总比别人快。（　　）
20. 碰到危险情境,常有一种极度恐怖感。（　　）
21. 对学习、工作、事业怀有很高的热情。（　　）
22. 能够长时间做枯燥、单调的工作。（　　）
23. 符合兴趣的事情,干起来劲头十足,否则就不想干。（　　）
24. 一点小事就能引起情绪波动。（　　）
25. 讨厌做那种需要耐心、细致的工作。（　　）
26. 与人交往不卑不亢。（　　）
27. 喜欢参加热烈的活动。（　　）
28. 爱感情细腻、描写人物内心活动的文学作品。（　　）
29. 工作学习时间长了,常感到厌倦。（　　）
30. 不喜欢长时间谈论一个问题,愿意实际动手干。（　　）
31. 宁愿侃侃而谈,不愿窃窃私语。（　　）
32. 别人说,我总是闷闷不乐。（　　）
33. 理解问题常比别人慢些。（　　）
34. 疲倦时只要短暂地休息就能精神抖擞,重新投入工作。（　　）
35. 心里有话宁愿自己想,不愿说出来。（　　）
36. 认准一个目标就希望尽快实现,不达目的,誓不罢休。（　　）
37. 学习、工作同样一段时间后,常比别人更疲倦。（　　）
38. 做事有些莽撞,常常不考虑后果。（　　）
39. 老师或师傅讲授新知识、技术时,总希望他讲慢些,多重复几遍。（　　）
40. 能够很快地忘记那些不愉快的事情。（　　）
41. 做作业或完成一件工作总比别人花的时间多。（　　）
42. 喜欢运动量大的剧烈体育活动,或参加各种文娱活动。（　　）
43. 不能很快地把注意力从一件事转移到另一件事上去。（　　）
44. 接受一个任务后,希望把它迅速完成。（　　）

45. 认为墨守成规比冒风险强些。（　　）
46. 能够同时注意几件事物。（　　）
47. 当我烦闷的时候，别人很难使我高兴起来。（　　）
48. 爱看情节起伏跌宕、激动人心的小说。（　　）
49. 对工作抱认真严谨、始终一贯的态度。（　　）
50. 和周围人的关系总是相处不好。（　　）
51. 喜欢复习学过的知识，重复做已经掌握的工作。（　　）
52. 希望做变化大、花样多的工作。（　　）
53. 小时候会背的诗歌，我似乎比别人记得清楚。（　　）
54. 别人说我"出语伤人"，可我并不觉得这样。（　　）
55. 在体育活动中，常因反应慢而落后。（　　）
56. 反应敏捷，头脑机智。（　　）
57. 喜欢有条理而不甚麻烦的工作。（　　）
58. 兴奋的事常使我失眠。（　　）
59. 老师讲新概念，常常听不懂，但是弄懂以后就很难忘记。（　　）
60. 假如工作枯燥无味，马上就会情绪低落。（　　）

然后，计算各种气质的得分，算出自己属于哪种气质类型。

以上各种气质所属的各题题号列于下表：

气质	题号														
胆汁质	2	6	9	14	17	21	27	31	36	38	42	48	50	54	58
多血质	4	8	11	16	19	23	25	29	34	40	44	46	52	56	60
黏液质	1	7	10	13	18	22	26	30	33	39	43	45	49	55	57
抑郁质	3	5	12	15	20	24	28	32	35	37	41	47	51	53	59

计分标准是：如果某一种气质的得分比其他三种的得分都明显高（高出4分以上），则可定为该种气质。如两种气质的得分接近（二者之差不超过3分）而又明显高于其他两种（高出4分以上），则可定为二种气质的混合型；如果三种气质均高于第四种的得分且相接近，则为三种气质的混合型。

思考与练习

1. 什么是气质？气质有何特性？
2. 气质的学说有哪些？

3. 气质和学习有何关系？

4. 实例分析：请分析下列实例中的学生都是何种气质？各有何特点？该如何针对这种气质特点进行教育？

(1) 英语课堂上，英语老师提议英语单词默写竞赛：76个单词，限时3分钟。3分钟后收起来一看，李翰只默写出来12个单词，他平常的英语成绩在班级属于偏上。于是课间老师找他谈话，"昨晚布置了背单词的任务，你为什么不按老师的要求去完成？"沉默……"懒毛病犯了，是不是？"他只是嘴唇嗫嚅了两下，没有回答老师的问题。"自己找时间到我办公室来重默吧。"他很守信地在课间来找老师，这一次他花费了8分钟，默出了71个单词，看来是冤枉他了，他昨晚在家背了单词的。

(2) 英语课上，老师在讲台上讲得很投入，突然发现学生小渠在埋头疾书，英语老师悄悄走上前一看，是在做数学作业，训斥道："英语都考不及格，还好意思上课不听英语。你再这样我就把你的数学作业撕掉。""你撕掉好了。"他回敬道。并且拿起整个作业本，撕得粉碎，还说"我帮你撕"。老师目瞪口呆地看着他。

第十三章 性 格

学习目标

1. 明确性格的含义,了解性格的结构和分类。
2. 理解并识记性格和气质的关系。
3. 掌握性格形成的影响因素。

心理学中的性格是一种心理特性,它使人们的心理活动表现出一种独特的风格。无论在小说中还是在生活中,我们都能发现性格迥异的人,有的人豪迈大方、冲动鲁莽,有的人性情温顺、善解人意,有的人粗枝大叶、开朗泼辣,有的人谨慎细致、内敛沉稳,这些都是人的性格写照。为什么我们对性格有好坏的评价?为什么有人说"性格决定命运"?有哪些因素会影响到我们的性格,是否可以做出改变?我们如何测评性格差异?在本章中将为大家一一进行解答。

第一节 性格概述

一、性格

性格是个体在对现实的态度体系和习惯化的行为方式中所表现出来的个性心理特征。它是一个人的心理面貌本质属性的独特结合,带有强烈的个人色彩,是人与人相互区别的主要方面。

1. 性格表现在人对现实的态度和行为方式中

所谓态度,是个体对人和事物(包括对社会、对他人、对自己、对客观事物等)的一种心理倾向,包括对事物的评价、好恶和趋避等,所以态度决定了人们"做什么"。人的行为方式则是"怎样做"。例如,在遇到危险时,有人勇敢无畏、一往无前;有人怯懦退缩、避之不及。当集体财产受到损失时,有人奋起保卫,有人却趁火打劫。人们之所以产生不同的行为方式,往往是由人对现实的态度决定的,而行为方式又体现了人的态度,它们两者共同构成了性格。人对事物的态度不同,由它支配的行为方式就不同,人的性格也就千差万别了。

2. 性格具有稳定性

人的性格一旦形成就呈稳定状态,并贯穿于个体的一切活动中。因此那些一时的、具有情境性的、偶然的表现,不能代表人的性格特征;例如,一个人经常表现得很果断,偶尔表现出犹豫不决,那么不能认为他具有优柔寡断的性格特征,相反,他的性格特征是果断。又如,一个人在某种特殊的情境中,偶尔忘记了朋友的委托,一反守信的常态,那么不能说他不守信用,守信仍然是他的性格特征。只有当一个人的态度以及符合这些态度的行为方式不是偶然发生的,而是习惯性、经常性发生的,能从本质上表现一个人的个性时,这种态度和行为方式才具有性格的意义。性格是稳定的,但也是可塑的。性格的形成离不开人的社会实践活动,是在主客体相互作用的过程中产生的。人自出生后,外界事物不断作用于个体,使个体产生各种各样的心理活动,这种影响逐渐固定下来,形成人们特有的态度体系和行为方式。但这种稳固的态度体系和行为方式,也会继续受主客体相互作用的影响,发生缓慢的变化。

3. 性格可以表现出一个人的品德和世界观,在个性心理特征中具有核心意义

性格具有直接的社会意义,并且与人的道德评价有关。不同性格特征的社会价值是不一样的。例如,忠诚、坚定等性格特征,对社会有积极意义,而虚伪狡诈等性格特征,对社会有消极意义。性格的核心意义还表现为它对能力、气质的影响。一个人的性格决定了能力、气质的发展方向,影响到它们的表现。一个关心集体、热心助人的人,他的才华就会展现在集体的事业上,也能和他人建立良好的人际关系;相反,一个比较自私的人总是首先考虑个人利益,能力的发展也必然局限在个人的小天地里,也难以和他人建立真挚的情谊。由于性格在个性中的核心地位,作家在刻画人物的时候,必须着力刻画人物的性格特征;教师在教学过程中,必须注意学生良好性格的养成;领导要想发挥其领导力,必须熟悉员工的性格特征。另外,人的个性差异主要是通过性格体现出来的,此处所说的个性主要就是指一个人的性格。

人们从事的活动是多种多样的,由此而形成的态度体系和行为方式也是千差万别的。我们平时谈论人的性格时,大多只用一个最突出或明显的特征来代表他的性格。例如说某人保守或激进,吝啬或大方。实际上,人的性格不是某一个特征,而是由多个特征构成的统一体。

二、性格的类型

性格的类型是指在某一类人身上所共有的性格特征的独特结合,性格的分类有助于我们了解性格的实质,并对人们的主要性格特点进行辨别。长期以来,心理学家试图按一定标准对性格进行分类,提出了多种分类学说。由于性格这种心理现象极为复杂,加之基于不同的理论观点,所以至今还没有一个公认的分类标准。下面介绍几种

常见的性格分类。

(一) 理智型、情绪型、意志型

19世纪英国心理学家培因(A. Bain,1818—1903)等根据智力、情感和意志三种心理机能在性格结构中所占比例,哪一种占优势,把人的性格区分为理智型、情绪型和意志型。

理智型的人通常用理智衡量周围的事物,并以理智支配自己的行为,他们观察事物仔细认真,思维活动占优势,很少受情绪波动影响。情绪型的人行动易受情绪的左右,内心情绪体验深刻,外部表露明显,情绪不稳定,有时欢乐愉快,有时抑郁低沉,有时安乐宁静,有时烦躁不安,言行举止受情绪影响,感情用事。意志型的人,具有明确的行动目的和较强的自制能力,积极主动、勇敢、果断、坚定,不易为外界因素干扰,有的人可能会显得固执、任性或轻率、鲁莽。

根据心理机能划分性格类型具有简单易行的特点,在日常生活中使用起来也比较方便。但是,它忽略了人对现实的态度体系以及相应的行为方式是构成性格的基础这一现实。这种态度是不能用个别心理机能的相对优势来说明的。其次,人的心理机能是一个相互联系、相互制约的完整体系。一个人的情绪和意志不可能与他的智力活动绝对对立起来。因此,要想人为地确定某种心理机能的相对优势,有时是难以实现的。

(二) 外向型和内向型

精神分析学派的瑞士心理学家荣格(C. G. Jung,1875—1961)按照人的心理活动倾向于指向外部世界,还是指向内部世界,把人的性格类型分为外向型和内向型。

外向型的人,其心理活动指向外部世界,通常表现为活泼开朗、热情大方、不拘小节、情绪外露、善于交际,反应迅速,容易适应环境的变化,但有的人也会表现出轻率、散漫,感情用事,缺乏自我分析和自我批评的态度。

内向型的人,其心理活动指向自己的内部世界,一般表现为感情比较深沉,处事谨慎,多思但见之于行动较少,有时表现为反应缓慢,不善交往,适应环境的速度较慢,很注重别人对自己的评价。还有一部分人介于内外向之间,兼有内向和外向的特点。

(三) 独立型和顺从型

按照个体活动的独立性程度把人的性格分为独立型和顺从型。

独立型的人不易受到外界的干扰,具有坚定的个人信念,善于独立思考,能够独立发现、分析和解决问题;自信心强,不易受他人的暗示和其他因素的干扰;在遇到紧急情况和困难时,显得沉着冷静,能随机应变,能较好发挥才能。但有的人则失之于主观武断,喜欢把自己的意志强加于人,常常自以为是,不善社交。

顺从型的人常以外界事物作参照,做事缺乏主见,行为独立性差,易受暗示,常常不加分析地接受别人的观点或屈从于他人的权势,而放弃自己的主张,按照别人的意图行事,在紧急情况下常表现为束手无策或惊慌失措,但社会敏感性较强。

(四) A 型性格、B 型性格、C 型性格

根据人们在时间上的匆忙感、紧迫感和好胜心等特点,可将人的性格分为 A 型、B 型和 C 型三种类型。

A 型性格的人充满成功的理想和进取心,竞争意识和时间感很强。他们试图对每一分钟进行计算,因此导致急躁和长期的时间紧迫感。他们好争斗,易激怒,信不过别人,事事都想亲自动手。社会适应性差,性格有不安定的特性。B 型性格的人是非竞争型的人。他们对受到的阻碍反应平静,满足感强,爱过悠闲的生活,没有时间紧迫感,有耐心,能容忍,温和少有敌意,喜欢娱乐,即使在娱乐活动中也不争强好胜。C 型性格的人把愤怒藏在心里加以控制;在行为上表现出与别人过分合作,原谅一些不该原谅的行为;生活和工作中没有主意和目标;尽量回避冲突,不表现负面情绪,屈从于权威等。有研究表明:A 型性格的人容易得冠心病,其发病率为 B 型性格人的 2 倍,而心肌梗塞的复发率为 B 型性格人的 5 倍。C 型性格的人则易患癌症。

三、性格的结构

性格是表现在人对事物的态度和相应的行为方式中的个性心理特征,由于个人性格特征组成的情况及表现形式不同,因而形成了千差万别的性格。性格的结构特征可以从以下四个方面进行分析:

(一) 性格的态度特征

这一特征是指个体对现实生活的影响总是通过一定的态度给予反应。由于现实的对象和现象是多种多样的,因此,在对待现实态度方面的性格特征也是多种多样的。

1. 对社会、集体、他人态度的性格特征

表现为关心社会、关心集体,愿意履行对社会、对集体的义务,或对社会、对集体不关心,不热情;待人诚恳、坦率,或待人虚伪、狡诈;有同情心,能体贴人,或对人冷淡、冷酷无情;善于交际,有礼貌或孤僻、傲慢、与人保持距离等。

2. 对学习、工作、劳动态度的性格特征

表现为勤劳、认真、节俭、负责、细致,或懒惰、马虎、奢侈、逃避、粗心等。

3. 对自己态度的性格特征

表现为谦虚、自信、安逸、律己、大方,或骄傲、自卑、任性、放荡、羞怯等。这类性格特征多属于道德品质,在性格结构中具有核心意义。

(二) 性格的理智特征

与人的认识活动相联系的性格特征叫性格的理智特征,表现在个体在感知、记忆、想象、思维等认识过程中表现出来的认知特点和风格的个体差异。例如：在观察事物时，有人注意细节，有人注意整体；在解决问题时，有人倾向冒险，有人倾向保守；有人爱独立思考，有人爱照搬别人的结论；在回忆往事时，有人很准确，有人却总是粗枝大叶等。

人的认识活动具有各种各样的特点，并不是所有特点都叫性格的理智特点。如视力的好坏，各种感觉阈限的高低，记忆保持的久暂，智力的高低等。这些特点没有构成人对事物的态度及特定的行为方式，因而不能叫性格特点。另外，像知觉的选择性、记忆的准备性、注意的稳定性与紧张性、思维的广度与深度等，当它们没有成为人的稳定的特点时，也不能叫做性格的理智特征。

（三）性格的情绪特征

情绪经常对人的活动产生影响，当人对情绪的控制具有经常的、稳定的表现时，这些特点就构成了这个人的性格情绪特征。这些特征主要表现在情绪活动的强度、稳定性和主导心境方面。

1. 情绪强度方面的特征

这种特征表现为情绪对人的行为活动的感染程度与支配程度，以及情绪受意志控制程度等特征，即情绪高涨、鲜明、富于热情、精力旺盛或安宁、冷漠等强与弱的特征。例如：有些人情绪很强烈，他们容易受情绪的支配，有些人情绪比较微弱，他们的活动受情绪影响较小。

2. 情绪稳定性、持久性方面的特征

这种特征表现为情绪的持久性、稳定性与起伏波动的程度。例如：有些人情绪稳定，而另一些人的情绪容易起伏波动；一些人的情绪比较持久，而另一些人的情绪很容易减弱或消退。

3. 主导心境方面的性格特征

情绪对身心稳定而持久的影响所形成的主导心境状态，显示着情绪的性格特征。例如：饱满、振奋、平静、愉快与低沉、抑郁、多愁善感等。

（四）性格的意志特征

个体自觉调节自己行为的方式和水平表明性格的意志特征。具体包括以下几个方面。

1. 自觉性

对自己行动的目的和意义具有明确的认识，并且使自己的行动服从于自觉确定的目的。与此相反的性格特征，则为冲动性、盲目性、举止轻率、独断专横等。

2. 果断性

指在紧急的情况下，能判明情况、做出正确的决策。与此相反的性格特征为武断或优柔寡断等。

3. 坚毅性

具有这种性格特征的人常常表现为不怕挫折与失败。他们坚持预定的目的，百折不挠地克服一切困难与障碍，不达目的誓不罢休。如此相反的性格特征，常常表现为行动的摇摆，经不住挫折和困难，在困难面前灰心丧气、一蹶不振，因而在事业上往往一事无成。

4. 自制力

自制力是指表现在支配和控制自己行动方面的性格特征，如冷静、沉着等。与此相反的特征表现为任性、懦弱、易冲动等。

上述四种性格特征不是孤立存在的，他们彼此联系构成一个统一体存在于个体上。也就是说，人的性格是由各种性格特征构成的，由于每个人具有的性格特征不同，而且，即使是同一个特征还存在量上的差异。所以，由此组合成的个体性格结构仍旧是千差万别，这就需要进一步化繁为简，分类研究。

第二节　性格的一般规律

一、性格与气质

人们在实际生活中，对性格与气质的界定十分模糊。有时把某些性格特征说成是气质，如"老实稳妥"的气质、"彬彬有礼"的气质；有时又把某种气质说成是性格，如性格活泼、性格安静。性格和气质关系密切，它们都是人的个性心理特征。许多西方心理学家用使用"人格"一词，把性格和气质合并起来进行讨论。但一般我们认为，它们是既有区别又有联系的两个概念。

（一）性格与气质的区别

性格反映了人的本质属性——社会性。人是社会的实体，他对社会的态度以及相应的行为方式必然具有社会性，人的性格结构中包含着道德品质、人生观、世界观等方面。因此，在不同的社会生活条件下，人们的性格有着明显的区别。而气质是人的心理过程和行为的动力特征，如心理过程和行为的速度、稳定性、灵活性等。它由人的神经系统的某些生物学特点、特别是脑的特性所决定的，因而在不同的社会生活条件下，人们的气质也可能表现出相同的特点。

性格和气质的生理基础也不同。气质的生理基础是高级神经活动的类型特点，气质是神经类型的自然表现，具有先天性；在生活条件的影响下，神经过程的特点虽然会出现某些变化,但仍具有非常稳定的性质。而性格则是在神经类型基础上在生活实践中形成的暂时神经联系。其中起主要作用的是人在后天形成的各种复杂的条件反射。由于性格与气质的生理基础不同,因此在个体的心理发展过程中也有不同的特点。气质形成得早,表现在先,并且不易变化。而性格形成得晚,表现在后,它虽然具有一定的稳定性,但在社会生活条件的影响下,比气质的变化要快得多。

此外,气质是心理活动的动力特征,无好坏之分,无道德评价意义;而性格则决定行为的内容,有好坏之分,具有道德评价意义。气质表现的范围狭窄,局限于心理活动的强度、速度等方面;而性格表现的范围广泛,几乎囊括了人的社会心理特点。气质的可塑性较小,变化较慢,而性格的可塑性较大,变化较快。

(二)性格与气质的相互作用

一方面,性格可以掩蔽和改造气质,指导气质的发展,使它服从于社会生活的要求。例如,一个在严酷的生活环境中养成高度自制力性格特征的人,会善于控制自己暴躁而易于冲动的气质特点。一个在集体生活中养成关心集体、关心他人的性格特征的人,会加强自己与别人的交往,使自己比较内倾的气质得到改造。

另一方面,气质对性格会产生以下两点影响。

(1)气质影响性格的动态表现,因而使性格特征染上独特的色彩和具有某种特殊的形式。例如:两个人都热爱劳动,具有同样的性格特征,但由于气质不同,胆汁质的人表现出热情奔放、情绪高涨、干活时雷厉风行;而粘液质的人善于思考,工作安排周密,行动从容不迫,效率稳定而持久。同样是助人为乐,多血质满腔热情,粘液质默默相助。

(2)气质影响性格形成和发展的方向速度。例如:胆汁质比粘液质的人更易形成勇敢、果断、主动等性格特征;而粘液质比胆汁质的人更易于发展忍耐、自制力等性格特征。

二、影响性格形成的因素

性格是在主客体相互作用的过程中逐渐形成的稳定的状态,是十分复杂的。影响性格形成与发展的因素也十分复杂,既有先天因素,也有后天因素;既有客观因素,也有主观因素。其中,后天因素,尤其是教育因素,在性格的形成发展中起决定作用。

(一)遗传的作用

虽然不能确切知道遗传的因素对性格发展的影响程度如何,但由很多事实来看,个体的性格特征,确实与遗传因素具有密切的关系。研究表明:神经系统的某些遗传特性可能影响到某些性格的形成,加速或延缓某些行为方式的产生和发展。例如,多数学者把个人的体格与生理特征列为性格特质之一,体格及生理特征主要是由遗传决定的,而这些由遗传决定的因素对性格的形成会产生一定的影响。考尔曼研究发现，精神分裂症的病发率与亲族关系为：父母均患精神分裂症，其子女平均发病率为68.1%；父或母患精神分裂症，其子女平均发病率为16.4%；家庭中无精神分裂症，平均病发率为0.85%。由此可见，凡是血缘关系接近者，对性格异常的人来说，遗传的作用是真实存在的。此外，除了遗传对性格产生影响之外，其他一些生理因素对性格形成或改变也有一定影响。例如，身体疾患、腺体分泌失常等。性格中的情绪因素和意志因素受遗传影响的可能性较大，而理智与社会因素的影响较小。

性格作为人对现实的态度及行为方式的系统，主要是由社会关系决定的。遗传对性格的形成虽然有一定的影响，但是它不起主要作用。对同卵双生子的研究表明，在不同环境中长大的同卵双生子，气质特征非常相似，而性格却明显不同；而且随着他们年龄的增大，分开生活的时间越长，性格的差别也就越大。神经系统的遗传特性可以影响到一个人心理活动的动力特征，如接受刺激的能力、动作反应的速度和灵活性，但不能决定一个人的性格特征，如勤劳与懒惰、善良或凶恶、谦虚或骄傲等。在一个家庭内，父母与子女之间，兄弟姐妹之间，可能有完全不同的生活道路，出现完全不同的性格，这显然不是由遗传因素决定的。

(二) 环境的影响

1. 家庭环境奠定了性格的基础

家庭对儿童的教养方式对儿童性格的形成有着非常大的影响。家庭对性格形成的影响，主要表现在父母的教养态度、家庭气氛、孩子在家庭中的地位以及家庭的社会经济地位等几个方面。

在家庭中，父母用什么态度教育子女，是影响儿童性格形成的主要因素。有些心理学家把父母对子女的教养态度分成民主的、权威的以及放纵的三种。并提出不同的教育态度可能影响到不同性格特点的形成。例如，父母以民主的态度教育子女，他们既满足孩子的正当要求，又在某种程度上给以限制；既保护孩子的活动，又给以一定的训练。父母和孩子之间关系和谐。在这种态度下，儿童多表现得谦虚有礼，诚实自信。父母以权威的态度教育子女，对孩子的一举一动横加干涉限制，经常斥责打骂，在这种态度下，孩子容易产生恐惧心理，缺乏自信，往往说谎自卫。一旦摆脱父母的束缚，就可能行为越轨，走上犯罪道路，或以父母为榜样，性格暴躁。父母以放纵的态度教育子女，对孩子百般宠爱，其结果很容易导致孩子自私自利，任性胆小。此外，父母在教育子女的态度上应统一一致，否则不仅会降低家庭教育的影响或感染力量，还会使孩子性情暴躁，缺乏自信，言行不一。

家庭内部成员之间的关系，特别是父母关系，对孩子性格的形成可起到潜移默化的影响。一般来说，相互和睦、尊重、理解、支持的家庭气氛，往往使孩子形成谦虚、礼貌、乐观、大方等良好的性格特征;反之,经常吵闹、猜忌、冷漠的家庭气氛,往往使孩子形成粗暴、蛮横、孤僻等不良的性格特征。学生入学之前,主要生活在家庭的天地之中,而这一时期正是人一生中成长的关键时期。入学以后,家庭的影响虽然降低了,但因家庭成员的关系比较稳定而持久,成员之间的互动频率也较高,家庭仍然对个体继续发挥着特有的作用。

此外,对性格形成产生影响的,还有孩子在家庭中的地位,这主要是通过父母对孩子的态度决定的。例如,柯瓦列夫对一对孪生女大学生进行四年观察,两人外貌酷似,在同一家庭抚养,在同一小学、中学和大学(历史系)受教育,但在性格上两人有相当明显的差别。姐姐比妹妹好交际,也比较果断、勇敢和主动。在谈话和回答问题时,姐姐先回答,妹妹只表示同意或补充回答。原来,小的时候,由祖母做了一个决定,父母同意,认定一个为姐姐,另一个为妹妹。从早期,姐姐负责照顾妹妹,对她的行为负责,做她的榜样,首先执行委派的任务,于是姐姐较早形成了独立、主动、善于交际、果断等性格特征;而妹妹则养成追随姐姐,听从姐姐意见的习惯。父母对孩子不同的教养态度,会使孩子形成不同的性格。

2. 学校教育在性格形成中占主导地位

学校教育在儿童性格形成中有特别重要的作用,这是由于以下几种因素的影响。

1) 校园文化的影响

校园文化是学校内部形成的、特定的文化环境和精神氛围。由精神层面、行为层面和物质层面三方面组成。精神层面是其核心,如共同遵循并得到同化的价值观念、行为准则、校风等;行为层面包括教师的品德风范、学生的素质和日常行为表现;物质层面包括校园建筑、基础设施、藏书等。校园文化对学生性格的形成既可起到直接指导作用,也可产生潜移默化的影响。优良的校风,尤其是班集体风气对学生则是一种无声的规定,对其心理产生很大的影响力和约束力,从而起一种正面的导向作用。丰富多彩的校园文化则给学生提供了发现自己、丰富自己、完善自己、发展自己的机会,学生在其中容易形成勇敢、坚强、艰苦、求实、自信、自制、乐观积极以及团结友爱等良好的性格特征。

2) 集体的作用

集体对性格的形成有特殊意义。学生参加集体生活,接受集体的委托与要求,受到集体舆论与评价的影响,这一切对学生性格的发展都有重要的影响。例如,集体的委托与信赖,可以发展学生的责任感、义务感,培养学生关心集体、关心他人的品质,增强学生的自信心,使学生对自己有更严格的要求,一位心理学家曾在一个五年级的班级进行实验,他挑选了班上地位较低的8名同学,让他们担任班级委员,具体指导他们完成各种工作任务。一个学期后发现,众人对这8名同学的态度有了很大变化。第二学期,他们中的 6 人又被选为班级委员,且均表现出自尊心、明朗性、协调性、诚实性、责任心等特点。许多班主任在后进学生的转化工作中,都特别重视班集体的作用。

3) 师生关系的影响

学校可借助于集体的威力有组织有目的地使学生形成良好的性格特征。教师可以借助教学活动,借助各种组织形式,以及利用教风、班风和榜样的力量来培养学生的性格。教师不同的教育方式对学生性格的形成会产生不同的影响。专制型教师,对班级内的教学目标及一切教学活动,完全由其一人独裁,学生只能服从,而无表示意见的余地。使其学生在行为上多表现出情绪紧张,不是表情冷淡,就是敌意地攻击。虽然教师在场时都表现出毕恭毕敬的样子,可教师一旦离开,秩序混乱不能自制。民主型的教师,与学生共同商定教学目标,共同参加学习活动,教师只从旁辅导,但不严加管制。学生情绪稳定、积极,态度友好,性格得以良好的发展。放任型的教师除了知识技能的讲授以外,对学生的团体活动一律不闻不问,最终形成无团体目标、无组织、无纪律的放任状态。还有人发现,喜欢教师的学生说谎较少,不喜欢教师的学生说谎较多。可见,师生关系也影响到学生性格的形成。

(三) 社会文化因素对性格的形成也有一定的影响

社会环境与文化背景不但影响人们的衣食住行等生活方式,更重要的是影响人们形成不同的观念、思想和行为。

例如,英国人保守、美国人开放、中国人含蓄、德国人严谨、日本人进取;以及中国南方人温情、北方人豪爽等均说明在同一社会文化背景下的人,在人格上具有共同的特质。当然,这并非说在同一社会文化背景下,所有人都属于同一类型,无个别差异,而只是就一般而言,不同团体间的差异大于团体内个体之间的差异而已。社会文化所包括的范围特别大,例如:政治形态、经济制度、学校教育、宗教信仰以及风俗习惯等。

(四) 自我教育是性格形成的决定性内因

人在各种社会实践活动中,其性格特征得以表现,同时也得到反馈,使其自觉与社会保持一致。从而形成、发展某些性格,也改变某些性格。在性格形成的内在因素中,心理条件起着重要的作用。影响性格形成的心理条件大致有以下几点。

1. 心理状态

任何一种心理过程发生时,总是伴随着一定的心理状态,心理状态在心理活动中是比心理过程更加稳定的现象。它是在一定时期内能够表明各种心理过程的特殊的暂时的状态。例如:聚精会神、漫不经心、进退维谷、积极、消沉、沮丧等都是心理状态。当这些心理状态多次重复出现,就会逐渐实现心理过程向个性心理的转化。心理状态便由暂时性特征转变为稳定性特征。可见,强化和巩固那些积极的心理状态,抑制和消退那些不良的心理状态,是形成良好的性格特征的一个必要条件。

2. 动机

动机的泛化和系统化,以及相应行为方式的巩固,是性格形成的基础。性格是在受情境制约的动机的基础上逐渐形成的。这种由某种情境所激发起来的动机,开始只限于具体情境的狭窄的范围,后来随着类似情境的不断出现,人就以类似的行为方式重复的反应。于是,这种情境性的动机在一定条件下便发生泛化,由最初的某一情境而扩展到类似情境中去,并成为在个体身上巩固下来的,带有普遍化性质的动机体系。这种动机体系和特定行为方式的融合,就形成稳定的性格特征。例如:学生的劳动动机,开始只是指向个别场合和具体的活动。例如:收拾玩具,打扫房间教室或庭院,以后逐渐指向其他一切类似的劳动情境,形成相对的习以为常的行为方式,于是就形成了相对稳定的性格特征。所以,培养良好的动机以及形成巩固的行为方式,是形成良好性格特征的又一个必要条件。

3. 心理矛盾

解决心理矛盾是性格形成的重要条件。在每个人的性格形成的过程中,都会碰到一系列的矛盾和冲突。例如:社会生活的新要求与原有心理水平的矛盾;各种相互抵触的影响和要求所引起的心理冲突;认识和行为习惯的矛盾冲突;新旧行为习惯之间的矛盾等。只有解决这一系列的心理矛盾,才可能形成良好的性格特征。

任何一种性格特征的形成,都是把所接受的外部的社会要求逐步转变为自己内部需要的过程。在这个转化过程中,人的主体性在起着越来越重要的作用。环境因素、一切外来的影响,都必须通过个体的自我调节才能起作用。因此,在这个意义上讲,每个人都在塑造着自己的性格。随着学生自我意识的发展,他们常常能主动地分析自己的性格特征,自觉地扬长避短,培育自己良好的性格特征。这时,他们对自己性格的形成已从被控制者转变为自我控制者和自我教育者。教师和家长们要相信他们,以积极的期待引导、感召他们,提高他们自我控制和自我教育的能力。

第三节 性格规律在教学中的运用

一、对学生性格的鉴定

(一)性格的鉴定

性格鉴定是指对一个人的性格特征进行描述和测量。日常生活中,人们经常采用各种方法了解别人和自己的性格,并且做出相应的评定。性格鉴定可以帮助我们了解一个人主要的性格特征,预测他的行为,知道他在不同情况下将会怎样行动,因而对选拔人才具有重要的意义。性格评定是通过不同的方法来实现的,由于人们对性格的实质及性格结构的理解不同,因而设计的评定方法也不一样。下面介绍几种较常用的方法。

1. 行为评定法

通过在自然条件下观察一个人的行为,从而对他的性格特征进行评定,这种方法叫做行为评定法。

在日常生活中,行为评定法是了解性格的一种重要且常用的方法。教师了解学生,父母了解子女,大都采用这种方法。这种方法的优点是比较自然,不易被被试发现,因此不会改变其行为方式。此外,由于研究者可以在各种不同场合观察一个人的行为,因而这样得到的性格评定,具有较高的预测价值,即能较准确地预测他将来的行为。但是,用这种方法也有一些缺点:首先,它要花费大量的时间,当需要对许多人同时做出性格评定时,这种方法在时间上是不经济的。其次,人们对一个人的行为常常有不同的评价,甲认为好,乙可能认为不好。这样,要做出一致的评价是比较困难的,对观察者的要求也比较高。

行为评定也可以通过自然实验的方法来进行。在这种情况下,研究者创设某种实验情境,引起被试者在相应情境下的行为,然后通过行为分析对性格做出鉴定。例如,教师出题让学生考试,考试后收回全部试卷,并复印了一份。然后,教师把试卷和标准答案一起发给学生,要求学生自己评分。在这种情况下,有的学生老老实实地按照原来的试卷评分,而有的学生为了获得好分数,修改了原来的试卷。他们认为这样做是不会被发现的。实验结束后,教师拿前后两份试卷进行比较,从而了解学生的诚实程度。这类实验也叫情境测验。自然实验法虽对实验情境进行了人为加工,但仍是在被试日常熟悉的环境中进行,与实验室实验法相比仍较自然,不易引起被试的警惕,因此是性格鉴定中常用的方法。

2. 交谈法

这是通过和被试进行谈话直接了解人的性格特征的方法。交谈分为两种,一种是有组织的,一种是无组织的。有组织的交谈法是研究者按预定计划提出某些问题,希望从交谈的对方得到某些特殊的信息。无组织的交谈法是研究者有一些感兴趣的问题,与对方交谈是从某些准备好的问题开始的,但后面的问题取决于对前面问题的回答。这种方法常用于临床实践对被试的性格作一般性的了解。

交谈法是一种直接获得信息的方法,对性格评定有重要的意义。但也有一些明显的缺点:首先,由于交谈法的对方可能不愿意暴露自己的弱点,也不愿意讲出自己的隐私,因此用这种方法对性格进行鉴定,其有效程度常常不高。其次,谈话的对方对主谈人的态度、印象,将直接影响到谈话的结果。主谈人自己的性格特点不同,得到的谈话内容也不同,有时甚至可能截然相反。因此用这种方法评定性格,其可靠程度有时不高。再者,谈话在一般情况下只能个别进行,因此在时间上也不够经济。

3. 问卷法

这是一种性格评定的常用方法。它的特点是向被试提出一系列经过标准化的问题,要求被试按照自己的情况做出回答:是、否或不一定。由于答案的选择与人的性格有关,因此通过分析被试的答案就可以对他们的性格特征做出评定。

1) 使用问卷法的好处

可以在同一时间对一群人进行测试和评定;参加测试的人可在相同的情况下,对同样的问题做出回答;在大多数情况下,测量的计分很迅速,因而可以较快地了解评定的结果。

2) 问卷法和其他方法一样,也有自己的问题

首先,由于问卷法要求被试回答问题,因此被试的回答与他对问题的理解有直接关系。在个别施测、尤其是集体施测的情况下,我们无法肯定被试是否对问题有同样的理解。其次,这种方法要求被试如实地回答问题,而这个要求往往难以实现。例如,当问题为:"我总是很诚实"或"我总是很善良"时,一般人往往会出于社会赞许效应的影响,而很少回答"不是"。最后,使用这种方法时,还难免出现反应的偏向。例如,有些被试对问卷中提出的各种问题总是抱赞同的态度。这种反应偏向将影响结果的准确性。

4. 投射法

投射法是和精神分析学派对人格的理解相联系的。在精神分析学派看来,人的行为由无意识的内驱力所推动。这些内驱力受到压抑,不为人们所觉察,但却影响着人们的行为。根据这种解释,人们难以通过问题直接了解一个人的情感和欲望。但是,如果给被试一些模棱两可的问题,那么他的无意识欲望有可能通过这些问题投射出来。现在常用的投射测验有罗夏墨迹测验和主题统觉测验两种。测验方法是给被试看一些内容模糊或模棱两可的图形,让被试描述"你看到了什么?"或根据看到的内容编出一个故事,从而分析其性格特征。

在投射测验中,被试不用对问题做出"是与非"的选择,因而避免了问卷法中存在的那些问题。同时,由于投射测验使用墨迹图或其他图片,因而也便于对没有阅读能力的人进行测验。投射测验也有自己的不足:首先,它对测验的结果难以进行解释。同样的反应由于施测者的判断不同,解释很可能不一样。其次,这种测验对特定行为不能提供较好的预测。例如,测验结果可能发现某人具有侵犯他人的无意识欲望。而实际上,他却很少表现出相应的行为。最后,由于投射测验适用于个别施测,因而它需

要花费大量时间。这一点不如问卷法优越。

二、对学生性格的培养

依据性格形成的影响因素,在教学中培养学生良好的性格可以从以下几方面入手。

(一)丰富实践活动

性格的形成离不开社会实践活动,个体在各种实践活动中适应与改造着环境,同时也不断调整着自己。因此,让学生参加有益的社会实践活动是培养良好性格的有效手段。学生的社会实践包括校园文化活动、社会政治活动、公益活动、科技活动、创业活动等。校园文化活动可以使他们增强集体意识,同时增加人文素养,逐渐形成乐观、热心、积极、好学的性格特征;参与社会政治活动可以使学生树立正确的人生观、价值观,提高思想觉悟,逐渐培养起沉着、坚毅、责任感等性格特征;鼓励学生参加各种公益活动可以培养其坚韧顽强、热爱劳动、善良热情等性格特征;科技活动有利于学生实事求是、不怕挫折、勇于挑战、追求真理的性格特征。这些社会实践活动要求学生按一定的制度和纪律行事,同时受到集体舆论的评价,此外还要不断突破自我,更正自己的态度、修正自己的行为,对养成良好性格的养成有重要的作用。

(二)树立良好的榜样

家庭是孩子的第一所学校,而学校是学生的第二个家,因此家庭和学校中最重要的人物:家长和教师的言传身教对学生性格的形成有至关重要的影响。社会学习理论强调榜样在性格形成中的重要作用,因此"身教"重于"言传"。对于学生来说,榜样的力量是无穷的,往往能起到潜移默化的教育效果。家长和教师都应该以身作则,首先成为一名有良好性格修养的人。教师要不断完善自己的性格,提升人格魅力,给学生提供可以直接效仿的榜样;同时,在性格教育中要注意向学生介绍古今中外的优秀人物,引导学生向这些优秀人物学习。

(三)注意个体差异

在进行性格教育的过程中,同样要因材施教,注意到学生的个体差异,进行有针对性的指导。

一方面,对不同性格类型的学生进行差别指导,针对性地鼓励激发符合社会期待的良好性格品质,摒弃不符合社会要求的性格特点。对有明显不良性格特征的学生,要帮助他们树立正确的是非观,建立完善自身性格的信心,另外还要培养他们的自制力和克服困难的品质。对比较优秀的学生,要留意防止他们养成傲慢、不谦虚的性格特征。

另一方面,在教学过程中,要根据学生的性格特征采用灵活的方法进行个别施教。

如对傲慢的学生,要令他们认识到傲慢带来的危害,懂得学无止境,三人行必有我师,要善于采纳别人的意见、尊重他人的想法,并使其明白这是性格修养的问题。对有自卑感的学生,如果其犯了错误或产生了问题,教师不应过于严厉地批评指责,而应婉言劝解、热心相助,鼓励其进步,如果有了好的表现就及时表扬,让他树立自信,克服自卑感。

【阅读材料】13-1

人格类型与职业选择

美国心理学家霍兰德(T. L. Holland,1929—)根据人格特征与职业选择的关系,也把人格划分为六个类型。不同的人格在职业选择上具有明显的差异。

1. 现实型

这种人不重视社交,而重视物质的、实际的利益,他们遵守规则,喜欢安定,感情不丰富,缺乏洞察力。在职业选择上,他们希望从事有明确要求,能按一定程序进行的操作,如机械、电工技术等。

2. 研究型

这种人有强烈的好奇心,重分析,好内省,比较谨慎。他们喜欢从事有观察、有科学分析的创造性的活动,如天文研究等。

3. 艺术型

这种人想象力丰富,有理想、易冲动、好独创,他们喜欢从事非系统性的、自由的活动,如表演、画画等。

4. 社会型

这种人乐于助人,善社交,易合作,重视友谊,责任感强等,他们愿意选择教育、医疗工作等。

5. 企业型

这种人喜欢支配别人,有冒险精神,自信而且精力旺盛,好发表自己的见解。他们愿意从事组织、领导的工作。

6. 常规型

这种人易顺从,能自我抑制、想象力差,喜欢稳定、有秩序的环境。在职业选择上,愿意从事重复性、习惯性的工作,如出纳员、管理员等。

根据以上分类可以从某种角度上预测一个人的职业爱好和职业适应,因而对正确指导职业选择有较大的参考价值。

【阅读材料】13-2

几个克服害羞的策略

1995年的调查发现,超过50%的大学生们认为自己是"经常害羞"的人。他们中的许多人认为害羞是一种令人不快的状态,与它所带来的积极效果相比,它对人格和社会后果具有更多的负面影响。当害羞变得更极端化时,就会迫使人们的生活发生进一步的变化,使得一个人将其社会快乐最小化,使其社会不适和隔离感最大化。这里有几个给害羞学生的简单原则和策略,希望你们深入地思考,并尝试去做。

● 要意识到,并不只有你一个人感到害羞,每一个你见到的人可能都会比你更害羞。

● 即使存在着遗传因素,害羞也是可以改变的。但是这需要勇气和毅力,就像你要改变一个存在了很久的习惯一样。

● 尝试对你所接触到的人微笑,并与他们进行目光的接触。

● 与别人交谈,大声说话,用最清晰的声音,特别是当你说出你的名字或是询问信息时。

● 在一个新的社会环境中努力使自己第一个提出问题或是发表观点。准备一些有趣的东西去说,第一个去说。每一个人都会欣赏"破冰者",以后也就不会再有人认为你害羞了。

● 永远不要小瞧你自己。相反,想一下为了达到你想要得到的成就,下一步你要采取怎样的行动。

● 注意要使别人感到舒服,特别是当你寻找其他害羞者时,这样做会降低你的自我意识。

● 在你去通常会使你感到害羞的地方之前,练习沉思,放松,使思想集中到理想的状态。

思考与练习

1. 什么是性格,性格的类型有哪些?
2. 气质与性格有何关系?
3. 性格的形成受哪些因素的影响?
4. 如何鉴定性格?

5. 实例分析：请思考，下例中班主任老师采用的是哪种性格鉴定方法？除了这种方法还可以使用哪些方法对老师的推测进行验证？面对李磊这样的学生，老师在平时的教学过程中应注意什么？

案例：李磊是一名初中二年级的学生，经过一年的观察，他的班主任老师发现李磊平时比较沉默寡言，在班级里没有特别要好的朋友，上课老师提问到他时，他经常脸红而且语无伦次。于是老师判断李磊性格孤僻、胆小羞怯。

第十四章　自我意识

> **学习目标**
>
> 1. 理解自我意识的含义，了解自我意识的结构。
> 2. 理解自我意识的发展及作用。
> 3. 能运用自我意识的理论自觉加强自我教育，实现自我完善。

自我意识是隐藏在个体内心深处的心理结构，是个体意识发展的最高阶段，是个性的自我调控系统。个体正是通过自我意识来认识自己、激励自己、调控自己，与环境求得动态的、和谐的平衡。

第一节　自我意识概述

一、自我意识

自我意识是人对自身及对自己同客观世界的关系的意识。

自我意识是人的意识活动的一种，是人的心理区别于动物心理的一大特征。

人的意识的实质是自己能意识到自己，如我们对自己的身高体重都有所了解，对自己所进行的思维活动都能有所察觉，对自己的个性特点都有所认识，对自己的人际关系也有大体的评价，对自己办过的事情，都有所满意或不满意，对自己的行为都有不同程度的反思等，这都是对自我的意识。所以，自我意识的含义不仅是认识问题，还包含了对自己的情绪体验和对自己行为的调节。每个正常的人正是因为都能意识到自己，并给自己做出决定，发出指令，体验并组织、调节、控制自己的心理活动和行为，使自己整个心理活动系统作为一个能动的主体与周围现实相互作用，人才能不断地自己教育自己，使自己个性不断地完善与成熟。因此，自我意识是自我教育的基础，是个性结构中的自我控制系统。

二、自我意识的结构

自我意识一般包含了自我认识、自我体验、自我调节三层含义，也像意识一样，表现为知、情、意的统一。

(一) 自我认识

自我认识是自我意识的认知成分，是人对自己的身体面貌、个性品质、自身社会价值和自身与周围世界关系等方面所进行的自我感觉、自我观察、自我分析和自我评价。其中，自我评价是指主体按照一定的标准对其自身及自身与周围世界关系的评估，是在自我感觉、自我观察、自我分析的基础上形成的，它集中代表了自我认识的发展水平，也是自我体验和自我调节的前提，也是自我意识的核心。

(二) 自我体验

自我体验是自我意识的情感成分。在自我认识，特别是自我评价的基础上，人们就会对自己产生一定的态度和情感体验，如自爱、自尊、自信、自豪、成就感、自我效能感、自卑、内疚、自暴自弃、自惭形秽等。个体对自己的态度、情绪的性质，会影响到他的自我控制、调节、教育的力度，并且深刻、持久地影响到他的整个个性的发展。在自我体验中，自尊、自信是最重要的成分。自尊心，是指尊重自己的人格，维护自己的尊严和荣誉，不容他人歧视侮辱的心理状态。自信心，是指对自己的力量充分估计后而产生的一种能够胜任学习、工作的情绪体验。自尊心、自信心是人们成长或成才不可缺少的宝贵的心理动力。

(三) 自我调节

自我调节是自我意识的意志成分。指个体对自己行为与心理活动的自我作用过程，包括自我监督、自我控制、自我激励、自我教育等。其中最重要的自我调节方式是自我控制和自我教育。自我控制是个体为达到自己的某种目标或欲望对自身的心理与行为的主动掌握、约束和克制，它体现了意志力量的"自制力"。自我教育是自我调节的最高级的形式。它以自我控制为基础，着眼于自我发展、自我完善，集中体现了意志品质中的自我激励力量。

自我认识、自我体验、自我调节三者相互作用、相互影响，自我意识是个体自主性的体现，人格的铸造就是通过自我导向、自我监督和自我激励来实现的。自我意识是个性的组成部分，是衡量个性成熟水平的标志，是整合、统一个性各个部分的核心力量。三者有机统一构成了一个能动的个性心理调控系统。

第二节 自我意识的一般规律

一、自我意识的发展

(一) 自我意识的产生

自我意识是种系发展的高级阶段，到了人类阶段才形成的。自我意识也不是与生俱来的,是个体在与客观世界相互作用的过程中,逐渐形成自我意识的能力。

新生儿不具有自我意识。七八个月时产生的"生理自我",是自我意识的开端。这是个体对自己身体的意识,是对自身与外界相区别的意识,包括对他物的占有感、对他人的支配感与对自身的爱护感与满足感。

一岁左右,儿童开始把自己的动作与动作的对象区分开来,不会再认为玩具是手的一部分。一岁半左右,逐渐认识了自己身体的各部位及相应的感觉,但这时的儿童是将"自己"当客体来认识的,最具表现的是用自己的名字称呼自己,来表达自己的需要。如明明要喝、宝宝饿、立立的手等。在两周岁后,儿童才逐渐学会使用词"我的""我"。

三岁左右的儿童,"我"的使用频率大大增加,通常会表现一种"小大人"的可爱又固执的特点。通常大人越不让做的事情,往往是他们最爱做的。心理学上称这个时期为第一反抗期,是自我意识明显外化的时期。

(二) 自我意识的发展

从三岁到青春期,是个体自我意识的发展时期。个体在不断地与外界接触,在与他人交往的过程中,进一步确定自己,逐渐明确自己与他人、与世界的关系。这个时期个体的眼光是向外的,关注自身以外的世界。这一时期受外界影响最深,对自己的认识最主要的途径是"他人评价",所以我们通常把这一时期的自我意识称为"社会自我意识",即个体对自身的社会角色的意识。

(三) 自我意识的成熟

青春期是我们身心发展的过渡期,也是自我意识发展的关键期。家长、教师都会发现进入青春期的孩子大多不如以往活跃了,好像懂事了,但有的有时又表现得很"激烈""叛逆"。这是因为个体这时开始将注意力从外界转入自身,开始渴望了解自己了。个体把关注的重点转向内部,开始去发现、体验自己的内心世界,关心自己的形象,不再单纯地认同别人的观点,而有了自己的见解。与儿童期相比,青年期更广泛地关注社会,获得更多的知识,并且在内部世界与外部世界的统合中,自我意识逐渐发展成熟。

自我意识的发展是一个连续的过程,伴随着我们的一生。理论上我们把它分成三个阶段,但不同的个体在不同的生理、心理与社会文化环境下又会有所差别。

二、自我意识的作用

(一) 自我意识提高了个体的认识功能

自我意识使人能把自己的心理活动当做客体加以反映,人的认识活动不论感觉、知觉、记忆、思维等都由于自我意识的存在而更加自觉、有效。人不仅能对外部世界进行认知,还能对自己的这些认识过程本身进行认知,即对这些过程加以分析、监督和调整。通过对自身认识过程的认知,个体就有可能发现原有认识活动的不足,可能选择和运用更好的认知策略,从而使认知活动更加完善,更加有效。

(二)自我意识丰富了个体的情感世界

个体进入青年期后,自我意识逐渐发展至成熟。自我意识发展成熟,"自我"概念逐渐明晰,青年人才意识到自我的独一无二,才会逐渐产生"孤独"之感。由于他们发现了一个自己的内部世界,他们才时常感到"内在"自我和外显行为的种种不符或冲突,从而产生"郁闷""彷徨"等情绪与情感。青年人能把感情世界作为自己意识的客体,才得以发现大自然的美丽,发现人类创造加工之事物的美丽,从而体验到美感。所以是自我意识的存在与发展,才使得人的情绪与情感生活变得日益丰富。

(三)自我意识促进了个体的意志发展

意志是以人确定自觉的行为目的为开端的,而自觉目的的提出又是以自我意识的存在为前提的。任何自觉行为总要有自觉的主体,即"自我"。自我的自主性实现需要个体监督,需要意志的力量,无论其表现形式是施力于外部还是内部,是促使环境服从于个体的要求还是促使个体去适应环境,都离不开自我意识的作用。

第三节 自我意识规律在教学中的运用

学生自我意识的发展,直接影响其健康人格的形成。因此,加强学生自我意识的培养具有重要意义。

一、帮助学生正确了解现实的自我

人们在自我认知中往往都存在着一定的偏差,自我评价不准确。

自我评价不准确,无非是高估自己或低估自己。在人群中自我高估和自我低估的现象都存在,但一般来说,人们易于把自己的实际状况高估。库珀斯密斯(Cooprsmith,1967)做过一项测验来检测人的自尊水平,给定的分数变化范围从 40 分至 100 分。如果人们的得分是正态分布的,从理论上说,平均分应为 70 分,被测者中应有 50% 的人高于 70 分,50% 的人低于 70 分。可是实际测量结果,平均分为 82.3 分,远远高于理论平均分;而且,得分高于 70.7 分的人多达 84%(于丽林,1989)。这就表明,大多数人都"自我感觉太好"。

生活实际也是同这项测试结果相吻合的。生活中为什么那么多人容不得别人哪怕是正确的不同意见?为什么那么多人听不得别人哪怕是中肯的批评?为什么那么多人总是瞧不起别人,或者同行相嫉妒?为什么那么多人偶获小成即沾沾自喜、孤芳自赏?为什么有人喜欢将别人的缺点和自己的优点相比,于是比得自己洋洋得意?一个常见的原因就是这些人的总体自我评价偏高,或曰"自我感觉良好"。于是在他们的心目中,总觉得自己行,甚至有"老子天下第一"的感觉。

那么如何指导学生进行自我认识,形成一个客观的、真实的自我形象呢?

(一) 比较法

俗话说,有比较才有鉴别。比较法就是从自己与他人及自己的比较中来了解自己的能力、水平、在团体中的相对位置以及自己的发展变化的一种方法。与比自己优秀的人比,就会觉得人外有人,天外有天,从而找到差距,激发自己的动力;而与不如自己的人比,就会看到自己的长处,增强自信心。古人云,"以铜为镜,可以正衣冠;以史为镜,可以知兴衰;以人为镜,可以知得失。"通过比较,人们可以发现自己的长处和不足,扬长补短。当然,自己与他人比较的时候,切忌单向比较,既要和比自己强的人比,也要和比自己差的人比,这样才能保持心理平衡。我们在和他人比较的时候,也要和自己对比,即把自己的现在和过去比,把自己的目标和现实状况比,这样才可以不断看到自己的进步和进一步努力的方向。

(二) 他人评价法

他人评价法即是通过别人的评价反映来认识、了解自己的方法。自己做某件事,若总得到别人的肯定,那么自己在这方面就是比较优秀的。相反,就是比较差了。当然,对他人的评价,我们也不能全盘接受或全盘否定,但要注意:首先要特别重视与自己关系密切的人对自己的评价,因为他们对我们比较了解,评价也会较为全面、客观;其次,在大多数情况下要重视人数众多,异口同声的评价。有时,我们的确难以接受别人的意见,但"良药苦口,忠言逆耳",而且,俗话说,"当局者迷,旁观者清",所以,许多时候,自己还是要多听听别人对我们的评价,对别人的评价更要客观分析,虚心接受。

(三) 内省法

内省法即是通过反省自己、分析自己来了解自己的方法。古人云,"吾日三省吾身",可见,反省自己对认识、把握自己是很有好处的。我们可以通过回答"我是谁"来反省、分析,并进而认识、了解自己。即将"我是……"补充成一句完整的话,并尽可能多的写,写的句子越多越好。原则上说,如果写出的句子少于7句,则认为是过于压抑自己,自己未能对自己有较为全面的认识。

(四) 实践成果法

这是通过活动的效果来了解自己的一种方法。例如,自己参加歌手大赛得了一等奖,则说明自己在这个方面的确有一定的能力或特长。但假如说,自己在某项活动上屡遭失败,但也不能轻信自己在这个方面的能力是欠缺的。心理学上"自我意象"的研究表明,自己在某个方面没有取得良好的成绩,不是没有这方面的能力,而是自己认为自己在这方面的能力是欠缺的。

(五)测量法

测量法可以分为生理测量和心理测量。通过生理的测量或检查,我们可以了解自己的生理状况。而通过心理测试可以了解自己各方面的心理特征。包括像智力水平、人格特征、心理健康水平等。通过一些较为成熟的、信效度较高的测验来了解自己的心理状况是一种比较科学、准确的方法。选用心理测验时必须在专业人员的指导下测验并解释结果,不要随意使用心理测验。

当然,我们在认识自我、了解自我的时候,不要仅仅采用一种方法,我们应该采用多种方法多角度、全面地来了解自己。只要能够合理、综合地利用这些方法,相信我们会对自己有一个全面、正确的认识;在此基础上也会有一个更好的发展。

二、帮助学生树立理想自我

每个人都有理想自我和现实自我,这二者是有机结合在一起的。现实自我决定个体如何选择理想自我,而理想自我又给现实自我的发展提供指导和动力。

现实自我是个体对当前自我状况的认识和评价,理想自我则是个体期望达到的自我状况。二者之间的差距,既是个体进步和完善的动力,也是引发个体不良情绪主要根源。

一个人既然有梦想,就要为梦想而奋斗。站高一点,看远一点,再以实际的行动,将自己的梦想变得更实在一点!明确自己的目标,知道自己想要的是什么,适合自己的是什么,只有选取了适合自己的明确方向,才能更加坚定自己的目标和信念,走向理想的自我。

三、帮助学生发展自我调控的能力

自我调控是指个体控制和指导自己的行动的方式,自我调控强调的是个体对自己的思维、情绪和行为进行监察、评价、控制和调节的过程。自我调控是自我意识的执行方面,自我意识的能动性,最终体现在自我调控上。为了帮助学生提高调控能力,可以采取如下措施:

1. 激发个体自我调控的动机

要让学生在思想上充分认识到自我调控对个体心理和行为发展的巨大必要性和重要性,同时坚信自我调控是可以学会并养成习惯的,从而产生进行自我调控的迫切意愿。

2. 保证自我调控的经常性

保证自我调控的经常性,就是要做到经常的反躬自省。经常反省、善于反省是心理发展到一定水平的表现。经常反省使人随时了解自己,发现问题,认清差距,分析原因,寻找解决办法。

3. 不断提高调控目标

调控的方向总是指向所欲达到的理想目标的。每次具体的自我调控目标固然不宜定得过高,但随着每次调控目标的实现,必须不断提出新的更高的调控目标。而最终的远期目标应是相当高远的,否则就不足以使自己持续地进步并达到日臻完善的境地。18世纪美国著名政治家和科学家富兰克林(Franklin,1706—1790)年轻时即为自己定出多达13项的美德作为自我完善的奋斗目标:节制、缄默、守秩序、果断、勤俭节约、勤勉、真诚、公正、稳健、整洁、宁静、坚贞和谦虚。要达到这么全面的目标,他必定得高度发挥他的自我意识的调控作用。这可算作是对自己高标准、严要求的一个范例。而这种高标准、严要求,正是促使富兰克林达到学识丰富、事业辉煌、德行高尚的境界不可缺少的条件。

【阅读材料】

战胜自卑方略

青少年期是最容易自我怀疑的时期,所以,在青春期少男少女的内心深处,自卑是一个他们普遍为之苦恼的问题。无数的青年人承受着自卑感的折磨,并努力寻求摆脱自卑的灵丹妙药。下面是一些战胜自卑的方法,你不妨试一试。

1. 认识、评价自己

你不妨将自己的兴趣、嗜好、能力和特长全部列出来,哪怕是很细微的东西也不要忽略。然后再和其他同龄人做一比较。通过全面、辩证地看待自身情况和外部世界,认识到凡人都不可能十全十美,人的价值主要体现在通过自己的努力,达到力所能及的目标。对自己的弱项和失败持理智态度,既不自欺欺人,又不看得过于严重,而是以积极态度面对现实,这样自卑便失去了温床。

2. 转移注意力

一个人既不可能十全十美也不可能一无是处。不要总关注自己的弱项和失败,而应将注意力和精力转移到自己最感兴趣,也最擅长的事情上去,从中获得的乐趣与成就感,将强化你的自信,驱散你自卑的阴影,缓解你的心理压力和紧张。

3. 对自己的自卑进行心理分析

具体做法就是通过自由联想和对早期经历的回忆,分析找出导致自卑心态的深层原因。并让自己明白自卑情结是因为某些早期经历而形成的,并深入潜意识,一直影响着自己的心态,而实际上目前的自卑感是建立在虚幻的基础上的,与自己的现实情况无关,因而是没有必要的。这样可以从根本上瓦解自卑情结。

4. 用行动证明自己的能力与价值

其实,看一个人有没有价值,根本用不着进行什么深奥的思考,也用不着问别人,有人需要你,你就有价值,你能做事,你就有价值。你能做成多大的事,你就有多大的价值。因此,你可先选择一件自己较有把握也较有意义的事情去做,做成之后,再去找一个目标。这样,你可不断收获成功的喜悦,又在成功的喜悦中不断走向更高的目标。每一次成功都将强化你的自信心,弱化你的自卑感,一连串的成功则会使你的自信心趋于巩固。当你切切实实感觉到自己能干成一些事情时,你还有什么理由怀疑自己的价值呢?

5. 从另一个方面弥补自己的弱点

一个人有着多方面的才能,社会的需要和分工更是万象纷呈。一个人这方面有缺陷,便可从另一方面谋求发展。一个身材矮小或过于肥胖的人,可能当不成模特和仪仗队员,可是这世界上对身材没有苛刻要求的工作多的是。一个人只要有了积极心态,对自己扬长避短,将自己的某种缺陷转化为自强不息的推动力量,也许你的缺陷不但不会成为你的障碍,反而会成为你的福音。因为它会促使你更加专心地关注自己选择的发展方向,往往能促成你获得超出常人的发展,最终成为超越缺陷的卓越人士。这方面的著名事例数不胜数,如身材矮小的拿破仑、身短耳聋的贝多芬、下肢瘫痪的罗斯福、少年坎坷艰辛的巨商松下幸之助、霍英东、王永庆、曾宪梓,这些人要么有自身缺陷,要么有家庭缺陷,但他们都成了卓越人士,都从某个方面改变了世界。

6. 推翻内向的自我形象

每个人都应该是自己的主宰,做自己人生的导航员。没有谁比你自己更能决定你的命运。因此,你个性内向与否,那不是上帝的安排,而是你自己的安排,而是你自己的决定。当你认定自己性格内向时,你便赋予了自己内向封闭的自我形象。而一旦这一形象标签进入你的潜意识,它又反过来引导约束你的行为。对自己的社交缺乏信心的人,不妨将自己从记事以来所认识的朋友都罗列出来,你会惊讶于自己竟有这么广泛的交际。特别是要多想想你的那些好朋友,既然你能与那么多人建立起良好的人际关系,深厚的友谊,也就足以证明你并非性格内向,不善交际了。

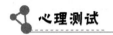心理测试

你是怎样的一个人？

你了解自己吗？本测验设计的 30 个题目可以帮助你更好地从各个角度去考察自己。

(一) 问题

序 号	问 题	备选答案	选择结果
1	你对任何事物都有耐心吗？	M A C	
2	你经常有不寻常的行为和表现吗？	B V A	
3	你傲慢、自大吗？	C B A	
4	你总是三思而行吗？	Z A O	
5	你经常感到十分自豪吗？	B V A	
6	你认为自己是一个很理智的人吗？	M A O	
7	你办事冒火吗？	B C Z	
8	你爱发火吗？	B V M	
9	你有个坏父亲吗？	C B A	
10	凡事你总想占理吗？	C B M	
11	你用心听别人讲话吗？	M Z A	
12	你认为自己的日常行为都十分通情达理吗？	M A O	
13	你经常表扬别人或赞扬别人的长处吗？	A B Z	
14	你认为自己是个性格外露的人吗？	M B A	
15	你十分敏感吗？	B C M	
16	你是个喜欢主观臆断的人吗？	C B Z	
17	你承认错误时态度诚恳吗？	A M C	
18	你喜欢冒险吗？	C B A	
19	你腼腆吗？	Z A C	
20	你勇敢吗？	B Z A	
21	你粗暴吗？	C V M	
22	你爱虚荣吗？	C B O	
23	你爱嫉妒吗？	C B A	
24	你对任何事情总持怀疑态度吗？	A V M	

续表

序　号	问　　　题	备选答案	选择结果
25	你工作能力强吗？	M C V	
26	你喜欢讨论问题吗？	B C A	
27	你好斗吗？	B C A	
28	你平易近人吗？	M A B	
29	你在有关天气、钱财、工作以及人与人关系等问题上有先见之明吗？	C M V	
30	你和蔼可亲、性格开朗吗？	M V C	

（二）结果

（1）得9个以上A者。你能适应各种环境，同各种人打交道。你躲避各种冲突，讨论各种争论。你有能力，但缺乏勇气。一般来说你的通情达理是因为你善良，但有时也是因为你软弱，不管怎么说你是一个十分稳重的人。

（2）得8个以上B者。你喜欢朝令夕改，易动，警惕性很高并有些神经质。应该承认你与外界取得联系的能力较强，并容易与他人和解。你还经常去干一些很难办的事，但成功的少。

（3）得8个以上C者。你有些傲慢无理，总想得到最好的待遇，并在一切方面超过他人。

（4）得7个以上M者。你是自己情感的主人，你很有同情心，表达情感时很稳重、理智。你和蔼可亲，有很多朋友。

（5）得4个以上V者。你很能理解他人，宽宏大量，平易近人，看问题很准确。但你的耐心十分有限，这也许是因为你需要发泄一下自己的情绪或变换一下所处的环境吧！

（6）得3个以上Z者。凡事你总是三思而行。你爱解释，爱观察，不依赖他人。有些保守，但可以说你是稳重的人。

（7）O答案没有意义。

思考与练习

1. 什么是自我意识？自我意识的表现形式有哪些？
2. 为什么说自我评价是自我意识的核心？
3. 自我意识在个性发展中的地位和作用如何？
4. 结合实际，谈谈如何完善自我意识？

主要参考文献

1. 黄希庭.心理学导论(第二版)[M].北京：人民教育出版社,2007.
2. 彭聃龄.普通心理学(第四版)[M].北京：北京师范大学出版社,2012.
3. 叶奕乾.普通心理学[M].上海：华东师范大学出版社,2010.
4. 叶奕乾.普通心理学(第四版)[M].上海：华东师范大学出版社,2004.
5. 孟昭兰主编《普通心理学》[J].北京：北京大学出版社,1994.
6. 王雁.普通心理学(第一版)[M].北京：人民教育出版社,2002.
7. 朱智贤.心理学大词典.北京：北京师范大学出版社,1989.
8. 黄希庭.人格心理学[M].杭州：浙江教育出版社,2002.
9. 高觉敷,潘菽.中国心理学史[M].北京：人民教育出版社,1989.
10. 卢家楣.心理学[M].上海：上海人民出版社,2004.
11. 刘万伦,田学红.发展与教育心理学[M].北京：高等教育出版社,2011.
12. 张德琇.创造性思维的发展与教学[M].湖南：湖南师范大学出版社,1990.
13. 张明.走进多彩的心理世界[M].北京：科学出版社,2004.
14. 张春兴.现代心理学[M].上海：上海人民出版社,2001.
15. 程正方,高玉祥.心理学[M].北京：北京师范大学出版社,2009.05.
16. 罗杰·霍克.改变心理学的40项研究(第五版)[M].白学军译.北京：人民邮电出版社,2010.08.
17. 格里格,津巴多.心理学与生活(第19版)[M].王垒译.北京：人民邮电出版社,2014.
18. 保罗·阿雷克索,默里·贝伦.生物心理学漫画笔记[M].王佳艺译.北京：中国人民大学出版社,2009.04.
19. 李敏.爱因斯坦的大脑[M].上海：上海科学技术出版社,2005.01.
20. 阿德勒.心理与生活[M].叶颂姿译.上海：上海三联书店,2010.01.
21. 布罗克等.中小学生注意缺陷多动障碍——识别、评估和治疗[M].滕川,沈瑜译.北京：中国轻工业出版社,2012.01.
22. 夏皮尔.孩子注意力不集中、自控能力差,怎么办？[M].江西：江西人民出版社,2015.01.01.

23. 周农建.人类意志的现实化[M].上海:学林出版社,1991.

24. 尼采.权力意志[M].贺骥译.广西:漓江出版社,2000.

25. 王建国,赵树仁.学生意志品质培养新概念[M].西藏:西藏出版社,2001.

26. 皮尔森.性格密码[M].王甜甜译.光明日报出版社,2015.01.01.

27. 黄微.我最想要的亲子性格书[M].北京:清华大学出版社,2014.04.01.

28. 卡耐基.人性的弱点[M].林凯编译.北京:中国商业出版社,2015.03.01.

29. 星汉.哈佛气质课[M].北京:华夏出版社,2012.08.01.

30. 金良灏.开发自我潜能的135条方略[M].朴莲顺译.吉林:延边大学出版社,2011.06.

31. 瓦尔·西蒙诺维兹,彼得·皮尔斯.人格的发展[M].唐蕴玉译.上海:上海社会科学院出版社,2006.01.

32. 王登峰.解读中国人的人格[M].北京:社会科学文献出版社,2005.08.

33. 阿德勒.儿童的人格形成与培养[M].韦启昌译.石家庄:河北人民出版社,2005.12.

34. 郑雪.人格心理学[M].广东:暨南大学出版社,2001.

35. Richard J. GERRIG, PHLIP G. Zimbardo. Psychology and life[M].北京:人民邮电出版社,2003.

36. 阿尔弗雷德,阿德勒.自卑与超越[M].广东:汕头大学出版社,2008.

37. 詹姆斯·卡拉特.生物心理学(第10版)[M].苏彦捷等译.北京:人民邮电出版社,2011.

38. 彭聃龄.普通心理学[M].北京:北京师范大学出版社,2003.09.

39. 沈政,林庶芝.生理心理学[M].北京:北京大学出版社,2014.09.

40. 刘昌.生理心理学[M].北京:高等教育出版社,2012.03.

北京大学出版社
教育出版中心 精品图书

21世纪高校广播电视专业系列教材

书名	作者
电视节目策划教程（第二版）	项仲平
电视导播教程（第二版）	程晋
电视文艺创作教程	王建辉
广播剧创作教程	王国臣
电视导论	李欣
电视纪录片教程	卢炜
电视导演教程	袁立本
电视摄像教程	刘荃
电视节目制作教程	张晓锋
视听语言	宋杰
影视剪辑实务教程	李琳
影视摄制导论	朱怡
新媒体短视频创作教程	姜荣文
电影视听语言——视听元素与场面调度案例分析	李骏
影视照明技术	张兴
影视音乐	陈斌
影视剪辑创作与技巧	张拓
纪录片创作教程	潘志琪
影视拍摄实务	瞿臣

21世纪信息传播实验系列教材（徐福荫 黄慕雄 主编）

书名	作者
网络新闻实务	罗昕
多媒体软件设计与开发	张新华
播音与主持艺术（第三版）	黄碧云 睢凌
摄影基础（第二版）	张红 钟日辉 王首农

21世纪数字媒体专业系列教材

书名	作者
视听语言	赵慧英
数字影视剪辑艺术	曾祥民
数字摄像与表现	王以宁
数字摄影基础	王朋娇
数字媒体设计与创意	陈卫东
数字视频创意设计与实现（第二版）	王靖
大学摄影实用教程（第二版）	朱小阳
大学摄影实用教程	朱小阳

21世纪教育技术学精品教材（张景中 主编）

书名	作者
教育技术学导论（第二版）	李芒 金林
远程教育原理与技术	王继新 张屹
教学系统设计理论与实践	杨九民 梁林梅
信息技术教学论	雷体南 叶良明
信息技术与课程整合（第二版）	赵呈领 杨琳 刘清堂
教育技术学研究方法（第三版）	张屹 黄磊

21世纪高校网络与新媒体专业系列教材

书名	作者
文化产业概论	尹章池
网络文化教程	李文明
网络与新媒体评论	杨娟
新媒体概论（第二版）	尹章池
新媒体视听节目制作（第二版）	周建青
融合新闻学导论（第二版）	石长顺
新媒体网页设计与制作（第二版）	惠悲荷
网络新媒体实务	张合斌
突发新闻教程	李军
视听新媒体节目制作	邓秀军
视听评论	何志武
出镜记者案例分析	刘静 邓秀军
视听新媒体导论	郭小平
网络与新媒体广告（第二版）	尚恒志 张合斌
网络与新媒体文学	唐东堰 雷奕
全媒体新闻采访写作教程	李军
网络直播基础	周建青
大数据新闻传媒概论	尹章池

21世纪特殊教育创新教材·理论与基础系列

书名	作者
特殊教育的哲学基础	方俊明
特殊教育的医学基础	张婷
融合教育导论（第二版）	雷江华
特殊教育学（第二版）	雷江华 方俊明
特殊儿童心理学（第二版）	方俊明 雷江华
特殊教育史	朱宗顺
特殊教育研究方法（第二版）	杜晓新 宋永宁 等
特殊教育发展模式	任颂羔

21世纪特殊教育创新教材·发展与教育系列

书名	作者
视觉障碍儿童的发展与教育	邓猛
听觉障碍儿童的发展与教育（第二版）	贺荟中
智力障碍儿童的发展与教育（第二版）	刘春玲 马红英
学习困难儿童的发展与教育（第二版）	赵微
自闭症谱系障碍儿童的发展与教育	周念丽
情绪与行为障碍儿童的发展与教育	李闻戈
超常儿童的发展与教育（第二版）	苏雪云 张旭

21世纪特殊教育创新教材·康复与训练系列

书名	作者
特殊儿童应用行为分析（第二版）	李芳 李丹

特殊儿童的游戏治疗	周念丽
特殊儿童的美术治疗	孙 霞
特殊儿童的音乐治疗	胡世红
特殊儿童的心理治疗（第三版）	杨广学
特殊教育的辅具与康复	蒋建荣
特殊儿童的感觉统合训练（第二版）	王和平
孤独症儿童课程与教学设计	王 梅

21世纪特殊教育创新教材·融合教育系列

融合教育本土化实践与发展	邓 猛 等
融合教育理论反思与本土化探索	邓 猛
融合教育实践指南	邓 猛
融合教育理论指南	邓 猛
融合教育导论（第二版）	雷江华
学前融合教育（第二版）	雷江华 刘慧丽
小学融合教育概论	雷江华 袁 维

21世纪特殊教育创新教材（第二辑）

特殊儿童心理与教育（第二版）	杨广学 张巧明 王 芳
教育康复学导论	杜晓新 黄昭明
特殊儿童病理学	王和平 杨长江
特殊学校教师教育技能	昝 飞 马红英

自闭谱系障碍儿童早期干预丛书

如何发展自闭谱系障碍儿童的沟通能力	朱晓晨 苏雪云
如何理解自闭谱系障碍和早期干预	苏雪云
如何发展自闭谱系障碍儿童的社会交往能力	吕 梦 杨广学
如何发展自闭谱系障碍儿童的自我照料能力	倪萍萍 周 波
如何在游戏中干预自闭谱系障碍儿童	朱 瑞 周念丽
如何发展自闭谱系障碍儿童的感知和运动能力	韩文娟 徐 芳 王和平
如何发展自闭谱系障碍儿童的认知能力	潘前前 杨福义
自闭症谱系障碍儿童的发展与教育	周念丽
如何通过音乐干预自闭谱系障碍儿童	张正琴
如何通过画画干预自闭谱系障碍儿童	张正琴
如何运用ACC促进自闭谱系障碍儿童的发展	苏雪云
孤独症儿童的关键性技能训练法	李 丹
自闭症儿童家长辅导手册	雷江华
孤独症儿童课程与教学设计	王 梅
融合教育理论反思与本土化探索	邓 猛
自闭症谱系障碍儿童家庭支持系统	孙玉梅
自闭症谱系障碍儿童团体社交游戏干预	李 芳
孤独症儿童的教育与发展	王 梅 梁松梅

特殊学校教育·康复·职业训练丛书 （黄建行 雷江华 主编）

信息技术在特殊教育中的应用	
智障学生职业教育模式	
特殊教育学校学生康复与训练	
特殊教育学校校本课程开发	
特殊教育学校特奥运动项目建设	

21世纪学前教育专业规划教材

学前教育概论	李生兰
学前教育管理学（第二版）	王 雯
幼儿园课程新论	李生兰
幼儿园歌曲钢琴伴奏教程	果旭伟
幼儿园舞蹈教学活动设计与指导（第二版）	董 丽
实用乐理与视唱（第二版）	代 苗
学前儿童美术教育	冯婉贞
学前儿童科学教育	洪秀敏
学前儿童游戏	范明丽
学前教育研究方法	郑福明
学前教育史	郭法奇
外国学前教育史	郭法奇
学前教育政策与法规	魏 真
学前心理学	涂艳国 蔡 艳
学前教育理论与实践教程	王 维 王维娅 孙 岩
学前儿童数学教育与活动设计	赵振国
学前融合教育（第二版）	雷江华 刘慧丽
幼儿园教育质量评价导论	吴 钢
幼儿园绘本教学活动设计	赵 娟
幼儿学习与教育心理学	张 莉
学前教育管理	虞永平
国外学前教育学本文献讲读	姜 勇

大学之道丛书精装版

美国高等教育通史	[美]亚瑟·科恩
知识社会中的大学	[英]杰勒德·德兰迪
大学之用（第五版）	[美]克拉克·克尔
营利性大学的崛起	[美]理查德·鲁克
学术部落与学术领地：知识探索与学科文化	[英]托尼·比彻 保罗·特罗勒尔
美国现代大学的崛起	[美]劳伦斯·维赛
教育的终结——大学何以放弃了对人生意义的追求	[美]安东尼·T.克龙曼
世界一流大学的管理之道——大学管理研究导论	程 星
后现代大学来临？	[英]安东尼·史密斯 弗兰克·韦伯斯特

大学之道丛书

以学生为中心：当代本科教育改革之道	赵炬明
市场化的底限	[美]大卫·科伯
大学的理念	[英]亨利·纽曼
哈佛：谁说了算	[美]理查德·布瑞德利
麻省理工学院如何追求卓越	[美]查尔斯·维斯特

书名	作者
大学与市场的悖论	[美]罗杰·盖格
高等教育公司：营利性大学的崛起	[美]理查德·鲁克
公司文化中的大学：大学如何应对市场化压力	[美]埃里克·古尔德
美国高等教育质量认证与评估	[美]美国中部州高等教育委员会
现代大学及其图新	[美]谢尔顿·罗斯布莱特
美国文理学院的兴衰——凯尼恩学院纪实	[美]P.F.克鲁格
教育的终结：大学何以放弃了对人生意义的追求	[美]安东尼·T.克龙曼
大学的逻辑（第三版）	张维迎
我的科大十年（续集）	孔宪铎
高等教育理念	[英]罗纳德·巴尼特
美国现代大学的崛起	[美]劳伦斯·维赛
美国大学时代的学术自由	[美]沃特·梅兹格
美国高等教育通史	[美]亚瑟·科恩
美国高等教育史	[美]约翰·塞林
哈佛通识教育红皮书	哈佛委员会
高等教育何以为"高"——牛津导师制教学反思	[英]大卫·帕尔菲曼
印度理工学院的精英们	[印度]桑迪潘·德布
知识社会中的大学	[英]杰勒德·德兰迪
高等教育的未来：浮言、现实与市场风险	[美]弗兰克·纽曼等
后现代大学来临?	[英]安东尼·史密斯等
美国大学之魂	[美]乔治·M.马斯登
大学理念重审：与纽曼对话	[美]雅罗斯拉夫·帕利坎
学术部落及其领地——当代学术界生态揭秘（第二版）	[英]托尼·比彻 保罗·特罗勒尔
德国古典大学观及其对中国大学的影响（第二版）	陈洪捷
转变中的大学：传统、议题与前景	郭为藩
学术资本主义：政治、政策和创业型大学	[美]希拉·斯劳特 拉里·莱斯利
21世纪的大学	[美]詹姆斯·杜德斯达
美国公立大学的未来	[美]詹姆斯·杜德斯达 弗瑞斯·沃马克
东西象牙塔	孔宪铎
理性捍卫大学	眭依凡

学术规范与研究方法系列

书名	作者
如何为学术刊物撰稿（第三版）	[英]罗薇娜·莫瑞
如何查找文献（第二版）	[英]萨莉·拉姆齐
给研究生的学术建议（第二版）	[英]马丽安·彼得等
社会科学研究的基本规则（第四版）	[英]朱迪斯·贝尔
做好社会研究的10个关键	[美]马丁·丹斯考姆
如何写好科研项目申请书	[美]安德鲁·弗里德兰德等
教育研究方法（第六版）	[美]梅瑞迪斯·高尔等
高等教育研究：进展与方法	[英]马尔姆·泰特
如何成为学术论文写作高手	[美]华乐丝
参加国际学术会议必须要做的那些事	[美]华乐丝
如何成为优秀的研究生	[美]布卢姆
结构方程模型及其应用	易丹辉 李静萍
学位论文写作与学术规范（第二版）	李 武 毛远逸 肖东发
生命科学论文写作指南	[加]白青云
法律实证研究方法（第二版）	白建军
传播学定性研究方法（第二版）	李琨

21世纪高校教师职业发展读本

书名	作者
如何成为卓越的大学教师	[美]肯·贝恩
给大学新教员的建议	[美]罗伯特·博伊斯
如何提高学生学习质量	[英]迈克尔·普洛瑟等
学术界的生存智慧	[美]约翰·达利等
给研究生导师的建议（第2版）	[英]萨拉·德拉蒙特等
高校课程理论——大学教师必修课	黄福涛

21世纪教师教育系列教材·物理教育系列

书名	作者
中学物理教学设计	王霞
中学物理微格教学教程（第三版）	张军朋 詹伟琴 王恬
中学物理科学探究学习评价与案例	张军朋 许桂清
物理教学论	邢红军
中学物理教学法	邢红军
中学物理教学评价与案例分析	王建中 孟红娟
中学物理课程与教学论	张军朋 许桂清
物理学习心理学	张军朋
中学物理课程与教学设计	王霞

21世纪教育科学系列教材·学科学习心理学系列

书名	作者
数学学习心理学（第三版）	孔凡哲
语文学习心理学	董蓓菲

21世纪教师教育系列教材

书名	作者
青少年心理发展与教育	林洪新 郑淑杰
教育心理学（第二版）	李晓东
教育学基础	庞守兴
教育学	佘文森 王晞
教育研究方法	刘淑杰
教育心理学	王晓明
心理学导论	杨凤云
教育心理学概论	连榕 罗丽芳
课程与教学论	李允
教师专业发展导论	于胜刚
学校教育概论	李清雁
现代教育评价教程（第二版）	吴钢
教师礼仪实务	刘霄
家庭教育新论	闫旭蕾 杨萍
中学班级管理	张宝书
教育职业道德	刘亭亭
教师心理健康	张怀春

书名	作者
现代教育技术	冯玲玉
青少年发展与教育心理学	张清
课程与教学论	李允
课堂与教学艺术（第二版）	孙菊如 陈春荣
教育学原理	靳淑梅 许红花
教育心理学（融媒体版）	徐凯
高中思想政治课程标准与教材分析	胡田庚 高鑫

21世纪教师教育系列教材·初等教育系列

书名	作者
小学教育学	田友谊
小学教育学基础	张永明 曾碧
小学班级管理	张永明 宋彩琴
初等教育课程与教学论	罗祖兵
小学教育研究方法	王红艳
新理念小学数学教学论	刘京莉
新理念小学音乐教学论（第二版）	吴跃跃
初中历史跨学科主题学习案例集	杜芳 陆优君
青少年心理发展与教育	林洪新 郑淑杰
名著导读12讲——初中语文整本书阅读指导手册	文贵良
小学融合教育概论	雷江华 袁维

教师资格认定及师范类毕业生上岗考试辅导教材

书名	作者
教育学	余文森 王晞
教育心理学概论	连榕 罗丽芳

21世纪教师教育系列教材·学科教育心理学系列

书名	作者
语文教育心理学	董蓓菲
生物教育心理学	胡继飞

21世纪教师教育系列教材·学科教学论系列

书名	作者
新理念化学教学论（第二版）	王后雄
新理念科学教学论（第二版）	崔鸿 张海珠
新理念生物教学论（第二版）	崔鸿 郑晓慧
新理念地理教学论（第三版）	李家清
新理念历史教学论（第二版）	杜芳
新理念思想政治（品德）教学论（第三版）	胡田庚
新理念信息技术教学论（第二版）	吴军其
新理念数学教学论	冯虹
新理念小学音乐教学论（第二版）	吴跃跃

21世纪教师教育系列教材·语文教育系列

书名	作者
语文文本解读实用教程	荣维东
语文课程教师专业技能训练	张学凯 刘丽丽
语文课程与教学发展简史	武玉鹏 王从华 黄修志
语文课程学与教的心理学基础	韩雪屏 王朝霞
语文课程名师名课案例分析	武玉鹏 郭治锋 等
语用性质的语文课程与教学论	王元华
语文课堂教学技能训练教程（第二版）	周小蓬
中外母语教学策略	周小蓬
中学各类作文评价指引	周小蓬
中学语文名篇新讲	杨朴 杨旸
语文教师职业技能训练教程	韩世姣

21世纪教师教育系列教材·学科教学技能训练系列

书名	作者
新理念生物教学技能训练（第二版）	崔鸿
新理念思想政治（品德）教学技能训练（第三版）	胡田庚 赵海山
新理念地理教学技能训练（第二版）	李家清
新理念化学教学技能训练（第二版）	王后雄
新理念数学教学技能训练	王光明

王后雄教师教育系列教材

书名	作者
教育考试的理论与方法	王后雄
化学教育测量与评价	王后雄
中学化学实验教学研究	王后雄
新理念化学教学诊断学	王后雄

西方心理学名著译丛

书名	作者
儿童的人格形成及其培养	[奥地利]阿德勒
活出生命的意义	[奥地利]阿德勒
生活的科学	[奥地利]阿德勒
理解人生	[奥地利]阿德勒
荣格心理学七讲	[美]卡尔文·霍尔
系统心理学：绪论	[美]爱德华·铁钦纳
社会心理学导论	[美]威廉·麦独孤
思维与语言	[俄]列夫·维果茨基
人类的学习	[美]爱德华·桑代克
基础与应用心理学	[德]雨果·闵斯特伯格
记忆	[德]赫尔曼·艾宾浩斯
实验心理学（上下册）	[美]伍德沃斯 施洛斯贝格
格式塔心理学原理	[美]库尔特·考夫卡

21世纪教师教育系列教材·专业养成系列（赵国栋 主编）

书名	作者
微课与慕课设计初级教程	
微课与慕课设计高级教程	
微课、翻转课堂和慕课设计实操教程	
网络调查研究方法概论（第二版）	
PPT云课堂教学法	
快课教学法	

其他

书名	作者
三笔字楷书书法教程（第二版）	刘慧龙
植物科学绘画——从入门到精通	孙英宝
艺术批评原理与写作（第二版）	王洪义
学习科学导论	尚俊杰
艺术素养通识课	王洪义